Cahiers libres

Du même auteur

Services secrets. Les services de renseignement sous François Mitterrand (avec Bernard Violet), La Découverte, 1988.

Les Généraux. Enquête sur le pouvoir militaire en France, La Découverte, 1990.

Charles Hernu ou la République au cœur, Fayard, 1993.

Au cœur du secret. 1 500 jours aux commandes de la DGSE (avec Claude Silberzahn), Fayard, 1995.

Guerres dans le cyberespace. Services secrets et Internet, La Découverte, 1995 ; réédition en poche : La Découverte, 1997.

Les Pires Amis du monde. Les relations franco-américaines à la fin du XXe *siècle*, Stock, 1999 (Prix France-États-Unis 1999).

Carnets secrets d'un nageur de combat (avec Alain Mafart), Albin Michel, 1999.

Libération, *la biographie*, La Découverte, 1999 (Prix du livre politique 2000 ; réédition en poche : La Découverte, 2003).

Être juste, justement (avec Marylise Lebranchu), Albin Michel, 2001.

La Citadelle endormie. Faillite de l'espionnage américain, Fayard, 2002.

L'Effroyable Mensonge. Thèse et foutaises sur les attentats du 11 septembre (avec Guillaume Dasquié), La Découverte, 2002.

Bush contre Saddam. L'Irak, les faucons et la guerre, La Découverte, 2003.

Délires à Washington. Les citations les plus terrifiantes des faucons et néoconservateurs américains, La Découverte, 2003.

L'Histoire secrète de la Ve *République* (codirection avec Roger Faligot ; avec Rémi Kauffer, Renaud Lecadre, François Malye, Martine Orange, Francis Zamponi), La Découverte, 2006.

Filmographie

Histoire des services secrets français (en collaboration avec David Korn-Brzoza), Program 33, 2011 ; quatre films de 52 mn : *L'heure des combats* (1940-1961), *Les années chaudes de la guerre froide* (1961-1981), *Le grand malentendu* (1981-1989), *Nouvelles guerres d'un monde nouveau* (1990-2009).

Mitterrand et les espions (en collaboration avec David Korn-Brzoza), Program 33, 2011.

Jean Guisnel

Armes de corruption massive

Secrets et combines des marchands de canons

La Découverte
9 *bis*, rue Abel-Hovelacque
75013 Paris

Si vous désirez être tenu régulièrement informé de nos parutions, il vous suffit de vous abonner gratuitement à notre lettre d'information bimensuelle par courriel, à partir de notre site

www.editionsladecouverte.fr

où vous retrouverez l'ensemble de notre catalogue.

ISBN 978-2-7071-5307-4

Pour Viviane
Pour Nolan

Sommaire

Introduction

Vendre la mort, un métier pas comme les autres

> « Cela ne me fait pas honte. Je ne suis pas de ceux qui placent leur morale et leurs affaires dans des compartiments étanches. Tout l'argent que mes concurrents dépensent en hôpitaux, cathédrales et autres moyens de se donner bonne conscience, je le consacre pour ma part à des expériences et des recherches pour améliorer les façons de détruire la vie et la propriété. C'est ce que j'ai toujours fait, et c'est ce que je ferai toujours. C'est pourquoi la moralité de vos cartes de Noël célébrant la paix sur terre et la bienveillance entre les hommes ne me sert à rien. Votre chrétienté, qui enjoint de ne pas résister au mal et de tendre l'autre joue, me conduirait à la faillite. Ma morale — ma religion — doit faire toute sa place aux canons et aux torpilles. »
>
> George Bernard SHAW, *Major Barbara*, 1905.

« Il n'y a pas de dirigeants qui ne puissent se corrompre. Tous s'achètent. Mais pas toujours avec la même chose ! » L'homme qui me parle ainsi, à la table d'une brasserie parisienne, l'un des tout derniers soirs du XXe siècle, est un Français. Depuis la fin des années 1970, il ne fait qu'une chose : vendre des armes. À tout le monde... Il a eu — ou possède encore — ses entrées en Algérie, en Iran, au Pakistan, en Libye, en Afrique du Sud, en Finlande, en Roumanie, en Belgique, en Égypte et en Bulgarie, aux Pays-Bas, en Inde, au Libéria, au Maroc et ailleurs. Il a beaucoup gagné, et perdu plus encore. Il a roulé carrosse et connu les pires galères. À ses acheteurs d'armes françaises, ou autres, il a fourni de l'argent liquide, de belles voitures, des habitations princières, des festins dans des restaurants de luxe, de grands bordeaux par hectolitres et des femmes. Et des garçons. Un peu à chacun, beaucoup à certains.

Savoir se taire...

Il a pris sa part de plaisirs, dans les plus beaux palaces. À Paris, bien sûr, mais également sur la Côte. Tout le monde a ses faiblesses, lui, ce sont les très jeunes femmes. Parfois, ce sont les aléas du métier, il a passé du temps à l'ombre... Il a corrompu des dirigeants de haut vol et des petits militaires occupant des postes apparemment subalternes. Replet dans les périodes de vaches grasses, il porte une attention parfaite à sa mise, soignant particulièrement ses pieds. Dans les fastes périodes, des *puros* se consument au bout de ses phalanges. Quand les temps sont plus sombres, le calibre de ses cigares se réduit et ils proviennent alors plutôt du Honduras ou de Saint-Domingue. Autant dire d'un cloaque, à l'entendre. Mais n'exagère-t-il pas en prétendant avoir « casqué » (c'est-à-dire versé de l'argent à un corrompu, dans le vocabulaire des agents) tel dirigeant européen célèbre pour ses formules à l'emporte-pièce, dont le pays avait besoin de matériels aéronautiques de pointe ? Non...

Ces hommes-là sont souvent considérés comme de simples utilités, dont on sait qu'ils n'iront jamais porter plainte. Car leur métier, leur santé et, surtout, leur vie ne reposent le plus souvent que sur une seule mais précieuse capacité : savoir se taire. Pour celui-ci, un service se rémunère en « points », c'est-à-dire en centièmes de la valeur du contrat final. « Ouvrir une porte » vers le ministre décideur dans un pays, c'est « un point ». Ensuite, notre homme s'arrangera des détails.

De toutes les affaires qu'il m'a racontées, j'aime bien celle concernant une capitale européenne assez proche de Paris : « Je devais absolument y vendre du matériel électronique, me dit-il en croquant une olive au bar de la Closerie des Lilas, à Paris. Le ministre hésitait, car un concurrent italien lui proposait une somme plus élevée que celle mise à ma disposition par l'industriel que je représentais. Un soir, je l'ai invité au restaurant. Je suis arrivé au dîner avec une jeune femme que j'avais recrutée dans un commerce de lingerie de province, où elle était vendeuse. Mignonne, mais sans plus, elle n'avait aucun espoir de sortir de sa condition. Sans être personnellement intéressé à cette relation, je lui ai proposé un travail agréable... »

Les voilà tous les deux attablés avec le ministre, raconte-t-il. La jeune femme est discrète, bien mise, et n'affiche aucune attitude de professionnelle, ce qu'elle n'est d'ailleurs pas. Par le maître d'hôtel, on fait prendre de sages clichés — que notre homme me présentera —, sur lesquels on le voit en cette excellente compagnie, face au ministre. Après le dîner, chacun repart de son côté. « J'ai rappelé le politicien socialiste le lendemain, poursuit notre marchand d'armes. Je lui ai fait savoir que ma collaboratrice, cette jeune femme qui m'accompagnait la veille, n'était pas demeurée insensible à son charme. Qu'elle n'a pas osé le lui dire, mais qu'elle est très attirée par les hommes mûrs. » Aussi incroyable que cela puisse paraître, cette énorme ficelle a fonctionné. La jeune femme a rencontré le ministre, seule cette fois. « Puis elle s'est installée au ministère, où elle est demeurée deux ans en tant que maîtresse officielle. J'ai donc rapidement cessé de lui verser les modestes mensualités dont nous étions convenus, mais j'avais surtout conclu un magnifique contrat pour un industriel français de l'électronique ! »

L'utilisation de jeunes femmes ambitieuses, ni putes ni soumises, mais très décidées à avancer vite, est fréquente dans les milieux de l'armement. Ces dames passent, montent une marche sociale et continuent d'avancer quelques semaines au bras de leur nouvelle « conquête ». Sur le bureau d'un de ces agents, installé non loin de Paris, je vois un jour l'aimable portrait d'une figure très en vue. Belle actrice, bonne comédienne, jolie carrière. Humour piquant. Je ne l'aurais jamais imaginée en brûlant objet de la corruption en nature, placée par cet homme dans des bras de politiciens acheteurs de canons. Mais il a eu besoin d'une collaboratrice occasionnelle. Il a trouvé celle-là, et pas à la sortie de la messe ! Une forme de « cadeau » en chair et en os pour un très bon client ? « Prenez ça comme vous le voulez », me lance-t-il... Et de m'expliquer que les débuts furent difficiles pour cette jeune femme, qui devait payer ses cours de comédie. Les temps de leur proximité sont lointains, elle refuse désormais tout contact. Il le regrette un peu...

De Basil Zaharoff aux vendeurs d'armes d'aujourd'hui

Les marchands d'armes ne sont pas une nouveauté. Depuis que la guerre existe, il a fallu armer les combattants. Et, quand la guerre faisait une pause, la paix ne durait jamais bien longtemps. Marchands de mort, marchands de canons, profiteurs de guerre : les personnages réels ont toujours fait bon ménage avec la fiction, et les auteurs qui les évoquaient n'ont jamais eu à faire preuve d'une imagination débordante. En 1905, George Bernard Shaw est allé chercher les traits de son Andrew Undershaft, personnage de sa pièce *Major Barbara*, chez Basil Zaharoff (1849-1936), le plus célèbre des marchands d'armes du XIXe et du début du XXe siècle. Qui fut aussi mis en scène par Hergé en 1937, dans le sixième album des aventures de Tintin, *L'Oreille cassée*, sous le nom transparent de Basil Bazaroff.

Grec, Zaharoff avait commencé par vendre un sous-marin à ses compatriotes, avant d'aller s'indigner chez les Turcs de cette intolérable provocation et de leur vendre deux submersibles. Cette vente effectuée, il se serait précipité chez le tsar de toutes les Russies [1] [a], pour le convaincre de la

a Les notes de référence sont regroupées par chapitre en fin d'ouvrage, p. 351.

gravité de la menace émergeant sur son flanc sud, avant de lui vendre quatre sous-marins [2]. Dans les Balkans, il soutenait la Grèce contre la Turquie, la Turquie contre la Serbie, la Serbie contre l'Autriche. En vendant des armes à tous... Installé comme le principal représentant de commerce du fabricant britannique Vickers, avant de devenir son premier actionnaire, il trouvait sur son chemin — tout aussi corrupteurs que lui, mais avec généralement moins de succès — les vendeurs de l'Allemand Krupp, du Français Schneider ou du Tchèque Skoda. Mais Zaharoff les surclassait tous, manœuvrant avec ardeur dans les plus hautes sphères politiques.

Après la Première Guerre mondiale, il avait même été accusé d'avoir corrompu le Tigre, le Français Georges Clemenceau. Il est vrai que Zaharoff avait fait nommer son frère Paul Clemenceau comme administrateur d'une dizaine de sociétés d'explosifs ; son autre frère, Albert Clemenceau, avocat du groupe français Schneider, était administrateur de la plupart des sociétés appartenant en propre à Zaharoff, tandis que le fils unique de Georges Clemenceau, Michel Clemenceau, était l'un des dirigeants français de Vickers [3]... Cela fait beaucoup, surtout si l'on se souvient que celui qu'on surnomma aussi le « Père la Victoire » se vit accuser d'avoir œuvré au profit de Zaharoff en négociant dans des conditions très défavorables à la France le « traité d'amitié protectrice » avec la principauté de Monaco, signé le 17 juillet 1918. Quand il mourut à Monte-Carlo en 1936, riche à millions, Zaharoff détenait 298 décorations de trente et un pays. Une forme de record...

Dans l'histoire internationale des marchands de canons, Basil Zaharoff est l'un des plus fameux. Mais on ne saurait oublier l'Américain Francis Bannerman (1851-1918), spécialisé dans la revente de surplus, qui opérait dès les années 1900 à partir de la petite île de Pollepel sur la rivière Hudson [4]. Il faut dire qu'après avoir récupéré les surplus militaires américains revendus après la brève guerre hispano-américaine de 1898, il ne pouvait décemment pas stocker 30 millions de cartouches dans ses magasins de Brooklyn ! On se souvient d'autres Américains comme Éleuthère Irénée du Pont de Nemours (1771-1834), fondateur de la firme éponyme qui poursuit aujourd'hui ses activités, John Pierpont Morgan (1837-1913, America Corporation) ou Henry R. Carse. La société de ce dernier, Electric Boat Company (créée en 1899), avait eu recours à Basil Zaharoff, devenu son actionnaire, pour vendre des éléments de sous-marins à l'Allemagne impériale. Et ces navires performants furent ensuite, durant la Première Guerre mondiale, utilisés dans la guerre sous-marine contre les États-Unis. Le commerce ayant ses lois, les Allemands furent contraints en 1930 de payer à la société du Connecticut 4 000 marks de dédommagement pour chacun des cinquante-deux tubes lance-torpilles ! Avec des intérêts à 5 % par an depuis 1916 [5]...

Autre vendeur mythique : Samuel Cummings, mort en 1998. Dans les années 1960, sa société Interarms détenait en permanence dans ses dix entrepôts d'Alexandria, en Virginie, des armes d'occasion en quantités suffisantes pour équiper quarante divisions d'infanterie [6]. Toujours le même système : après les guerres, il achetait leurs surplus aux belligérants, avant de les revendre aux protagonistes d'autres conflits. Le tout sous le regard d'autant plus attentif des autorités américaines que Samuel Cummings, très à cheval sur les règlements — à tout le moins ceux des États-Unis... —, était un ancien employé de la CIA. C'est en son sein qu'il avait commencé à agir, en revendant aux Chinois nationalistes de Taiwan des surplus de la Wehrmacht [7]. Il comprit rapidement qu'il serait bien inspiré d'engranger pour son propre compte les gigantesques profits de ce commerce pas tout à fait comme les autres.

C'est d'ailleurs un principe de base : comme le vendeur de voitures place des modèles similaires aux deux voisins jaloux habitant la même rue, on vend d'abord un canon à un État, puis on se rue chez son ennemi intime pour répéter l'opération. Exagération ? Pas du tout : le 5 octobre 1932, le vice-président de la société Colt, célèbre fabricant d'armes de Hartford (Connecticut), écrit en ces termes à son vendeur le plus performant, Albert Forster : « Cher M. Forster, au regard de l'embrasement de quelques pays latino-américains, il serait de la plus grande utilité pour vous de demeurer en contact proche avec les consuls colombien, péruvien et bolivien. Vous les aviserez que nous comprenons que leurs pays respectifs pourraient se trouver sur le marché des munitions et que c'est notre désir de poursuivre avec eux notre coopération. Comme vous le savez, ces révolutions d'opérette ne vivent généralement pas très longtemps et nous devons saisir au mieux cette opportunité [8]. »

Cynisme ? Certes, et partagé par tous. Alors que l'Inde et le Pakistan sont en état de guerre depuis 1948, la France fournit à l'un et à l'autre des armements modernes similaires. Ou, plus exactement, vend des matériels de qualité supérieure à l'ennemi de son premier client. Dans les années 1970, des dizaines de Mirage III sont livrés au Pakistan ? La décennie suivante sera marquée par la fourniture de Mirage 2000 à l'Inde. Et, quand le Pakistan acquiert des sous-marins Agosta 90B dans les années 1990, l'Inde achète le modèle suivant, le Scorpène, dans les années 2000. Et ainsi de suite... À la fin 2010, les Français enragent de se faire souffler par les Allemands un nouveau marché de sous-marins au Pakistan et ne désespèrent pas de lui vendre leur tout dernier modèle, supérieur au Scorpène, le Marlin. Et, pour l'Inde, ils sont engagés, là encore, dans une nouvelle compétition... pour le successeur des Scorpène.

Tout le monde fait la même chose, la palme étant encore une fois détenue par les États-Unis : ils vendent tout ce qu'ils peuvent à tous les belligérants possibles, en choisissant leurs champions. Au Moyen-Orient, l'Égypte, la Jordanie et Israël possèdent des chasseurs F-16, de même que plusieurs pays du Golfe. La Turquie et la Grèce sont dans la même situation, et l'Inde pourrait rejoindre le club des acquéreurs de cet avion, dont le Pakistan est déjà membre... Rien de neuf sous le soleil !

Tous les États objectent, à juste titre, que ce qu'ils n'auraient pas vendu aurait été fourni par d'autres, leurs concurrents. Le discours français n'est pas différent : pourquoi ne pas faire tourner les usines françaises ? D'ailleurs, remarquaient déjà deux fins observateurs à la veille de la Seconde Guerre mondiale : « Le marchand d'armes ne se tient pas du tout pour un criminel. D'après lui, il est un simple homme d'affaires qui vend sa marchandise selon des usages commerciaux. L'utilisation de ses produits et les résultats qu'ils peuvent provoquer ne le concernent pas plus, par exemple, que s'il vendait une automobile [9]. » Mais est-ce une raison suffisante pour ne pas réfléchir aux conséquences de ces « actes commerciaux » ?

Les armements, un commerce très particulier

Tuer, c'est mal. Mais, depuis qu'il est sur la terre, l'homme s'y emploie. D'abord pour se nourrir, puis pour se protéger de la nature hostile, enfin pour régler ses contentieux avec ses voisins. Les progrès techniques et industriels ont le plus souvent bénéficié d'abord aux armements, que les producteurs conservaient pour leur propre usage afin de bénéficier d'un avantage sur leurs adversaires. Puis les temps sont venus des transferts vers des puissances tierces, acheteuses de matériels qu'elles ne savaient ou ne pouvaient pas produire et qu'elles étaient souvent prêtes à payer au prix fort. Mais les États producteurs ont dû rapidement réguler. Soit pour éviter que des vendeurs trop entreprenants fournissent des adversaires potentiels, soit que ces ventes entrent d'une manière ou d'une autre en contradiction avec les objectifs politiques ou diplomatiques de l'État concerné, ou violent les règlements internationaux.

De longue date, donc, la moralisation des ventes d'armes a fait l'objet de tentatives, au moins sur le papier. Pour les Américains, ce sera l'US Senate Munitions Enquiry, de 1934 à 1936 [10] ; au Royaume-Uni à la même époque, la création en février 1935 de la Royal Commission on the Private Manufacture of and Trading in Arms [11] fut elle aussi l'occasion de découvrir des pratiques particulièrement douteuses : corruption, marchés truqués, violation d'embargos, ventes à des puissances ennemies, financements illégaux des contrats et ventes d'équipements défectueux, la liste n'étant pas limitative. Dans l'univers du commerce international, la vertu n'a hélas pas établi son règne avec l'adoption de la convention anticorruption par les différents membres de l'OCDE à partir de 1997. Pas davantage qu'elle n'avait progressé après l'entrée en vigueur des premières lois contre ce fléau, votées dès 1899 au Royaume-Uni (The Public Bodies Corrupt Practices Act), ou en 1977 aux États-Unis (Foreign Corrupt Practice Act, FCPA). La convention de l'OCDE est clairement une extension de la FCPA américaine, la conséquence de cet état de fait coulant de source : les pays européens, dont la France, n'ont pas eu leur mot à dire dans la rédaction de ce texte, qu'ils se sont fait imposer par la puissance américaine. Ces lois nationales ou internationales ont été complétées au fil des années : la France a par exemple introduit en 2000 la convention de l'OCDE dans son droit national ; et elle a poursuivi ce mouvement en 2007 en mettant ses textes en conformité avec la convention de Mérida, adoptée par l'ONU en 2005.

Il faut bien se souvenir que le commerce des armes n'a rien de comparable avec d'autres échanges marchands. S'agissant de la partie la plus importante des transferts d'armements, à savoir le commerce légal contrôlé par les États — je n'évoque donc là ni les marchés « gris » ni surtout le marché noir —, le commerce des armes est dit « monopsone », à savoir que, dans un pays donné, une multitude de fournisseurs vont concourir pour obtenir les faveurs d'un client unique : l'État, représenté par son chef, ou par un subordonné jouissant de la liberté que ce dernier lui aura octroyée. Dans tous les cas, il ne peut donc s'agir que de marchés très particuliers, les armements se trouvant concernés au même titre que quelques autres secteurs d'activité se comptant sur les doigts d'une seule main : l'énergie — dont les hydrocarbures et le nucléaire —, les communications — dont les télécommunications, la radiodiffusion et la télédiffusion —, l'aéronautique et l'espace.

La corruption concerne donc essentiellement les marchés portant sur les équipements technologiques les plus indispensables au fonctionnement d'un État ou à l'expression de sa souveraineté, éléments sur lesquels les décideurs en mesure d'acquérir des matériels souvent très sophistiqués ne lésinent jamais. En 2007, une étude de l'OCDE affirmait ainsi sans complaisance : « Le secteur des armements est particulièrement sujet à la corruption. Les trafiquants d'armes sont réputés évoluer sur un "marché vendeur", autrement dit les capacités de production y dépassent la demande. Dans l'ensemble, les exportations légales sont rares. À de longues périodes de faiblesse des exportations succèdent de courtes périodes d'hyperactivité. Le prix des armements est généralement inconnu, de même que des produits analogues ou identiques peuvent être vendus à des prix différents, ce qui multiplie les possibilités d'intégration de facilités commerciales dans un contrat. Le secteur manque de transparence et ne bénéficie que d'un contrôle démocratique limité. Les appels d'offres sont restreints, puisque le nom des entreprises est tenu secret pour des raisons de "sécurité nationale". Cette situation fait indubitablement écran à toute vérification [12]. »

L'un de nos interlocuteurs nous faisait remarquer que le Pakistan, pays pourtant très endetté, paye depuis des décennies la plupart des traites de ses énormes contrats d'armement. Dans ce pays comme dans les autres, les décideurs trouvent toujours les moyens, non seulement de faire financer ces équipements par la puissance publique ou par une entité ne pouvant récuser leurs choix (par exemple une compagnie aérienne ou un producteur d'énergie), mais également de faire augmenter cette facture du prix des avantages qu'ils prétendent obtenir. Ceux-ci représentent souvent plusieurs dizaines de points de pourcentage, alors que l'OCDE n'accepte que des commissions commerciales considérées comme légitimes et ne dépassant pas 5 % de la valeur du contrat.

Le client qui détient les cordons de la bourse, ou celui qui se trouve par exemple en position d'attribuer les fréquences radioélectriques sans lesquelles il est impossible d'émettre, est en mesure de dicter sa loi. Et notamment de réclamer que l'industriel fournisseur lui reverse personnellement, sous forme de commission, une part des fonds d'État qui lui ont été payés sur présentation de sa facture. Si le vocable international que l'on entend dans tous les pays du monde demeure le fameux *bakchich*, issu de langue turque, le terme français consacré est « pot-de-vin ». En anglais, on dit *backhander* ou *sweetener*. En espagnol, c'est *gratificación*. En italien, les pots-de-vin sont les *tangentopoli*, en chinois, la corruption s'appelle *fubai* ; et *nützliche Aufwendungen* (investissements utiles) ou *Schmiergeld* désignent en allemand cet argent sale qui sert à graisser les pattes trop avides...

Corrompre. Échafauder des montages complexes. Agir clandestinement en tant qu'homme de paille, masquant de puissants commanditaires pour leur éviter d'apparaître. Huiler les portes, lubrifier les rouages administratifs et bien plus encore... Pour désigner toutes ces pratiques, le vocabulaire des « soutiers » de la fourniture aux États d'équipements stratégiques est d'une richesse infinie. Tout comme leurs *modus operandi*, impliquant souvent et surtout une gestion intelligente des libéralités à accorder aux échelons subalternes concernés par un grand contrat, qui appartiennent à ce qu'on appelle le *working level* : ils ne détiennent pas toute la décision, mais peuvent soit la bloquer, soit la favoriser.

Les arpenteurs de l'ombre : corruption à tous les niveaux

Depuis des années, je me suis intéressé aux ventes d'armes, d'abord pour le quotidien *Libération* — qui m'a hébergé de 1973 à 1996 —, avant de parfois traiter ce sujet pour l'hebdomadaire *Le Point* durant quelques années encore. Il ne m'a pas fallu trop de temps pour comprendre que le commerce des armes n'est pas vraiment une activité comme les autres. Dans cet univers très spécial échappant aux règles habituelles du commerce international — mais pas à toutes cependant —, on rencontre peu d'acteurs de couleur passe-muraille. Mais nombre de personnages ahurissants. Les uns roulent carrosse, arrosent de billets les puissants qu'ils ont su appâter et ils n'ont qu'une peur : que leur business soit remis en cause par de nouvelles règles légales vraiment contraignantes. Et avec lui leur fortune, leur impunité et leurs passe-droits, leur fréquentation des riches et des puissants. D'autres, qu'ils soient débutants ou qu'ils aient été évincés pour avoir écrasé trop d'orteils, sont quasiment vêtus de guenilles un jour, pour le lendemain nager dans la prospérité. Tous s'agitent dans un trouble potage, se souciant comme d'une guigne des règles régissant la vie du commun des mortels.

Le plus souvent, ils ne se soumettent aux lois que lorsqu'elles sont strictement conformes à leurs intérêts et, dans la vie, ils naviguent généralement à vue. Qu'ils aient recours à la corruption ou à toute forme de gratification moins gênante facilitant les contacts, cela ne les dérange pas le moins du monde. L'un d'entre eux, travaillant pour un grand groupe d'électronique de défense, m'a ainsi raconté une scène étonnante. Un ministre africain le convoque un jour, ouvre le grand tiroir de son bureau, et lui lance : « Voyez comme il est vide. Je veux que demain il soit plein ! » Il faudra un peu de temps, mais le tiroir se remplira. Un autre agent se souvient de sa stupéfaction devant l'énormité du tas de billets nécessaire pour verser en espèces quelques millions de dollars à un chef de parti politique européen : « Devant le banquier qui les apportait, je ne savais plus où les mettre ! » lance-t-il en figurant avec de grands gestes la taille du monceau de liasses. Un troisième s'étonnera devant moi d'avoir approché le président d'une grande démocratie européenne avec un projet sophistiqué de retour de commission taillé sur mesure, faisant appel à des montages financiers et capitalistiques complexes : « J'ai vu son homme d'affaires, un banquier, tout collait, mais il n'a finalement pas donné suite... » Notre interlocuteur ne s'en offusque pas, mais il a dû chercher d'autres soutiens politiques pour vendre les armes du fournisseur qu'il représentait.

Depuis un quart de siècle, j'ai rencontré ces arpenteurs de l'ombre — et, dans mes contacts, une seule femme, très spectaculaire — parfois chez eux ou dans leurs bureaux, mais le plus souvent sur leur terrain de chasse habituel : les bars des grands hôtels — toujours les plus luxueux. Précision utile : quand on n'y boit qu'un café, les prix restent abordables. Car le principe de base, c'est de ne pas accepter de se faire offrir les consommations. Ou, alors, une fois sur deux, chacun son tour... Dans les plus grands palaces des grandes capitales, ils sont chez eux et ont généralement le bifton assez leste : les grosses coupures sortent des poches, discrètement ou non selon les cas, car ces hommes payent toujours en liquide. Ils ont leurs manies. L'un d'entre eux, qui n'a pas accepté de me rencontrer, honorerait ses relations parisiennes par de petites liasses de gros billets roulés, serrés par un élastique. Un autre, son concurrent auprès de certains industriels français, noue les contacts avec ces derniers, ou avec des hommes politiques, en leur glissant une enveloppe de 50 000 euros. De telles pratiques, pour un corrupteur, constituent des gestes d'ouverture, des manœuvres de séduction qui ficellent son interlocuteur. Bien sûr, ceux qui acceptent ce vénéneux cadeau se retrouvent parfois dans des positions difficiles, y compris s'il leur prend la curieuse fantaisie de souhaiter rembourser cet argent — cela s'est vu ! Dans ce monde, une dette se paye et un « cadeau » ne se rend pas...

Bien peu de ces hommes acceptent d'être cités, ce qui peut se comprendre : leurs affaires se poursuivent aux heures obscures, prospèrent dans la discrétion et sombrent à la lumière. Souvent, ils évoluent dans le déséquilibre actif du funambule : un geste trop ample, et les voilà cul pardessus tête ! Ils sont parfois étranges : l'un d'entre eux est arrivé à notre rendez-vous avec sa maman. Un autre, conjoncturellement en assez fâcheuse position, m'a fait contacter par l'une des plus grandes agences de communication européennes. Et que penser de ce sexagénaire qui, me donnant rendez-vous à une heure du matin, s'est présenté escorté par une jeune femme qui n'avait pas fait sa première communion depuis très longtemps, elle-même accompagnée par trois adolescents hilares et boutonneux. « Ça dure depuis un mois, je n'ai jamais été amoureux comme ça ! » me lance l'heureux marchand d'armes, avant de claquer un billet de 200 euros à la beauté nordique afin qu'elle aille abreuver ses amis à la boîte de nuit voisine ! À notre rendez-vous suivant, il m'apprit, inconsolable, que la belle s'était envolée, rappelée en Finlande par ses parents exaspérés.

Il leur faut souvent ruser avec la vie, prendre juste ce qu'il faut de risques en rencontrant le journaliste, mais ne point forcer le destin en l'autorisant à dévoiler leur identité. D'ailleurs, quand cette dernière apparaît, c'est dans des conditions bien précises : la justice ou le fisc les ont rattrapés, la presse est avertie de leurs mésaventures, ils n'ont plus d'autre choix que de se battre à découvert. Et c'est généralement leur avocat qui monte en première ligne… Dès lors, c'est une tout autre histoire !

L'argent, unique objectif des corrupteurs et des corrompus

Dans les pays où ils opèrent, les agents se fondent dans la grisaille locale, connaissent les faiblesses de chacun, les lignes de force et de fracture, les vrais réseaux de pouvoir et les gouvernements secrets. En vendant des armes, ils se trouvent aussi, à leur manière, en position de livrer des informations sur leurs « prospects », tout en se comportant en vecteurs de leur pays d'origine. Dès lors, ils agissent souvent, sans que cela se dise, avec le soutien des services de l'État. Un échange de bons procédés, en quelque sorte.

En 2003, l'ex-ministre des Affaires étrangères Roland Dumas, mis en cause à tort dans l'affaire des frégates de Taiwan, s'est montré assez loquace sur ces personnages pas si discrets : « Les intermédiaires sont peu nombreux, mais ils ont pignon sur rue. Quelquefois, les gouvernements s'en mêlent, appuyant les démarches de leurs entreprises nationales, fermant les yeux sur les transactions subalternes qui accompagnent les interventions politiques parallèles [13]. » Quelques années plus tard, en mars 2010, le ministre français de la Défense Hervé Morin a souligné crûment le « besoin » de leur présence : il n'est pas facile de gagner un contrat, expliqua-t-il, car « ça passe forcément par des personnes qui sont en mesure de pouvoir discuter, […] c'est la vie normale. Il y a forcément besoin de relais locaux. Toutes les industries du monde le font, pas simplement sur les ventes d'armes, mais sur tous les grands programmes, sur tous les grands équipements. Vous avez forcément besoin d'un certain nombre d'intermédiaires qui sont souvent connus, reconnus et qui participent à la promotion de l'industrie française [14] ».

La diplomatie appuie les agents quand les interventions peuvent être publiques. Les services secrets, eux, sont plus souvent appelés à donner un coup de main. Rien de plus pratique dans une négociation sur une vente d'armes — ou sur un autre grand contrat, d'ailleurs — que de livrer à un agent commercial quelques éléments bien choisis recueillis par des interceptions électroniques ou par le travail d'un service de renseignement. Ils seront utiles lors des contacts... L'accès direct de l'agent au décideur peut prendre des voies de traverse. Pour tel dirigeant, les messages passeront par son coiffeur. Pour tel autre, dirigeant africain tout aussi corrompu que les autres mais dont le nom est quasi synonyme de sainteté laïque, par son tailleur. Qui prendra évidemment sa dîme au passage, mais peu importe : il sera toujours possible, pour un bon agent, d'accéder au patron, vite et bien. Le dirigeant concerné ne sera pas forcément mécontent de disposer, outre des fonds qui faciliteront sa vie, de l'une de ces informations secrètes qui l'aidera dans son maintien au pouvoir. C'est ainsi que se forgent les amitiés solides...

Quand ils se retirent fortune faite (ou défaite), les marchands d'armes ne portent pas sur le vaste monde un regard plus désabusé que les autres. Ils ont parfois gagné et souvent perdu ; ils ont pu se retrouver complètement plumés du jour au lendemain, voire être passés par des séjours en prison, avant de se refaire comme des joueurs de poker, las toutefois d'avoir abattu trop de cartes. Certains ont peur que leurs soutiens les lâchent, de voir apparaître des concurrents insoupçonnés, plus hargneux, avec encore moins de scrupules. Ils fréquentent les palais les plus huppés, croisent ici ou là des personnalités qu'ils ne devraient pas fréquenter, se font introduire auprès des chefs d'État par tous les moyens imaginables. Pour les uns, les accointances politiques ouvriront des portes, pour d'autres, ce seront le monde des courses, ou de solides solidarités familiales. L'argent est le premier, sinon unique, objet de leur désir et ils évoluent en terre de connaissance : pour leurs interlocuteurs, les préoccupations sont identiques...

On pourrait penser que les graves accusations de corruption apparues, en France ou ailleurs, depuis les années 1990 à l'occasion des multiples affaires révélées par la justice auraient calmé les ardeurs des éventuels corrompus et corruptibles. Or c'est le contraire qui s'est passé, selon l'un des agents français les plus actifs : « Au lieu de leur faire peur, ces affaires les ont rendus jaloux ! Ils ne comprennent pas pourquoi d'autres ont été mieux servis qu'eux, et veulent tous être "sous la gouttière [a]". Ils s'émulent entre eux... » Comme en écho, le jeune essayiste libéral et provocateur Gaspard Koenig s'interrogeait en ces termes en 2009 : « On se demande souvent comment les corrompus, revenus à leur solitude, peuvent "se regarder dans une glace". La réponse est simple : ils y voient non

a Dans le petit milieu des agents corrupteurs, cette formule illustre la position avantageuse occupée par les corrompus. Ils y recueillent les commissions occultes tombant des « gouttières » où s'écoulent les milliards de ces contrats...

pas un sujet, une personnalité dotée d'une valeur intrinsèque et pourvue d'une claire conscience du bien et du mal, mais un objet d'échange possédant une valeur assez précise sur le marché des sentiments et des services. Le jugement individuel, basé sur une intuition de soi-même aussi pure que vide, cède la place à l'évaluation collective, fondée sur des critères complexes et bien définis. Autant il est facile d'obéir à des principes que l'on pose soi-même, autant il faut rivaliser de finesse et d'expérience pour trouver une balance exacte dans le jeu confus des intérêts [15]. »

Ce « jeu confus des intérêts » n'a en réalité rien de confus : il s'agit, très trivialement, de « faire de l'argent », le plus possible. Lucide observateur de l'air du temps des dernières décennies de la mondialisation néolibérale, Koenig explique tranquillement pourquoi, selon lui, « les vices privés font le bien public » et pourquoi, derrière l'hypocrisie des mesures de lutte anticorruption adoptées par les États occidentaux, les « signes de bonne santé » seraient plutôt à voir dans la banalisation des pratiques de corruption et des arrangements entre amis. Un élégant habillage pour justifier les pires pratiques, comme celles des marchands de mort de la fin du XXe siècle et du début du siècle suivant, qui ont porté à une échelle historiquement inédite celles de leurs prédécesseurs des siècles précédents.

En fréquentant ces personnages parfois fort sympathiques, souvent beaucoup moins, assez peu respectueux des lois auxquelles ils peuvent échapper, j'ai souvent éprouvé le sentiment qu'ils vivent sur une autre planète. Ils croient que tout s'achète. Ou, en tout cas, que tout est achetable. Sauf leur confiance. Elle n'a pu se construire qu'au fil des années, alors même que le journaliste n'a jamais accepté d'entrer en connivence : eux racontent, lui écoute et prend des notes. Certaines confidences ne sont venues qu'après des lustres de silence, mais au bout du compte je crois — peut-être immodestement — qu'elles seront utiles au lecteur. L'enquête qu'il va lire a été longue et difficile et, si elle ne fut pas une partie de plaisir, elle n'a pas non plus été triste...

De la géopolitique appliquée reflétant l'équilibre des forces entre les grandes puissances jusqu'aux labyrinthiques conflits de pouvoir entre clans à la tête des États du Sud assez riches pour jouer un vrai rôle sur la scène des grands marchés d'armement, j'ai tenté de restituer l'étrange sentiment de vertige que procure cette plongée dans le monde obscur, dissimulé derrière la vitrine faussement transparente des statistiques du commerce international. Comme dans le fascinant univers des images fractales animées, où chaque détail ouvre un nouveau monde, chaque épisode d'une affaire de vente d'armes sur les marchés blancs, gris ou noirs semble en effet ouvrir sur d'autres affaires incidentes, d'autres turpitudes locales ou planétaires, dans une ronde sans fin...

Remerciements

À l'heure du point final, je dois remercier tout ceux et celles qui m'ont permis d'écrire cet ouvrage. Français ou étrangers, industriels, vendeurs d'armes ou de technologies de souveraineté, fonctionnaires civils et militaires ou banquiers, magistrats ou avocats, ils sont plusieurs dizaines à avoir accepté de m'ouvrir leurs dossiers, me présenter leurs amis, ou tout simplement me parler. Souvent, l'exercice n'était pas facile, car ces personnes qui font profession de vendre des engins de mort ne fréquentent pas seulement le droit chemin. De la vie, ils connaissent les voies de traverse, les épisodes peu ragoûtants et les chutes brutales. Il est arrivé — et il arrive encore aujourd'hui — à certaines de mes sources de violer délibérément la loi, de flirter avec le proxénétisme, de manier la corruption et le chantage, de frauder le fisc. Et de mentir. Certains ont connu les foudres de la justice, sont allés en prison après des procès. Mais nombreux parmi mes interlocuteurs n'ont pas eu à subir ces désagréments. Sans pour autant me révéler tous leurs secrets, ils ont néanmoins pris le risque de se découvrir : ils savaient que, pour le journaliste, la protection des sources n'est pas un vain mot. Tous ceux qui m'ont parlé — parfois au fil de conversations s'étalant sur des années — se retrouveront dans ce livre, même si les propos qu'ils m'ont tenus n'ont pas toujours été utilisés. La loi s'impose à tout auteur et toutes les réalités ne sont pas dicibles en l'état. De plus, dans ce milieu si particulier, chacun prend soin de dissimuler les preuves de fautes qu'il devient alors impossible d'évoquer. À ce stade...

À tous ceux qui m'ont accompagné durant cette longue enquête, je veux dire ici ma reconnaissance. Avec une mention particulière pour Viviane, Carole et Héloïse. Quant à François Gèze, il a gagné avec cet ouvrage le titre d'éditeur le plus patient du monde. Je lui en sais gré, plus qu'il ne le croit !

Paris, Morlaix, le 31 décembre 2010

I

Mirages orientaux

1

Adnan Khashoggi, l'émir des canons

Avec sa ronde silhouette, son crâne dégarni depuis toujours, la moustache couvrant la lèvre, le smoking et le nœud papillon, il donne l'apparence d'un épicier enrichi, sans histoire. Portant parfois la blanche qamis et le shemagh traditionnels, quand c'est nécessaire, il a longtemps vécu entre l'Occident et le Golfe arabo-persique, avant de s'y retirer. Il s'appelle Adnan Khashoggi.

Né en 1936, il est le fils de Mohamed Khaled Khashoggi, médecin personnel du roi Ibn Saoud d'Arabie saoudite, et, depuis qu'il a dix-huit ans, il est commerçant. Dans les années 1970, son réseau personnel est un *Who's Who* des principaux intermédiaires financiers et commerciaux entre le Golfe, ses féodaux pétroliers et le monde occidental... Mais il exerce un commerce un peu particulier : celui des armes. Dans les années 1970 et 1980, il était la référence absolue dans ce secteur économico-politique si particulier. Retiré des affaires depuis les années 1980, il coule depuis une paisible retraite. Après avoir bâti une énorme fortune, il en a perdu une bonne part et on a oublié qu'il fut parfois considéré — certes à tort — comme l'homme le plus riche du monde.

Le jeune Adnan Khashoggi gagne ses premiers dollars en 1954, quand un entrepreneur de travaux publics, patient de son père, lui confie l'achat de camions aux États-Unis. Le vendeur verse au débutant une commission de 25 000 dollars, bientôt suivie d'un versement équivalent par l'acheteur, satisfait du prix qu'il a obtenu. Ce client satisfait n'est autre que Mohammed Awad Ben Laden, qui décédera en 1968 dans un accident d'avion et dont l'un des fils, Oussama, créera plus tard le réseau Al-Qaida.

Une fortune dans les sables

Khashoggi prend rapidement goût aux affaires. En 1956, l'Arabie saoudite soutient l'Égypte à l'occasion du conflit de Suez, en lui fournissant des camions. Le jeune Khashoggi, vingt ans, empoche 150 000 dollars de commission. Ce n'est qu'un début.

À l'époque, les hommes d'affaires effectuant — hors du champ pétrolier — la liaison entre l'Arabie saoudite et les pays occidentaux sont pour l'essentiel des Britanniques, certes attirés par l'argent, mais surtout par la magie des sables. Parmi eux, le légendaire Harry St. John Bridger Philby (1885-1960), aventurier arabisant né au Sri Lanka, chef des services secrets britanniques en Palestine puis conseiller du roi Ibn Saoud, avant que celui-ci soit chassé par son successeur le roi Fayçal en 1955. (Harry Philby est également connu pour être le père du célèbre espion Kim Philby, l'un des « cinq de Cambridge [a] » ayant trahi la Couronne au profit de l'URSS avant même le début de la guerre froide.) Mais les temps changent : notamment grâce aux efforts d'Harry Philby, stipendié par des sociétés pétrolières américaines et britanniques [1], le pétrole d'Arabie coule désormais à flots, excitant les convoitises et laissant entrevoir aux féodaux la possibilité d'accéder à un autre horizon que celui du désert et des courses de dromadaires. Or, les princes saoudiens ont compris que les armes, et surtout les pétrodollars qui servent à les payer, peuvent constituer un excellent moyen de répartir la richesse nationale dans des poches plus nombreuses. Il va falloir changer de méthode…

Voilà qui tombe bien ! Au début des années 1960, Adnan Khashoggi, qui a vite appris, alimente en armes les maquis royalistes du Yémen, pour le compte à la fois des services secrets britanniques et de son pays. Quand le ministre de la Défense saoudien, le prince Sultan, lui propose une commission, il refuse : « Je l'ai fait pour mon roi, je ne veux réaliser aucun profit [2]. » Qui en douterait ? En 1965, le royaume saoudien veut constituer sa première flotte d'avions de combat. Khashoggi représente l'américain Lockheed, qui propose son F-104 Starfighter. Contre lui, les Britanniques alignent le Lightning F53, de British Aircraft Corporation, représentée par un agent commercial britannique, Geoffrey Edwards, « qui n'était pas un mystique motivé par sa ferveur moralisatrice envers la cause arabe, mais par l'argent [3] ». Ce dernier gagnera ce contrat de 120 millions de livres, associant la vente de quarante Lightning, de radars et autres équipements électroniques. Khashoggi aurait-il perdu ? Pas du tout…

---

a Outre Kim Philby, il s'agit de Donald McLean, Guy Burgess, Anthony Blunt et Richard Cairncross.

Malin, il ne manque pas de se faire inviter dans la partie par le prince Sultan. Lequel, pour ne s'aliéner aucun fournisseur, a pris grand soin de partager le gâteau. Les Britanniques vendront les avions qui intégreront des composants américains, et les Américains obtiendront pour leur part le marché des missiles sol-air MIM-23 Hawk produits par la firme Raytheon. Et, surtout — c'est la principale motivation de cet accord secret conclu sous les auspices du légendaire vendeur d'armes américain Henry Kuss —, la Royal Air Force achètera cinquante bombardiers américains F-111 Aardvark à géométrie variable produits par General Dynamics [4]. Le Royaume-Uni renoncera plus tard à cette acquisition, mais peu importe : avec cette affaire, Khashoggi va s'installer « sous la gouttière », en devenant à la fois le représentant du motoriste Rolls-Royce, qui vend le réacteur du Lightning, et celui de Raytheon, qui vend les missiles. Comme prévu, il touchera — gros — sur les deux marchés. Lockheed obtiendra pour sa part un lot de compensation sous la forme d'un contrat portant sur des avions de transport C-130 Hercules à 2,5 millions de dollars pièce — dont 15 % de commission pour l'agent de Lockheed, Khashoggi — plus un lot de consolation : des avions de ligne Tristar L-1011 pour la compagnie nationale saoudienne... équipés de réacteurs fournis par Rolls-Royce ! Les seuls contrats Lockheed lui rapportent 100 millions de dollars durant ces années. Ceux avec son concurrent Northrop, 54 millions de dollars. Plus 45 autres millions, avec les firmes françaises pour lesquelles il vend des blindés au royaume. Il n'est désormais plus question de vendre des armes à l'Arabie sans passer par Khashoggi.

Ses sociétés, regroupées au sein du consortium Triad, prospèrent... Il achète des banques aux États-Unis, construit un parc industriel à Salt Lake City, finance le couturier Kenzo Takada à Paris, acquiert un ranch en Arizona, inspire l'écrivain Harold Robbins pour le personnage principal de son roman *Le Pirate*. Ses commissions varient officiellement de 5 % à 15 %. C'est beaucoup, mais ces monceaux d'or ne tombent pas tous dans son escarcelle : le principe même de la combine de Khashoggi, c'est qu'il arrose généreusement les clients qui ont choisi de se fournir par son intermédiaire. Le procédé est d'une simplicité rare : les factures des armements sont payées avec de l'argent public. Et les pots-de-vin repartent au fond des poches personnelles des donneurs d'ordre. Mais cela va finir par se savoir.

Le scandale Lockheed

En 1974, le président des États-Unis Richard Nixon démissionne à la suite du scandale du Watergate. Adnan Khashoggi le connaît bien : il l'a rencontré pour la première fois en 1967, deux ans avant son élection à la Maison-Blanche, en dînant avec lui au restaurant Raspoutine, à Paris. Plus tard, il contribuera à sa réélection par des versements au CREEP (Committee to Re-Elect the President) [5]. À la suite de la démission de Nixon, des commissions d'enquête parlementaires se mettent en place et entament une grande opération de nettoyage. Durant les auditions, de nouvelles affaires surgissent. Dès l'été 1975, l'une d'elles dévoile les turpitudes de la firme Lockheed, qui ne concernent pas moins de treize pays différents. Pour vendre son Tristar L-1011 au Japon, l'entreprise a corrompu le Premier ministre Kankuie Tanaka. Accusé d'avoir reçu 1,6 million de dollars, sur un total de 12,6 millions payés à des dirigeants japonais, celui-ci doit démissionner [6].

Le prince Bernhard des Pays-Bas, époux de la reine Juliana, est lui aussi touché. En 1973, il était prêt à aider Lockheed à vendre des avions de patrouille maritime pour remplacer les vieux P-2V Neptune de la marine néerlandaise. Cette année-là, trois appareils sont en compétition : un britannique, le Nimrod de Hawker Siddeley ; un français, le Breguet Atlantique IA et II ; et le P-3C Orion de Lockheed. Un vendeur d'armes hors pair alors en retraite, Fred C. Meuser, prend l'attache du prince Bernhard. C'est une vieille connaissance car, comme les Hollandais vont l'apprendre lors des auditions américaines au printemps 1976, ce dernier a été corrompu par Lockheed dès le début des années 1960, à l'occasion de l'achat de chasseurs F-104 Starfighter pour la Koninklijke Luchtmacht, l'armée de l'air néerlandaise [7]. Selon la commission d'enquête, Meuser assure cette fois en substance au prince que, si les Pays-Bas achètent le P-3C Orion de Lockheed, la firme saura se montrer généreuse avec les organisations charitables qu'il préside, dont le World Wildlife Fund. Le contrat néerlandais sera finalement repoussé en raison de coupes budgétaires [8]. Et le prince devra démissionner de ses fonctions militaires et de ses affaires.

Le scandale se ramifie en Italie et en Espagne. On découvre que Lockheed paye des pots-de-vin partout où il cherche des clients : la Colombie est touchée (trois généraux corrompus lors de la vente d'avions C-130 Hercules), tout comme le Koweït, la Malaisie, l'Indonésie, les Philippines, Taiwan, l'Argentine, le Pérou, le Chili, le Vénézuéla, le Maroc [9]. Au cours des enquêtes, Adnan Khashoggi, qui paraît s'être contenté de l'Arabie, est entendu. Il n'est certes pas le seul agent de la firme, qui employait pour chaque pays des agents attitrés, mais le Sénat considère que les commissions qu'Adnan Khashoggi a reçues entre 1970 et 1975 sur les affaires en Arabie saoudite étaient destinées à payer des pots-de-vin, dont 2,15 millions de dollars pour un officier, à travers un compte au Liechtenstein. Mais, le concernant, cette enquête n'ira pas plus loin [10]. Pas davantage que celle l'impliquant dans des versements illégaux par l'avionneur Northrop à deux chefs d'état-major successifs de l'armée de l'air saoudienne, dans le cadre de l'achat de cinquante avions de chasse F-5B Tiger et F-5E Tiger II. Khashoggi nia fermement que lui-même ou son groupe Triad aient jamais payé des pots-de-vin [11]. À ses yeux, cette simple évocation relève de l'insulte : « Le prince Sultan n'a pas besoin d'Adnan Khashoggi. Adnan Khashoggi n'offrira jamais d'argent au prince Sultan : ce serait comme un mendiant offrant des richesses à un roi [12] ! »

L'affaire Lockheed est si énorme, les flétrissures qu'elle dévoile dépassent à ce point l'imagination, qu'elle va entraîner une profonde transformation de la loi américaine. Jusqu'alors, les éventuels paiements de pots-de-vin n'étaient concernés que par le SEA (Security Exchange Act de 1934). À partir de 1977, il faudra compter avec le FCPA (Foreign Corrupt Practices Act), beaucoup plus contraignant [13] — j'y reviendrai.

Au début des années 1980, Adnan Khashoggi utilise trois jets privés et un yacht de soixante-dix mètres avec cinquante-deux membres d'équipage, le *Nabila*, du nom de sa fille Nabila Khashoggi. On peut admirer ce somptueux navire dans le dernier film avec Sean Connery de la série James Bond, tourné en 1983, *Jamais plus jamais*. Le fastueux milliardaire ne compte même plus ses résidences princières à Riyad, Djedda, Paris, Beyrouth, Marbella, Rome, Cannes, New York, Monte-Carlo, au Kenya, aux Canaries, à Madrid, etc. À cette époque, la SEC (Security Exchange Commission), le gendarme de la Bourse de New York, l'accuse toujours d'avoir versé à des princes saoudiens de gros pots-de-vin pour le compte d'industriels américains de l'armement. Mais, comme le note le biographe non autorisé du milliardaire, Ronald Kessler, les enquêteurs ne vont tout de même pas jusqu'à fouiller dans les comptes suisses qui abritent les transactions. Khashoggi mène une vie de luxe et d'extravagance, recrute une mère maquerelle française, Mireille G., pour lui fournir la compagnie de jeunes femmes facturées 1 000 dollars la nuit et 3 000 dollars le week-end. Il lui arrive d'en « commander » dix pour une soirée, afin de faire profiter ses amis et relations d'affaires de leurs services...

La folle affaire de l'Irangate

C'est à cette époque qu'Adnan Khashoggi va se retrouver au cœur de l'une des plus insolites affaires de trafic d'armes de l'après-guerre, restée dans l'histoire sous le nom d'« Irangate » ou d'« Iran-Contra Affair », et dont les détails — une fois n'est pas coutume — seront connus grâce au scandale politico-judiciaire qu'elle provoquera aux États-Unis.

Depuis 1984, plusieurs otages américains sont détenus au Liban à l'instigation de l'Iran, qui cherche alors par tous les moyens à obtenir des armes dans la guerre avec l'Irak qu'il mène depuis 1980 [a]. Les États-Unis, sollicités par l'homme d'affaires iranien Manucher Ghorbanifar, refusent durant plusieurs mois de marcher dans la combine. Jusqu'à ce que ce dernier propose de faire passer par les Israéliens cette transaction commerciale contre nature. À l'origine de cette suggestion saugrenue, apparaît très vite notre Saoudien Adnan Khashoggi [14]. Comme tout marchand d'armes qui se respecte, il ne connaît pas nécessairement tous les grands de ce monde : les hommes d'État se méfient généralement de ces hommes aux billets faciles et aux réputations en cendre. Mais ces marchands savent les approcher par des intermédiaires qui se trouvent, eux, « au contact » et nettement moins apparents. Début 1985, Khashoggi connaît à la fois Ghorbanifar et des contacts israéliens « ouvreurs de portes » auprès du Premier ministre Shimon Peres (qui deviendra président de l'État d'Israël en juillet 2007).

Le premier de ces hommes providentiels est Al Schwimmer (né en 1917 aux États-Unis), proche de longue date de Shimon Peres et président fondateur en 1953 de la société d'aéronautique et d'armements Israel Aircraft Industries (aujourd'hui le principal employeur israélien). Il avait commencé sa carrière en exportant illégalement vers Israël des avions vendus par les États-Unis après la Seconde Guerre mondiale. Ces chasseurs, leurs pilotes recrutés notamment aux États-Unis et les milliers de tonnes de munitions envoyées illégalement en Israël contribuèrent à sa victoire lors de la première guerre israélo-arabe (mai 1948-juillet 1949) ;

a Seul William Buckley, chef de station de la CIA à Beyrouth, enlevé le 14 mars 1984, perdra la vie en captivité, en juin 1985. Les autres otages seront libérés, après de longs mois de détention : Jeremy Levin, chef du bureau de CNN (enlevé le 7 mars 1984, libéré le 13 février 1985) ; Benjamin Weir, pasteur presbytérien (8 mai 1984-15 septembre 1985). Plus tard, seront enlevés le prêtre catholique Lawrence Jenco (8 janvier 1985-26 juillet 1986), Terry Anderson, journaliste à l'Associated Press (16 mars 1985-4 décembre 1991), David Jacobsen, directeur de l'Hôpital américain (28 mai 1985-2 novembre 1986), Thomas Sutherland, doyen de l'école d'agriculture (9 juin 1985-19 novembre 1991). Le 14 juin 1985, le vol TWA 847 avait été détourné sur Beyrouth, et un otage américain tué.

cela avait valu à Al Schwimmer d'être à la fois adulé en Israël et condamné en 1950 en Californie pour violation des lois sur l'exportation et de l'US Neutrality Act. Schwimmer présente à Adnan Khashoggi celui qui sera son second contact israélien : le colonel Yaacov Nimrodi (né en 1926). D'abord jeune attaché de défense à l'ambassade d'Israël à Téhéran dans les années 1950 et sans doute agent du Mossad, Nimrodi est devenu par la suite un marchand d'armes prospère. Né à Bagdad, parlant couramment l'arabe et le persan, il a bâti lui aussi une fortune colossale en vendant des armes au shah d'Iran, en amenant en Israël des Juifs d'URSS, etc.[a].

Quand un marchand d'armes intervient sur le marché ouvert et officiel, c'est déjà juteux. Mais, quand il entre sur le marché gris — dont les acteurs sont des États, des services secrets et des clients souvent innommables —, le jackpot peut être considérable. En mettant en relation clandestinement les mollahs iraniens, le Grand Satan américain et l'État juif, Adnan Khashoggi pense alors être en mesure de réaliser des profits gigantesques s'il parvient à se mettre « sous la gouttière » d'un transfert clandestin d'armes sophistiquées. Ghorbanifar fait savoir que, si Washington livre à l'Iran des missiles antichars BGM-71 TOW de Hughes Aircraft, la libération du chef de station de la CIA à Beyrouth, William Buckley, enlevé le 14 mars 1984, sera possible. Alors que les enlèvements se poursuivent, le président Ronald Reagan déclare le 30 juin 1985 : « Les États-Unis n'accordent aux terroristes ni récompense ni garantie. Nous ne faisons aucune concession. Nous ne transigeons pas. »

Pourtant, c'est bien lui, en personne, qui autorisera la vente de matériels militaires à l'Iran : cent missiles TOW contre quatre otages. Problème : les Israéliens ne veulent procéder à aucune formalité tant qu'une garantie financière n'aura pas été versée par les Iraniens. Lesquels ne veulent rien verser sans avoir reçu les missiles. Khashoggi s'y colle en prêtant un million de dollars à Ghorbanifar, qui les place sur un compte israélien. Les premiers engins antichars sont livrés le 19 août, mais aucun otage n'est libéré. Le 29 août, le paiement des Iraniens ayant été versé à Ghorbanifar, ce dernier rembourse Khashoggi, qui s'empresse alors de prêter 4 millions

a En 1988, Yaacov Nimrodi a racheté l'Israel Land Development Corporation (Hakhsharat ha-Yishuv), l'établissement public chargé d'acquérir des terrains pour y installer de nouveaux colons. La vente fut conclue par l'avocat Ehud Olmert, qui tirait alors le diable par la queue — et qui devint subitement riche à cette époque. Élu Premier ministre le 28 mars 2006, Ehud Olmert sera rattrapé par de graves affaires de corruption et contraint à la démission en septembre 2008.

de dollars pour la suite de la transaction, à savoir 408 missiles TOW de plus.

Ces missiles parviennent en Iran le 15 septembre, mais les Iraniens ne tiennent pas davantage leurs engagements, en ne libérant que le seul otage Benjamin Weir, ce même jour [15]. Ils font monter les enchères : ils veulent encore des TOW et réclament de surcroît des missiles sol-air Hawk. Washington négocie. Khashoggi virevolte au cœur du brasier. En novembre 1985, Robert McFarlane, conseiller de Ronald Reagan pour les affaires de sécurité nationale, confie le dossier à son adjoint, le colonel Oliver North. Ce dernier imagine une opération qui se rapproche du trapèze volant : il propose que 12 millions de dollars provenant des ventes d'armes à l'Iran soient détournés pour soutenir les *contras* d'extrême droite qui, au Nicaragua, luttent contre le gouvernement sandiniste de Daniel Ortega. En mai 1986, Robert McFarlane, Oliver North et quelques autres s'envolent secrètement pour Téhéran, en apportant dans leurs valises des pièces de rechange pour missiles Hawk. Plus tard, dix-huit engins suivront. Adnan Khashoggi joue le rôle de banquier, met de l'huile dans les rouages, avance les fonds (sans doute au total une trentaine de millions de dollars) et se rembourse ensuite généreusement sur les paiements iraniens. Le dessous des cartes est saisissant…

Nombre des transactions d'Adnan Khashoggi passent alors par la succursale à Monte-Carlo de la Bank of Credit and Commerce International (BCCI). Le vendeur d'armes lui demande des crédits de quelques jours, mais de montants considérables. Toujours le même problème : les Américains ne veulent rien livrer tant qu'ils n'ont pas reçu leur argent, et les Iraniens ne veulent rien payer tant que les armes ne se trouvent pas sur leur sol. La BCCI facilite les choses : Khashoggi tire un chèque sur son compte le jeudi, emporte aussitôt les fonds et le banquier n'encaisse ce chèque que le lundi, le temps que son client ait lui-même reçu son paiement. Le mardi ou le mercredi au plus tard, tout est rentré dans l'ordre, après que des millions de dollars ont rebondi par d'autres banques, notamment le Crédit suisse, où Oliver North gère les comptes du trafic. Pendant ce temps, Manucher Ghorbanifar, qui fait lui aussi transiter des millions par la BCCI de Monaco, se félicite de ses excellentes relations avec les services de renseignement français et de son implication dans la négociation sur la libération des otages français détenus à Beyrouth. Cette affaire se terminera dans le scandale de l'Irangate et Adnan Khashoggi affirmera y avoir perdu des millions de dollars. Mais pas seulement… Car l'Irangate, c'est le début de la fin pour le flamboyant Saoudien.

Le début de la fin

Ami du dictateur philippin Ferdinand Marcos et de sa fantasque épouse Imelda, Khashoggi a participé à certaines de leurs affaires immobilières acquises à titre privé avec des fonds de l'État philippin. Lorsque les Marcos fuient leur pays, chassés par leur peuple, en février 1986, onze tableaux de valeur disparaissent du musée national de Manille. Et on reproche à Khashoggi d'avoir acheté aux fugitifs ces œuvres qui ne leur appartenaient pas, puis de les avoir revendues. Son accusateur, qui poursuit les Marcos devant les tribunaux américains pour racket et corruption — en vertu du Racketeer Influenced and Corrupt Organizations Act —, est le procureur de New York, Rudolph Giuliani. Lequel accuse également le Saoudien d'avoir fait passer aux États-Unis de faux documents, *via* les autorités françaises [16]. Pour Khashoggi, ça commence à sentir le roussi !

La roue tourne vite... 1986 est un tournant. Cette année-là, Adnan Khashoggi héberge provisoirement l'ex-dictateur haïtien Jean-Claude « Baby Doc » Duvalier dans sa villa de Mougins, sur la Côte-d'Azur [a]. Puis il connaît quelques faiblesses. Après avoir misé 16 millions de dollars en trois mois au casino de l'hôtel Ritz de Londres, Khashoggi se voit accuser d'avoir signé à cet établissement un chèque en bois de 5,25 millions de dollars [17]. Gênant... Le 18 avril 1989, la police suisse arrête l'imprudent Saoudien dans un hôtel, à la demande de la justice américaine, et le jette dans un cachot de la prison de Berne [18]. Transféré aux États-Unis, il doit porter un bracelet électronique pour pouvoir bénéficier d'une assignation à résidence dans son appartement de New York, tout de même estimé à 26 millions de dollars. Khashoggi sera acquitté en juillet 1990. Mais ses affaires vont très mal. En juin 1987, la faillite de sa société américaine, Triad America, avec 118 millions de dollars de dettes impayées, conduit la justice à découvrir que, sur les cent six entreprises qu'il possède, quarante-cinq sont dormantes et dix-huit en liquidation. Les banques ont lâché contre Khashoggi l'un des plus fins limiers de la galaxie financière, Jules Kroll [19], à qui il ne faudra guère de temps pour jeter l'icône à terre. Sur les seize comptes en banque que le Saoudien possède alors en Espagne, on ne trouve au total que 3 762,65 dollars... Ses palais sont grevés de lourdes

---

a Expulsé d'Haïti le 7 février 1986 à bord d'un avion de l'US Air Force, Jean-Claude Duvalier est accueilli en France pour un exil provisoire par le Premier ministre Laurent Fabius. Mais lorsque ce dernier veut faire repartir, comme convenu, l'ex-dictateur vers les États-Unis, Washington refuse. Laurent Fabius dénoncera le « comportement incorrect » des Américains.

hypothèques[20]. Celui qui ne voulait pas être appelé « marchand d'armes », mais « entrepreneur »[21], n'est plus grand-chose...

Il va progressivement disparaître des journaux, pour une quinzaine d'années. On n'entendra plus beaucoup parler d'Adnan Khashoggi, sinon en janvier 2003, lorsqu'il participe à Marseille à un déjeuner avec l'industriel saoudien Harb Saleh Al-Zuhair et le néoconservateur américain Richard Perle, président du Defense Policy Board (un organisme consultatif du Pentagone) et partisan résolu de l'entrée en guerre des États-Unis contre l'Irak. Perle voulait inviter Khashoggi à investir dans la société Trireme, dans laquelle étaient déjà engagés l'ancien secrétaire d'État du président Richard Nixon, Henry Kissinger, et le financier Gerald Hillman. Le but de l'affaire : vendre du matériel de défense et de sécurité en Arabie saoudite. Alors même que Perle était à Washington l'un des plus féroces critiques de la famille royale et du gouvernement saoudiens[22] !

En 2007, le nom de Khashoggi resurgit : une petite et discrète société est apparue dans l'instruction menée à Paris par les magistrats Philippe Courroye et Xavière Siméoni sur les relations de la société française Total avec l'Iran[23]. La Naftiran Intertrade Company, physiquement installée à Lausanne, en Suisse, et immatriculée dans le paradis fiscal de Jersey (îles Anglo-normandes), est gérée par un responsable du ministère iranien du Pétrole. Elle aurait participé au montage financier de l'énorme champ gazier de South Pars, exploité par Total. Dans cette affaire, le président de Total, Christophe de Margerie, a été mis en examen pour « corruption d'agent public étranger et abus de biens sociaux ». Figure intéressante du dossier : Shapari Khashoggi. C'est la nouvelle épouse d'Adnan Khashoggi. Elle est iranienne et appartient à la grande famille Zanganeh.

Les années d'or de Khashoggi se sont bâties d'abord sur la confiance de plusieurs membres de la famille royale saoudienne envers l'un de ses fidèles hommes d'affaires, et sur un réseau relationnel efficace. Cette confiance a été indispensable dans l'affaire de l'Irangate, dont l'équilibre financier plus que hasardeux reposait en particulier sur la banque BCCI, qui se livrait au profit d'Adnan Khashoggi à des voltiges déraisonnables. Or, là encore, on retrouvait un proche d'Adnan Khashoggi : Ghaith Pharaon, dont le père Rashad Pharaon fut le premier ambassadeur d'Arabie saoudite à Paris. Ce Saoudien a été l'acteur central du scandale de la banque BCCI, possédée à 77,5 % par l'émirat d'Abou Dhabi.

En juillet 1991, la Banque d'Angleterre a fait suspendre les activités mondiales de la banque, accusée d'avoir pratiqué des fraudes à grande échelle, blanchi de l'argent provenant du trafic de la drogue et financé des opérations illégales, y compris celle de l'Irangate. Ghaith Pharaon s'est trouvé de surcroît frappé par un mandat d'arrêt international dans le cadre d'une enquête de la justice américaine sur l'achat suspect d'établissements bancaires par la BCCI. Il sera soumis par les États-Unis à une amende de 37 millions de dollars et l'ensemble de ses avoirs personnels aux États-Unis sera saisi. Le milliardaire répartit aujourd'hui son temps entre le Liban et la Syrie. Mais il n'est que l'un de ces Saoudiens enrichis dès les années 1950 par les commissions sur des contrats d'État.

Mohamed Al-Fayed, un beau-frère entreprenant

En 1954, Samirh Khashoggi, la sœur d'Adnan, épouse un jeune homme d'affaires égyptien : Mohamed Al-Fayed. Ses biens ayant été nationalisés par le raïs égyptien Gamal Abdel Nasser, Al-Fayed devient d'abord un associé d'Adnan Khashoggi dans le commerce des armes. De son union avec Samirh Khashoggi naîtra en 1955 un fils, Emad Mohamed Al-Fayed, plus connu sous le nom de Dodi Al-Fayed. À la fin des années 1950, Mohamed Al-Fayed, fâché avec son beau-frère Khashoggi, part voler de ses propres ailes dans un minuscule émirat déshérité du Golfe arabo-persique, Dubaï, gouverné par un cheikh ignoré de tous : Rashid ben Saïd Al-Maktoum. Coup de chance : on découvre du pétrole sous le sable, et l'émir se révèle un bâtisseur avisé, qui investit massivement dans les infrastructures.

Mohamed Al-Fayed devient le représentant des deux entreprises de bâtiment britanniques qui vont tout construire dans l'émirat [24]. Puis il devient un conseiller écouté de l'homme le plus riche du monde, le sultan de Brunei Hassanal Bolkiah, et se trouve à ses côtés lorsque ce dernier est reçu par le Premier ministre britannique, Margaret Thatcher, le 25 janvier 1985 [25]. Quelques mois plus tard, la fortune déjà colossale de Mohamed Al-Fayed lui permettra d'acquérir — avec le soutien, trop appuyé pour ne point être un peu suspect, du gouvernement Thatcher — le groupe House of Fraser, un géant de la distribution dont le joyau est le plus prestigieux grand magasin du monde, Harrods. Pour lui qui possède déjà le Ritz à Paris, quelle aubaine et quel triomphe !

Sa folie des grandeurs le conduira ensuite à vouloir intégrer la gentry britannique avec un zèle de parvenu, notamment en versant des enveloppes d'argent liquide à un membre du Parlement et en servant d'intermédiaire entre des politiciens britanniques et des Saoudiens. En juin 1999, l'ancien ministre conservateur Jonathan Aitken est emprisonné pour plusieurs mois, payant une faute commise six ans plus tôt : en septembre 1993, alors qu'il occupait le poste de ministre adjoint aux Finances (Chief Secretary to the Treasury), il avait laissé un prince saoudien que lui avait présenté Mohamed Al-Fayed payer sa note au Ritz à Paris, pour un montant de 1 000 livres sterling. Une misère ! Pourquoi ce contact ? Sans doute parce que Jonathan Aitken avait joué un rôle important dans le suivi du fameux contrat d'armements Al-Yamamah avec l'Arabie saoudite (voir chapitre suivant), du temps où il était secrétaire d'État aux Acquisitions de défense (1992-1994).

La chute du ministre fut d'autant plus spectaculaire qu'il fut même évincé de la présidence du plus fermé des clubs conservateurs internationaux, « Le Cercle », naguère fondé par l'ancien président du Conseil français Antoine Pinay [26]. Pendant que Mohamed Al-Fayed compromet délibérément ses anciens amis en aidant les journaux à découvrir leurs faux pas, son fils Dodi mène une carrière de producteur de films [27] et de play-boy. Qui se terminera tragiquement : après avoir séduit la princesse de Galles Diana Spencer, il trouvera la mort avec elle dans un accident de voiture sous le pont de l'Alma à Paris, le 31 août 1997.

Khashoggi et ses amis français

Revenons trente ans en arrière. Les Trente Glorieuses, selon la formule de l'économiste Jean Fourastié pour désigner les années 1945 à 1975 [28], battent leur plein. Naguère, Paris vendait des armes en quantité à un client privilégié au Moyen-Orient, Israël. Remplaçant les Tchécoslovaques qui avaient massivement procuré ses armements terrestres au jeune État hébreu durant sa première guerre contre les Arabes, en 1948, la France va lui fournir durant près de vingt ans tout ce dont il estime avoir besoin pour se défendre, mais également pour attaquer ses voisins. Puis les choses vont changer : le 2 janvier 1969, le président Charles de Gaulle décide un embargo total sur les armes françaises destinées à Israël. Pour continuer à faire tourner les usines, il faudra que ces ventes d'armements se poursuivent. Mais à qui ? C'est l'époque où la France doit accompagner son développement économique par l'accès à de nouvelles ressources pétrolières, tandis que deux pays producteurs cherchent à gager leur sécurité et leur assise régionales par d'importantes acquisitions d'armements. L'Irak et l'Arabie saoudite vont trouver en France des interlocuteurs capables de jouer sur les deux tableaux — acheter du pétrole et vendre des armes — et de monter des accords particulièrement profitables.

Gravitant au milieu des envoyés des princes saoudiens et des féaux de l'homme fort de Bagdad, Saddam Hussein, qui a pris le pouvoir par les armes en juillet 1968, de hauts fonctionnaires français vont s'engager dans la filière pétrolière et des industriels de l'armement découvrir des marchés aux taux de profits démesurés. On verra apparaître et évoluer autour d'eux des hommes providentiels, « représentants multicartes, pétrole, armes et petites filles, qui travaillent à la fois pour les organismes officiels français et les princes arabes [et] sont devenus des points de passage obligés », écrivent en 1982 Pierre Péan et Jean-Pierre Séréni dans leur ouvrage *Les Émirs de la République*[29]. À ceci près que les « petites filles » sont en fait des professionnelles expérimentées convergeant vers Paris lors des grands salons d'armement, comme celui du Bourget. Les princes saoudiens, protecteurs dans leur pays de l'intransigeante et austère secte wahhabite, se déchaînent dans leurs palaces parisiens lors d'orgies pour lesquelles il n'est pas rare que les intermédiaires français à leur service doivent fournir plusieurs dizaines de prostituées pour une seule soirée. Les services sont facturés à des tarifs démentiels par les protecteurs des jeunes femmes. Mais ceux qui les mettent en relation en fournissant également voitures de luxe, villas sur la Côte et tous les plaisirs imaginables, ne se privent pas davantage de multiplier les factures, en réalisant au passage des bénéfices invraisemblables. Un Français chargé un temps de ces besognes nous a ainsi expliqué qu'il avait multiplié par deux le prix d'une voiture de très grand luxe pour y avoir fait réaliser en urgence une adaptation demandée par son client : changer l'autoradio !

Dès la fin de 1968, des négociations avaient démarré sur la vente de cinquante chasseurs Mirage à l'Irak, parallèlement à celles portant sur l'accès de la société publique ERAP (Entreprise de recherche et d'activité pétrolières) au pétrole irakien. Comme souvent en France, les armements et les approvisionnements énergétiques sont gérés par les mêmes hommes, généralement ingénieurs polytechniciens passés par l'École des mines, les X-Mines, le fin du fin en matière de technocratie française. À cette époque, le « parrain » du secteur est Pierre Guillaumat[30]. L'un de ses plus fidèles collaborateurs, X-Mines comme lui, est Jean Blancard, qui lui avait succédé à la Direction des carburants en 1951, avant de devenir en 1966 son vice-président général chargé de l'exploration et de la production à l'ERAP. Blancard est l'archétype de ce qu'il est convenu d'appeler un « grand commis de l'État » : « Hautement efficace, sans trace d'idéologie, peu disert, pas du tout beau parleur, mais aussi intellectuellement armé qu'un ordinateur sur pied, fonceur comme un tank et pourtant imaginatif[31]. » C'est au titre de l'ERAP qu'il entame une relation forte avec Bagdad, laquelle ne cessera pas — c'est le moins que l'on puisse écrire — avec sa nomination en avril 1968 à la DMA (Délégation ministérielle pour l'armement), quatre mois avant la prise de pouvoir de Saddam Hussein. Plus tard, la France — plus précisément le président Valéry Giscard d'Estaing et son Premier ministre Jacques Chirac — vendra à Saddam

Hussein une centrale nucléaire [32], que les Israéliens détruiront en 1981 lors d'un spectaculaire raid aérien [33].

À la DMA, Blancard va mettre en place le système permettant de vendre des armes à ces Arabes qui possèdent les deux atouts que recherche la France : le pétrole, donc l'argent pour lui acheter ses canons. La DMA est un État dans l'État. Pour vendre des armes, les sociétés privées et les entreprises nationales passent toutes sans exception sous les fourches Caudines de cette administration toute-puissante, créée en 1961 par le général de Gaulle afin de garantir la réalisation des armes de la force de frappe atomique et qui a la haute main sur tout ce qui concerne les études, la fabrication et le commerce des armements [34]. À la fin des années 1960, la France a terminé de mettre sur pied une industrie guerrière considérable, capable de produire tout ce dont une armée moderne a besoin, de l'électronique aux transmissions, des missiles à la bombe atomique, en passant par les chars, les sous-marins, les navires de surface, les avions de chasse et les bombardiers. Mais c'est également l'époque où la fin de la guerre d'Algérie a conduit à des réductions majeures d'effectifs, plaçant les chaînes de fabrication de matériels de tous types en surcapacité. Ce que l'armée française ne pourra plus absorber, il faut le vendre à d'autres. Donc exporter. Jean Blancard va mettre en place le système. Pas à n'importe quel prix, sans doute, mais presque…

En 1970, un ingénieur de l'armement haut en couleur et particulièrement brillant et efficace, Hugues de l'Estoile, prend la tête de la Direction des affaires internationales de la DMA — qui deviendra en 1976 la DGA (Délégation générale pour l'armement [a]). Il n'aura qu'un objectif : vendre les armes françaises. Et donc, avant tout, prendre solidement pied sur le marché saoudien.

Depuis le milieu des années 1960, on l'a vu, Adnan Khashoggi fait figure de tuteur du marché mondial de l'armement. Mais on voit apparaître de nouveaux venus, qui vont accompagner les prospères années de Khashoggi avant de voler de leurs propres ailes. Akram Ojjeh est de ceux-là. Né en Syrie en 1923 dans une famille de négociants, il va profiter des liens entre son pays et la France. À la suite de la défaite de l'Empire ottoman allié à l'Empire allemand durant la Première Guerre mondiale, la France exerce depuis 1920 un « mandat » sur la Syrie, qui ne cessera qu'avec l'indépendance du pays en 1946. Le jeune Ojjeh arrive donc à Paris durant la Seconde Guerre mondiale pour étudier à la Sorbonne. Durant les deux décennies suivantes, il végète en France, exerçant parmi

a Depuis 2009, le sigle DGA signifie Direction générale de l'armement.

d'autres le métier de professeur d'éducation physique et aussi, un peu, celui d'agent de renseignement au profit des services français. Il a bien tenté de vendre des armes françaises aux Saoudiens, en relation avec le prince Mansour ben Abdelaziz, prédécesseur du prince Sultan au ministère de la Défense, mais avec si peu de succès qu'il aurait subi une faillite [35]. Les choses vont changer à la fin des années 1960.

L'histoire officielle ne dit pas comment Akram Ojjeh est entré en relation avec Adnan Khashoggi, mais Péan et Séréni croient savoir qu'un autre Syrien a fait la jonction : Zouheir Mardam [36]. Ce dernier, également appelé Zouheir Mardam Bey, a de qui tenir. Son père Jamil Mardam Bey, nationaliste syrien, fut condamné à mort deux fois ! Par les Ottomans en 1916, puis par les Français en 1920. Amnistié, il n'en continuera pas moins à être de toutes les révoltes antifrançaises, avant de participer à Paris aux négociations sur le statut futur de la Syrie. En 1936, il devient Premier ministre, puis, après de multiples épisodes, est nommé en 1946 premier ambassadeur de la Syrie indépendante en Arabie saoudite, avant de rentrer à Damas l'année suivante pour y devenir à nouveau Premier ministre. Et s'entendre accuser d'avoir touché des commissions indues sur les achats d'armement de son pays durant la guerre contre Israël en 1948. Il démissionnera fortune faite pour finir ses jours entre l'Arabie saoudite et l'Égypte [37]. Son fils Zouheir Mardam, devenu le discret banquier du FLN algérien à la Banque commerciale arabe de Genève, que dirige alors le sulfureux banquier François Genoud [a], installera Akram Ojjeh dans le circuit franco-saoudien.

Ce dernier va donc se trouver à l'un des sommets de ce triangle comptant par ailleurs Hugues de l'Estoile et son adjoint, un ingénieur de l'armement aux très grandes ambitions : Jean-Claude Sompairac. Ojjeh est devenu le représentant à Paris du groupe Triad, la holding d'Adnan Khashoggi. Qui a d'autres fers au feu, comme Charles Pineton de Chambrun (1920-2010). Ce dernier est un authentique descendant du marquis de La Fayette. Il est jeune secrétaire d'État au Commerce extérieur — dans le troisième gouvernement Pompidou (janvier 1966-avril 1967) — lorsqu'il effectue une visite officielle en Arabie saoudite, en 1967. Dans les mois qui suivent, sa carrière évolue rapidement : il abandonne la vie politique — provisoirement, car on le retrouvera plus tard aux côtés de Jean-Marie

a Né en 1915, le banquier François Genoud s'est suicidé en 1996. Il avait été l'exécuteur testamentaire de Joseph Goebbels. Sa vie a fait l'objet de plusieurs biographies complémentaires : Pierre Péan, *L'Extrémiste. François Genoud, de Hitler à Carlos*, Fayard, Paris, 1996 ; Karl Laske, *Le Banquier noir, François Genoud*, Seuil, Paris, 1996 ; Willi Winkler, *Der Schattenmann. Von Goebbels zu Carlos : das mysteriöse Leben des François Genoud*, Rowohlt, Berlin, 2008.

Le Pen — et devient d'abord l'ami, puis le salarié, d'Adnan Khashoggi. Il est « son contact avec l'administration et le gouvernement français [38] ». Sa tête de pont est la société Relinter, implantée sur les Champs-Élysées, quand l'antenne du groupe Triad est installée non loin de là, rue Pierre-Charron.

À côté de Charles de Chambrun et d'Ojjeh, commence également à agir un jeune Libanais qui mettra beaucoup de temps à sortir de l'ombre : Samir Traboulsi. Né en 1938 au Liban, dans la bourgeoise famille d'un bonnetier catholique dont le réseau commercial couvre tout le Moyen-Orient, il arrive à Paris à la fin des années 1960 nanti d'une licence en droit, et cherche aussitôt à lancer sa carrière. Il fréquente rapidement des jeunes femmes en vue, dont Françoise Sagan, Juliette Gréco ou Christina Onassis, fille du célèbre armateur grec Aristote Onassis. Le jeune Samir s'est installé dans un petit bureau loué au coin de l'avenue George V et de l'avenue Pierre-Charron, poste d'observation excellemment situé pour surveiller le centre du monde : les portes à tambour de l'hôtel George V. Un jour, une agitation particulière se produit : Adnan Khashoggi est de passage, dans les doux effluves des pétrodollars. Traboulsi franchit les barrages, se présente, attire l'œil du milliardaire et se lance dans l'une de ces improvisations sans lesquelles il n'est point de grand commercial : il l'invite à déjeuner au restaurant Taillevent. Le jeune homme, parlant français et arabe, l'assure être en mesure de lui obtenir un rendez-vous avec Aristote Onassis, que le Saoudien ne connaît pas. Il appelle son amie Christina, la convainc de lui présenter son père, que cet audacieux amuse et qui accepte de dîner avec lui et Khashoggi chez Maxim's, en payant de plus l'addition... Cette fois, c'est bon : dans les mois qui suivent, Traboulsi se retrouve « associé » au milliardaire, désormais au centre d'un trio où œuvre également Akram Ojjeh. Traboulsi démarre et accepte sans problème le partage des commissions liées aux affaires qu'il apporte : 10 % pour lui, 90 % pour Khashoggi. Il faut bien commencer... Plus tard, lorsque ce dernier et Akram Ojjeh entreront en concurrence frontale en espérant chacun avoir une relation exclusive avec le prince Sultan, Traboulsi cherchera à les rabibocher. En vain...

La saga d'Akram Ojjeh

Pendant ce temps, Akram Ojjeh cultive au quotidien les relations avec l'appareil militaire français, en particulier avec Hugues de l'Estoile. Au début des années 1970, alors que la monarchie saoudienne achète de grandes quantités d'armements terrestres français, le collaborateur d'Adnan Khashoggi en France est un élément essentiel des réseaux du grand marché des armes. Si les marchés aéronautiques militaires, les plus juteux, demeurent en Arabie saoudite la chasse gardée des États-Unis et du Royaume-Uni, les Français vont commencer à se bâtir une solide position dans le domaine de l'armement terrestre.

Cela avait commencé dès 1968 par l'achat de centaines d'automitrailleuses Panhard, d'abord soixante-quatorze AML-60 équipées d'un mortier, puis cent quarante-huit autres, des AML-90, équipées d'un canon de 90 mm. L'année suivante, le roi Fayçal fait acheter trente nouveaux véhicules du même type, avant de décider, lors du Salon de l'armement terrestre de Satory, d'acquérir cent cinquante-quatre AML-VTT — la version transport de troupes —, sans doute le blindé le plus laid que la terre ait jamais porté. Au début des années 1970, les engins peints en couleur sable sortent à la file de l'usine de Panhard de l'avenue d'Ivry, à Paris, tandis que les achats saoudiens incitent d'autres clients à acquérir ces automitrailleuses. Puis, en 1971, c'est au tour de la régie d'État GIAT (Groupement industriel des armements terrestres) de réaliser une vente fabuleuse, pour l'équipement de deux brigades blindées : cent quarante-neuf chars de bataille AMX-30, quinze chars de dépannage AMX-30D, douze AMX-30 AVLB poseurs de ponts. Commissions prévues pour les intermédiaires, sans même que cela soit dissimulé : 10 % d'un contrat de 1,10 milliard de francs.

Dans la foulée, ce sera une exceptionnelle série de cinq cent cinquante-six blindés AMX-10P de combat d'infanterie, en trois contrats successifs. En 1973, un double contrat (Palmier 1 et Palmier 2) concerne une nouvelle série de chars lourds — cette fois cinquante-trois AMX-30SA d'artillerie sol-air, équipés de doubles canons de 30 mm, associés au radar Œil vert de Thomson-CSF [39] —, et fait l'objet d'une commission de 14,5 % [40]. À cette époque, Akram Ojjeh devient immensément riche. Comment ont été réparties les premières commissions empochées à l'occasion de ces ventes d'armements terrestres français, soit quelque 45 millions de dollars ? L'histoire ne le dit pas. Mais Akram Ojjeh a désormais les moyens de mettre sur pied ses propres projets.

En 1978, *The Economist* le présente comme ayant été jusqu'en 1974 le « lieutenant du plus célèbre intermédiaire saoudien, Adnan Khashoggi [41] » et affirme que les deux hommes se sont réparti les marchés : à Khashoggi la représentation des sociétés américaines, à Ojjeh celle des sociétés françaises. Comme son patron, ce dernier va jouer des coudes pour écarter d'autres intermédiaires, aux épaules moins larges mais aux appétits tout aussi féroces. Antoine Kamouh, intermédiaire du fabricant allemand de chars Krauss Maffei, disparaîtra dans des conditions troubles en 1973 [42].

D'autres encore vont progressivement s'éloigner de ces marchés juteux, mais dangereux : Walid Koreitem, qu'une tentative d'assassinat visera en 1972 ; ou encore les frères Raoul et André Matossian, qui opéraient depuis l'Égypte. Son rôle vaut bien sûr à Akram Ojjeh de confortables intéressements de la part des industriels de l'armement. Il aurait notamment bénéficié d'une commission de 7 % sur les transactions passées par l'intermédiaire de la Sofresa (Société française d'exportation de systèmes d'armes), la société parapublique créée en 1974 par le ministère français de la Défense pour gérer les ventes d'armes à l'Arabie saoudite.

Sur les conseils d'Adnan Khashoggi, le prince Sultan, ministre de la Défense saoudien, avait en effet exigé que les contrats passés avec la France fussent conclus selon le système dit « d'État à État » : les transactions se déroulaient avec la garantie de l'État français. La Sofresa était l'un de ces « offices » qui foisonnèrent dans les années 1970 pour faire le lien entre la France et ses clients, encaisser les paiements et... reverser les commissions. Comme me l'a confié un industriel français, ces dernières variaient « de 7 % à 15 % selon les contrats, conformément à ce que demandait le client. Après tout, c'était son argent ! ». C'est l'époque où la société Thomson-CSF, née en 1968 du rapprochement d'une partie des activités de Thomson-Brandt avec la CSF (Compagnie générale de téléphonie sans fil), va encaisser des sommes fabuleuses grâce à ce système et aux surfacturations qu'il permet. Car il va de soi qu'un acheteur corrompu ne mégote pas sur les prix... Mais ce n'est pas fini !

Après les premiers contrats AMX-30SA, l'Arabie saoudite achète en 1974 des batteries de missiles sol-air Crotale à Thomson-CSF (contrats Oasis 1, Oasis 2 et Oasis 3), puis le système antiaérien AMX-30 Shahine (onze véhicules radar et vingt-cinq lance-missiles), une version plus performante du Crotale, bientôt suivi en mars 1984 par le « contrat du siècle », le contrat Al-Takheb, visant à fournir un système de défense antiaérienne pour l'ensemble du territoire saoudien. Ce contrat est conclu à des conditions absolument exceptionnelles : 43 milliards de francs, avec une marge bénéficiaire comprise entre 40 % et 50 % ! Grâce à un jeu financier complexe mis en place par Jean-François Hénin, le trésorier du groupe Thomson-CSF — si talentueux qu'il sera qualifié par son patron Alain Gomez de « Mozart de la finance » —, les 40 % d'acompte versés par les Saoudiens à la signature sont placés sur les marchés financiers et vont rapporter une fortune à Thomson-CSF.

Quant à Akram Ojjeh, il gagne aussi de l'autre côté en mettant en relation les sociétés pétrolières françaises et les vendeurs d'or noir saoudien. Dans les années 1970, sa pelote grossit avec une belle constance et, en homme d'affaires avisé, il crée en 1975 au Luxembourg une société de négoce et d'investissements, TAG (Techniques d'avant-garde), qui va investir dans de nombreuses activités souvent liées aux hautes technologies. Il touche à tout et jouit de sa fortune en esthète, devenant le mécène du navigateur solitaire Michael Birch, achetant en 1977 le paquebot *France* puis le revendant deux ans plus tard à un armateur norvégien, se portant acquéreur des Chantiers de l'Estérel et de la fastueuse collection de meubles des Wildenstein.

En 2010, son fils Mansour Ojjeh gère toujours les affaires laissées par son père après sa mort en 1991. Entre autres, la fabrique de montres de luxe TAG Heuer, ou le fleuron de son groupe, l'écurie de course automobile McLaren. La mémoire d'Akram Ojjeh est également portée par sa veuve Nahed Ojjeh, une splendeur orientale de trente-six ans sa cadette, épousée en 1978. Fille de Mustafa Tlass, l'inamovible ministre syrien de la Défense de 1972 à 2004, cette animatrice de soirées mondaines fastueuses dans son hôtel particulier parisien est aussi célèbre pour sa collection de tableaux que pour celle de ses puissants amants [43]. Selon des sources invérifiables, elle aurait hérité d'un milliard de dollars à la mort de son époux.

Lors de sa phase de montée en puissance, Akram Ojjeh ne sera pas seul. Il s'est notamment rapproché d'un autre Syrien, Wafic Saïd. Né en 1939, celui-ci est le fils d'un médecin nationaliste, Rida Saïd. Devenu maire de Damas en 1917, ce dernier participa à la résistance contre l'occupant ottoman, notamment en organisant la contrebande d'armes depuis La Mecque [44]. Il devint ministre de l'Éducation en 1924 et mourut quand son fils n'avait que six ans. Durant ses études au Royaume-Uni, le jeune Wafic s'est lié d'amitié avec deux fils du prince Sultan, le prince Khaled et le prince Bandar [45]. Au début des années 1970, ces relations lui seront aussi précieuses que l'aide apportée par Akram Ojjeh pour s'installer en Arabie saoudite.

En 1979, Wafic Saïd signe un premier contrat de 200 millions de dollars pour fournir du matériel de commandement à l'armée saoudienne, obtient la nationalité du pays deux ans plus tard et entre dans le premier cercle de Sultan après un drame personnel : son jeune fils s'est noyé dans la piscine du prince. Plusieurs années plus tard, installé au Royaume-Uni et sa fortune déjà bien établie, Wafic Saïd va jouer un rôle primordial dans l'une des plus considérables ventes d'armes de l'histoire, source de commissions colossales : le contrat Al-Yamamah, portant sur la fourniture d'avions de chasse britanniques Tornado à l'Arabie saoudite. L'affaire la plus éclairante qu'il sera donné de voir sur les pratiques réelles dans les ventes d'armements. Dont les protagonistes, on va le voir, sont tous des « enfants » d'Adnan Khashoggi.

2

Royaume-Uni/Arabie saoudite : la ténébreuse affaire du contrat « Al-Yamamah »

Ils sont une petite vingtaine bravant le froid. Plutôt âgés. À quelques pas de Westminster, les militants de l'organisation Campaign Against Arms Trade (CAAT) brandissent quelques banderoles pour protester contre la réunion de l'organisme régissant les exportations d'armements du Royaume-Uni, la Defense Export Services Organisation (DESO), qui se tient derrière eux. Cette manifestation indigente n'est pas à la hauteur de la polémique internationale surgie après la décision du ministre de la Justice britannique, Lord Peter Henry Goldsmith, d'interrompre brusquement, à la mi-décembre 2006, l'enquête judiciaire du Serious Fraud Office (SFO) sur le versement de pots-de-vin à la famille royale saoudienne, dans le cadre de l'énorme contrat d'armement Al-Yamamah. « Les ventes d'armes à des régimes despotiques ne servent pas l'économie britannique, s'indigne Symon Hill, le porte-parole de l'organisation. Ce que nous entendons est terrible, il faut que cela parvienne en pleine lumière [1] ! »

1986 : un contrat de… 43 milliards de livres sterling pour British Aerospace

De fait, les accusations sont graves. On reproche à l'industriel British Aerospace (BAe), devenue BAe Systems en novembre 1999 après sa fusion avec Marconi Electronic Systems, d'avoir financé durant des années, à partir d'une énorme caisse noire, les menus plaisirs de dirigeants saoudiens : parties fines avec des prostituées, voyages de luxe, avions d'affaires, palaces, casinos, restaurants haut de gamme, voitures somptueuses, loges recherchées dans les stades de football les plus en vue, etc. En septembre 2006, le Serious Fraud Office avait considérablement avancé dans son enquête, après avoir découvert le rôle d'intermédiaires joué par les hommes d'affaires Wafic Saïd et Mohammed Safadi — futur ministre de l'Économie et du Commerce du Liban (depuis juillet 2008). La justice suisse se trouvait sur le point de fournir des preuves, le gouvernement britannique allait être sérieusement impliqué. Mais, surtout, les dirigeants saoudiens avaient fait savoir que, si l'enquête se poursuivait, ils se tourneraient vers d'autres fournisseurs pour un autre contrat en cours de discussion avec le Royaume-Uni, portant sur l'achat de soixante-douze chasseurs Eurofighter Typhoon.

Depuis les années 1960, les Saoudiens achètent des armes en quantités astronomiques. Mais s'en servent-ils ? Pas du tout... Attaquent-ils leurs voisins ? Non plus. Leur arsenal leur permet-il alors de se défendre en cas d'attaque ? Pas le moins du monde, puisque, lorsque l'Irak la menaça en 1990, l'Arabie saoudite, pétrifiée et engluée dans son insolente richesse pétrolière, dut appeler à la rescousse une coalition internationale. Cette absence de vigueur militaire n'a pourtant jamais empêché le royaume d'acquérir des quantités considérables des plus modernes armements : le prince Sultan, ministre de la Défense, y consacre depuis 1962 des milliards de dollars de la rente pétrolière. En 1980, l'Irak, lui aussi bon client des industriels français, attaque l'Iran tout juste transformé en république islamique après l'arrivée au pouvoir de l'ayatollah Rouhollah Khomeiny. L'Arabie saoudite s'inquiète et s'adresse à Washington pour acquérir de nouveaux F-15 et des avions-radars AWACS. Le Congrès accepte la vente des AWACS, mais refuse celle des F-15 : les armements associés que les Saoudiens réclament permettraient — sur le papier — d'atteindre Israël. Donc, c'est non !

Il faut une solution de remplacement : les Saoudiens se tournent alors vers leurs traditionnels amis britanniques. Le prince Sultan veut acquérir auprès d'eux des avions Tornado, construits en coopération entre le Royaume-Uni, l'Allemagne et l'Italie. Riyad et Londres vont signer à cette occasion un contrat gigantesque appelé « Al-Yamamah [la Colombe] I », qui sera conclu le 17 février 1986, pour 43 milliards de livres sterling [a]. Ce

---

a Il concerne l'achat de quarante-huit chasseurs bombardiers Tornado IDS d'attaque au sol (vingt-huit au standard GR-1, six au standard GR-1A, quatorze biplaces d'entraînement), vingt-quatre Tornado ADV d'interception, trente avions monoréacteurs d'entraînement Hawk Mk.65, et cinquante turbopropulseurs d'entraînement Pilatus PC-9. Le contrat prévoit en outre des bombes

contrat hors normes est cosigné à Riyad par le prince Sultan et par le haut fonctionnaire britannique chargé des ventes d'armes, Colin Chandler, patron de la DESO (Defense Export Services Organisation). Considéré comme le représentant autorisé et personnel du Premier ministre, Margaret Thatcher, ce dernier joue un rôle d'interface entre la Dame de fer et les deux décideurs saoudiens : le roi Fahd et le prince Sultan. Une innovation alors très originale en matière de vente d'armes est introduite à l'occasion de ce contrat, le troc : en contrepartie, l'Arabie saoudite livrera au Royaume-Uni environ 400 000 barils de pétrole par jour — et jusqu'à 700 000 lorsque le cours sera particulièrement bas —, les transactions étant organisées et garanties par le gouvernement britannique [2].

Le fils de Margaret Thatcher au cœur du réseau de corruption

Côté saoudien, un « intermédiaire commercial » assiste naturellement les décideurs. Le Syrien Wafic Saïd est alors bien connu pour travailler pour le prince Sultan et ses deux fils, Bandar ben Sultan ben Abdelaziz (alors ambassadeur à Washington) et Khaled ben Sultan ben Abdelaziz (ministre adjoint de la Défense et de l'Aviation). Bien des éléments laissent penser qu'il est leur agent. Faut-il s'étonner qu'un ministre saoudien, membre de la famille royale (il deviendra l'héritier du trône en août 2005 après la mort de son demi-frère le roi Fahd), dispose d'un négociateur commercial à son service ? Selon les normes saoudiennes, non. D'ailleurs, avant sa mort, le roi Fahd en personne disposait lui aussi d'un tel « négociateur », son beau-frère Abdelaziz Al-Ibrahim, intervenant *via* une société immatriculée au Panama, Aerospace Engineering Design Corp [3]. Plus fort encore : cette société réclamera devant la justice britannique le paiement d'une commission de 15 % sur une partie du contrat Al-Yamamah [4] ! Peut-être cet intermédiaire familial manquait-il de relais dans le gouvernement britannique ?

Wafic Saïd est devenu ensuite un résident régulier à Monaco, qui, en 2010, se consacrait depuis de nombreuses années à la philanthropie [5]. Donateur au parti conservateur britannique, il possède un château dans l'Oxfordshire, une écurie de plusieurs dizaines de chevaux de course et affirme avec vigueur n'avoir jamais reçu de commission de BAe. L'homme est discret, ne fréquente point les journalistes, sauf en de très rares

antipistes JP233, des missiles air-surface Sea Eagle et des missiles antiradars Alarm.

occasions. En 2001, il accordera ainsi une interview au *Sunday Times*, dans laquelle il se défendra vigoureusement de toute mauvaise action dans le contrat Al-Yamamah : « Il s'agit d'un contrat qui a apporté un sérieux coup de pouce à l'industrie britannique, des milliers d'emplois. Mais, pour des raisons que je ne comprends pas, la presse veut faire de cet accord un acte douteux, mystérieux. En raison de mes contacts nombreux en Arabie saoudite, j'ai joué un tout petit rôle. Le premier a été joué par Lady Thatcher [6]. » Et d'expliquer que, dans cette affaire, il n'a été concerné que par les travaux de bâtiment et de génie civil liés au contrat. De fait, sa société Saïd Holdings Ltd, immatriculée aux Bermudes, est devenue l'une des grandes bénéficiaires d'Al-Yamamah.

Pendant les années 1984-1985, avant donc la signature du premier contrat, Mark Thatcher, fils du Premier ministre Margaret Thatcher (en poste du 4 mai 1979 au 28 novembre 1990), et Wafic Saïd ont finalisé les grandes lignes de l'accord. Qui les a présentés l'un à l'autre, dans ce petit monde ? Akram Ojjeh ! Le lien entre le fils de la Dame de fer et le marchand d'armes installé à Paris avait été établi en 1984 par Mansour Ojjeh, son fils, autour de l'écurie de formule 1 McLaren. Passionné de course automobile, mais totalement nul au volant, Mark Thatcher ne connut son heure de gloire qu'en se perdant une semaine dans le désert, lors du Paris-Dakar 1982. Ce qui intéresse alors Akram Ojjeh, c'est que la Garde nationale saoudienne a confié au ministère de la Défense britannique la construction de deux hôpitaux militaires. Pour être intéressé au marché, il lui fallait entrer directement en contact avec le gouvernement… Du coup, Akram Ojjeh sera également dans la boucle, lors des premières discussions autour du contrat Al-Yamamah. Représentant des intérêts saoudiens, il devient pour une courte période l'agent de BAe. La brièveté du contrat s'expliquant par le fait qu'au moment d'entrer dans le vif du sujet, BAe s'est rendu compte qu'il représentait également les intérêts de l'un de ses principaux adversaires : le Français Dassault [7] !

Mais tout n'est pas perdu. Viré par BAe, Akram Ojjeh installe dans le circuit le directeur de sa succursale londonienne, qui n'est autre, on l'a vu, que Wafic Saïd [8]. Celui-ci et Mark Thatcher deviennent à leur tour de bons amis, ce qui ouvre accessoirement la porte du Premier ministre au représentant commercial du prince Sultan. Pendant des années, le NSC (National Security Council) américain va surveiller le rôle du fils chéri du Premier ministre, faire intercepter ses communications par la NSA (National Security Agency), échanger des écoutes avec d'autres gouvernements, mettre sur le coup les attachés militaires de l'ambassade à Riyad. Pour Howard Teicher, qui suit ce dossier au NSC, les intermédiaires cherchant par tous les moyens à intervenir sur le contrat « pensaient que leur capacité à réaliser cette vente aux Saoudiens serait améliorée par l'implication d'un membre politique du groupe, comme Mark Thatcher [9] ». On appréciera le sens de l'euphémisme de ce diplomate ! En 1992, le député Tam Dalyell accusera Mark Thatcher d'avoir perçu 12 millions de livres sterling sur le contrat Al-Yamamah [10]. Mais le gouvernement britannique n'engagera pas de poursuites.

Dès lors que le fils de la Dame de fer sera poursuivi dans d'autres dossiers, mais pas dans celui-ci, il est fort probable qu'il bénéficiait d'un soutien officiel dans le cas d'Al-Yamamah. Il est en tout cas acquis que BAe et plusieurs de ses sous-traitants ont payé des pots-de-vin aussi bien directement à la famille royale saoudienne qu'à des intermédiaires. Il ne s'agit pas de se voiler la face : dès 1970, l'ambassadeur britannique à Riyad, Willie Morris, notait dans un télégramme diplomatique à son gouvernement que le prince Sultan « touche sur tous les contrats » (« *a corrupt interest in all contracts* ») [11]. Sans démentir formellement ces faits, BAe a toujours affirmé avoir agi conformément aux directives du gouvernement britannique, ce qui n'est sans doute pas inexact.

30 % de commissions !

Pour organiser cette opération, BAe va monter une série de sociétés, sous l'autorité d'un ancien officier-pilote de la Royal Air Force, Tony Winship. La plus utilisée d'entre elles, RLI (Robert Lee International), verra passer plus de 60 millions de livres, pour fournir aux officiels saoudiens et à leurs familles des services divers : maisons de passe, jeu dans les casinos, loges dans des stades de football, locations de yachts, vacances en Californie et en Espagne, voitures de sport, etc.

L'un des plus gros bénéficiaires des largesses britanniques est celui qui traite le dossier côté saoudien, le prince Turki ben Nasser ben Abdelaziz Al-Saoud. À partir de 1989, les avantages dont il a bénéficié sont innombrables, comme l'expliqua en 2007 à la BBC Peter Gardiner, directeur général du voyagiste anglais Travellers World : « En 1989, cela portait sur 200 000 ou 300 000 livres. Ensuite ça s'est transformé en un million environ par an et rapidement à deux, puis à trois et, à la fin, c'est grimpé à sept millions de livres par an [12]. »

Le prince Turki ben Nasser affectionnait sa suite de l'hôtel Knightsbridge de Londres en compagnie — rémunérée par BAe — d'Anouska Bolton-Lee (blonde) et de Karajan Mallinder (brune). Ancienne mannequin spécialisée dans la lingerie, la première était devenue actrice de feuilletons télévisés. Travellers World a payé pour elle la location d'un appartement londonien en 2001 et 2002, pour un montant annuel de 13 000 livres sterling (18 000 euros) [13]. L'épouse du prince Turki ben Nasser a elle aussi été choyée : dans les années 1990, elle a reçu de BAe une Rolls-Royce de 245 000 euros comme cadeau d'anniversaire. Quand elle allait faire ses courses à Londres, BAe mettait à sa disposition un Boeing 747 qui les transportait, elle et ses amies. Petite note de frais pour le seul mois d'août 1995 : 987 365 livres sterling [14]... Et quand le fils du prince Turki, Fayçal ben Turki, se marie en décembre 1996 avec Reema, la fille du prince Bandar, la lune de miel est facturée à BAe. Quant à la fille du prince Turki, elle s'est vu offrir un reportage vidéo de son mariage, pour la coquette somme de 200 000 livres sterling...

En octobre 2006, le tandem d'investigateurs du *Guardian*, David Leigh et Rob Evans, publie un article fondé sur des archives du ministère de la Défense, légalement copiées par Nicholas Gilby, un militant opposant aux ventes d'armes. Pour la première fois, des preuves de la corruption sortent au grand jour : un télégramme diplomatique adressé à Londres le 6 janvier 1986 par le négociateur britannique alors à Riyad, Colin Chandler, explique noir sur blanc que le prix des Tornado est passé de 16,3 millions de livres pièce en mai 1984 à 21,5 ou 25,2 millions de livres, selon les modèles, en 1986 ! Le prix des avions du contrat Al-Yamamah a ainsi été augmenté de 32 % par rapport à celui initialement prévu, déjà élevé [15]. Avec ces précisions, dont on n'imagine pas qu'on puisse les retrouver un jour concernant un autre contrat, le mécanisme de la corruption apparaît au grand jour : le prix déterminé par l'industriel est augmenté — dans ce cas, pratiquement du tiers — pour que l'argent public de la puissance cliente soit réparti, au gré du donneur d'ordre, dans des poches auxquelles il n'est pas officiellement destiné.

Quand l'industriel accepte la combine, il en perçoit un triple avantage : tout d'abord, il vend ses armes à un prix plus élevé, dès lors que le client sera moins enclin à le discuter. Ensuite, il fait un obligé de son acheteur corrompu. Enfin, point inattendu qui nous a souvent été présenté comme essentiel par de nombreux intermédiaires : il se garantit ainsi le paiement des matériels livrés, en attachant le versement des « tranches » de pots-de-vin au respect des échéances de versement convenues avec le pays client ; si celui-ci ne paye pas, ses élites gâtées ne perçoivent pas leurs douteux deniers ! Et ça marche...

Deux ans après la signature du premier contrat Al-Yamamah I, un second contrat, appelé Al-Yamamah II, prévoit la livraison de quarante-huit nouveaux Tornado IDS, soixante nouveaux Hawk-65, quarante-huit hélicoptères S-70A Black Hawk fabriqués par Westland sous licence Sikorsky, auxquels s'ajoutent trois chasseurs de mines de la classe *Sandown* de Vosper Thornycroft. En 1988, des rumeurs de commissions illégales courent déjà les salles de rédaction londoniennes et le contrat est signé en catimini en juillet aux Bermudes. La partie saoudienne est conduite par le prince Sultan ; Colin Chandler est à la tête de la délégation britannique, tandis que le ministre britannique de la Défense, George Younger, officialisera le document à Londres.

Un prince en or massif

La matérialité des transferts à destination de la famille royale saoudienne sera confirmée en juin 2007 [16], plus de vingt ans après la signature du premier contrat. Les révélations concernent cette fois le prince Bandar ben Sultan ben Abdelaziz Al-Saoud, l'une des personnalités les plus en vue de la famille royale, devenu en 2005 chef du Conseil de sécurité saoudien, après avoir occupé durant vingt ans le poste essentiel d'ambassadeur du royaume wahhabite aux États-Unis [17]. Son train de vie... princier lui avait fait gagner le surnom de Gatsby saoudien [18]. Il fit ainsi construire en 1996 une maison de vacances avec cinquante-six chambres et vingt-cinq salles de bain, le Hala Ranch, à Aspen (Colorado), qui ne trouvera pas d'acquéreur lors de sa mise en vente, dix ans plus tard, pour 135 millions de dollars.

Pour des prestations marketing qu'il aurait fournies afin de faciliter la vente, il aurait touché un milliard de livres sterling, versé par paiements trimestriels de 30 millions de dollars. La générosité de BAe à son égard est sans limite : en 1998, la société britannique lui offre un Airbus A340 neuf de 75 millions de livres (107 millions d'euros), en version *corporate*, qu'il fera peindre aux couleurs (bleu et argent) de son club de football américain favori, les Dallas Cowboys. Présenté en permanence par le prince Bandar comme son avion « personnel », cet appareil est entretenu ensuite par BAe. Après la révélation de cette énormité, en juin 2007, le prince prit de haut les accusations de corruption, en affirmant que l'argent que lui avait versé BAe « est de l'argent du gouvernement saoudien, du début à la fin ». L'Airbus appartiendrait en réalité, selon les avocats du prince, au ministère de la Défense saoudien, d'autres officiels que lui l'utiliseraient souvent et il serait l'une des composantes du contrat Al-Yamamah. Il semble donc que cela dure...

En avril 2003, la banque Riggs à Washington signalera aux autorités américaines, comme la loi lui en fait obligation, qu'une personne résidant en Arabie saoudite a perçu 17,5 millions de dollars en provenance de comptes gérés par le prince Bandar. Interrogés, les Saoudiens répondront qu'il ne fallait rien voir de suspect dans ce versement, les fonds étant destinés à la construction du nouveau palais du prince Bandar. Un autre virement effectué par ce dernier, de 400 000 dollars cette fois, concernait un vendeur de voitures.

Mais, à propos, pourquoi la banque Riggs ? Parce que le prince Bandar est un homme de l'ombre. Au XIXe siècle, cet établissement, créé en 1836, avait financé la guerre contre le Mexique (1846-1848) et l'achat de l'Alaska en 1867. Appelée à Washington la « banque des présidents », liée au général Augusto Pinochet et aux militaires chiliens, elle a été largement utilisée par de nombreux chefs d'État sud-américains et africains. Le biographe de Bandar, le journaliste américain David B. Ottaway, propose une explication plus alambiquée, voulant que ces comptes à la banque Riggs aient aussi été destinés à accueillir des surplus financiers produits par les ventes du pétrole livré aux Britanniques dans le cadre du troc d'Al-Yamamah [19]. Cette explication est peu convaincante... Très proche de la CIA, Bandar a surtout participé au financement des *contras* antimarxistes au Nicaragua dans les années 1980 : quand le Congrès avait refusé de financer des armes pour la guérilla, c'est lui qui avait réglé la note en faisant passer 20 millions de dollars — « cadeau de la famille royale saoudienne » — au colonel Oliver North, qui organisait l'affaire [20]. À la même époque, il avait aidé la CIA dans le soutien aux moudjahiddines afghans antisoviétiques, en mettant sur pied un accord avec l'Arabie saoudite : chaque fois que la CIA versait un million de dollars aux « barbus », Riyad en ajoutait un autre.

Après le 11 septembre 2001, l'extraordinaire proximité du prince avec la famille présidentielle américaine — qui lui avait valu son autre surnom de « Bandar Bush » — va être mise à profit par les deux agences d'espionnage cousines, la CIA américaine et le MI6 britannique, pour faire mettre un genou à terre au coriace Mouammar Kadhafi, en lui faisant renoncer à ses projets d'armement nucléaire (voir *infra*, chapitre 15). Dès octobre, les conversations secrètes démarrent dans l'hôtel particulier que Bandar possède à Regent's Park, à Londres. Moussa Koussa, le chef des services secrets libyens (qui deviendra ministre des Affaires étrangères en mars 2009), est présent, de même qu'un représentant de la CIA, Ben Bonk. Cette première rencontre, trois semaines après les attentats du 11 septembre, sera suivie de beaucoup d'autres, conduites cette fois par Stephen Kappes, alors numéro deux de la Direction des opérations de la CIA, et par Mark Allen, chef du contre-terrorisme au MI6 britannique. En décembre 2003, c'est réglé : Kadhafi, auquel les Américains avaient promis le sort de Saddam Hussein s'il ne passait pas sous leurs fourches Caudines, renonce officiellement à l'arme nucléaire. Et c'est Washington qui l'annonce. Dans cette opération, le prince Bandar n'a sans doute pas joué en soliste, mais il a tenu son pupitre comme l'entendaient les Américains et les Britanniques. Secrètement et efficacement. De telles aides ne s'oublient pas. Jamais...

C'est ainsi que, lorsque les ennuis surgiront, à l'été 2007, avec les révélations sur les prestations consenties à l'occasion du contrat Al-Yamamah, le prince Bandar ne sera pas pris au dépourvu et saura s'entourer d'avocats de renom. Le premier, Louis Freeh, est l'ancien directeur du FBI des années Clinton, de 1993 à 2001. Dans une intervention devant les Commissions du renseignement des deux assemblées parlementaires américaines, en octobre 2002, il avait insisté sur la collaboration efficace du prince Bandar lors de la création du bureau du FBI à Riyad [21]. Le second défenseur se trouve être Stanley Sporkin, un ancien juge fédéral, ancien directeur juridique de la CIA puis de la SEC (Security Exchange Commission), où il fit carrière durant vingt-deux ans. Dans ces fonctions, il est devenu l'un des pères de la législation anticorruption américaine. Qu'il poursuive sa carrière aux côtés d'un homme accusé d'avoir reçu des pots-de-vin d'un montant inimaginable ne manque pas de sel... En avril 2009, la défense du prince Bandar était solidement établie, et Louis Freeh expliquait à l'émission de télévision *Frontline* qu'il n'y avait aucune forme de corruption à rechercher dans les dollars passés à la banque Riggs sur les comptes personnels du prince. De même, demandait-il, pourquoi mettre en cause la mise à disposition d'un Airbus A 340 quand il s'agit simplement d'une décision de la famille royale ? « Ce qui était personnel ou ne l'était pas n'est vraiment pas l'affaire des États-Unis [22]. »

L'« intérêt public » au-dessus des lois ?

Il faudra donc une vingtaine d'années, de 1986 à 2006, pour que les preuves des surcoûts imputés au programme Al-Yamamah sortent au grand jour. Mais cela ne signifie pas que les services britanniques, compétents sur ces sujets, n'aient pas correctement travaillé. Dès juillet 1988, le SFO (Serious Fraud Office) avait averti le gouvernement de la possible implication de Richard « Dick » Evans, alors président de BAe, dans une affaire de corruption.

En 1989, un second service officiel, le NAO (National Audit Office), ouvre une enquête. Le rapport qu'il rend en 1992 sera immédiatement enterré, sans jamais resurgir. Pourtant, avant de prendre le pouvoir, le futur Premier ministre Tony Blair avait fait savoir qu'il rendrait publiques les conclusions de cette enquête. Mais, durant ses dix années à la tête du gouvernement (du 2 mai 1997 au 27 juin 2007), il ne tiendra pas cet engagement. Autre tentative : le 8 mars 2001, la patronne du SFO, Rosalind Wright, avertit par courrier le chef du service d'enquête du ministère de la Défense qu'une caisse noire a été dissimulée par la société RLI (Robert Lee International), entreprise habituellement chargée de l'organisation des voyages et des séjours des personnels de BAe Systems à l'étranger [23]. Non seulement le ministère de la Défense n'enquêtera pas, mais il transmettra la lettre du SFO à l'industriel ! Il est dès lors parfaitement clair que les dirigeants de BAe Systems, comme ils l'affirment d'ailleurs en permanence, agissent avec l'aval du gouvernement.

Lorsque les enquêtes journalistiques commencent à s'emballer, les Saoudiens entrent dans la course. En novembre 2006, la presse britannique cite un « *senior Saudi diplomat* » [24]. Il s'agit sans doute de l'ambassadeur à Londres, Mohammed ben Nawaf ben Abdelaziz Al-Saoud, qui rend visite au chef de cabinet de Tony Blair, Jonathan Powell, pour exiger un arrêt des enquêtes en cours. Si cette sommation devait rester lettre morte, explique-t-il alors, un nouveau contrat mirifique en cours de discussion — contrat pour lequel un préaccord avait été signé le 21 décembre 2005 — serait annulé. Et les Saoudiens laissent écrire, sans toutefois convaincre personne, qu'ils seraient prêts à acquérir le Rafale français à la place des Eurofighters [25]. Symétriquement, le représentant du Royaume-Uni à Riyad, Sir Sherard Cowper-Coles, abonde dans le sens des Saoudiens, avec un argument sans la moindre valeur : ceux-ci menacent de rompre les liaisons avec les services de renseignement britanniques, donc de tarir de précieuses sources d'information. Pourtant, de l'avis de tous les spécialistes consultés, les renseignements sur le fondamentalisme islamiste et le groupe Al-Qaida transitent pour l'essentiel en sens inverse, l'Arabie se trouvant sous transfusion américano-britannique permanente dans ce domaine.

Ce chantage fonctionne et Tony Blair s'exécute : l'enquête du SFO sera stoppée. Selon ses proches, le Premier ministre espère que les services de renseignement britanniques approuveront sa décision, et le fait savoir. Mais, en réalité, ni Eliza Manningham-Buller, le chef du MI5 (service de renseignement intérieur), ni Sir John Scarlett, le chef du MI6 (service de renseignement extérieur), n'ont agi en ce sens. Le 15 décembre, l'*attorney general* (ministre de la Justice) Lord Goldsmith interrompt donc l'enquête comme il en a le droit. Tony Blair invoque le fumeux prétexte de la « sécurité nationale » : « Je crains que, à la fin, mon rôle de Premier ministre soit de signaler où se trouve le meilleur intérêt national, intérêt stratégique, de notre pays. Je n'ai absolument aucun doute que, de ce point de vue, la bonne décision a été prise. » Et il précise le même jour : « Si cette enquête s'était poursuivie, tout ce qui serait arrivé, c'est que nous aurions connu des mois, sinon des années, de malaise entre nous et un partenaire clé et allié, probablement sans raison. » Les actionnaires de BAe Systems seront du même avis, puisque le titre de l'entreprise, qui avait été quelque peu malmené durant les mois précédents, bondira de 18 % en quelques jours.

De son côté, l'*attorney general* Peter Henry Goldsmith déclare à la Chambre des Lords : « Il s'est révélé nécessaire de mettre en balance, d'une part, l'État de droit (*rule of law*) et, d'autre part, l'intérêt public dans son sens le plus large. » Quant au communiqué du SFO, il présente à sa manière les instructions reçues des politiques : « Cette décision a été prise à la suite de présentations faites à l'*attorney general* et au directeur du SFO concernant le besoin de préserver la sécurité nationale et internationale. Aucun poids n'a été accordé aux intérêts commerciaux ou à l'intérêt économique national. » Les « présentations » évoquées ne sont rien d'autre que des ordres politiques donnés à un système judicaire prétendument indépendant, sous la pression d'un chantage économique. La relation d'étroite dépendance entre le SFO, organe pluridisciplinaire d'investigation judiciaire, et l'*attorney general* avait été sévèrement critiquée peu de temps avant par un rapport de l'OCDE [26]. Il n'avait pas tort !

Le double jeu britannique : faites ce que je dis, pas ce que je fais !

Pour bien comprendre le choc provoqué par l'attitude britannique, il faut rappeler que la fin des années 1990 a été marquée par une initiative majeure dans la lutte internationale contre la corruption : le lancement par l'OCDE de la « Convention sur la lutte contre la corruption d'agents publics étrangers dans les transactions commerciales internationales ». Elle a été signée le 17 décembre 1997 et les États qui se sont engagés à l'appliquer ne sont certes pas nombreux : à l'été 2009, il s'agit des trente États membres de l'organisation — dont le Royaume-Uni —, auxquels s'ajoutent l'Afrique du Sud, l'Argentine, le Brésil, la Bulgarie, le Chili, l'Estonie, Israël et la Slovaquie. Et, dès lors qu'ils ont fait ce choix politique et ont introduit le texte dans leur législation nationale, la convention s'impose à eux.

Le gouvernement britannique est d'ailleurs l'un de ceux qui ont agi le plus tôt contre la corruption, au point d'avoir disposé, bien avant la convention de l'OCDE de 1997, de trois textes sur le sujet : le Public Bodies Corrupt Practices Act (1889), le Prevention of Corruption Act de 1906 et le Prevention of Corruption Act de 1916 [27]. Le Royaume-Uni a déposé les instruments de ratification de la convention de l'OCDE le 14 décembre 1998. Dès cette date, les règles anticorruption de l'OCDE s'appliquaient à lui, même si le texte n'est entré officiellement en vigueur que le 15 février 1999, avant d'être intégré le 14 février 2002 dans le Code britannique (Anti-Terrorism, Crime and Security Act 2001). Dès lors, il n'y a plus d'ambiguïté : des sanctions sont prévues en cas de versement de pots-de-vin à des agents publics étrangers.

Mais il y a un problème : de toute éternité, le gouvernement britannique a accepté que les firmes nationales exportatrices d'armement corrompent leurs clients. Tant que cette pratique était encadrée et plus ou moins contrôlée, elle ne posait pas de problème, si ce n'est sur le plan moral. Légalement, corrompre était possible. Avec la convention de l'OCDE, cela devient plus difficile. Car son article 5 précise en toutes lettres qu'une enquête pour corruption ouverte à l'encontre d'un responsable étranger ne doit pas être influencée par des considérations relevant de l'intérêt économique, ou au motif de son impact potentiel sur les relations entre deux pays. Or, au Royaume-Uni, le pouvoir discrétionnaire de l'*attorney general*, donc du pouvoir (car il est membre du gouvernement), est d'interrompre des poursuites sans avoir à motiver sa décision. Et c'est exactement ce qui s'est produit en décembre 2006.

Quelques semaines plus tard, le groupe de travail de l'OCDE sur la corruption se réunit à Paris, du 16 au 18 janvier 2007 ; à cette occasion, le secrétaire général de l'OCDE, Jose Angel Gurria, se dit « gravement préoccupé ». Il estime nécessaire de préserver « la crédibilité et l'intégrité de la convention ». Le groupe de travail, explique-t-il, a certes très diplomatiquement « apprécié les efforts du gouvernement britannique pour expliquer sa décision aux autres pays parties à la convention », mais il s'agit là du seul point de satisfaction... Le 14 mars 2007, le responsable du groupe de travail, le professeur (suisse) de droit Mark Pieth, ne mâche pas ses mots en se disant « perpétuellement insatisfait de la manière dont le Royaume-Uni applique la convention contre la corruption ». Et de dénoncer les « enquêtes non suivies de poursuites. C'est un problème systémique, le cas BAe pose des questions sérieuses, qui soulignent nos préoccupations ».

Le journaliste David Leigh, qui enquête sans relâche sur ce dossier pour le *Guardian*, ne se fait quant à lui aucune illusion quand il écrit en 2007 : « Les versements de pots-de-vin ont été discutés quasi ouvertement au sein du gouvernement britannique. Tout le monde sait que des commissions ont été payées. À l'époque, on ne trouvait pas cela répréhensible. Et pas davantage aujourd'hui. Quand il a fallu stopper l'enquête du Serious Fraud Office, le gouvernement a vu que la convention OCDE stipule qu'on ne peut pas agir de la sorte en invoquant des raisons diplomatiques ou commerciales. C'est pour cela qu'ils ont choisi le prétexte de la sécurité nationale [28]... »

Quelques semaines après son arrivée à Downing Street, le 27 juin 2007, le nouveau Premier ministre travailliste Gordon Brown dissout l'organisation responsable des exportations d'armements, le DESO. Mais cette décision entraîne quelques mois plus tard la démission du ministre de l'Armement, Lord Paul Rudd Drayson, officiellement pour pouvoir de nouveau pratiquer la compétition automobile. Ce dernier avait pourtant tout pour plaire : en 2002, sa société pharmaceutique PowderJect avait reçu du gouvernement un contrat de 32 millions de livres sterling pour la fourniture de vaccins contre la variole, juste après qu'il eut fait une donation de 50 000 livres sterling au Parti travailliste. En mai 2004, il obtenait l'élévation à la pairie, la distinction la plus recherchée du Royaume-Uni, non sans avoir de nouveau subventionné le Parti travailliste dans les semaines précédentes. En août 2008, le patron de BAe Systems, Mike Turner, quittait à son tour ses fonctions.

Rien de tout cela n'interdit d'afficher l'excellence des relations entre le Royaume-Uni et l'Arabie saoudite. À tel point que le roi Abdallah a pu être reçu en visite d'État à Londres, en octobre 2007, avec un faste inégalé. Pour cette première visite d'un souverain saoudien depuis vingt ans, le roi, douze autres membres de la famille royale et quatre cents membres de leurs suites sont arrivés à l'aéroport d'Heathrow à bord de cinq Boeing 747...

Quant à l'OCDE, elle ne sait plus à quel saint se vouer vis-à-vis de Londres. Dans un rapport particulièrement virulent, publié en octobre 2008 [29], le groupe de travail sur la corruption a réclamé à Londres de retirer au ministre de la Justice (*attorney general*) le pouvoir d'interrompre des poursuites pour corruption contre des dirigeants étrangers, et de permettre aux enquêteurs du Serious Fraud Office de disposer des informations détenues par les ministères compétents et par les dépendances de la Couronne (Îles Vierges britanniques, îles Anglo-normandes, etc.), qui constituent les plus inviolables paradis fiscaux de la planète.

Le renversant cynisme de Tony Blair

Alors que la pratique de la corruption n'a jamais cessé au Royaume-Uni, l'arrivée des travaillistes au pouvoir en 1997 n'a pas changé la donne, malgré les promesses. Pire : le Premier ministre Tony Blair a développé un discours particulièrement cynique, élevant le double langage au rang des beaux-arts. Car, avant sa décision du 15 décembre 2006 interrompant les poursuites contre BAe Systems, il a passé dix ans à dire aux autres pays quelle devait être leur conduite.

En juin 1998, il propose un Code de conduite européen sur les ventes d'armes (COARM, Code of Conduct on Arms Exports). Un texte draconien qui réclame la transparence des ventes d'armes à des pays tiers, la notification aux partenaires européens des ventes refusées, la publication annuelle de rapports sur les ventes d'armes et leur examen par le groupe du COARM. Enfin, ce texte propose l'interdiction des ventes d'armes si elles menacent la stabilité régionale et encouragent les acheteurs au non-respect des droits de l'homme. C'est sur ce point que les ONG britanniques vont agir pour dénoncer le double discours britannique, arguant que l'Arabie saoudite applique la peine de mort de manière particulièrement barbare — décapitation des hommes au sabre et lapidation des femmes —, pratique systématiquement la torture de ses détenus, et qu'il est donc immoral pour le Royaume-Uni de lui vendre des armes.

Le 3 septembre 2002, au Sommet de la Terre de Johannesburg, Tony Blair demande aux entreprises occidentales travaillant dans les pays en développement de rendre publics tous les paiements de commissions aux gouvernements et responsables étrangers. Le Premier ministre invite à « rassembler les gouvernements, les entreprises et les agences internationales pour combattre le manque actuel d'information et s'assurer que tous les paiements effectués par les entreprises sont ouvertement déclarés. [...] Nous voulons que d'autres nous rejoignent. Nous avons déjà reçu des engagements en ce sens d'un large éventail de partenaires qui veulent élaborer avec nous un cadre de travail utilisable ». Osé, quand même... En juillet 2005, lors du sommet du G8 de Gleneagles (Écosse), Tony Blair annonce le doublement de l'aide à l'Afrique d'ici 2010, pour atteindre 50 milliards de dollars. Financé par Bill Gates, le président de Microsoft, l'African Progress Panel est mis en place. Présidé par l'ancien secrétaire général de l'ONU Kofi Annan, il compte parmi ses membres Olusegun Obasanjo, ancien président du Nigéria, pays considéré comme l'un des plus corrompus au monde...

Le 22 juin 2006, enfin, Tony Blair déclare : « Le Royaume-Uni porte la responsabilité de combattre le blanchiment d'argent et la corruption quand ils nous frappent, et d'aider les pays en développement à combattre la corruption. » Le 9 décembre 2006 — soit une semaine avant le blocage de l'enquête dans l'affaire saoudienne —, le secrétaire d'État au Foreign Office, Ian McCartney, déclare à l'occasion de la Journée internationale de lutte contre la corruption : « Les gouvernements luttant sérieusement contre la corruption ont la possibilité de s'asseoir ensemble et de se mettre d'accord sur la manière de réduire la corruption qui menace le développement économique, limite les dépenses de santé et d'éducation, en frappant le plus durement les pays les plus pauvres. C'est une priorité clé pour le gouvernement britannique. »

Ce saisissant double langage n'est pas seulement l'illustration d'un cynisme record. Il est aussi celle de l'imbrication étroite des marchands d'armes dans la décision politique britannique, les gouvernements conservateurs ou travaillistes se trouvant au cœur de réseaux ramifiés. Ceux-ci impliquent des industriels désireux de faire tourner leurs usines, mais aussi des intermédiaires sachant s'affranchir des lois d'un pays, s'accommoder de celles d'un autre et naviguer entre le client et l'acheteur.

Ces « agents » sont parfois des indépendants sans le sou, parfois des hommes à la surface imposante et ayant pignon sur rue. Sauf exception, aucun n'aime la publicité. Ou, alors, seulement quand leur fortune est suffisamment confortable pour qu'ils n'aient plus à agir que comme des commerçants à la transparence cristalline, avec des amis choisis.

Wafic Saïd, par exemple, est une relation proche de l'ancien ministre travailliste Lord Peter Mandelson (premier secrétaire d'État du gouvernement de Gordon Brown depuis juin 2009), qui avait démissionné du gouvernement en 2001 pour avoir été suspecté d'une... broutille. À savoir être intervenu afin de favoriser l'attribution de la nationalité britannique aux frères Srichand et Gopichand Hinduja, deux milliardaires indiens. Avec leur troisième frère Prakash Hinduja, ils étaient alors accusés d'avoir reçu 8,3 millions de dollars de commissions illégales lors de la vente dans les années 1980 de quatre cent dix canons d'artillerie suédois Bofors à l'armée indienne (voir *infra*, chapitre 12), en relation avec l'intermédiaire italien Ottavio Quattrocchi, un proche du Premier ministre Rajiv Gandhi, assassiné en 1989. Mais ces accusations n'ont pas été maintenues et ces hommes d'affaires ont été acquittés par la justice indienne en mai 2005.

Parfois, les intermédiaires font de belles carrières politiques. Mohammed Safadi, devenu ministre de l'Économie et du Commerce du gouvernement libanais en juillet 2008, fut comme on l'a vu le principal associé de Wafic Saïd dans l'affaire Al-Yamamah [30]. L'une de ses particularités est d'être extrêmement discret : né en 1944, il s'installe en Arabie saoudite en 1975, où il travaille notamment pour BAe, *via* les sociétés Jones Consultants [31] et Allied Maintenance [32]. L'une de ses entreprises, Vilmar, a mis un splendide appartement à la disposition du P-DG de BAe Systems, Dick Evans, dans le quartier londonien de Mayfair [33]. Sa société de droit britannique, Jones Consultants, aurait réglé des factures du patron de l'Air Force saoudienne, le prince Turki ben Nasser. Mais on ne saurait accuser BAe de ne vendre qu'aux pays très riches, car cette société vend aussi aux très pauvres...

Pluies de livres sterling en Afrique australe

Les marchands d'armes aiment souvent à rappeler que la misère dans laquelle vit un pays est une notion relative, car les chefs d'État sont toujours en mesure de récolter suffisamment d'argent — éventuellement en détournant des aides internationales — pour s'acheter des avions et des armes, le plus souvent au prix fort. Et les agents commerciaux de BAe Systems sont d'une redoutable efficacité. Le Tanzanien Sailesh Vithlani est l'un de ceux-là. Agent commercial de BAe Systems, il se trouve en 2002 au centre de la vente d'un système de radar à la Tanzanie, l'un des États les plus pauvres du monde, que l'indice de développement humain calculé par l'ONU classe à la 152e position sur 179. Le pays n'ayant pas le premier sou pour acquérir ce radar Commander, facturé 40 millions de dollars, un montage fut préparé avec la Barclay's Bank : la banque avançait l'ensemble des fonds, malgré l'opposition de la Banque mondiale à l'acquisition de cet équipement, jugé inutile et trop cher. Le mécanisme a consisté pour BAe Systems à mettre en place deux contrats parallèles avec Sailesh Vithlani et avec Tanil Somaiya, son associé dans la société de droit tanzanien Merlin International. Le premier contrat était officiel et prévoyait une commission « normale » de 1 % du montant du contrat, soit 400 000 dollars, qui a été versée.

Un second contrat, passé entre la Lloyd's Bank et une officine de BAe Systems déjà utilisée dans l'affaire Al-Yamamah, Red Diamond, prévoyait le versement d'une commission de 30 % de la valeur du contrat au seul Sailesh Vithlani, sur un compte en Suisse. Son contrat aurait été signé par le président de BAe Systems, Dick Evans, en personne. En 2002, l'année même de l'entrée en vigueur de la loi anticorruption au Royaume-Uni, BAe Systems a donc versé 12 millions de dollars à un intermédiaire, soit près du tiers de la valeur du contrat de 40 millions de dollars [34]. Le Prevention of Corruption Bureau (PCB) tanzanien n'a officiellement jamais identifié les destinataires de ces sommes. Deux ministres du gouvernement de Tony Blair, la secrétaire d'État au Développement international, Clare Short, et le chancelier de l'Échiquier, Gordon Brown, s'étaient pourtant opposés à ce contrat lorsqu'il était en discussion. En 2007, Clare Short a déclaré au *Guardian* : « N° 10 [Tony Blair] a insisté pour que ce contrat soit conclu, alors qu'il puait. Il a toujours été évident que ce projet inutile était corrompu [35]. »

En fait, Sailesh Vithlani paraît avoir été souvent utilisé comme « porteur » de versements occultes, sans doute destinés à l'état-major et aux dirigeants tanzaniens. Surfacturant systématiquement les matériels fournis, il a notamment été utilisé pour la vente par les États-Unis, en 2002, d'un magnifique avion Gulfstream G550 destiné au président tanzanien Benjamin Mkapa (qui a quitté le pouvoir en 2005). L'opération portait là encore sur un contrat de plus de 40 millions de dollars. Il s'est également trouvé aux manettes pour la vente, au début de la décennie 2000, de six cent vingt-huit camions militaires tout terrain par la firme italienne Iveco et, enfin, pour celle en 2007 de six hélicoptères militaires italiens Agusta Bell, pour 20 millions de dollars[36]. Soit 30 % de plus que le prix catalogue... Le contrat n'a au final même pas été respecté, les appareils étant en réalité des hélicoptères civils peints en vert.

2010 : Washington solde l'affaire Al-Yamanah

En mai 2007, BAe Systems annonçait son intention d'acheter la firme américaine d'armements Armor Holdings, pour 5,4 milliards de dollars. Mais, le mois suivant, la Fraud Section du Department of Justice (DoJ) américain, aidée par le FBI, confirmait l'ouverture d'une enquête pénale préliminaire sur le contrat Al-Yamamah. Deux points étaient soulevés : BAe Systems avait-elle violé dans cette affaire les dispositions du FCPA de 1977 ? La firme britannique s'était-elle rendue coupable de blanchiment de fonds ? Une réponse positive à l'une ou l'autre de ces questions pourrait interdire à BAe Systems d'intervenir sur le marché américain, alors même qu'elle y était déjà un acteur important de l'industrie de défense (en acquérant United Defense Industries en juin 2005, pour 4,2 milliards de dollars, elle était devenue l'un des dix premiers fournisseurs du Pentagone ; et l'acquisition d'Armor Holdings lui permettrait d'assurer pratiquement 50 % de son chiffre d'affaires aux États-Unis).

À la mi-octobre 2007, le P-DG de l'entreprise, Mike Turner, affirmait qu'aucune demande particulière n'avait été transmise par les autorités américaines. Lesquelles prétendaient le contraire, tandis que le gouvernement britannique entrait dans une phase d'obstruction : la ministre de l'Intérieur, Jacqueline Jill Smith (dite « Jacqui Smith »), refusait de transmettre la demande d'entraide judiciaire aux services américains compétents. Cette attitude bloquerait notamment la transmission au DoJ de plus d'un million de pages de documents saisies à Londres chez BAe Systems. Faut-il s'étonner de cette mauvaise volonté, entre deux pays dont la collaboration judiciaire est habituellement sans faille ? Pas vraiment, vu le poids de BAe Systems Inc., la filiale américaine de la firme britannique, sur la scène militaro-industrielle des États-Unis : ni Londres ni Washington n'avaient intérêt à un procès en bonne et due forme, où tous les secrets de cette méga-affaire de corruption auraient été largement médiatisés...

De fait, après l'annonce de l'enquête américaine, l'administration Bush n'a jamais paru décidée à engager des poursuites contre BAe et les contrats américains ont continué à pleuvoir sur la filiale de l'entreprise britannique. Le 20 août 2007, le principal accusateur de BAe Systems au Royaume-Uni, Peter Gardiner (l'ancien directeur général de Travellers World), avait pourtant traversé l'Atlantique au nez et à la barbe des services britanniques, qui ne souhaitaient pas son départ. Par ailleurs, la justice fédérale est parvenue à se faire transmettre par son homologue suisse les pièces que cette dernière avait refusé de faire parvenir au SFO britannique. À la mi-novembre 2007, la secrétaire adjointe américaine à la Justice (Division criminelle), Alice S. Fisher, a fait le déplacement de Rome pour participer à la célébration du dixième anniversaire de la convention de l'OCDE. Elle y a réclamé une meilleure coopération de la France, de l'Allemagne et de l'Italie avec la justice américaine, mais sans — curieusement ? — citer le Royaume-Uni.

La nouvelle administration Obama s'est ensuite montrée un peu plus ardente. En mars 2009, BAe Systems signifiait simplement dans un communiqué financier : « La société a été avertie en juin 2007 par le ministère américain de la Justice qu'il avait commencé une enquête sur son respect des lois anticorruption. Les directeurs continuent de considérer que le groupe n'a pas agi illégalement dans ses contrats avec le royaume d'Arabie saoudite, ou en relation avec les lois anticorruption [37]. » Finalement, le 1er mars 2010, le Département de la Justice a annoncé avoir conclu un accord avec BAe Systems : la société acceptait de payer, sans procès, une amende de 400 millions de dollars pour avoir corrompu un « officiel saoudien » sur le sol américain. Dans son communiqué, le DoJ expliquait ainsi le fondement de cet accord : « BAe Systems a plaidé coupable [...] de conspiration visant à tromper le gouvernement des États-Unis en cherchant à contourner ses prérogatives légales, par de fausses déclarations quant aux règles du FCPA et en violant celles de l'Arms Export Control Act (AECA) et de l'International Traffic in Arms Regulations (ITAR) [38]. »

Simultanément, BAe Systems avait accepté de négocier, avec le gouvernement britannique cette fois, une amende symbolique de 30 millions de livres. La somme est dérisoire au regard des profits engrangés grâce à la corruption, même si la sanction impliquait une reconnaissance des pratiques délictueuses à laquelle BAe Systems s'était toujours refusée jusqu'alors.

Vingt-cinq ans après la signature d'un contrat de 43 milliards de livres, les amendes finalement versées par BAe Systems aux États-Unis et au Royaume-Uni pour solder cette sombre affaire représentent nettement moins de 1 % de sa valeur. Face aux mâles déclarations multipliées depuis les années 1990 par les dirigeants de l'OCDE et du G8 pour « moraliser » le commerce des armes, ceux de la firme britannique ont ainsi démontré aux yeux de leurs collègues des grandes firmes de l'armement et de tous les « soutiers » de ce business que le risque de la corruption valait toujours le coup d'être tenté... D'ailleurs, les affaires américaines n'avaient jamais été vraiment interrompues par l'enquête judiciaire instruite contre BAe Systems. En juillet 2007, l'acquisition de la firme Armor Holdings avait été finalisée par BAe Systems sans autre forme de procès.

Pourtant, l'histoire tumultueuse de la relation entre le Royaume-Uni et la corruption n'est pas terminée ! Le 7 octobre 2010, une nouvelle loi anticorruption (dite Bribery Act 2010) est entrée dans la législation britannique, s'appliquant à partir de mars 2011 aux entreprises nationales et aux filiales d'entreprises étrangères établies sur le sol du Royaume-Uni. Contrairement au FCPA américain, la nouvelle loi britannique n'imposera pas aux autorités judiciaires de démontrer que les entreprises n'ont pas pris les mesures adéquates pour éviter de corrompre leurs clients : elle contraindra les entreprises à démontrer qu'elles ont agi conformément à la loi anticorruption. Ce qui va concrètement les obliger à vérifier que leurs agents commerciaux agissent en conformité avec la loi, à renforcer les mécanismes de contrôle et d'audit, à dénoncer elles-mêmes les manquements à la loi. Des dizaines de cabinets spécialisés se sont immédiatement jetés sur le nouveau marché de la mise en conformité des pratiques commerciales britanniques avec cette loi, qui prévoit pour les dirigeants d'entreprise en cas d'infraction jusqu'à dix ans d'emprisonnement et des amendes très élevées. Il est évidemment trop tôt pour connaître les parades qui seront trouvées. Mais gageons qu'il y en aura : ce n'est pas une nouvelle loi qui renversera des décennies de pratiques frauduleuses massives...

Si les choses devaient changer, ce serait une révolution. Car c'est bien par la corruption que l'industrie de défense britannique a gagné certains de ses plus beaux marchés. Quant à la France, elle serait bien en peine de donner des leçons. En particulier au Pakistan, dont les dirigeants ont toujours été soucieux de renforcer leur puissance militaire face à leur ennemi de toujours, l'Inde, depuis la création de cet État en 1947.

3

Pakistan, terre de commissions

Neuf mai 2002. Devant l'hôtel Sheraton du grand port pakistanais de Karachi, la ministre française de la Défense Michèle Alliot-Marie, membre du gouvernement de Jean-Pierre Raffarin nommé l'avant-veille, observe un profond cratère. Envoyé spécial du *Point,* je suis à quelques mètres d'elle. Malgré les effets d'un premier nettoyage, on mesure la puissance de la bombe. Après être passée à l'hôpital Agha-Khan, « MAM » se trouve devant la carcasse calcinée d'un autobus et, plus loin, les restes de la voiture piégée qui l'a détruit. L'âcre odeur des cendres froides prend à la gorge. Tendue mais attentive, le ministre écoute les explications du chef d'état-major de la marine pakistanaise, l'amiral Abdul Aziz Mirza, et celles du ministre de l'Information, Nisar Memon.

Attentat à Karachi

L'attentat suicide à la voiture piégée s'est produit le 8 mai, le jour même de sa prise de fonctions. À l'hôtel de Brienne, siège de son ministère, elle n'a eu que le temps de prendre les clés remises par son prédécesseur, Charles Millon, avant de sauter dans un Airbus A319 gouvernemental pour se rendre sur place. L'explosion visait les ingénieurs et techniciens français venus pour la plupart du chantier de la DCN [a] de Cherbourg, dont certains

a La société DCN doit son nom à l'ancienne Direction des constructions navales, régie directe de l'État construisant les navires de guerre français, l'héritière des arsenaux de la Marine créés par le cardinal de Richelieu (1585-1642) en 1631. Au

habitaient l'hôtel où l'autobus était venu les chercher. Ces Français travaillaient au Pakistan Navy Dockyard, chantier naval où leurs collègues pakistanais assemblaient le *Saad*, deuxième des trois sous-marins Agosta 90B achetés à la France en 1994 [a].

Onze des passagers français du bus sont morts, ainsi que trois Pakistanais, mais, quelques heures après les faits, la vie grouillante de Karachi a repris ses droits. Les autorités françaises, comme leurs homologues locales, évoquent alors officiellement un attentat d'Al-Qaida. Mais personne ne connaîtra le thème du long échange en aparté entre la ministre et le directeur de la DGSE (Direction générale de la sécurité extérieure, le service de renseignement extérieur de la France), l'ambassadeur Jean-Claude Cousseran, qui se tiendra dans les salons du consulat de France à Karachi le jour même de cette visite. Hasard ou nécessité, le jour de l'attentat, le patron des services secrets français participait en effet au Pakistan à une réunion sur le terrorisme islamiste prévue de longue date.

Que des islamistes radicaux soient à l'origine de l'attaque ayant visé les Français, c'est une éventualité. Mais, le jour même, plusieurs autres pistes étaient évoquées par la presse française. La première était indienne : dès la signature du contrat de vente des trois sous-marins, pour 5,4 milliards de francs (826 millions d'euros), le 21 septembre 1994, entre les deux ministres de la Défense François Léotard et Aftab Shaban Mirani, l'Inde voisine avait fait connaître son désaccord ; elle s'était tout particulièrement indignée — comme d'ailleurs l'état-major de la Marine nationale française de l'époque — de la cession de deux technologies militaires auxquelles aucun pays du Sud ne s'était encore vu accorder l'accès par une nation industrialisée. Il s'agit en premier lieu de la propulsion « anaérobie » — consistant à alimenter en plongée le moteur diesel du sous-marin avec de l'éthanol et de l'oxygène sous pression, offrant ainsi une autonomie en plongée

fil des ans, le statut de ce pseudopode de l'administration française s'est révélé de moins en moins adapté aux conditions du commerce mondial et des évolutions ont été décidées. En 2003, l'entreprise devient une société de droit privé à capitaux d'État et ne conserve que son nom DCN, qui n'est plus associé à un sigle. Une société commune avec Thales, Armaris, est créée, avant que Thales prenne 25 % du capital de DCN, l'État conservant les 75 % restants. Ce nouveau statut s'accompagne cette fois encore d'un changement d'identité et DCN devient DCNS en avril 2007. Nous évoquons donc l'entreprise sous les noms de DCN pour la période antérieure à 2007 et DCNS pour la période postérieure.

a Alors sur le point d'être achevé, le *Saad* sera lancé le 24 août 2002. Le premier submersible, le *Khalid*, avait été fabriqué à Cherbourg et livré en 1999. Et le troisième, le *Hamza*, sera admis au service actif en septembre 2008 (« DCNS : le Pakistan réceptionne son premier sous-marin équipé du MESMA », *Mer et Marine*, 30 septembre 2008).

considérablement accrue, comprise entre deux et trois semaines. En second lieu, la fourniture d'une arme exceptionnelle, l'Exocet SM39 tiré en submersion, avait ulcéré New Delhi : ce missile, mis à feu sous l'eau depuis un tube lance-torpilles, crève la surface dès son lancement, pour devenir un missile antinavire performant. La France avait jusque-là systématiquement rejeté la possibilité de vendre cette arme. Mais, cette fois, le politique avait brisé le tabou. Provoquant la colère de l'Inde, toujours en état de guerre larvée avec son voisin du Nord. De fait, la présence des Agosta 90B dans l'inventaire pakistanais apportait un avantage certain à sa marine, moins pour le contrôle des grands espaces océaniques que pour la capacité d'interdire un blocus maritime du port de Karachi, qui asphyxierait le pays.

Pour ces raisons, le Pakistan avait obtenu en 1994 une clause particulière et exorbitante : que l'Inde ne puisse avoir accès à de tels matériels ! Mais, en matière de ventes d'armes, les grands principes ne sont rien, les promesses non plus : en mars 2002, trois mois avant l'attentat de Karachi, une mission sénatoriale française s'était rendue dans la capitale indienne [a] afin d'y effectuer une démarche d'approche en faveur de la vente à l'Inde d'un porte-avions, mais aussi de sous-marins de dernière génération... Les sénateurs ne revendiquaient évidemment pas le double jeu : ils estimaient que, si l'Inde avait besoin de sous-marins, c'est parce que ce pays aux dimensions quasi continentales « fixe le niveau de son arsenal beaucoup plus en fonction des possibilités chinoises que pakistanaises. C'est pour cette raison qu'elle souhaite se doter à terme de la triade traditionnelle de vecteurs : bombardiers, sous-marins, missiles, au même titre que la Chine. Cette capacité est perçue comme le corollaire du rang de grande puissance [1] ».

L'explosion meurtrière de Karachi pourrait alors avoir été un « rappel à bon entendeur » à l'adresse des Français, de la part des militaires pakistanais agacés de l'avance de ces discussions avec leur ennemi intime. Une thèse que réfute bien sûr le ministre de l'Information Nisar Memon. Il préfère évoquer une attaque contre « les capacités de défense du Pakistan et ses intérêts stratégiques. Les ingénieurs français aidaient leurs collègues pakistanais et c'est une tentative pour faire peur à ceux qui sont venus développer la capacité de défense pakistanaise. Ce ne peut pas être l'œuvre de quelqu'un d'intérieur au pays [2] ».

---

a Cette mission avait été dépêchée par la Commission des affaires étrangères, de la défense et des forces armées du Sénat, présidée par Xavier de Villepin. Il n'est autre que le père de Dominique de Villepin, devenu ministre des Affaires étrangères du gouvernement de Jean-Pierre Raffarin le jour même de l'attentat.

Les causes de l'attentat : guerre des services pakistanais ou pots-de-vin français ?

L'un des meilleurs connaisseurs du terrorisme arabo-musulman, patron du service de renseignement de sécurité de la DGSE en poste au moment de l'attentat de Karachi, Alain Chouet, affirmait alors un point de vue diamétralement opposé. Cet homme portant une barbe soignée parle toujours calmement, mais sans avoir peur de son ombre. Il est libre, et ne craint pas de naviguer à contre-courant. Le point de vue dominant et le politiquement correct ne lui importent guère : ne comptent pour lui que les explications rationnelles — aussi éloignées que possible du « complotisme » si fréquent aujourd'hui — et la capacité à expliquer à ses contemporains le monde tel qu'il est. Ce ne sont pas des critères permettant toujours de mener à son terme une carrière administrative brillante. De fait, il s'est trouvé un jour de 2002 victime de l'une de ces révolutions de palais dont les services secrets ont toujours eu le... secret !

Or Alain Chouet n'a jamais vu d'autre cause à l'attentat que la guerre interne aux services pakistanais. C'est la deuxième piste, tenant elle aussi Al-Qaida ou les djihadistes en dehors du coup. Aux yeux de notre expert, le groupe islamiste Harkat-ul-Jihad-Al-Islami, accusé par les Pakistanais d'avoir perpétré le crime, a bon dos et les vrais commanditaires sont ailleurs. À ses yeux, le basculement s'est produit en octobre 1999, lorsque le général Pervez Moucharraf a pris le pouvoir au Pakistan.

Pour renforcer son assise, le nouveau président pakistanais va alors délibérément provoquer de fortes tensions entre le service de renseignement intérieur, l'Intelligence Bureau (IB), et l'ISI (Inter-Services Intelligence), le tout-puissant service de renseignement extérieur : « Sa tactique, explique Alain Chouet, a essentiellement consisté à faire monter en puissance l'influence de l'IB, où la composante militaire et pachtoune est moins prégnante, et [simultanément], au sein de l'ISI, à abaisser l'importance relative des cadres pachtounes de l'armée de terre au profit des cadres de la marine et de l'aviation, originaires du centre et du sud du pays, plus ouverts sur le monde et peu enclins à l'extrémisme identitaire religieux. Ce faisant, [Moucharraf] déclenche une guerre des services et des clans au sein de l'armée, qui s'analyse en une série de signaux violents et indirects dont ont fait les frais le journaliste Daniel Pearl [a] — parce qu'il

---

a Correspondant pour l'Asie du *Wall Street Journal*, basé à Mumbai (Inde), Daniel Pearl a été enlevé à Karachi le 23 janvier 2002 par le groupe Jeish-e Mohamad du terroriste Ahmed Saeed Omar Sheikh. Ce dernier, natif du Royaume-Uni et ancien de la prestigieuse London School of Economics, demanda la libération de

s'approchait du terme de son enquête mettant en cause le soutien de l'ISI [aux fondamentalistes islamistes] —, les techniciens de la DCN française — parce qu'ils constituaient une cible facile, spectaculaire et significative liée à la marine —, [de même que] des diplomates et fonctionnaires américains sur site — parce que l'on espère ainsi faire baisser le niveau des pressions américaines [3]. » Dans ses mémoires, le général Pervez Moucharraf ne consacre d'ailleurs à l'événement que quelques lignes sans intérêt [4].

Autre supposition, émise dès cette époque : les contractants français ont été accusés, au Pakistan même, d'avoir payé d'énormes pots-de-vin à l'occasion de ce contrat. Les bénéficiaires pourraient avoir été, estimait-on alors, des membres du « clan Bhutto » au pouvoir lors de sa signature en 1994, dont Asif Ali Zardari, le mari de la Premier ministre Benazir Bhutto. Celle-ci avait épousé en 1987 cet homme d'allure terne, connu surtout pour ses qualités de joueur de polo. L'une des autres personnalités accusées d'avoir été intéressées à l'achat des sous-marins est l'ancien chef d'état-major de la marine, l'amiral Mansûr Ul Haq. Il sera limogé en 1997 par le nouveau Premier ministre, le général Nawaz Sharif, peu de temps après sa prise de fonctions. Le commodore Mirza Ashfaq Baig (qui dirigeait le chantier Pakistan National Shipping Corporation) a également été mis en cause. Mais Mansûr Ul Haq prétendra n'être qu'un bouc émissaire et citera les noms de plusieurs de ses collègues comme ayant bénéficié des largesses françaises, parmi lesquels les amiraux A. U. Khan, Khalid Mir, Mujtaba et Saeed Khan [5].

Les soupçons de corruption visant Mansûr Ul Haq ont été officialisés dès 1998, lorsqu'il a fui son pays pour rejoindre sa résidence du Texas. Le NAB (National Accountability Bureau), jouant au Pakistan un rôle comparable à celui de la Cour des comptes en France, l'accuse alors d'avoir empoché 3,3 millions de dollars provenant des vendeurs français de sous-marins, du temps où il tenait le haut du pavé, alors que Benazir Bhutto était Premier ministre (1993-1996). Extradé en avril 2001 des États-Unis vers le Pakistan, Mansûr Ul Haq encourt alors quatorze ans de prison. Mais il est relâché en février 2002, après avoir remboursé 7,5 millions de dollars au Trésor pakistanais [6]. Il sera également dégradé et se verra retirer ses décorations, sa maison et sa limousine de fonction, ainsi que ses droits à

---

militants emprisonnés, ainsi que la reprise des livraisons de chasseurs F-16 interrompues en 1990. Cette exigence peu compatible avec les habituelles revendications des islamistes radicaux a paru pour le moins curieuse… Le corps supplicié du journaliste fut retrouvé le 16 mai 2002 à Karachi. Arrêté puis condamné à mort en juillet de la même année, Omar Sheikh a fait appel, mais sa requête n'avait toujours pas été examinée par la justice huit ans plus tard. Ce délai est souvent considéré comme le résultat de sa protection par l'ISI.

pension de retraite. Pour lui, l'accord pourrait néanmoins ne pas être si mauvais, car il n'est pas impossible que les pots-de-vin perçus sur de nombreux contrats aient été (très) supérieurs à la somme restituée.

Il existe encore une autre hypothèse, qui a fait scandale quand elle a défrayé la chronique six ans après l'attentat, en septembre 2008. Selon cette conjecture, sur laquelle nous reviendrons plus longuement dans le chapitre suivant, la passation du marché n'aurait pas seulement entraîné le paiement des classiques commissions réparties au Pakistan entre le clan Bhutto et les militaires. À Paris, elles auraient été ponctionnées en partie par les agents chargés de les payer, afin d'effectuer des versements, en France, au profit de la campagne présidentielle d'Édouard Balladur. Suite à la réélection de son concurrent et ex- « ami de trente ans » Jacques Chirac, ce dernier aurait bloqué le paiement de toutes les commissions, y compris celles « dues » à des Pakistanais, qui se seraient vengés en faisant sauter l'autobus des techniciens de DCN. La révélation de cette éventualité la plus infâme, moralement et politiquement, a fait d'autant plus scandale que le président de la République élu en 2007, Nicolas Sarkozy, était l'un des piliers de la campagne d'Édouard Balladur.

Rappelons que des rétrocommissions sont des sommes prélevées secrètement sur les montants en principe destinés aux décideurs étrangers — celles-ci étant si bien admises et autorisées par le gouvernement français qu'elles ont pu, jusqu'en l'an 2000, être fiscalement déduites des frais généraux de l'entreprise qui les versait. Il est courant que des accusations de ce type soient portées, comme ce fut le cas par exemple dans l'affaire des frégates de Taiwan (voir *infra*, chapitre 10). Mais, concernant la vente de sous-marins au Pakistan, jamais l'instruction conduite par les juges d'instruction antiterroristes Jean-Louis Bruguière et Jean-François Ricard dès le 27 mai 2002, poursuivie ensuite par Marc Trévidic et Yves Jannier, n'a démontré le lien éventuel entre l'attentat de Karachi et le versement de rétrocommissions. Des accusations, des sous-entendus, des polémiques, oui. Des preuves ? En novembre 2010, à l'heure où nous écrivions ces lignes, aucune…

La justice française avait ouvert son enquête le 8 mai 2002. Dans un premier temps, le chef de la section antiterroriste du parquet de Paris, Michel Debacq, s'était rendu au Pakistan dès le 11 mai à la demande du procureur de la République de Paris Jean-Pierre Dintilhac, pour diriger les premières investigations engagées sur place par la DST et la DNAT (Division nationale antiterroriste). Mais, en septembre 2002, les juges d'instruction Jean-Louis Bruguière et Jean-François Ricard, chargés de l'information judiciaire pour « assassinats et complicité de tentatives d'assassinats en relation avec une entreprise terroriste », avaient demandé l'annulation des procédures engagées par Michel Debacq. La cour d'appel de Paris leur avait donné partiellement raison le 28 février 2003, en annulant les procès-verbaux d'auditions conduites par les policiers, mais en conservant les indices matériels que leur avaient remis leurs homologues pakistanais.

Le système très opaque des rétrocommissions

Précisons toutefois que, si les accusations de rétrocommissions n'ont jamais été établies dans aucune affaire de vente d'armes françaises, cela n'implique pas qu'elles n'existent pas, bien au contraire ! Mais, selon ce que nous ont rapporté de nombreux acteurs de ce secteur, ces affaires concernent le plus souvent les industriels eux-mêmes : les moins scrupuleux d'entre eux se servent au passage, en exigeant de ponctionner pour leur profit personnel les commissions versées par leurs soins aux agents, courtiers et autres intermédiaires. Le procédé n'est pas récent : le marchand d'armes français Georges Starckmann, toujours aux affaires en 2010, le décrit assez précisément, dans un livre publié en 1992 [7], à propos de livraisons d'armes françaises à la Libye dans les années 1970 : selon lui, le contrat « Juillet », signé par Thomson-CSF en 1972 pour plus de 600 millions de francs, et le contrat « Ramadan », conclu par la même entreprise à une date indéterminée, auraient ainsi fait l'objet de ponctions indues, pour 11,43 % de la valeur des marchés. Les bénéficiaires de rétrocommissions peuvent aussi être des politiques, mais avec un niveau de dissimulation tel qu'elles demeureront sans doute longtemps impossibles à prouver.

En matière de corruption de dirigeants privés ou publics, la sophistication a en effet atteint de tels niveaux que la maîtrise de cet exercice est devenue la spécialité d'experts politico-financiers sachant à la fois « ouvrir les portes » du bureau des dirigeants étrangers et « casquer » les bénéficiaires de rétrocommissions dans les pays vendeurs. Ces acrobaties nécessitent des complicités dans de si hautes positions et un tel niveau de secret, de solidarité et de loyauté à l'égard des corrompus, qu'elles ne reposent plus que sur les épaules de quelques puissants intermédiaires de confiance, souvent originaires du Moyen-Orient et bénéficiant d'une double nationalité. Ces intermédiaires deviennent parfois administrateurs des biens frauduleusement acquis. Le bénéficiaire d'une importante rétrocommission ne pourrait pas en effet justifier l'origine des fonds lui ayant permis d'acquérir un bien, y compris quand l'attributaire a été rémunéré en parts de l'entreprise corruptrice : ces actions seront alors portées par un administrateur (qu'on appelle en bon français un *trustee*). Cet homme de paille devient le propriétaire fictif des actions de son partenaire, qui se voit rétribuer selon des modalités définies entre eux. Cette rémunération pourra se faire sous diverses formes, le plus souvent rigoureusement impossibles à déceler, comme les versements en espèce : quand un homme politique, ses enfants ou ses maîtresses payent le restaurant avec des billets de 200 euros, il y a anguille sous roche ! De bons connaisseurs de ce monde et de ses pratiques rapportent aussi l'usage discrétionnaire d'un bien (bateau, villa, etc.), le règlement de prestations (voyages, hôtels, traiteurs), la garantie d'emploi de proches, le paiement de frais médicaux coûteux, le financement de campagnes politiques ou de bonnes œuvres, voire de fondations philanthropiques.

Le système est d'autant plus opaque que les accords liant ces associés sont exclusivement verbaux, inaccessibles de ce fait à quelque investigation que ce soit. On retrouve là la vieille tradition des transactions en vigueur sur les marchés aux bestiaux des campagnes françaises et de bien d'autres pays, où des contrats portant parfois sur des sommes considérables se scellent avec une poignée de main : discussions âpres, échanges vigoureux, ruptures et reprises des négociations commerciales et, pour finir, le poids et le respect intransigeant de la parole donnée. Ni papier ni chéquier, mais parole et argent liquide, c'est la discrétion assurée, le fisc lésé sans rémission et les fortunes faciles. Assez curieusement, et ce fait m'a été confirmé par de nombreux acteurs du secteur, rien n'est justement plus proche des pratiques commerciales d'un marchand d'armes que celles d'un marchand de vaches, de chevaux ou de dromadaires ! L'un de mes interlocuteurs a commencé comme éleveur de chevaux et bien d'autres en élèvent, c'est une passion commune dans ce milieu. L'agent Thierry Imbot, mort en l'an 2000 en tombant de sa fenêtre (voir *infra*, chapitre 10), m'a ainsi raconté comment il retrouvait en vendant des armes le plaisir qu'il avait éprouvé en accompagnant son grand-père marchand de bestiaux dans les foires du centre de la France…

Les paiements de rétrocommissions ne laissent donc que très rarement des traces écrites. Des enquêteurs pourront bien être convaincus qu'un puissant actionnaire est le représentant occulte d'un ou de plusieurs propriétaires cachés, donc se trouver persuadés de la nature corrompue d'une relation entre telle personnalité et un richissime intermédiaire français ou plus souvent étranger. Mais pourquoi tel financier irait-il raconter qu'un « invité » réside en réalité dans ses propres murs ? Le système ne pourrait capoter que si l'un des partenaires du pacte de corruption apportait la démonstration de la prévarication. Quel intérêt pourrait l'amener à se dénoncer lui-même ? À ce jour, cela ne s'est jamais produit.

Dès le jour de l'attentat de Karachi, le 8 mai 2002, l'auteur de ces lignes écrivait : « Il n'est pas interdit de mettre cet élément en relation avec le fait que certaines parties de l'appareil militaire pakistanais considèrent que les "affaires" liées à ces pots-de-vin ne sont pas soldées avec la partie française, qu'il s'agisse de versements vers le Pakistan ou de retours de commissions. Que cela soit rappelé le jour de la prise de fonctions du nouveau gouvernement français serait, dans ce cas, très loin d'être un tragique hasard [8]. » Si j'avais soulevé cette éventualité le jour même de l'explosion, c'est pour une raison simple : dans les semaines précédant la signature du contrat pakistanais en 1994, les milieux militaires français et ceux de l'armement étaient agités par des protestations indignées sur la « voracité », l'« impudence » et l'« impunité » des politiques en poste à cette époque. Pas de preuves tangibles, pas de recours à l'article 40 du Code pénal stipulant que tout fonctionnaire qui « acquiert la connaissance d'un crime ou d'un délit est tenu d'en donner avis sans délai au procureur de la République », pas même de lettres anonymes à la justice comme on en verra émerger opportunément dans d'autres affaires : les diatribes indémontrables sont restées cantonnées dans des cercles discrets, comme des secrets de famille. Donc sans effet.

Elles resurgiront toutefois avec une grande vigueur en septembre 2008, relançant les plus terribles spéculations. Nous y reviendrons. Une chose est sûre : dans l'affaire des sous-marins, on retrouve des acteurs, des intermédiaires et des officiels pakistanais curieusement similaires à ceux impliqués dans deux ventes de Mirage français au Pakistan, l'une réussie et l'autre ratée.

Ventes de Mirage d'occasion au Pakistan : guéguerre franco-française

En matière de ventes d'armes, les guerres franco-françaises sont un grand classique. Quelques mois après que leurs collègues des Constructions navales ont réussi la vente des sous-marins, les industriels de l'aéronautique sont en compétition sur le marché pakistanais. La problématique de l'armée de l'air pakistanaise est alors assez simple : face aux chasseurs Mirage 2000 et Mig-29 Fulcrum russes de son voisin indien, elle a besoin, elle aussi, de moderniser son aviation de chasse. Elle passe donc commande de chasseurs F-16 américains pour compléter ceux qu'elle possède déjà. Ces chasseurs seront fabriqués, mais pas livrés ! Car, en 1990, le Congrès les bloque sur le sol américain, pour empêcher Islamabad d'en faire des vecteurs de son arme nucléaire [a].

---

a En tout, le Pakistan a commandé cent onze chasseurs bombardiers F-16, dans

Il est assez curieux de noter que Benazir Bhutto, revenue au pouvoir en 1993 après avoir déjà occupé le poste de Premier ministre de 1988 à 1990 et en avoir été renvoyée sous l'accusation de corruption par le président Ghulam Ishaq Khan, cherche rapidement, dès son retour, à acquérir de nouveaux avions de combat. En Russie, on lui promet l'excellent chasseur Su-27 Flanker, déjà acquis par de nombreuses armées de l'air [a], mais en ne garantissant pas la livraison de pièces détachées. Plus d'Américains, pas de Russes, reste au Pakistan à se tourner vers deux francs-tireurs des ventes d'armes mondiales : la Chine et la France. Les Chinois leur ont vendu sans discuter des chasseurs F-7 Skybolt et JF-17 Thunder conçus en coopération, mais ces appareils peu performants seraient désavantagés face à leurs adversaires indiens.

Côté français, deux solutions concurrentes vont être proposées par deux industriels : Thomson-CSF et Sagem. Thomson-CSF vient alors de remporter une compétition en Espagne pour la modernisation des vieux Mirage F-1 C14 de l'armée de l'air espagnole. Quant à Sagem, spécialisée dans les équipements de bord des avions de combat — ce qu'on appelle l'avionique — et qui veut s'imposer sur le marché pakistanais, elle offre de vendre trente-trois vieux Mirage III d'occasion remis à neuf, pour un montant total de 620 millions de francs [9]. Le principe est simple : une cellule d'avion de combat ne vieillit pas réellement, à la condition qu'elle soit régulièrement entretenue. Dès lors qu'un fabricant d'équipements modernes — radars, systèmes de tir, caméras thermiques, etc. — convainc un client de remettre à neuf de vieux avions retirés du service, il peut mettre à sa disposition pour un prix « modique » une flotte en état de vol.

L'armée de l'air pakistanaise lance donc un appel d'offres. Yves Sillard, ancien délégué général pour l'armement et patron d'un « pseudopode »

---

quatre contrats différents, intitulés Peace Gate 1 et Peace Gate 2 (signés à partir de 1981 pour quarante appareils), Peace Gate 3 (1988, onze appareils) et Peace Gate 4 (1989, soixante appareils). En octobre 1990, l'amendement Pressler bloque les ventes d'armes américaines au Pakistan, l'administration Bush (père) annonce dans la foulée un embargo sur ces avions et place sous cocon les onze exemplaires du contrat Peace Gate 3. Malgré l'embargo, l'industriel a ensuite fabriqué dix-sept appareils du contrat Peace Gate 4, avant de les placer directement sous cocon, non sans se les être fait payer en partie par le Pakistan, pour 658 millions de dollars ! L'affaire n'a été soldée qu'une quinzaine d'années plus part, les États-Unis n'acceptant finalement qu'en septembre 2006 de livrer les avions litigieux après les avoir modernisés à prix d'or. À cette occasion, un nouveau contrat d'achat de dix-huit F-16 a été signé, portant les commandes pakistanaises à cent vingt-neuf appareils.

a Angola, Biélorussie, Chine, Érythrée, Éthiopie, Indonésie, Kazakhstan, Ukraine, Ouzbékistan, Viêt-nam et même... États-Unis (dans ce dernier cas, pour pouvoir s'entraîner contre d'éventuels agresseurs).

du ministère de la Défense, Défense Conseil International, dispose, *via* sa filiale Airco, d'un stock de vieux Mirage III, justement retirés du service par l'armée de l'air française. Cette dernière a conclu un marché avec les industriels : celui que les Pakistanais retiendront recevra un lot de Mirage III au prix de la ferraille, ou presque : 1 million de francs pièce. Charge à lui, ensuite, de les remettre en état de vol et de les doter des équipements de combat et de l'avionique indispensables pour satisfaire les desiderata du client. Pour les pouvoirs publics français, les choses sont simples : deux industriels nationaux sont sur les rangs ? Que le meilleur gagne...

Pour faire avancer leurs propositions concurrentes, Thomson-CSF et Sagem n'ont pas d'autre option que d'obtenir au préalable une autorisation officielle de la Commission interministérielle pour l'étude des exportations de matériels de guerre (CIEEMG) avant d'entamer les discussions avec Islamabad. Fin 1995, le P-DG de Thomson Alain Gomez se sait sur un siège éjectable et il est, en la matière, d'une prudence de chat sauvage. Pierre Faurre, le P-DG de la Sagem, fait quant à lui preuve de plus d'audace. Il est pressé de gagner au Pakistan. Ses négociateurs sur le terrain vont très, très vite. Ils vont également s'affranchir des règles habituelles de la CIEEMG. À son insu ? C'est (très) peu probable, mais c'est possible... Car en la matière, noteront en l'an 2000 des députés sarcastiques : « Ce qu'on connaît le mieux du système français de contrôle des exportations d'armement, c'est son opacité. L'ensemble du système apparaît en effet comme une sorte de boîte noire, un monde d'initiés appliquant des règles inconnues de façon incontrôlable. Pire encore, cette situation amène certains à considérer qu'en réalité les exportations d'armement en France ne sont régies par aucune règle [10]. » Bien vu...

Toujours est-il que, fin 1995, Sagem est en passe de conclure le contrat de rénovation des Mirage pakistanais. Sans en avoir obtenu l'autorisation de la CIEEMG — qui ne doit se réunir qu'en février 1996 pour étudier le dossier — et brûlant l'herbe sous les pieds de Thomson-CSF, Sagem présente une offre formelle aux Pakistanais le 20 décembre 1995, comprenant les matériels proposés, les prix, les modalités de paiement. Le négociateur de Sagem a déjà pris contact avec le ministre de la Défense Aftab Shaban Mirani, mais aussi avec l'homme clé des affaires d'achats de matériels militaires, l'amiral Khalid M. Akhtar, et avec le décideur final dans cette négociation, le général Abbas Khattak, chef d'état-major de l'armée de l'air pakistanaise.

Plus discrètement, Sagem règle également les menus détails de la répartition des « frais commerciaux extérieurs » (euphémisme légal alors en vigueur pour désigner les commissions versées aux acheteurs ainsi corrompus) ; selon les informations recueillies à l'époque par *Le Point*, ces derniers ont représenté dans ce dossier 9 % du contrat final, connu dans le milieu international de l'armement sous le nom de « contrat Rose II [a] ». À raison de 2 % pour l'un des plus hauts responsables de l'armée pakistanaise, de 5 % à répartir entre les commandeurs de l'armée de l'air et de 2 % pour divers intermédiaires de plus bas niveau chez les aviateurs, ceux du *working level* (ces derniers, on l'a vu, ne réclament pas des sommes importantes, mais peuvent saboter un contrat s'ils ne sont pas « casqués »). Curieusement, par un choix délibéré de Sagem et contrairement aux usages, le niveau politique pakistanais n'a pas été payé, seuls les militaires étant gratifiés. La règle veut pourtant que le gouvernement et l'opposition touchent leur part du gâteau, en fonction d'une clé de répartition négociée au cas par cas.

Dans ce dossier, rien ne s'est produit de cette manière. Le négociateur de Sagem nous confirmera en personne que cette décision avait été réfléchie, afin de « réserver les pots-de-vin aux militaires ». Après la signature du contrat, fin mai 1996, entre Sagem et les représentants des forces armées (portant sur la livraison de quarante Mirage III « relookés » pour environ 620 millions de francs), Benazir Bhutto — qui n'a donc pas été « rétribuée » par les Français — se fâche. Lors d'une réunion de cabinet, elle exige que le versement du premier acompte à la Sagem ne soit pas effectué. Elle dispose de quelques arguments, puisqu'elle est à la fois chef du gouvernement et ministre des Finances. Passant outre les instructions reçues, l'amiral Akhtar signe tout de même la lettre de crédit, avant d'être immédiatement destitué par le Premier ministre. Plus tard, le PPP (Pakistan People Party) de Benazir Bhutto fera un parallèle entre les poursuites engagées contre les officiels de la marine dans l'affaire des sous-marins français et celles qui ne l'ont pas été contre les généraux concernés par le contrat Sagem, ou ceux ayant bénéficié de commissions dans l'achat de trois cent vingt chars de bataille T-80 UD en Ukraine [11]. Sous-entendu : les seules affaires poursuivies par la justice pakistanaise ont été celles où le clan Bhutto avait quelque chose à se reprocher. Pour celles où les militaires s'étaient rempli les poches en relation directe avec les industriels

---

a De 1996 à 2002, la France a conclu cinq contrats de modernisation des Mirage pakistanais. Contrat Rose I, 1992 : modernisation de trente-deux Mirage III EA et de quatre Mirage III DP. Contrat Rose II (ou Blue Flash 6), 1996 : vente de trente-quatre Mirage V EF et de six Mirage III d'occasion ; modernisation de vingt de ces Mirage V EF. Contrat Blue Rose, 1998 : intégration du radar Grifo et du missile AIM-9L Sidewinder sur trente-deux Mirage III EA ; intégration d'un système vidéo FLIR sur vingt Mirage V EF. Contrat Black Rose, 2000 : intégration du FLIR sur deux Mirage III DP. Contrat Rose III, 2002 : intégration du FLIR sur dix Mirage V EP ; nouvelle modernisation de quatre Mirage V EF.

corrupteurs français, sans que le politique touche sa dîme, la justice a passé l'éponge.

Le clan Bhutto et ses Mirage

Une armée de l'air compte toujours deux types d'avions de combat. Les plus nombreux — quelques centaines dans le cas de l'armée de l'air pakistanaise — sont destinés à conduire les missions de base ; mais ces appareils courront le risque d'être abattus rapidement par les défenses adverses et ne doivent donc pas être trop sophistiqués, afin de n'être point trop chers : des avions d'occasion sont bien adaptés pour constituer cette ossature d'une armée aérienne de second rang, comme celle du Pakistan. Et, à côté de ces avions, il en faut également d'autres très modernes, très chers mais aussi très précieux, aptes à mener les missions de la plus haute importance, en affrontant le cas échéant des adversaires de la même trempe.

Dans le cas de l'armée de l'air pakistanaise, qui n'a pu s'en payer que quelques dizaines, ces appareils sont des F-16 Fighting Falcon américains de General Dynamics (firme rachetée en 1993 par Lockheed Martin). Mais les Français de Dassault s'étaient mis sur les rangs dès le début des années 1990, en proposant de vendre au Pakistan trente-deux exemplaires de son chasseur ultramoderne Mirage 2000-5 — pour une addition totale assez salée, entre 12 et 15 milliards de francs (2,7 milliards d'euros), trois fois le contrat des sous-marins Agosta 90B. Le dossier est alors considéré comme si sérieux que Serge Dassault a fait le 14 janvier 1990 un déplacement de trois jours à Islamabad, accompagné par le conseiller et ami personnel du président de la République François Mitterrand, François Durand de Grossouvre. Selon le journaliste Pierre Péan, de Grossouvre était en réalité stipendié par Dassault, avec des émoluments de 90 000 francs (13 740 euros) par mois [12]. Pour un homme connaissant bien cette affaire, de Grossouvre n'était présent — aux yeux de Dassault — que pour garantir aux Pakistanais le soutien de l'Élysée à cette démarche commerciale. Il aurait également préparé la visite officielle de François Mitterrand à Islamabad, prévue le mois suivant, dont l'objet était notamment de soutenir les projets français de ventes d'armes. Ce voyage aura bien lieu et, à l'issue de son entretien avec le Premier ministre Benazir Bhutto, le président français aura cette formule impérissable : « Elle joue très joliment de son voile [13]. »

À l'époque, l'avionneur français Dassault est un habitué des cieux pakistanais. Déjà, des dizaines de Mirage III et de son dérivé, le Mirage V, y sont en service. Le projet de vente de Mirage 2000-5 est donc logique ; et ce n'est pas le fait que l'Inde possède ces mêmes machines, mais d'un modèle antérieur (le Mirage 2000H/TH Vajra), qui peut poser un problème. Mais le prix, si... Et pas seulement ! L'« entourage » du Premier ministre pakistanais (en réalité son mari Asif Ali Zardari, affublé du doux sobriquet de « Monsieur 10 % ») mène cette fois-ci les négociations en direct avec Dassault, sous l'œil approbateur des services officiels et du ministère de la Défense français. Les Pakistanais considèrent que les 400 à 450 millions de francs (72 à 80 millions d'euros) demandés pour chacun des avions — y compris les pièces de rechange sur toute leur durée de vie — méritent réflexion, d'autant plus que les crédits à taux élevés que la France consent sur vingt ans pourraient faire pratiquement doubler cette somme. Le contrat des Mirage 2000 serait le plus important que les Pakistanais aient jamais signé avec un fournisseur d'armes étranger et les pots-de-vin envisagés sont à l'avenant. Et, cette fois, le clan Bhutto a la main sur le manche !

Mais plus pour longtemps. Dassault, en pleine négociation, voit les choses se tendre subitement. Les aviateurs pakistanais réclament que leurs Mirage 2000-5 disposent de systèmes électroniques « IFF [a] », plus sophistiqués encore que ceux qui équipent les appareils similaires vendus à Taiwan. Ils savent pertinemment que cette exigence ne peut être satisfaite — bien qu'elle se comprenne, puisque, en cas de conflit, ce sont également des Mirage 2000 qui seraient aux mains des pilotes indiens. Ces derniers ne disposeraient pas, eux, des missiles air-air Mica à capacité multicibles que Matra propose au Pakistan, ni de la liaison informatique permettant de mettre l'avion en relation automatique avec le sol ou un avion-radar Awacs... Mais, à la mi-1996, les choses tournent déjà vinaigre et le clan Bhutto navigue en vue des récifs.

Benazir se lance alors dans une déraisonnable fuite en avant, qui la conduit à nommer en août 1996 son mari, notoirement corrompu, au poste de ministre de l'Investissement étranger ! La famille se déchire sur fond de répartition des pactoles à venir et, au cours d'une dispute homérique avec Asif Ali Zardari, le frère de Benazir, Mir Murtaza Bhutto, commet un inconcevable affront : il rase la moitié de la moustache de son beau-frère ! Malgré les démentis constants du demi-moustachu, le

a Identifying Friend or Foe (Identifier ami ou ennemi). Ces systèmes électroniques sont particulièrement complexes, car ils doivent résister au brouillage et à la désactivation par des « contre-mesures électroniques » adverses. En règle générale, les États vendeurs de systèmes IFF en conservent certaines clés électroniques permettant d'en dégrader les performances, voire de les neutraliser à distance.

Pakistan tout entier verra une réponse du mari au beau-frère effronté dans l'assassinat par balles de Mir Murtaza Bhutto et de ses gardes du corps par des policiers, quelques jours plus tard. Il faut admettre que cette famille est marquée par le sort…

Le père de Benazir, Ali Bhutto, élu président de la République en 1971, est renversé par un coup d'État militaire en 1977 et pendu deux ans plus tard. En 1985, le fils cadet de la famille, Shahnawaz Bhutto, est retrouvé mort dans son appartement cannois, sans que la police française élucide ce décès, considéré par la famille comme un empoisonnement. La saga shakespearienne n'en a pas fini avec les rebondissements : le 4 novembre 1996, alors que les négociations avec Dassault sont intenses, Benazir Bhutto est démise de ses fonctions par le président Farooq Leghari pour « corruption » et « népotisme », entre autres. Sa mère née en 1928, Nusrat Bhutto, une Iranienne d'origine kurde, est également poursuivie, tandis qu'Asif Ali Zardari, son mari, part directement en prison, où il va croupir… sept ans. Avec son épouse, il se voit prêter toutes les turpitudes imaginables, y compris d'avoir personnellement perçu une part des droits de douanes à l'importation de matériels sur lesquels il s'était déjà attribué des commissions frauduleuses ! Sans que les arrière-pensées politiciennes soient absentes du dossier, le couple est accusé d'avoir touché des millions de dollars sur l'importation d'or et, même, d'avoir obtenu des commissions illégales en provenance d'organismes suisses de certification. Au Pakistan, pour une importante partie de l'opinion, le couple fait désormais figure d'association de malfaiteurs. Tandis que son mari reste en prison, Benazir Bhutto est contrainte à l'exil en 1998 et partage dès lors sa vie entre Dubaï et l'Europe.

Révélations embarrassantes

Le départ des affaires de Benazir Bhutto sonnera le glas de la vente des Mirage 2000 français, d'autant plus que son successeur, le Premier ministre Nawaz Sharif, confie à la très fameuse société américaine de renseignement économique Jules Kroll Associates une enquête visant à tirer au clair les innombrables opérations du couple. En octobre 1997, quelques mois après que les limiers de Kroll ont commencé à mettre le nez dans cette fange, le *New York Times* reçoit opportunément de gros dossiers venant prétendument des services d'enquête pakistanais, lesquels ont bénéficié d'une étonnante manne : les archives de vingt ans de relations d'affaires entre le clan Bhutto et son avocat genevois Jens Schlegelmilch, vendues par une source anonyme pour un million de dollars… Les conditions de la vente des Mirage figurent en toutes lettres parmi les documents détaillant des milliers de transactions bancaires sur des dizaines de comptes, des achats de bijoux, de tableaux, d'appartements et d'une magnifique propriété au Royaume-Uni.

Le *New York Times* explique tout d'abord que le négociateur pakistanais des aspects financiers du contrat, Asif Ali Zardari, est associé à un ancien cadre de la BCCI (voir chapitre précédent), Amer Lodhi. Ce dernier est avocat, vivant entre les États-Unis, la France et Monaco ; et il se trouve être (surtout !) le frère de Maleeha Lodhi, ancienne directrice de la rédaction du quotidien *The News International*, de longue date amie personnelle de Benazir Bhutto, qui l'avait nommée ambassadrice aux États-Unis en 1994.

Dans ces archives consultées par le quotidien new-yorkais, un mémorandum personnel de l'avocat Jens Schlegelmilch décrit les négociations qui se seraient conclues avec Dassault en avril 1995, précisant deux points importants : la commission versée à Zardari *via* sa société off-shore Marleton Business sera de 5 %, le chiffre de 200 millions de dollars étant évoqué par ailleurs. Et les parties s'accordent sur le fait qu'aucune part de la « rémunération » de Zardari ne sera « reversée à un citoyen français, ou à quelque compagnie directement ou indirectement contrôlée par des Français ou des sociétés françaises [14] ». La partie française, qui connaît la musique, se protège ainsi contre d'éventuelles accusations de rétrocommissions. Le document stipule que la charge des commissions sera répartie entre l'avionneur et ses deux principaux sous-traitants : SNECMA, qui fabrique les réacteurs des Mirage, et Thomson-CSF, qui produit les équipements électroniques de bord. Sollicités aussi bien par le *New York Times* que par l'auteur, les dirigeants de Dassault refuseront toujours de commenter ces informations. Tout comme les autres industriels français concernés.

Au Pakistan, où rien ne se déroule comme ailleurs, la fin de cette affaire sera tragique. En novembre 2004, Zardari est libéré de prison et rejoint son épouse en exil. En octobre 2007, une ordonnance dite de « réconciliation nationale » est signée par le président Pervez Moucharraf, qui interrompt les procédures pour corruption toujours en cours contre Asif Ali Zardari et permet à Benazir Bhutto de rentrer immédiatement au pays pour se préparer aux élections législatives prévues le 8 janvier 2008. Cette campagne sera marquée par de multiples et terribles attentats, dont un, le jour même de son retour au pays (18 octobre), fera cent quarante morts, touchant la quasi-totalité des gardes qui la protégeaient. C'est l'hallali. Et Benazir Bhutto sera assassinée lors d'une ultime attaque suicide le 27 décembre 2007 à Rawalpindi.

Dès lors, l'histoire s'accélère : le 18 août 2008, Pervez Moucharraf démissionne et le nouveau gouvernement pakistanais formé par le PPP, le parti de Benazir Bhutto, interrompt dans la semaine toutes les actions judiciaires qui avaient été engagées à l'étranger pour récupérer les fonds encaissés par le couple, notamment une quarantaine de millions d'euros en Suisse. Le 6 septembre 2008, Asif Ali Zardari est élu président de la République par les grands électeurs. Sans que les affaires pakistano-françaises soient soldées pour autant...

II

Les soutiers de la mort

4

Rétrocommissions en France : retours de flammes

Le 13 septembre 2008, une semaine après l'arrivée d'Asif Ali Zardari à la tête du Pakistan, le site français d'information en ligne *Mediapart* révèle, sous les plumes de Fabrice Arfi et Fabrice Lhomme, qu'une perquisition au siège du constructeur naval DCNS (nouveau nom de DCN depuis avril 2007), dans le cadre d'une enquête sur les conditions du rapprochement de cette entreprise avec Thales — nouvelle identité, depuis décembre 2000, de la partie militaire de Thomson-CSF —, a conduit à la découverte d'un étonnant document [1]. Il s'agit d'un mémoire de l'ancien directeur financier de DCN, Gérard-Philippe Menayas, expliquant les circuits de commercialisation des navires. Il précise qu'entre 1991 et 2002 DCN a vendu « pour environ 60 milliards de francs de produits. Sur ce montant, 8 % à 10 %, soit 5 à 6 milliards de francs, ont été versés en FCE à des agents ou lobbyistes qui se chargeaient de leur redistribution aux bénéficiaires ultimes ».

« Frais commerciaux exceptionnels »

Les FCE, on l'a vu, sont les « frais commerciaux extérieurs », ou « exceptionnels », que les entreprises françaises faisant commerce des armes ont eu le droit d'intégrer à leurs frais généraux jusqu'à la ratification de la convention de l'OCDE de 1997 par la France, en 2000 : en bon français, il s'agissait des « commissions » versées par ces entreprises à des acheteurs corrompus de pays clients pour obtenir la signature de contrats d'achats de leurs armes.

Le rapport de Gérard-Philippe Menayas révèle également la mise en place en 1994, au Luxembourg, par le représentant de la structure de commercialisation internationale de DCN, DCNI (DCN-International), des sociétés Heine et Eurolux, notamment destinées, selon plusieurs protagonistes de ce dossier, à « porter » les commissions (c'est-à-dire à les recevoir et à les redistribuer ensuite à leurs bénéficiaires). Une note de synthèse rédigée par les policiers de la DNIF (Division nationale des investigations financières du ministère de l'Intérieur), datée du 5 mars 2007, cite abondamment le rapport Menayas, comme le rapporte *Mediapart* : « Cette chronologie retrace les agissements du représentant de la DCNI au Luxembourg, Jean-Marie Boivin, d'août 1994 à 2004, avec notamment la création des sociétés Heine et Eurolux. Elle fait ainsi apparaître que la création de la société Heine au second semestre 1994 s'est faite après accord de Nicolas Bazire, directeur de cabinet du Premier ministre Édouard Balladur, et du ministre du Budget Nicolas Sarkozy, et fait un lien avec le financement de la campagne électorale de M. Balladur pour l'élection présidentielle de 1995 [2]. »

On pénètre là dans les entrailles d'un système qui n'était certes pas illégal à l'époque, puisque la convention de l'OCDE contre la corruption n'est entrée en vigueur en France que le 28 septembre 2000. Mais, si la création des sociétés écrans luxembourgeoises s'est vraiment faite avant cette date avec l'aval des autorités gouvernementales concernées — ce qui restait encore à démontrer fin 2010 —, cette pratique mettrait au jour des procédés jusqu'alors tenus secrets. Dans ce cas précis, selon Gérard-Philippe Menayas, ils auraient été mis en œuvre dans plusieurs pays, dont l'Inde, le Chili et le Pakistan. Les révélations de ce dossier, fin 2008, n'ont sans doute pas trop étonné les politiques. Depuis plusieurs mois, l'intermédiaire Jean-Marie Boivin multipliait en effet, par téléphone et par courrier, les démarches dans plusieurs ministères et jusqu'à l'Élysée, afin notamment d'obtenir le paiement de commissions qui lui étaient dues, affirmait-il.

Si ces exigences étaient fondées, on se trouverait alors dans une situation classique dans les marchés d'armements : le contrat lui-même pourrait être publié sans grand dommage, quand ses à-côtés, les *side letters* définissant les termes du pacte de corruption, doivent demeurer inaccessibles. Ni la morale, ni la politique, ni les relations stratégiques, ni l'intérêt national ne sont en cause, et encore moins celui du contribuable français, qui se fait bien souvent plumer dans ces affaires. La dissimulation de tels documents ne protège que les corrompus du pays acheteur, qui le volent, ainsi que leurs corrupteurs en France. Éventuellement payés de retour, au sens propre du terme. Ce sont précisément ces pièces que les juges d'instruction chargés des affaires politico-financières liées aux contrats d'armement recherchent avec beaucoup d'ardeur, en se heurtant systématiquement à leur classification « secret défense » définie par l'article R2311 du Code de la défense. Y accéder — y compris pour la justice — exige l'accord du détenteur du document, en l'espèce l'administration fiscale représentée par le ministre des Finances. Concernant les noms des personnes ayant bénéficié de commissions sur les marchés d'armement, cet accord n'a jamais été donné. La Commission consultative du secret de la défense nationale, créée par une loi du 8 juillet 1998 [a], n'a pour sa part jamais conseillé qu'une telle information soit livrée à la justice. Quand bien même aurait-elle agi en ce sens, cette commission n'est comme son nom l'indique que « consultative », et le gouvernement n'aurait pas été tenu de suivre son avis...

L'article déjà cité de *Mediapart* sur les sous-marins pakistanais évoque surtout, pour la première fois, l'existence d'un document intitulé *Nautilus* [3] — dont il cite des extraits —, qui avait été rédigé en septembre 2002 à la demande de DCN par le cabinet privé de renseignement économique et de sécurité MJM Partners, créé par deux ex-fonctionnaires des services de renseignement français, Michel Mauchand, venu de la DGSE, et un ancien de la DST, Claude Thévenet. Auteur du document, ce dernier y écrit que « l'attentat de Karachi du 8 mai 2002 a été réalisé grâce à des complicités au sein de l'armée [pakistanaise] et au sein des bureaux de soutien aux guérillas islamistes de l'ISI. Les personnalités militaires ayant instrumentalisé le groupe islamiste qui a mené à bien l'action poursuivaient un but financier ». Vrai ou faux ? Le rapport *Nautilus* compile et affirme beaucoup, mais ne démontre rien ; surtout, il n'apporte aucune preuve de ses assertions.

L'avocat des familles des victimes de l'attentat de Karachi, Me Olivier Morice, disposait-il de davantage d'éléments quand il s'en est pris de manière directe — et fort inhabituelle — au président de la République ? Dans une déclaration au vitriol lors d'une conférence de presse, le 17 décembre 2009, il a lancé : « M. Sarkozy est au cœur de la corruption, parce qu'elle a été validée lorsqu'il était au ministère du Budget. Il est au cœur parce qu'il a parfaitement conscience, au moment où est validé le système des sociétés écrans mises en place, que le montant des commissions exorbitantes est payé très rapidement et n'a d'autre objectif que de financer la campagne présidentielle de M. Balladur. » Dans un bref

---

a Les dispositions de cette loi sur la protection du secret ont été considérablement renforcées par l'article 13 de la loi du 29 juillet 2009 sur la programmation militaire.

communiqué, l'Élysée a répondu : « Alors qu'une procédure judiciaire est en cours et qu'une mission d'information parlementaire est à l'œuvre, Me Olivier Morice a tenu des propos mettant en cause directement le chef de l'État, qui relèvent de la diffamation et qui ne sauraient être excusés par l'expression de la légitime douleur des victimes ou de leurs ayants droit. Le président de la République se réserve la possibilité d'y donner les suites de droit et s'inscrit catégoriquement en faux à l'encontre de ces allégations. » Pourtant, Nicolas Sarkozy n'a ensuite engagé aucune poursuite en diffamation dans ce dossier. De cette attitude, on peut à tout le moins conclure que ce chef de l'État pourtant assez prompt à ester en justice quand il s'estime mis en cause, y compris dans des affaires mineures [a], n'a pas souhaité qu'un procès public conduise à son initiative à un déballage général.

Me Olivier Morice évoquait aussi un élément essentiel déjà connu, à savoir que, dès son élection en mai 1995, le nouveau président de la République Jacques Chirac avait effectivement pris des mesures radicales pour couper les vivres à son rival Édouard Balladur. Dont la campagne électorale, selon des accusations entendues à maintes reprises dès cette époque dans les milieux de l'armement, chez les industriels, au ministère de la Défense, au Quai d'Orsay, à l'Élysée après l'élection de 1995 [b], aurait été financée en partie par des rétrocommissions sur les ventes d'armes contractées sous l'autorité de François Léotard, ministre de la Défense nommé après les élections législatives de mars 1993. Dès juin 2009, Édouard Balladur avait fermement démenti tout financement de sa campagne par des commissions illégales : il s'agissait à ses yeux de « rumeurs sans aucune espèce de fondement » : « Les comptes de ma campagne ont été établis, déposés et validés par l'organe compétent [4]. » Peut-être. Mais les plus sérieux problèmes que la France a rencontrés en matière de rétrocommissions destinées à des financements politiques concernent bien la campagne présidentielle de 1995. Car l'affaire serait sans doute moins grave si les ventes d'armes navales au Pakistan étaient seules en cause dans les obscures tractations de certains responsables de l'État français lors de cette étonnante année 1994.

---

a Notamment contre K & B, éditeur d'une poupée vaudou humoristique à l'effigie présidentielle, recouverte de vignettes (« Travailler plus pour gagner plus », « Racaille » et « Casse-toi pauv' con ») et vendue avec douze aiguilles et un « manuel ». La justice estimera en octobre 2008 que la poupée portait atteinte à la dignité de Nicolas Sarkozy, mais n'en interdira pas la vente.

b La première traduction de ces accusations dans les médias a été le fait de Canal Plus, qui a diffusé le 5 septembre 1998 un documentaire produit par l'agence Capa et réalisé par les journalistes Pascal Henry et Stéphane Ravion.

L'activisme du ministre de la Défense François Léotard

Nous pouvons être un peu plus précis : en 1995, la colère chiraquienne contre François Léotard et les éventuels « retours de commissions » qui auraient été organisés par ses soins au profit d'Édouard Balladur, concerne au moins trois contrats, celui des sous-marins pakistanais n'étant que le premier.

Le deuxième est l'achat par la France de drones (petits avions d'espionnage télécommandés) de type RQ-5 Hunter auprès d'Israel Aircraft Industries (IAI). François Léotard s'était en effet personnellement et très fortement impliqué dans cette affaire, au grand dam de plusieurs industriels nationaux, dont Sagem, qui estimaient disposer d'un matériel répondant tout aussi bien aux besoins de l'armée française [5]. Les drones Hunter étaient destinés à la toute nouvelle Direction du renseignement militaire (DRM), mais celle-ci se montrera pour le moins réticente en raison des très médiocres qualités de l'engin. Quatre appareils seront finalement acquis, par l'entremise d'un agent à la fois bien introduit en Israël et très en vue sur la place de Paris, où il exerçait alors le noble métier d'éditeur. Les drones arriveront en France en 1999, pour ne plus jamais quitter leur affectation au Centre d'expériences aériennes militaires (CEAM) de Mont-de-Marsan, sinon pour effectuer quelques missions au-dessus du Kosovo, en 1999, et lors du G7 d'Évian en 2003.

Curieusement, au moment même où la France procédait à l'acquisition de ces engins israéliens, la société Sagem vendait des drones SDTI (Système de drone tactique intérimaire) aux Pays-Bas, sous la marque commerciale Sperwer. Une telle démarche, consistant à acheter des drones en Israël tout en exportant simultanément des engins de fabrication nationale, aux capacités certes différentes mais que les armées françaises n'avaient alors pas acquis, a beaucoup intrigué. Certaines sources militaires françaises évoquaient à l'époque des « intérêts commerciaux personnels de politiques » dans cette affaire. Sans plus de détails, comme souvent.

Le troisième dossier de ventes d'armes qui a fait naître les soupçons de Jacques Chirac et de son entourage est d'une tout autre ampleur. Il concerne la vente à l'Arabie saoudite, en novembre 1994, de deux grosses frégates de 3 550 tonnes de type F-3000-S, en fait des frégates *La Fayette* modifiées pour les besoins propres du royaume saoudien, construites à Lorient par la DCN, dans le cadre du contrat baptisé « Sawari 2 ». Il s'agissait déjà d'une vieille affaire, car ce contrat avait été signé une première fois en juin 1982. Il avait été principalement négocié par la Sofresa. Créée en 1974, nous l'avons vu, pour gérer les ventes d'armes de la France à l'Arabie saoudite, cette société était alors dirigée — depuis sa création — par l'ingénieur de l'armement Jean-Claude Sompairac. En 1992, ce dernier venait d'être reconduit pour trois ans à son poste et travaillait sans succès sur le contrat Sawari 2. Côté saoudien, où l'on souhaitait également relancer les discussions, le prince Sultan avait désigné en 1992 un intermédiaire à son goût, Ali Ben Mussalam.

Ce très riche commerçant d'origine yéménite était alors copropriétaire de l'hôtel Prince de Galles à Paris. Il commença par être associé à la remise en état de quatre frégates F-2000 (*Madina*, *Hofouf*, *Haba* et *Taïf*) et de deux pétroliers-ravitailleurs (*Boraida* et *Yunbou*) acquis auparavant dans le cadre du contrat Sawari 1 en octobre 1980, ces remises en état étant englobées dans le contrat « Mouette ». Celui-ci sera d'ailleurs un désastre économique pour la France : signé en février 1994 par François Léotard pour 3,1 milliards de francs, il avait déjà entraîné une perte de 1,2 milliard de francs en 1998, soit plus du tiers de sa valeur totale [6] ! Dans un rapport aux services des Douanes prétendant justifier le versement de commissions, les responsables de DCN avaient expliqué, selon *Mediapart*, que 600 millions de francs de commissions (soit plus de 19 % de la valeur du contrat) avaient été ainsi répartis à cette occasion : « 150 millions de francs pour le prince Fahd ben Abdallah, 240 millions de francs pour "SAR le prince Sultan" [ministre de la Défense], 210 millions de francs pour le "sheik Abusalem" [vraisemblablement Ali Ben Mussalam]. » Ce dernier connut un triste destin et mourut dans des circonstances inexpliquées au début des années 2000 à Genève, où son corps aurait été retrouvé flottant dans les eaux froides du lac Léman [a]...

En 1992, Ali Ben Mussalam a beau être actif à Paris, il ne débloque rien du tout et le contrat de ces nouvelles frégates n'avance pas. Tout cela va changer ! Dès sa désignation au ministère de la Défense en mars 1993, l'une des premières décisions de François Léotard consiste à débarquer Jean-Claude Sompairac et à le remplacer par l'un de ses proches du Parti républicain (PR), Jacques Douffiagues. À l'époque, François Léotard et son plus proche conseiller politique, Renaud Donnedieu de Vabres, expliquent volontiers qu'il ne faut pas voir malice dans ce choix et que seul le souci de l'efficacité a été pris en considération. Efficacité ? Jacques Douffiagues, ancien maire d'Orléans, est magistrat de la Cour des comptes et fut ministre des Transports du gouvernement Chirac entre 1986 et 1988 : rien qui prédispose à un destin de marchand de canons. De surcroît, il

a Mais, même après sa mort, sa légende lui survit et, début 2009, certains le voyaient encore s'agiter en Libye pour défendre des intérêts français (voir : « Libye, un dossier filandreux », *TTU Monde arabe*, 29 janvier 2009).

déclare lui-même « être en survie depuis 1980 [7] » après un grave infarctus survenu à l'âge de trente-neuf ans, qui lui vaudra d'être déclaré invalide à 100 %.

La vraie raison du choix de ce délégué général du Parti républicain, dès sa création en 1977, est évidemment sa longue intimité avec François Léotard. Car, pour un poste aussi technique de gestionnaire de contrats d'armement sous étroit contrôle du politique, un fonctionnaire connaissant les arcanes du monde de l'armement aurait sans doute fait l'affaire. Toujours est-il que, dès sa nomination, Jacques Douffiagues part pour Riyad, afin d'y rencontrer le prince Sultan. C'est le premier rendez-vous d'un étrange ballet qui, dans les coulisses, va se mettre en place.

Dans un premier temps, Ali Ben Mussalam va se rapprocher pour cette affaire de deux associés, le très mondain Franco-Libanais Ziad Takieddine, qui fut le directeur de la station de ski Isola 2000, et le Syrien Abdul Rahman El-Assir, qui fut un temps le beau-frère du bien connu Adnan Khashoggi. Très vite, les réunions se multiplient. Le 23 décembre 1993, Ali Ben Mussalam rencontre François Léotard — première de dix rencontres successives — et les deux hommes organisent le voyage d'Édouard Balladur à Riyad, qui doit être l'occasion de la signature du contrat. Ce déplacement aura bien lieu en janvier 1994, mais sans signature à la clé, pour le plus grand déplaisir du Premier ministre... Par la suite, le conseiller politique de François Léotard, Renaud Donnedieu de Vabres, se rendra lui aussi à plusieurs reprises en Arabie saoudite, parfois dans l'avion personnel d'Ali Ben Mussalam. Étonnamment, ces rencontres se poursuivront bien après la signature du contrat des deux frégates saoudiennes [8], enfin intervenue le 19 novembre 1994 au Maroc, François Léotard et le prince Sultan ben Abdelaziz tenant la plume.

La vengeance de Jacques Chirac : feu sur les rétrocommissions du clan Balladur

Six mois après la signature de ce contrat, alors que — selon plusieurs sources — l'argent des rétrocommissions qui lui sont associées a commencé de tomber dans des escarcelles françaises, intervient un événement que n'avaient pas anticipé les équipes d'Édouard Balladur : ce n'est pas lui qui est élu à la présidence de la République en avril 1995, mais Jacques Chirac ! Et l'avenir de François Léotard qui, selon plusieurs témoins, se présentait avant la présidentielle aux clients étrangers comme le « futur Premier ministre du président Balladur », se trouve brutalement moins radieux.

La vengeance peut aussi se servir chaude : dès son entrée à l'Élysée, le nouveau président n'aura de cesse de tarir cette ressource financière de celui qu'il présentait, avant qu'il s'engage contre lui à la présidentielle, comme son « ami de trente ans ». Il prend des mesures radicales. La première consiste à remplacer le président de la Sofresa, Jacques Douffiagues, par Michel Mazens. Suivant les conseils de la DGA, le président a choisi cet ancien saint-cyrien devenu en juin 1993 chargé de mission pour les affaires internationales auprès du délégué général pour l'armement, Henri Conze, après avoir été le directeur des affaires internationales de la société Intertechnique. Deuxième initiative : Jacques Chirac en personne demande à Mazens d'approcher Ziad Takieddine [a], afin d'exiger qu'il détruise son contrat d'intéressement au marché des frégates saoudiennes Sawari 2. D'abord, Takieddine s'y refuse. Il faudra toute la force de conviction de Michel Mazens, accompagné par Frédéric Bauer [b], pour obtenir, lors d'une pénible rencontre à Genève en 1995 ou 1996, la destruction de ce document. Et donc l'abandon de la commission destinée à Ali Ben Mussalam, soupçonné par l'Élysée d'avoir conclu un pacte de rétrocession d'une part de ses bénéfices avec les amis d'Édouard Balladur.

L'Élysée fera également placer sur écoutes, par les services du nouveau ministre de la Défense Charles Millon, plusieurs anciens collaborateurs de François Léotard, dont trois hauts fonctionnaires membres de ses cabinets civil et militaire à la Défense, lesquels seront rapidement mis hors de cause [9]. Est-il utile de préciser qu'aucune information judiciaire n'a jamais été ouverte dans ce dossier ? Charles Million n'a pas choisi d'en référer à la justice, se contentant de suivre les instructions de Jacques Chirac, comme il l'expliquera à *Paris Match* en juin 2009 : « Il m'a demandé de passer en revue les différents contrats de ventes d'armes en cours et de stopper le versement des commissions pouvant donner lieu à des rétrocommissions. C'est ce qui a été effectué : chacun d'entre eux a fait l'objet d'une expertise particulière [10]. »

Le rôle des équipes dirigeantes de la société Thomson-CSF dans la négociation de ces commissions sera ensuite mis en cause par l'Élysée, avec une conséquence rapide : le 21 février 1996, le P-DG du groupe français d'armement et d'électronique de défense depuis sa nationalisation en 1982, Alain Gomez, est convoqué sans délai à Matignon pour un rendez-vous avec le Premier ministre Alain Juppé. À peine arrivé, Gomez

---

a Celui-ci n'a pas souhaité donner suite à mes multiples demandes d'entretien.

b Ancien policier devenu le garde du corps de Marcel Dassault, Frédéric Bauer a créé en 1994 la société d'intelligence économique et d'assistance aux expatriés, Sécurité sans frontières.

apprend brutalement qu'il est viré, avec effet immédiat. On expliquera officiellement que celui qui avait conduit la nationalisation du groupe, en 1982, ne pouvait organiser sa prochaine privatisation. Pieuse dissimulation : ce que Gomez paiera de son poste, c'est bien sûr sa guerre contre son concurrent Jean-Luc Lagardère, patron du groupe Matra-Hachette, et ses sulfureux mousquetaires, dont Jean-Louis Gergorin et Noël Forgeard (voir *infra*, chapitre 10), mais surtout le soupçon d'avoir contribué au financement de la campagne d'Édouard Balladur, *via* les contrats d'armement saoudien.

Le journaliste Airy Routier raconte ainsi l'entretien : « Gomez est cueilli à froid par Juppé, qui lui déclare d'emblée : "Mon cher Alain, nous allons privatiser Thomson, comme tu le souhaites, mais je suis au regret de te dire que ce ne sera pas avec toi.

— OK, j'ai compris : je paie mes anciennes amitiés socialistes et mon soutien à Balladur.

— Non, ce n'est pas ça, je vais t'expliquer.

— Il n'y a rien à expliquer. Je n'ai pas de temps à perdre. Salut." Gomez coupe court à la discussion et quitte brutalement le bureau du Premier ministre. Quatorze ans à la tête d'un des plus grands groupes publics français et quatorze minutes pour en être chassé [11] ! »

Pourquoi le ministre de la Défense François Léotard s'est-il personnellement impliqué à ce point dans ce dossier ? Pourquoi son conseiller spécial Renaud Donnedieu de Vabres — devenu ensuite député UDF, puis ministre de la Culture de 2004 à 2007 — a-t-il en personne négocié avec le curieux intermédiaire Ali Ben Mussalam, et à quelles conditions ? Pourquoi François Léotard souhaitait-il que les contrats à venir entre la France et l'Arabie saoudite passent par cet intermédiaire pour une durée de cinq ans, soit jusqu'en 1999 ? Autant de questions à ce jour sans réponse. Quoique...

En août 1998, une très curieuse et très inhabituelle affaire de financement illégal du Parti républicain de François Léotard a entraîné sa mise en examen, ainsi que celle de son ami Renaud Donnedieu de Vabres, pour « blanchiment ». Tous deux sont alors accusés par la justice d'avoir perçu 5 millions de francs (899 000 euros) en espèces pour le compte de leur parti ; ils expliqueront, sans vraiment convaincre, que cet argent provenait de fonds spéciaux du Premier ministre. Reprenons le jugement du président Michel Desplan, prononcé en février 2004 et qui condamnait le politicien à dix mois de prison avec sursis : « Lorsque François Léotard a accepté, courant 1996, que ces 5 millions de francs contribuent au financement du PR, il savait pertinemment que ces fonds, dépassant le plafond annuel prévu par la loi, n'avaient au surplus pas été versés par chèque, ni fait l'objet d'un reçu, ni fait l'objet d'une identification du donateur et n'avaient pas été comptabilisés. Il savait, en conséquence, que cette contribution s'était faite en fraude de la loi. »

Mais Jacques Chirac n'en a pas voulu à l'ancien ministre, ni à son protégé. Donnedieu de Vabres était devenu brièvement en 2002 ministre des Affaires européennes du second septennat du président, avant d'abandonner son poste au bout de quelques semaines en raison de sa mise en examen. Après sa condamnation à 15 000 euros d'amende dans cette affaire, il devint dans la foulée ministre de la Culture et de la Communication. À la question posée par l'auteur dans l'entourage élyséen sur les raisons d'un tel retour en grâce, la réponse fut sibylline : « Il a été très correct ! » Léotard aussi, sans doute : en décembre 2001, il sera nommé au tour extérieur, jusqu'à sa retraite dix-huit mois plus tard, inspecteur général des finances. Pour ceux qui ne le sauraient pas, la mission de l'Inspection des finances consiste à « contribuer par les enquêtes et les audits qu'elle réalise à une gestion rigoureuse et efficace des deniers publics ». Elle n'est pas belle, la vie ?

Cet épilogue semblait clore définitivement l'affaire des « rétrocommissions balladuriennes », secret d'État qui resterait bien gardé. Mais elle allait resurgir quelques années plus tard, après que, en 2007, les juges d'instruction antiterroristes Marc Trévidic et Yves Jannier eurent pris le relais du juge Jean-Louis Bruguière, jusque-là chargé de l'enquête judiciaire française ouverte sur l'attentat de Karachi en mai 2002.

4 % de commissions supplémentaires pour le « réseau K »

Le 18 juin 2009, Marc Trévidic et Yves Jannier ont rendez-vous à Cherbourg avec les familles des victimes de l'attentat de Karachi. Le dernier chantier français de construction de sous-marins est basé dans cette ville normande, où il perpétue une longue tradition de construction navale militaire. Voir leurs fils travailler « à l'arsenal » est depuis des décennies le rêve de toutes les familles, qui perçoivent le statut d'ouvrier de l'État, appartenant à la fonction publique, comme une garantie contre tous les aléas économiques. Être envoyé à l'étranger pour travailler sur un chantier n'est pas seulement une reconnaissance de l'excellence du technicien ou de l'ingénieur ainsi distingués. C'est également une bonne affaire financière. Les Cherbourgeois partis à Karachi étaient l'élite du chantier, et la tragédie qui a frappé la ville n'en a été que plus épouvantable.

Lors de cette réunion de juin 2009, les deux magistrats tiennent des propos ainsi rapportés par Me Olivier Morice, l'avocat des familles : « La piste Al-Qaida [la seule qu'avait suivie le juge Bruguière] est totalement abandonnée. Le mobile de l'attentat apparaît lié à un arrêt des versements de commissions à l'arrivée de Jacques Chirac à la présidence de la République en 1995 afin que des rétrocommissions ne soient pas versées. » Cette piste de l'argent promis, mais pas versé aux Pakistanais est « cruellement logique », affirme le juge Trévidic aux familles. Ainsi se trouve officialisée la version de l'attentat défendue par Claude Thévenet, dans son rapport *Nautilus*, et par Gérard-Philippe Menayas, l'ancien directeur financier de DCN. Dans une déclaration agacée devant des journalistes réunis à Bruxelles le 19 juin 2009, le président Sarkozy s'exclamera que l'hypothèse des rétrocommissions non versées est une « fable » : « C'est ridicule, [...] c'est grotesque. [...] Respectons la douleur des victimes [*sic*], s'il vous plaît. Qui peut croire une fable pareille ? Dans un monde où tout se sait, où la notion de secret d'État n'existe plus, quatorze ans après, est-ce que vous êtes au courant de rétrocommissions qui n'auraient pas été versées à des Pakistanais dans le cadre de la campagne de Balladur ? » (Un an et demi plus tard, alors que la polémique s'est emballée, le secrétaire général de l'Élysée Claude Guéant publie un communiqué très inhabituel, dans lequel il persiste à nier l'existence de ces rétrocommissions litigieuses : « Affirmer sans autre forme de procès que les conditions du marché d'armement Agosta avec le Pakistan auraient eu pour conséquence de contribuer illégalement au financement de la campagne électorale du Premier ministre de l'époque, dont les comptes ont été validés par le Conseil constitutionnel, relève de la rumeur malveillante qui vise à jeter le discrédit sur la vie politique de notre pays [12]. »)

L'énervement aussi spectaculaire qu'inattendu de Nicolas Sarkozy en 2009 fera des gorges chaudes, avec une vidéo de sa déclaration qui fera le tour du Web. Pour autant, on ne peut gommer le fait que les révélations du dossier judiciaire posent effectivement quelques questions : pourquoi un attentat sept ans après les faits ? Pourquoi une méthode aussi violente quand le traitement des litiges sur les commissions occultes se fait habituellement très discrètement, entre partenaires qui ont généralement de multiples affaires en cours simultanément et d'autres à venir ? Pourquoi le groupe terroriste Harkat-ul-Jihad-Al-Islami, accusé par les Pakistanais, a-t-il été poursuivi avec si peu d'ardeur que les deux militants arrêtés, Asif Zaheer et Mohammad Rizwan, ont été finalement acquittés faute de preuves le 21 mars 2009 ? Toujours est-il que ce grand déballage a fait de nouveau apparaître au grand jour les arrière-cuisines des ventes d'armes françaises. On remarque ainsi que les 6,25 % de commissions prévus au départ dans le contrat des sous-marins — gérés côté pakistanais par Amer Lohdi, homme d'affaires lié à Benazir Bhutto — ont été tardivement augmentés de 4 % de commissions supplémentaires, destinées au « second réseau », celui de Ziad Takieddine, dont l'organisation est souvent appelée « réseau K ». Pourquoi ?

Dans sa déposition du 14 mai 2009 devant Marc Trévidic, Gérard-Philippe Menayas précise : « Il est parfaitement exact que Ziad Takieddine a été imposé à la DCNI par le pouvoir politique ainsi qu'Abdul Rahman El-Assir. Quand je parle de pouvoir politique, c'est le ministre de la Défense [François Léotard] ou son cabinet. Je sais qu'El-Assir et Ziad voulaient intervenir dans les contrats saoudiens, mais en 1996 ils ont été écartés par le nouveau gouvernement, étant donné leur proximité avec l'ancien [13]. » S'il s'agit de coïncidences, elles sont en effet troublantes : dans l'affaire des sous-marins pakistanais, comme dans celle des frégates saoudiennes du contrat Sawari 2, la décision de faire intervenir les intermédiaires Ziad Takieddine et Abdul Rahman El-Assir — les deux associés d'Ali Ben Mussalam, le ténébreux émissaire du prince Sultan depuis 1992 — a bien été prise à la demande du ministre de la Défense François Léotard. Or les choses sont allées extrêmement vite.

Selon Emmanuel Aris, à cette époque directeur des affaires internationales de DCN, Ziad Takieddine a présenté ses offres de services en mars 1994 au ministère de la Défense et c'est Renaud Donnedieu de Vabres, le « conseiller spécial » du ministre François Léotard, qui l'a envoyé à DCN International en mai ou juin [14]. Emmanuel Aris n'a aucun doute sur le rôle du « réseau K » de Ziad Takieddine : « Quel que soit le pays, il est courant qu'à l'approche de la victoire viennent se greffer ceux que j'appelle les "consultants au secours de la victoire". La sollicitation est donc très courante, les solliciteurs nombreux, mais je les ai presque toujours éconduits. Là, je me suis dit : "Encore un." Ce qui était inhabituel était que cela vienne du cabinet du ministre. C'était la première fois qu'un cabinet me recommandait quelqu'un [15]. »

En France, quand les affaires sont graves, on crée une commission d'enquête parlementaire. Elle possède des pouvoirs importants, notamment celui de faire comparaître qui elle juge nécessaire, sans possibilité de refus. Dans le cas de l'attentat de Karachi, cette création était impossible, en raison de l'ouverture d'une instruction judiciaire. Suite à la demande du député socialiste de Cherbourg Bernard Cazeneuve, c'est donc une simple mission d'information parlementaire qui sera créée en octobre 2009 au sein de la Commission de la défense de l'Assemblée nationale. Elle est composée d'Yves Fromion (UMP, Cher), président, de Bernard Cazeneuve (PS, Manche), rapporteur, et de trois autres membres :

Jean-Jacques Candelier (PC, Nord), Francis Hillmeyer (Nouveau centre, Rhin) et Franck Gilard (UMP, Eure). Les travaux se sont déroulés dans une ambiance exécrable, le rapporteur Cazeneuve se montrant très critique sur le rôle de la majorité de droite, que le président Fromion cherchait à protéger. Les difficultés s'accumuleront entre les deux hommes, Fromion accusant Cazeneuve de s'être « aventuré » à « quasiment préempter » la « thèse d'un attentat lié à des malversations financières », à tel point que son rapport « colle étroitement aux assertions complaisamment véhiculées dans la presse » [16].

Lorsque François Léotard prendra connaissance, le 17 novembre 2009, du témoignage d'Emmanuel Aris devant la mission d'information parlementaire, il semblera tomber des nues, au grand étonnement des députés qui l'auditionnent : « Après avoir admis qu'il connaissait M. Takieddine, il ne se souvient pas qui le lui a recommandé et pour quelles raisons il l'a imposé dans le jeu d'une négociation qui pourtant s'achevait [17]. » Son collaborateur Renaud Donnedieu de Vabres déclare quant à lui ne savoir « ni les montants des commissions versées ni leurs destinataires ». Si les deux hommes politiques admettent alors connaître Ziad Takieddine, ils n'en disent pas plus. Les députés qualifieront de ce fait la version de l'ex-ministre de la Défense de « sujette à caution [18] ». C'est bien le moins... Quant à Ziad Takieddine, interrogé à une date non précisée par la mission d'information, mais seulement par téléphone car il « n'a pas souhaité être entendu », il niera tout en bloc. « Tout », ce sont les 4 % de commissions supplémentaires que sa société Mercor Finance [a] est accusée d'avoir obtenus à la demande de Renaud Donnedieu de Vabres pour le contrat Agosta, en sus donc des FCE acquittés par la SOFMA (Société française de matériels d'armement) [b], à savoir les 6 % prévus initialement pour les « décideurs » pakistanais augmentés de 0,25 % pour un « haut responsable politique pakistanais ». Les députés de la mission d'information sont sévères pour l'agent franco-libanais : ils qualifient ses déclarations de « mensonge grossier ».

Il faut dire que l'homme ne manque pas d'aplomb. Face à tous les témoignages précis qui le présentent comme le destinataire de 4 % de

---

a Le rôle de Mercor Finance a été révélé par le journal en ligne *Bakchich*, qui a publié des extraits du contrat de consultant de Ziad Takieddine, sur papier à en-tête de cette société (Xavier MONNIER et Nicolas BEAU : « Pakistan, Chirac a bien bloqué les com' des intermédiaires balladuriens », *Bakchich*, 19 juin 2009).

b Cette société a aujourd'hui disparu. Elle a été fondue en 1997 avec l'OFEMA (Office français d'exportation de matériels aéronautiques) dans la SOFEMA (Société française d'exportation de matériels aéronautiques), laquelle se trouve toujours sous une tutelle étroite de l'État.

commissions en principe parfaitement inutiles (puisque les divers échelons pakistanais étaient déjà « casqués » par la SOFMA), il répond : « C'est un pur montage. Le contrat DCNI-Mercor qui mentionne mon nom dans l'affaire Agosta est un faux. On a utilisé mon nom pour toucher 32 millions d'euros de commissions. [...] Il y a un réel problème : à cause du non-versement de commissions, vraisemblablement, onze martyrs sont morts. On voudrait faire de moi la source de ce drame. Au contraire, je suis la solution pour permettre à la justice française de découvrir la vraie affaire. Au final, j'espère que j'aurai droit à des excuses [19]. » Dans un ouvrage publié fin novembre 2010, deux représentantes des familles des victimes de l'attentat, Magali Drouet et Sandrine Leclerc, reviennent sur ces déclarations de l'intermédiaire : « Certes, l'exemplaire [du contrat] détenu en France et publié dans la presse ne comporte pas sa signature : ce type de contrat, signé par les deux parties, n'existe théoriquement qu'en un seul et unique exemplaire mis dans un coffre chez un notaire ou un avocat pour les raisons que l'on peut imaginer. Celui concernant Agosta est déposé chez Me [Pierre] Natural à Genève. [...] L'intégralité des témoignages des plus hauts responsables de DCNS ayant eu à traiter du sujet, ainsi que d'anciens ministres, sont unanimes : Ziad Takieddine était bien l'un des intermédiaires d'Agosta [20]. »

Quelle volonté anime cet intermédiaire de haut vol, sinon celle de dissimuler son rôle exact, les raisons réelles qui l'ont conduit à intervenir dans ce contrat ? Si rétrocommissions il y a eu, il en est l'une des clés. Et, si des preuves existent de la vraie mission de son réseau K, la justice sera peut-être en mesure de les faire émerger. Quant à ses déclarations et à ses dénégations, elles sont incompréhensibles. D'autant que, le 11 octobre 2010, *Mediapart* a publié la copie de son contrat de consultant pour DCNI, daté du 30 juin 1994 [21], soit moins de trois mois avant la signature du contrat entre la France et le Pakistan sur les sous-marins Agosta : ce contrat porte bel et bien sa signature et précise l'échéancier des versements qui lui étaient promis, à la demande de François Léotard et de Renaud Donnedieu de Vabres, en cas de succès de l'opération (alors même que celle-ci était à cette date déjà conclue pour l'essentiel, sans la moindre intervention, évidemment, de Ziad Takieddine) — c'est à propos d'une version préliminaire de ce document, non signée par lui, qu'il a prétendu qu'il s'agissait d'un « faux ». Son rôle a tant besoin d'être éclairci que la plainte pour faux témoignage déposée contre lui par six familles de victimes de l'attentat de Karachi a déclenché le 18 novembre 2010 l'ouverture d'une information judiciaire spécifique par le parquet de Paris. Encore un point d'ombre à éclaircir !

La recherche des responsables de l'attentat de Karachi

Le rapport *Nautilus* affirme que l'Arabie saoudite a « subventionné l'essentiel du contrat » des sous-marins pakistanais conclu en 1994. Il s'agit d'une pure conjecture, qu'aucun élément n'est venu étayer. Dès lors que nous lui accorderions une vraisemblance, cette hypothèse pourrait en partie expliquer le recours à des intermédiaires identiques à ceux qui étaient intervenus dans le contrat Sawari, connaissant bien les pratiques franco-saoudiennes alors en vigueur. Mais pourquoi les faire intervenir aussi tardivement, au printemps 1994, alors que le contrat était en négociation depuis trois ans et que les commissions aux militaires et aux décideurs politiques d'Islamabad étaient déjà décidées, *via* le classique circuit SOFMA faisant intervenir Amer Lohdi ? Sans que jamais personne d'autre que Takieddine fasse opportunément valoir que des corrompus pakistanais auraient été oubliés...

En réalité, toutes les informations disponibles à ce jour semblent indiquer que le réseau K aurait simplement servi de « couverture » à une pure opération franco-française. Dès lors, malgré l'intérêt et l'importance des nombreuses informations qu'ils ont mises au jour, force serait d'admettre que l'avocat des familles de victimes Me Olivier Morice comme le juge d'instruction Marc Trévidic lient de façon trop exclusive l'attentat de Karachi à l'annulation par Jacques Chirac des versements de commissions au « second réseau » de Ziad Takieddine dans le contrat des sous-marins Agosta 90B — ce qui aurait provoqué l'explosion du 8 mai 2002, par vengeance de leurs bénéficiaires pakistanais présumés. Une thèse objectivement contestable puisque, comme on l'a vu, les 4 % de commissions supplémentaires greffés sur le contrat initial n'étaient sans doute aucunement destinés aux Pakistanais. Constat qui confirme, *a contrario*, l'explication que j'ai évoquée précédemment de l'ex-directeur de la DGSE Alain Chouet : ce serait dans les luttes de clans au sein des cercles du pouvoir pakistanais, et nulle part ailleurs, que résident les clés du mystère des commanditaires de l'attentat qui a coûté la vie aux onze Français salariés de DCN et à trois employés pakistanais.

Ajoutons deux arguments souvent entendus en 2010 dans les milieux de l'armement. En premier lieu, il semble peu vraisemblable que l'éventuelle « sanction » par des Pakistanais, avec l'attentat de Karachi, d'un blocage de commissions qui leur auraient été dues survienne aussi longtemps (sept ans !) après la décision française de rompre l'accord avec le « réseau K ». En second lieu, entre la France et le Pakistan, le commerce des armes ne date pas d'aujourd'hui, et il n'est pas près de s'interrompre. D'ailleurs, de nombreuses négociations se sont poursuivies depuis 2002 et de nombreux contrats ont été signés ensuite. Cela aurait-il été le cas si autant de cadavres gisaient entre les partenaires ? C'est peu probable. Nulle part au monde, ni les marchands d'armes ni les politiciens ou les militaires corrompus n'insultent jamais l'avenir. On m'objectera que, en la matière, la duplicité, l'amoralité et l'absence absolue d'états d'âme font loi. Certes. Pour autant, ma triple conviction demeure : d'une part, une entité du pouvoir pakistanais est responsable de l'attentat de Karachi ; d'autre part, des rétrocommissions liées au contrat Agosta ont été versées en France ; enfin, les deux affaires ne sont pas directement liées, ce qui n'enlève rien à l'extrême gravité de l'une et de l'autre.

Si le versement de rétrocommissions ne fait de doute que pour les candides, c'est que le schéma général de leur mécanisme dans l'affaire pakistanaise a été décrit dès 1999 avec une grande précision par le contrôleur général des Armées Jean-Louis Porchier. Avant la défaite de la droite aux législatives de 1997, il avait obtenu du cabinet du ministre de la Défense Charles Millon, successeur de François Léotard, une lettre de mission pour conduire une enquête sur le contrat Agosta. Il commence ses investigations à l'été 1997 et rend son rapport — dont les députés de la mission d'information de 2009-2010 n'ont pu recevoir officiellement copie du ministère de la Défense — au nouveau ministre de la Défense Alain Richard en décembre 1999. Ses conclusions, totalement inconnues avant qu'elles soient confiées dix ans plus tard aux journalistes Fabrice Arfi et Fabrice Lhomme, sont accablantes : « J'ai mis au jour des fautes et des irrégularités qui méritaient des sanctions au niveau le plus élevé, je veux dire jusque dans l'entourage du ministre de la Défense de l'époque, François Léotard. Je pense même que ça méritait d'aller au pénal. Que d'anomalies il y avait dans ce contrat ! [...] J'ai établi que les membres du cabinet du ministre de la Défense avaient, en 1994, maquillé le contrat. Ils ont écrit qu'il serait surfinancé, c'est-à-dire que les Pakistanais paieraient avant, de telle sorte que l'État français n'aurait à avancer aucune somme. Or, non seulement c'était faux, mais j'ai prouvé que les membres du cabinet savaient que c'était faux [22]. »

Lors de cette mission, Jean-Louis Porchier s'entretient du contrat pakistanais avec l'ingénieur général des Mines Michel Ferrier, qui était alors le directeur des transferts sensibles au Secrétariat général de la Défense nationale (SGDN), chargé à ce titre de la conduite des travaux de la Commission interministérielle pour l'étude des exportations de matériels de guerre (CIEEMG). Des frégates de Taiwan aux contrats de Mirage pakistanais conclus sans passer par la CIEEMG, des trafics en tous genres et des grosses magouilles, des petits arrangements entre amis et des commissions étranges, des accords internationaux occultes et des exportations secrètes, Michel Ferrier sait tout. Ce que rapporte Jean-Louis Porchier de leur conversation possède la force d'une confession. Écoutons Michel Ferrier : « Ce contrat permet le recyclage d'argent pas très net du côté du Pakistan et du côté français, il permet de verser des rétrocommissions. Il y a 10 % de rétrocommissions sur l'ensemble des FCE. Sur ces 10 %, il y en avait une partie pour la campagne électorale de M. Balladur et une autre pour M. Léotard. »

Cette stupéfiante démonstration de sa compréhension parfaite des mécanismes de la corruption, par l'un des représentants les plus éminents de la haute administration française, a interloqué les députés lorsqu'ils en ont pris connaissance le 10 février 2010. Les membres de la mission d'information demandent donc à Michel Ferrier quelques précisions, mais celui-ci se rétracte : « Si vous mettiez ces propos au conditionnel, je pourrais les accepter. Il est possible que je les aie tenus, mais sur un ton badin… Avec sans doute une idée précise, car j'émettais une hypothèse sans avoir eu, je le mentionne, d'informations précises. [...] Je tirais ce raisonnement d'un contrat antérieur que j'avais bloqué, où un taux de 10 % de commissions financières était manifestement un acte de corruption. J'avais fait une note à cet égard aux cabinets du président de la République, du Premier ministre et du ministre de la Défense. Je précise que la corruption ne touchait pas le ministre de la Défense, mais un autre membre du gouvernement. » Et l'homme qui a tout vu et tout compris, mais qui ne sait plus rien quand les représentants du peuple lui demandent des explications, conclut : « Il est indéniable qu'il y a eu des tentatives, mais pas dans le dossier des Agosta. »

Telle qu'elle est rapportée par de multiples témoins, et si on la met en relation avec les déclarations de Michel Ferrier, l'intervention de Ziad Takieddine n'aurait donc rien de très surprenant, si ce n'est que, d'habitude, ces manœuvres juteuses et opaques ne se conduisent pas sans l'aval de l'Élysée. Or, dans ce cas précis, les larrons du gouvernement de cohabitation du Premier ministre Édouard Balladur se sont bien évidemment gardés de réclamer quelque feu vert que ce soit auprès du président François Mitterrand. Et les responsables de la DCN ont payé sans piper mot les 4 % de commissions imprévues, en sachant très bien ce qu'ils faisaient… Car en réalité, loin d'être payées par le client, ces facturations indues sont directement payées par le contribuable français.

Rétrocommissions « pakistanaises » : c'est le contribuable qui paye

Dans le cas des sous-marins pakistanais, les interventions de ces nouveaux intermédiaires, à la demande du politique, ont été à chaque fois assorties d'une copieuse augmentation des charges supportées par l'industriel. Rappelons que le montant du contrat payé par les Pakistanais s'élevait initialement à 5,4 milliards de francs (826 millions d'euros), sans qu'on connaisse encore précisément, en novembre 2010, les évolutions de la négociation sur le prix final. Il est permis de conjecturer que — escomptant de copieux bénéfices sur ce contrat finalement financé en partie par la Coface — le constructeur du navire ait pris à sa charge les 4 % supplémentaires imposés par les politiques français. Il n'y aurait eu dans cette acceptation aucune volonté de perdre de l'argent : juste une forme d'investissement sur l'avenir... Qu'aurait pu lui refuser par la suite un pouvoir qu'il aurait si généreusement aidé à arriver aux affaires ? Pour la construction navale française, l'avenir n'aurait en effet pas été le même si le président élu en 1995 lui avait commandé un second porte-avions, comme certains y comptaient alors...

DCN n'a à l'époque rien perdu de sa culture d'administration : les vulgaires notions de rentabilité et de maîtrise des coûts lui sont étrangères. Quand un problème survient, le Trésor public bouche les trous. À tel point que le gendarme des finances de l'État, la Cour des comptes, s'en est ému. Dans un arrêt de sa Chambre de discipline budgétaire et financière, en date du 28 octobre 2005 [23], les magistrats — qui n'examinent pas la question des commissions — relèvent en effet que, pour les sous-marins pakistanais, le contrat de 5,4 milliards de francs signé en 1994 s'est finalement soldé par un lourd déficit financier (*in fine* nécessairement couvert par l'État actionnaire et, donc, par les contribuables) : « La perte finale, avant subvention et affectation de produits divers, et en l'absence de données exhaustives définitives, pourrait être estimée à 500 millions de francs, soit plus de 76 millions d'euros. » Soit 9,2 % du contrat initial. On peut rapprocher ce pourcentage de celui des commissions prévues pour ce contrat, soit — jusqu'à plus ample informé — 10,25 %. Cherchez l'erreur !

En fait, si les calculs de la Cour des comptes sont bons, ce dont il est difficile de douter, le contrat des sous-marins du Pakistan aurait été conclu à prix coûtant. Que l'État ne souhaite pas engranger les bénéfices produits par une entreprise qu'il possède peut se concevoir, s'il s'agit de conquérir des marchés et d'assurer les plans de charge d'un arsenal. Mais conclure un contrat à perte, c'est une idée carrément saugrenue, surtout quand le montant de ces déficits est tout juste inférieur au montant cumulé des commissions (alors légales) et des rétrocommissions (illégales) ! Qui ont toutes, *in fine* et par quelque bout que l'on tienne la lorgnette, bien été payées par le contribuable français...

Par ailleurs, un point n'avait toujours pas été explicité en novembre 2010, à l'heure où l'affaire faisait à nouveau la une de la presse : malgré mes questions posées à de bons interlocuteurs, il n'a pas été possible de savoir quelle part du contrat des sous-marins Agosta 90B a été effectivement payée par les Pakistanais. Après beaucoup d'hésitations, ce marché avait été « cofacé », c'est-à-dire que les industriels français avaient obtenu une assurance par la Coface [a] qu'ils recevraient paiement de leur travail quand bien même le client aurait été défaillant. Ce qui se serait effectivement produit, pour une part significative du marché, peut-être le tiers, selon une source crédible. Une autre source, citée en 2009 par *Le Parisien*, évoque l'hypothèse que « le Pakistan n'a pas honoré plus de 20 % des 825 millions d'euros du contrat [24] ». Dans tous les cas, il semble bien que le contribuable n'a pas seulement épongé les pertes du chantier naval équivalant à peu de chose près aux commissions versées au Pakistan et en France, mais qu'il a en outre payé une part notable de la facture. L'assurance-export n'est en effet acceptée par la Coface que si celle-ci obtient une garantie du ministère des Finances de récupérer les fonds versés. Ce n'est jamais une mince affaire, surtout pas dans le cas du Pakistan, certes réputé payer ses armements, mais aux capacités financières limitées.

À l'époque de la signature du contrat, *Le Monde* écrivait : « En dépit des résistances du ministère des Finances et de l'Économie, qui craint que le Pakistan soit un client mauvais payeur, l'affaire a pu se conclure parce que la Compagnie française d'assurances pour le commerce extérieur (Coface) a prévu d'aider à l'exécution du contrat [25]. » Ce que confirme seize années plus tard Patricia Laplaud, fonctionnaire à la Direction du budget : « Le Quai d'Orsay et le ministère de la Défense voulaient ce contrat, pas le Budget. [...] Sur un plan technique, la Direction du budget a toujours été opposée au contrat de vente de sous-marins au Pakistan. Nous étions en effet inquiets de la situation financière de ce pays [26]. » En octobre 2010, *Libération* a publié un document du 23 mars 1993, destiné à Nicolas Bazire, directeur de cabinet du Premier ministre, qui confirme précisément cette

---

a Compagnie d'assurance spécialisée dans l'assurance-crédit à l'exportation, la Coface (Compagnie française d'assurance pour le commerce extérieur) a été créée en 1946 dans le giron de l'État et privatisée en 1992 (Natexis Banques populaires en deviendra l'actionnaire majoritaire en 2002). La Coface assure la gestion des garanties publiques à l'exportation pour le compte de l'État.

assertion en qualifiant le contrat de « déraisonnable ». Un an et demi, donc, avant sa signature le 21 septembre 1994 [26].

Ces « résistances » du ministère des Finances ne constituent pas une originalité : dans la quasi-totalité des contrats d'armement, la garantie de la Coface est réclamée par le ministère de la Défense, qui gère les exportations d'armement et veut faire tourner les usines, tandis que le ministère des Finances cherche à limiter au maximum la prise de risques, bien réelle dans le cas du Pakistan. Cette question fut évoquée entre le ministre de la Défense François Léotard (UDF-Parti républicain), le ministre des Finances Edmond Alphandéry (UDF-Centre des démocrates sociaux), le ministre des Affaires étrangères Alain Juppé et le ministre du Budget Nicolas Sarkozy (RPR). Celui qui trancha ce débat à la fin de l'été 1994 ne fut autre que le Premier ministre Édouard Balladur (RPR) : « L'arbitrage de Matignon a fait pencher la balance en faveur des positions du Quai d'Orsay et du ministère de la Défense [27]. » À cette époque, personne ne doutait qu'il se présenterait à la prochaine élection présidentielle, ce qu'il n'annoncerait officiellement que le 28 janvier 1995.

Soulignons enfin que, lorsque le versement de commissions et de rétro-commissions est évoqué dans la vente de sous-marins au Pakistan, celles-ci ne sauraient être calculées sur la totalité du contrat s'il a été « cofacé ». Mais seulement sur la portion effectivement payée par les Pakistanais. Quelle est-elle ? Un flou certain plane sur ce sujet, comme l'explique le rapport de la mission parlementaire : « Le paiement du contrat comportait ainsi une partie à crédit, assuré par la France, *via* un pool bancaire sous la conduite de la Sofrantem, le tout garanti par la Coface. Ce crédit a par la suite fait l'objet d'un rééchelonnement par le Club de Paris en 2002, le Pakistan ayant été en faillite en 2001 avant de bénéficier d'une aide du FMI. »

On se souvient que les 6,25 % de la valeur du contrat destinés à des Pakistanais et les 4 % qui devaient en principe être versés au réseau K — soit quelque 33 millions d'euros, vraisemblablement destinés à revenir en France — ont été calculés sur un total équivalent à 826 millions d'euros. Mais, sur cette somme, combien ont été payés par le contribuable français ? Et, sur cette part payée par le Trésor public, des commissions ont-elles été versées ? Si tel était le cas, la règle tacite exigeant que les commissions soient payées au fur et à mesure des versements du client — ce qui ne manque pas de les accélérer souvent — aurait été une seconde fois bafouée, alors même que le réseau K avait reçu la majeure partie de ses commissions avant l'achèvement du contrat. Mais il est vrai que, dans cette affaire, les anomalies sont une constante ! Et encore, si les commissions avaient au moins eu pour conséquence de multiplier les contrats... Mais tel n'est pas le cas.

Le président Chirac, bredouille à Riyad

On ne peut vraiment pas dire qu'au Pakistan ou en Arabie saoudite la France connaisse de grands succès. Pour l'achat des sous-marins supplémentaires dont il souhaitait équiper sa marine, le Pakistan s'est tourné vers l'Allemagne et négociait toujours fin 2010 avec l'industriel HDW l'achat de trois sous-marins Type 214, équipés de systèmes de propulsion anaérobie et de missiles américains Harpoon Block 2. Quant à l'Arabie saoudite, tous les fournisseurs de matériels militaires semblent désormais les bienvenus... sauf les Français ! Le dernier échec de Jacques Chirac dans ce pays et le premier de Nicolas Sarkozy le démontrent amplement.

Voilà plus de trente ans pourtant que la France espère vendre à son tour des avions de combat à cette richissime monarchie pétrolière. Au début des années 1970, pour mieux faire valoir ses chances, la société Dassault soutenue par la DGA avait même fabriqué un prototype, le Mirage 4000. Deux fois plus gros que le Mirage 2000, le biréacteur intéressait les Saoudiens, à une seule condition : que les Français l'achètent pour leur propre armée de l'air. Au motif qu'il ne serait pas raisonnable pour un pays de vendre des armes qu'il n'utilise pas lui-même. À l'époque, cette affaire agitait d'autant plus le monde de l'armement français que le shah d'Iran se disait également intéressé. Mais le Mirage 4000 ne survivra pas à la meute des généraux de l'armée de terre et des amiraux ligués contre lui. Le 18 décembre 1975, le président Valéry Giscard d'Estaing lui tordra le cou en Conseil de défense [28]. Dassault fera néanmoins voler un prototype, mais sans aucun espoir de vente à l'exportation [29].

Mars 2006, nouveau round. Dans l'un des plus luxueux palaces de Riyad, ce qui n'est pas peu dire, une réception clôt le dernier des quatre voyages présidentiels que Jacques Chirac a effectués en Arabie saoudite durant ses deux mandats. On ne boit que des jus de fruit ou du thé, les femmes de l'assistance se comptent sur les doigts d'une main, tandis que les conversations se traînent. Cette fois encore, Jacques Chirac est venu pour tenter de faire avancer deux contrats qui n'ont que trop longtemps attendu pour remplir à nouveau les caisses des industriels nationaux : le premier, que lorgne Thales, porte sur la surveillance des frontières du royaume et a été appelé MIKSA (Ministry of Interior, Kingdom of Saudi Arabia). Et le second concerne des avions Rafale de Dassault Aviation. Deux espoirs considérables, puisque chacun des contrats est estimé à environ 7 milliards d'euros, sans les à-côtés, qui peuvent en multiplier la valeur par trois ou quatre. Mais, cette fois encore, c'est chou blanc !

Denis Ranque, le brillant P-DG de Thales qui a succédé à Alain Gomez, un fort en thème donnant l'impression de n'avoir jamais raté de marche dans sa vie, a fait le voyage parmi les invités du président, espérant le jackpot attendu depuis vingt ans. Il fait grise mine. Son homologue Charles Edelstenne, de Dassault Aviation, n'est guère plus satisfait, mais ce n'est pas d'aujourd'hui qu'il sait à quoi s'en tenir sur la vente de Rafale au royaume ! Dans les conversations discrètes entre les invités, les ingénieurs de l'armement, les industriels et les diplomates, on n'entend que déception, abattement et amertume, sinon colère, quand il s'agit de vilipender un président qui ne comprendrait rien aux subtilités de la cour saoudienne, il est vrai assez complexes… Jacques Chirac, pour sa part, s'est délecté d'une visite de l'exposition des collections d'art islamique du Louvre, ce qui n'est pas si mal : ce sera sa seule satisfaction du voyage…

Pour les Français, qui estiment, à juste titre, être des fabricants d'armes aussi compétents que leurs principaux concurrents étrangers, les raisons d'enrager ne manquent pas : alors que la compétition semblait ouverte pour l'achat de quatre-vingt-seize nouveaux avions de combat, ils avaient pris des précautions. Jacques Chirac avait entouré d'attentions le prince héritier Abdallah, régent de fait depuis l'embolie du roi Fahd en 1995. En avril 2005, le prince avait fait escale à Paris sur la route des États-Unis et avait été reçu à l'Élysée. Les Français avaient alors cru entendre un discours que le premier cercle élyséen traduisait en ces termes : « Le prince héritier nous a dit qu'il s'occupe du Rafale, qu'il s'y intéresse et qu'il va en parler au prince Sultan. » Lors de l'accession d'Abdallah au trône, trois mois et demi plus tard, on s'est dit à Paris que, cette fois, tout allait changer. Les Français savaient fort bien que leurs appuis étaient faibles, et même les moins lucides admettaient qu'ils avaient perdu la main. Qu'à cela ne tienne, affirmait-on alors dans la capitale française où, foin des princes, on voyait dans le roi Abdallah, successeur de son frère Fahd, un genre de président de la Ve République : il décide et le gouvernement exécute. Quelle erreur !

En réalité, Sultan, tout-puissant ministre de la Défense depuis près d'un demi-siècle, fait ce qu'il veut et, justement, il ne veut pas entendre parler des Français. Sa dernière visite à Paris remonte à l'été 1999. Il est agacé. En août 2005, lorsqu'il s'est rendu aux obsèques du roi Fahd, Jacques Chirac a été reçu une heure par le nouveau roi Abdallah. Mais il n'est pas allé saluer ses demi-frères, en tout cas pas avec tous les égards dus à leur rang. Sultan et Naïef, le ministre de l'Intérieur, en ont conçu un nouveau dépit. Ils sauront s'en souvenir. Ces deux féodaux sont désormais en froid avec la France : quand il s'agira de passer de grosses commandes, leurs regards se tourneront vers d'autres fournisseurs.

Vers la fin de l'année 2005, un cours de généalogie est le préalable obligatoire à toute conversation avec un vendeur d'armes français s'intéressant à l'Arabie saoudite. Il en est un, par exemple, qui, tirant négligemment sur son Cohiba, me rappelle, avec une science consommée des arcanes wahhabites, qu'Abdallah et ses frères ont beau être les fils du roi Ibn Saoud, ils ne sont pas tous issus du même lit. Sept d'entre eux, dont Naïef et Sultan, sont les rejetons d'Hassa, épouse favorite d'Ibn Saoud et fille d'un chef de la tribu des Soudeiri. Pour cette raison, on ne les appelle que « les Soudeiri », supposés être en délicatesse avec Abdallah, fils quant à lui d'une favorite affiliée à la tribu des Chammars. Pour les industriels comme pour l'Élysée, où le sherpa du président, Maurice Gourdault-Montagne, gère le dossier, cette capacité à décoder les liens du sang conduit les Français à se piquer d'être des connaisseurs hors pair de l'intimité du royaume, d'autant mieux informés que la DGSE — faisant excellemment son travail sur ce dossier — les alimente en notes d'ambiance, plutôt bien vues. Notre interlocuteur amateur de cigare, acteur subtil et convaincu des négociations franco-saoudiennes, croit alors dur comme fer à un renversement de tendance.

Pour lui, la signature de ces contrats mirifiques « sera » — le futur de l'indicatif est alors de rigueur — un « présent » du roi Abdallah au président Jacques Chirac : « Il ne pèse plus rien en France, mais il conserve une grande image au Moyen-Orient. Abdallah est prêt à lui faire un cadeau. Le roi n'a-t-il pas dit au président : "Toi, tu es mon frère. Les autres ne sont que mes demi-frères" ? » C'est clair : les Français ont tout compris ! Sauf l'essentiel... Pourquoi, en effet, les Anglais vendent-ils en Arabie autant d'armes qu'ils le souhaitent, ne laissant aux Français que des miettes ? Car, de ce point de vue, quel échec ! Le 22 décembre 2005, le Royaume-Uni et l'Arabie saoudite annoncent être parvenus à un accord sur la vente de soixante-douze avions Eurofighter Typhoon, pour une valeur de 6,5 milliards d'euros — sans doute près de 20 milliards d'euros en y incluant le soutien technique, les munitions, la formation des pilotes et des techniciens. C'est le contrat Al-Salam, une nouvelle bombe dans le monde des ventes d'armes !

À Paris cette fois, la superbe cocardière (que les anglophones nomment *Gallic arrogance*) n'est plus de mise. La nouvelle victoire britannique a mis l'industrie d'armement française KO debout. Celle-ci réagit classiquement en cherchant un bouc émissaire, d'autant plus facile à découvrir qu'il est le patron de la Sofresa depuis 1995 : Michel Mazens. Lorsque le contrat Al-Salam est annoncé, l'Élysée l'abandonne aussitôt sans gourde au milieu du désert. Il est convoqué « au Palais », reçu par Maurice Gourdault-Montagne, le sherpa du président, et par le chef de l'état-major particulier, le général Jean-Louis Georgelin, qui lui apprennent que Jacques Chirac « n'a rien à lui reprocher, ni de près ni de loin, mais que nul n'est propriétaire de sa charge et qu'il lui faut céder la place ». Sans indemnité. Disgrâce...

Les industriels actionnaires de la Sofresa, qui n'agissent que sur directives de l'Élysée, s'accordent sur le nom d'un successeur : ce sera le directeur des ventes internationales de Dassault Aviation, Bruno Cotté. Ce vendeur hors pair, rond et jovial, mais intraitable quand il s'agit de négocier un contrat, est considéré comme l'un des tout meilleurs représentants de commerce de l'industrie française, capable, selon la formule consacrée, de vendre du sable à des Bédouins. L'objectif officiel de sa nomination est limpide : tenter de sauver ce qui peut l'être dans les relations commerciales avec l'Arabie saoudite. Grave erreur d'analyse, car déjà les carottes sont cuites ! Le voyage à Riyad de Jacques Chirac le confirmera quelques semaines après : cette visite officielle a si peu de sens que les deux décideurs concernés, Sultan et Naïef, sont absents. Un peu plus tard, Jacques Chirac ira prendre quelques jours de repos dans un palace de Taroudant, au Maroc, et aggravera son cas en ne rendant pas visite au prince Sultan, qui se trouvait dans son palais voisin. Funeste option ! Cette fois, la rupture est consommée... Selon un des membres de la délégation française à Riyad, « le roi ne veut pas décider contre ses frères. Le problème de Chirac, c'est qu'il croit ses liens personnels avec le roi capables de renverser ce rapport de forces. Il se trompe ».

Jusqu'au bout, on voudra encore se convaincre, entre l'Élysée et les sièges de Thales ou de Dassault, que tout n'est pas perdu et qu'Abdallah va faire un geste. La DGSE, dont le directeur Pierre Brochand est un adepte du parler vrai, affirme le contraire et souligne que le roi Abdallah est au mieux un arbitre, au pire un adepte du double langage, tenant à Paris un discours rassurant mais laissant à Riyad les contrats militaires se décider sans lui. Pour mieux comprendre les raisons de ce ratage, il n'est pas inutile de revenir sur l'étonnante saga d'un des deux contrats que la France chiraquienne espérait décrocher en 2006, celui concernant le projet MIKSA. Une épopée qui a commencé vingt ans plus tôt.

Le grand ratage du contrat MIKSA

En 1986, alors qu'il était ministre de l'Intérieur et qu'il cherchait à placer ses services sur les très rentables contrats d'armement, Charles Pasqua avait entrepris de répondre aux sollicitations de son homologue saoudien, le prince Naïef ben Abdelaziz Al-Saoud, qui souhaitait mettre en place un système complet de protection des frontières. Le projet MIKSA visait à surveiller les lisières terrestres et maritimes du royaume wahhabite en fournissant des hélicoptères et des avions, des véhicules terrestres et des radios, des liaisons satellites et des routes, des aéroports et des radars, des salles de commandement et des casernes. De quoi équiper et loger un corps de gardes-frontières de 30 000 hommes, venant s'ajouter aux autres armées du pays. S'il était signé par l'industrie française, ce magnifique contrat serait capable de lui assurer 10 000 emplois durant dix ans.

L'affaire commence vraiment quand Charles Pasqua, le nouveau ministre de l'Intérieur du gouvernement de cohabitation dirigé depuis mars 1993 par Édouard Balladur, se réintéresse à ce dossier et décide de le pousser vigoureusement. La signature d'un protocole d'accord intervient, le 12 novembre 1994, entre le même Charles Pasqua et le prince Naïef. Ensuite, à des degrés divers, alors que le suivi du dossier relève logiquement du ministère de la Défense, tous les ministres français de l'Intérieur s'y sont intéressés. Mais aucun autant que Nicolas Sarkozy.

À peine entré en fonctions place Beauvau, celui-ci écrit le 8 juillet 2002 au prince Naïef, inamovible ministre de l'Intérieur saoudien, qu'il « propose à [Son] Altesse royale de signer avec Elle dès qu'Elle le souhaitera l'accord de coopération préparé par nos services ». En fait de « nos services », le côté français est représenté par Thales, chef de file désigné dès le départ par Charles Pasqua, et par Civipol-Conseil — une société de services et de conseil proche du ministère de l'Intérieur, créée en 2001 et présidée par le préfet Alain Rondepierre. Mais, dès la reprise en main de ce dossier par Nicolas Sarkozy, deux hommes vont en fait le traiter directement : Claude Guéant, son directeur de cabinet, et Brice Hortefeux, l'ami et conseiller politique du ministre. Alors que leurs fonctions ne les y prédisposent pas, ces deux hommes vont effectuer plusieurs voyages en Arabie saoudite. Le début des soupçons sur des parfums de potentielles rétrocommissions... De source proche de Nicolas Sarkozy, on s'en offusque vivement : « On a récupéré le bébé pour faire avancer les choses, c'est tout ! »

Comme toujours en matière de ventes d'armes françaises, l'Élysée veut avoir la main sur le « bébé ». D'autant que les soupçons conçus par Jacques Chirac lors de la présidentielle de 1995 vont se réactiver au début du mandat suivant. Mi-2003, des fonctionnaires agissant de leur propre chef rendent compte à l'Élysée de ce qu'ils perçoivent comme des anomalies. Et notamment le fait que des intermédiaires, dont de nouveau Ziad Takieddine, cherchent à intervenir dans le circuit. À l'Élysée, on a cru voir alors dans l'agitation autour de l'affaire MIKSA une tentative de mise en place d'un réseau de financement occulte. Cette conviction fut confortée après la visite à Riyad, le 10 novembre 2003, du conseiller de Jacques

Chirac, Maurice Gourdault-Montagne. Officiellement pour « souhaiter un bon ramadan » au prince héritier Abdallah. En réalité, il était chargé de convaincre ce dernier de la nécessité de retirer à Thales et à Civipol-Conseil — et donc au ministre Nicolas Sarkozy lui-même — la mainmise sur le contrat. Soupçon n'est certes pas raison, mais il fallait changer de pilote !

Les atermoiements autour de cette affaire s'expliquent par de nombreux facteurs : les Saoudiens ne savaient pas exactement ce qu'ils voulaient, tandis que l'industriel Thales s'y prenait mal. En 2003, les hommes de l'Élysée sont vraiment persuadés que des retours de commissions vers la France se préparent : en décembre 2003, ils interdisent à Nicolas Sarkozy de se rendre à Riyad, comme il l'avait prévu. Ces dissensions au sommet ne passent pas inaperçues. Et Jacques Chirac décide de faire transférer le contrat du ministère de l'Intérieur à celui de la Défense, en le confiant à la Sofresa, comme le révèle la lettre confidentielle *Intelligence Online* en janvier 2004 [30]. Pour justifier sa décision, l'Élysée a fait valoir l'opposition qu'aurait « exprimée le prince Abdallah, actuel régent du royaume, au "versement de toute commission" dans cette affaire, suggérant ainsi que le respect de cette prescription nécessitait la mise hors jeu de M. Sarkozy et des siens [31] ». Un argument évidemment fallacieux, car le prince Abdallah n'a jamais fait cesser le versement de commissions en Arabie saoudite, pas davantage quand il était régent qu'après être devenu roi. Et jamais aucune preuve, par définition, n'est venue confirmer que des rétrocommissions étaient prévues. Mais le soupçon était bien là, soulignait à cette époque un haut fonctionnaire concerné par ce contrat : « Les rétrocommissions espérées se montaient à environ 5 % de 7 milliards d'euros, soit 350 millions d'euros. » Et ce même interlocuteur d'ajouter, évoquant avec colère la perspective d'une violation de la législation anticorruption entrée en vigueur en France en 2000 : « Ceux qui fonctionnent de cette façon n'ont rien compris aux évolutions en cours [32] ! »

Mais le changement du dispositif français de négociation et l'arrivée dans le circuit d'un nouvel intermédiaire mandaté cette fois par l'Élysée ne changent rien, car rapidement le prince Naïef avertit Paris qu'il a décidé de reprendre à zéro le dossier MIKSA, renommé Saudi Border Guard Development Program (SBGDP). Une option sans doute prise sur injonction de Washington, qui n'entendait plus, après l'invasion de l'Irak en mars 2003, qu'un contrat aussi essentiel pour la sécurité du royaume, donc pour celle des États-Unis, soit attribué à une société française. En 2009, les derniers compétiteurs pour le contrat n'étaient autres que BAe Systems, l'américain Raytheon et la composante allemande d'EADS (European Aeronautic Defence and Space). C'est cette dernière — d'abord appelée EADS Defence

& Security, avant de prendre en septembre 2010 le nom de Cassidian —, associée au groupe saoudien RTCC (Al-Rashid Trading & Contracting Company), qui emportera finalement, début 2009 puis en juillet de la même année, les deux premières tranches du contrat SBGDP (ex-MIKSA), pour un montant total de 1,6 milliard d'euros. Mais Raytheon entendait bien ne pas en rester là et remporter les tranches suivantes. Heureux concours de circonstances : en juin 2009, le directeur du développement international de Raytheon, le général d'aviation James B. Smith, a été nommé ambassadeur à Riyad.

La corruption en Arabie saoudite, « une sorte de TVA parallèle »

Concernant l'Arabie saoudite, les grandes défaites commerciales françaises sont survenues face au Royaume-Uni et à l'Allemagne, mais aussi face à la Russie. Comme pour démontrer que rien ne changeait vraiment, Riyad a annoncé en novembre 2007 l'ouverture de négociations avec Oboroprom, filiale de la société de commercialisation des armements russes Rosoboronexport, pour un contrat de 2,2 milliards de dollars portant sur la livraison de cent cinquante hélicoptères russes de transport Mi-8 Hip et de sa version export plus puissante, le Mi-17, ainsi que d'hélicoptères d'attaque Mi-35 Hind. Cette signature faisait suite à la visite du président de la Fédération de Russie, Vladimir Poutine, à Riyad en février 2007. Lors de ce déplacement, Poutine avait rencontré le roi Abdallah et le grand acheteur des ventes d'armes du royaume, le prince Sultan ; et il avait notamment promis à ses interlocuteurs une coopération en matière nucléaire.

Bien que les industriels français aient pu alors affirmer que tout espoir n'était pas perdu de vendre des hélicoptères NH90 et des EC725, ce ne seront pas des contrats atteignant les hauteurs espérées, qui devaient également concerner des Fennec et des Dauphin. Mais, là encore, à qui la faute ? L'un des négociateurs, interlocuteur habituel des Saoudiens, rapportait en novembre 2009 que ces derniers faisaient preuve d'une grande sévérité envers l'attitude de l'industriel Eurocopter, la filiale d'EADS fabriquant les hélicoptères proposés : « Ils se demandent comment il se fait que leur pays ait de telles particularités que les hélicoptères y coûtent subitement un tiers plus cher qu'ailleurs dans le monde ! » Pendant ce temps, outre des dizaines d'hélicoptères, la Russie négociait la vente de cent cinquante chars T-90, de transports de troupes BMP-3 et de plusieurs systèmes performants de missiles sol-air, Pantsir-S1 (SA-22 Greyhound), S-400 Triumph et Buk-M2E.

Pour sa part, la France a dû se contenter de vendre son canon d'artillerie CAESAR (Camion équipé d'un système d'artillerie) et n'avait pas définitivement renoncé, à la fin des années 2000, à vendre son char Leclerc (fabriqué par GIAT Industries, devenu Nexter en septembre 2006) aux Saoudiens. Mais à quel prix ? Car, quand Paris a proposé à Riyad de lui vendre le tiers des chars Leclerc en service dans l'armée de terre française, comme nous l'avons révélé en avril 2008 [33], les Français ont fait bien peu de cas de la fierté saoudienne, qui ne saurait accepter des matériels d'occasion pour ses propres forces armées.

Sans doute les Saoudiens estiment-ils aussi que les matériels français sont trop chers. Ou que les Français veulent leur imposer des matériels qui ne correspondent pas à leurs besoins. Recherchant fin 2009 à acquérir une douzaine de patrouilleurs pour leur marine, des sources saoudiennes se sont étonnées devant l'auteur que leurs interlocuteurs français n'acceptent de discuter avec eux que du seul achat de six frégates FREMM (frégates furtives multimissions), excédant largement leurs exigences et le budget alloué, alors que les États-Unis leur proposaient douze navires mieux adaptés, les LCS (Littoral Combattant Ship). Ce qu'une source française très au fait de ce dossier nous a alors confirmé, avec un argument *pro domo* : « Franchement, les FREMM correspondent mieux à leurs besoins et nous ne serons au total pas plus chers qu'une solution américaine, à prix ferme en plus ! N'oubliez pas que les Américains veulent tuer le Rafale et qu'ils veulent également la peau des FREMM… »

Quant à la corruption saoudienne endémique, ravageuse, polluant les relations avec les politiques et les industriels occidentaux, contribuant à interdire tout accès du royaume à la démocratie, elle persiste. Ces pratiques éminemment condamnables ne suscitent pourtant à Paris, face à celui qui s'en offusque, que condescendante dérision. « Corruption » ? Mais quel gros mot ! On ne peut pas employer ce terme, m'expliquait en 2008 un décideur français : « En réalité, il s'agit d'une redistribution d'argent, facteur de stabilisation d'un royaume moyenâgeux. Un seigneur de province a des besoins que cet argent satisfait. C'est une sorte de TVA parallèle. »

Il est possible que les industriels français rencontrent depuis les années 2000 plus de difficultés que leurs concurrents quand il s'agit d'organiser le versement de commissions illégales. Mais on ne peut pour autant négliger les facteurs politico-diplomatiques. Quand la France se voit évincée d'Arabie saoudite avec une telle constance, entrent en cause une multiplicité de facteurs, qui concernent toute la chaîne étatique et industrielle : le Rafale a été supplanté par l'Eurofighter, qui n'atteint pas ses performances ; les hélicoptères d'Eurocopter ne trouvent pas leur place, malgré leurs qualités indéniables ; les chars Leclerc ne parviennent pas à franchir les obstacles administratifs. De fait, le problème est majeur — j'aurai l'occasion d'y revenir (voir notamment *infra*, chapitre 15).

Il est vrai, expliquent tous les industriels français, que la non-observation des règles de l'OCDE par certains de leurs principaux concurrents offre à ces derniers un avantage compétitif considérable. Dans les trois cas que l'on vient d'évoquer (contrats MIKSA, hélicoptères et chasseurs multirôles), les Français ont été battus par des États (Allemagne, Russie et Royaume-Uni) qui ont fait de la corruption des élites des pays clients une règle de base de leur pratique commerciale. C'est ce qu'on va voir plus précisément avec les affaires — mal connues en France et ailleurs — qui ont défrayé la chronique de la République fédérale d'Allemagne depuis quelques décennies.

5

L'or du Rhin : des cercueils volants à l'affaire Siemens

Il est 9 h 30, le 3 août 2009, lorsque l'avion d'Air Canada se pose sur la piste de l'aéroport de Munich. À son bord, convoyé par des policiers canadiens, le citoyen allemand dont Berlin réclamait l'extradition depuis dix ans : Karlheinz Schreiber. Âgé de soixante-quinze ans, il possède la double nationalité allemande et canadienne et sa spécialité sulfureuse l'a placé au cœur de multiples affaires impliquant ses deux patries. Il est accusé d'être l'un des grands corrupteurs sur le marché international des armements. Cette affaire déshonorera une partie de la classe politique allemande, qui n'a pas craint de financer ses activités, voire de s'enrichir personnellement, avec les fortunes produites par les ventes d'armes. Mais ce n'est pas tout : ces dernières années ont révélé l'existence outre-Rhin d'un vaste système de versement de pots-de-vin, structurellement lié à l'économie allemande.

Karlheinz Schreiber, le marchand d'armes le plus sulfureux d'Allemagne

Cet ancien du Bundesnachrichtendienst (BND), les services de renseignement extérieur allemands, est petit, trapu et accrocheur. C'est à lui que deux dirigeants de grands États du monde occidental, membres de droit du club le plus fermé de la planète, le G7 [a], Helmut Kohl et Brian

a Le Groupe des six (« G6 ») a été créé à l'appel du président français Valéry Giscard d'Estaing en 1975. Il comptait alors les six pays les plus riches du monde : Alle-

Mulroney, doivent d'avoir manqué les dernières marches de leurs brillantes carrières politiques, achevées dans l'opprobre et le déshonneur. Contre Kohl le géant, qui fut chancelier de 1983 à 1998 et réalisa avec succès la réunion des deux Allemagne après la chute du Mur de Berlin en novembre 1989, les accusations ont porté sur le financement de son parti alors hégémonique, la Christlich Demokratische Union (CDU). En 1998, très affaiblie, la CDU échoua aux législatives face aux sociaux-démocrates du Sozialdemokratische Partei Deutschlands (SPD) menés par Gerhard Schröder.

L'année suivante, le 30 novembre 1999, Helmut Kohl reconnaît que Karlheinz Schreiber a contribué à fournir des ressources secrètes à sa formation. Mais ce dernier n'en a pas fini pour autant sa descente aux enfers. Et qui donc avait remis sur un parking en 1991, nous y reviendrons, une valise contenant l'équivalent de 750 000 euros au trésorier de la CDU, Walter Leisler Kiep ? Karlheinz Schreiber... Le 12 janvier 2000, le successeur de Kohl à la tête de la CDU, son dauphin pour la chancellerie Wolfgang Schaüble, reconnaissait à son tour avoir reçu 100 000 DM des mains de... Karlheinz Schreiber ! Il démissionna le mois suivant. Deux jours plus tard, le 14 janvier 2000, l'ancien ministre de l'Intérieur Manfred Kanther, très proche d'Helmut Kohl, admettait pour sa part que la CDU du Land de Hesse possédait 17 millions de DM planqués au Liechtenstein. Jusque-là, les montants versés sur ces comptes pour le financement du parti étaient présentés comme venant des donations de bienfaiteurs juifs décédés ! Quelques semaines plus tard, une ex-trésorière de la CDU, Brigitte Baumeister, était accusée d'être intervenue dans les démarches commerciales du fabricant d'armement Thyssen pour la vente de véhicules blindés à la Corée du Sud, de sous-marins à l'Indonésie et au Chili, et de chars encore au Chili. Après la révélation de ces turpitudes, la CDU se chercha une nouvelle figure de proue, qu'elle trouva en la personne d'Angela Merkel. En tournant le dos à l'ère Kohl.

Dans la quasi-totalité des dossiers concernant les caisses noires de la CDU, le nom de Karlheinz Schreiber apparaît. Mais l'Allemagne n'a pas été le seul terrain de chasse de cet agent. Les Canadiens le connaissent bien également... Et, là encore, l'intermédiaire ne fait pas dans le petit poisson. Celui que Karlheinz Schreiber va définitivement ferrer en septembre 1993 n'est autre que Brian Mulroney, Premier ministre du 17 septembre 1984 au 25 juin 1993. Quelques mois après avoir quitté ses

---

magne, France, États-Unis, Italie, Japon, Royaume-Uni ; le Canada a rejoint ce groupe en 1976, qui est alors devenu le « G7 » ; et la Russie en 1997, pour en faire le « G8 ».

fonctions, alors qu'il est encore député, il va toucher en cash 75 000 dollars canadiens de Schreiber. L'opération se renouvellera deux fois, pour des sommes similaires, en décembre 1993 et en septembre 1994. L'enquête canadienne démontrera que les fonds provenaient d'un compte en Suisse, alimenté par les industriels Airbus, MBB (Messerschmitt Bölkow Blohm) et Thyssen, à hauteur de 20 millions de dollars [1]. À Ottawa, on soupçonne d'ailleurs fortement Schreiber de s'être précédemment fait l'instrument de la corruption de plusieurs dirigeants canadiens pour favoriser la vente de trente-six Airbus à Air Canada. Mais les poursuites seront finalement abandonnées, faute de preuves. Durant le mandat de Brian Mulroney, Schreiber avait voulu à tout prix qu'un appel d'offres pour trois cents véhicules blindés lancé par l'armée de terre canadienne se conclût par le succès d'un modèle fabriqué par une filiale du groupe allemand Thyssen, Henschel, aujourd'hui revendue [a].

Mais pourquoi viser si haut ? Pourquoi chercher à corrompre Mulroney, le numéro un politique du Canada, État démocratique et policé s'il en est, à ce titre peu suspect de voir ses élites politiques les mieux considérées se laisser aller à des dérives dignes d'une monarchie pétrolière ? Peut-être parce que Mulroney a été trop malhabile, au point de se laisser prendre la main dans le pot de confiture... Car, pour la prudente OCDE, attentive à ne point évoquer des circonstances où généralement les preuves indéniables font défaut, Mulroney correspond à une typologie assez classique de dirigeant corruptible. Comme l'un de ses rapports l'a souligné en 2007, « il semble que l'on [les corrupteurs] vise des personnalités politiques de haut rang (monarques, représentants de la dynastie au pouvoir, présidents, Premiers ministres, membres du gouvernement) [2] ».

La législation allemande en matière d'exportation d'armements étant très restrictive, Thyssen comptait, en cas de succès de ce contrat, installer une usine de montage sur l'île de Bear Head en Nouvelle-Écosse. En réalité, Mulroney avait secrètement décidé d'annuler le projet dès 1991, car il était considéré comme trop cher. Il avait cependant fait régler par le Trésor canadien 3,9 millions de dollars de commissions en 1987 et 1988 à la société International Aircraft Leasing, installée au Liechtenstein et appartenant à Karlheinz Schreiber. Bizarre ? Plus que cela... Quand Schreiber verse en 1993 des fonds à l'ancien Premier ministre canadien, c'est pour faire de lui le VRP de ce fameux blindé destiné à équiper les

a En décembre 1997, Thyssen Industrie vend sa filiale d'armement terrestre Henschel à Kuka Wehrtechnik. Qui sera elle-même rachetée par Rheinmetall en 1999. Les activités d'armement terrestre de ce groupe sont intégrées dans Rheinmetall Landsysteme, filiale de Rheinmetall Defense.

forces militaires participant aux opérations de maintien de la paix sous mandat de l'ONU. Brian Mulroney répondra d'ailleurs à une commission d'enquête parlementaire canadienne que son objectif consistait à promouvoir le véhicule blindé de Thyssen, qu'il qualifiait alors de « superbe », auprès des cinq membres permanents du Conseil de sécurité de l'ONU. Il dit avoir rencontré à ce sujet les présidents français et russe, François Mitterrand et Boris Eltsine, ainsi que des dirigeants américains et chinois.

Le mythe de l'Allemagne propre

Dès que les Canadiens mettent la main au collet de Karlheinz Schreiber en 1999, les Allemands réclament son extradition. Mais, tandis que le cas Mulroney devient une affaire d'État au Canada, l'agent se bat bec et ongles pour éviter son renvoi vers le pays de ses aïeux. Il y parviendra donc dix années durant, avant de comparaître devant le tribunal d'Augsbourg, en janvier 2010, pour y répondre de... fraude fiscale. Classique !

En Europe, les cas sont assez fréquents d'agents commerciaux touchant des sommes considérables, charge à eux de les répartir discrètement entre les différents bénéficiaires qu'ils doivent « casquer ». Ni vu ni connu... L'industriel paye des commissions faramineuses à des agents et coupe ainsi la relation directe avec les corrompus du bout de la chaîne, acheteurs de ses produits. C'est l'agent le coupable, pas l'industriel, qui peut ainsi broder sur toute la gamme des « démentis plausibles ». Quand quelqu'un veut faire tomber l'un de ces agents — par exemple parce qu'il a oublié de graisser quelques rouages —, rien n'est plus simple que de faire passer ses commissions comme des gains personnels. Pour un agent, il est impossible de divulguer le nom des destinataires de « ses » largesses, en réalité destinées (grâce à son entremise) par l'industriel vendeur à son acheteur corrompu pour obtenir le marché. Schreiber n'a pas fait exception à la règle lors de son procès, qui s'est conclu le 5 mai 2010 par une condamnation à huit années de prison. L'intermédiaire et marchand d'armes le plus sulfureux d'Allemagne ne pouvait compter sur l'indulgence du tribunal, car quand la justice allemande passe, elle fait mal ! Ludwig-Holger Pfahls, un ami de Schreiber, l'avait déjà appris à ses dépens...

Ancien directeur (de 1985 à 1987) du service de renseignement intérieur BfV (Bundesamt für Verfassungsschutz), Pfahls est devenu ministre des Acquisitions de défense d'Helmut Kohl entre 1987 et 1992. Accusé d'avoir reçu 3,8 millions de marks (équivalent de 1,94 million d'euros) de commissions de la part de Karlheinz Schreiber, il fut arrêté à Paris en juillet 2004, après cinq années de cavale, et extradé vers l'Allemagne six mois plus tard. Cette transaction s'était produite à la faveur de la vente par la firme Thyssen à l'Arabie saoudite de trente-six véhicules blindés de transports de troupes Fuchs, équipés pour la détection des gaz de combat et vendus juste avant la première guerre du Golfe, en 1990. Une facture de 400 millions de marks (204 millions d'euros) fut présentée à l'Arabie saoudite pour ces blindés qui, devant être livrés en urgence, furent prélevés sur les stocks de l'armée allemande. Laquelle s'est rééquipée aussitôt chez Thyssen en matériels neufs ! La facture réelle ne dépassant pas 200 millions de marks, la justice allemande a estimé que la surfacturation de 100 % correspondait à des versements de commissions en Arabie saoudite et de rétrocommissions en Allemagne.

Lors du procès de Ludwig-Holger Pfahls, qui s'est tenu à Augsbourg en juin 2005, l'ex-chancelier Helmut Kohl est venu témoigner en faveur de son ancien ministre. Il assura à cette occasion qu'il avait pris en personne, en tant que chef du gouvernement, la décision de vendre ces engins à Riyad et que M. Pfahls n'avait « absolument pas » exercé de pression en ce sens. Cette version fut confirmée par l'ex-ministre des Affaires étrangères, Hans-Dietrich Genscher. Au cours du procès, le tribunal entendit nombre d'autres personnalités politiques, dont l'ex-ministre des Finances, Theo Waigel, et l'ex-ministre de la Justice, Klaus Kinkel. Malgré ces appuis, ou peut-être à cause d'eux, Ludwig-Holger Pfahls fut condamné en août 2005 à deux ans et demi de prison [a]. Pour le directeur du CERFA (Comité d'étude des relations franco-allemandes), Hans Stark, la fin des années Kohl a été précipitée par ce scandale dépassant « de loin les quelques millions de marks qui ont transité du Liechtenstein sur des comptes parallèles de responsables politiques. Ce qui a le plus choqué l'Allemagne, c'est l'attitude avec laquelle Helmut Kohl a justifié son silence et son absence totale de remords, alors qu'il s'est maintenu au pouvoir grâce à un système fondé en partie sur la fraude et la corruption. Cette affaire a non seulement sonné le glas de l'ère Kohl, mais surtout annoncé la mort d'un mythe, celui d'une République fédérale "propre", fondée sur la morale et la transparence [3] ».

L'Allemagne n'est pas un cas particulier en Europe car, comme Londres, Berlin n'interdit pas vraiment à ses industriels de pratiquer la corruption, bien que la loi proscrive (en principe) cette pratique depuis 1998. La vraie constante, c'est le pragmatisme, comme l'expliquait en 2006 Heiko Willems, expert crédit export au BDI (Bundesverband der

a Il fut rapidement libéré, car il avait renoncé à faire appel et avait déjà purgé la moitié de sa peine en détention préventive, pour une part en France.

Deutschen Industrie) lors de discussions sur l'implémentation de la convention OCDE en Allemagne : « Il n'est pas approprié que les entreprises aient à justifier le montant de la commission d'un agent. Cela peut toujours être vérifié sur une base volontaire. Révéler l'identité d'un agent peut conduire un concurrent à le recruter [4]. » Pourtant, si on s'est de très longue date montré compréhensif en Allemagne envers la corruption de clients étrangers, c'est autre chose envers celle des politiciens, des corrupteurs et de tous les concussionnaires locaux. Alors que l'habitude en était bien établie, la société allemande n'admet désormais plus que les politiques financent leurs campagnes grâce à des subventions d'industriels. De plus, dans cette affaire, il est apparu que des dirigeants de la CDU avaient mis à l'abri des millions de marks sur des comptes personnels à l'étranger.

Deux dossiers auraient notamment permis ces opérations : d'abord, la vente par le gouvernement Kohl de 114 500 appartements de la Deutsche Bahn à l'été 1998 [5]. Celle-ci a été réalisée pour 7,1 milliards de marks au profit d'un consortium dont le principal partenaire était une entreprise dirigée par l'homme d'affaires Karl Ehlerding. Lequel a versé 3,3 millions de marks à la CDU en 1998, et 2,5 millions l'année suivante. Les Allemands ont souvent vu un lien très étroit entre ces versements et l'éviction de ce contrat d'un consortium concurrent, qui offrait pourtant un milliard de marks de plus ! Le second dossier concerne la cession de la firme pétrolière est-allemande Leuna à la française Elf en 1992. Laquelle put acquérir dans cette transaction à la fois une raffinerie et un réseau de distribution — on y reviendra.

10 millions de dollars de pots-de-vin pour des « cercueils volants »

Le financement illégal de la CDU remonte très loin dans le temps et n'a pas seulement mis à jour les pratiques curieuses du groupe des *amigos*, qui rassemblait dans les années 1980 — juste avant sa mort — les proches du grand rival d'Helmut Kohl à droite, Franz-Josef Strauss, dit le « taureau de Bavière » (1915-1988). Strauss avait passé l'essentiel des années de l'après-guerre à assurer sa carrière bavaroise, notamment en consolidant son porte-avions politique, la CSU (Christlich Soziale Union in Bayern), dont il fera l'hégémonique parti du gouvernement de la Bavière. Au plan national, il noue une alliance stratégique avec la CDU, crée la coalition CDU-CSU et obtient dès 1956 le trophée qu'il convoitait le plus chèrement : le ministère fédéral de la Défense, qu'il occupera dans le gouvernement du chancelier Konrad Adenauer jusqu'en 1962.

Dès qu'il atteint ce Graal, Franz-Josef Strauss commence à négocier avec l'avionneur américain Lockheed l'achat de chasseurs F-104 Starfighter et constate qu'il a besoin d'un solide allié dans la place. Les accusations de corruption ne tarderont pas, reposant sur les carnets de notes de l'agent Ernest F. Hauser, un Américain d'origine autrichienne qui avait terminé la Seconde Guerre mondiale au sein du renseignement militaire américain en Allemagne occupée. C'est à cette occasion qu'il avait connu le jeune interprète Franz-Josef Strauss, tout juste sorti de la Wehrmacht, au sein de laquelle il avait notamment combattu sur le front de l'Est. Lors du mariage de Hauser avec une Allemande, Strauss sera son témoin. Et, quand un fils naîtra de cette union, les parents le baptiseront... Franz-Josef ! Les liens se maintiendront au fil des ans, Ernest F. Hauser faisant carrière dans le renseignement américain avant que Strauss le fasse embaucher par Lockheed afin qu'il devienne l'intermédiaire entre les deux parties. Le contexte était favorable à l'enrichissement rapide, car l'avionneur corrompait facilement ses clients.

L'énorme commande passée par Franz-Josef Strauss à Lockheed dans les années 1960 a porté au total sur neuf cents F-104 Starfighter. Or ils furent rapidement surnommés « cercueils volants », ou « faiseurs de veuves », en raison du nombre catastrophique de leurs crashes [a]. Les raisons de cette série noire sont à chercher dans les modifications, demandées par la Luftwaffe, pour transformer le chasseur de jour en chasseur-bombardier tous temps, au prix de l'installation de trop lourds équipements de bord. On ne connaît pas le détail de tous les arrangements passés entre le ministre allemand et l'avionneur américain car, lorsque les Allemands recherchèrent en 1976 les archives des négociations au ministère de la Défense, elles avaient malencontreusement disparu ! Seule la version de Hauser est disponible : elle affirme que la CSU reçut 10 millions de dollars — somme énorme en 1961 — de commissions de Lockheed. Mais Strauss démentit vigoureusement et l'affaire en resta là...

Durant la décennie 1970, Franz-Josef Strauss fut réellement l'un des pères du programme d'avions de transport européens Airbus — il présida

---

a Le « taux d'attrition » des F-104 Starfighter est invraisemblable : dès 1961, il était de quatre-vingts avions perdus par 100 000 heures de vol ; en 1962, il est passé à cent trente-neuf. En 1965, un avion s'écrasait tous les dix jours. En 1975, cent soixante-quatorze d'entre eux s'étaient crashés (David BOULTON, *The Lockheed Papers*, Anchor Press, Londres, 1978, p. 80).

Airbus Industrie durant dix-huit ans. Est-ce un hasard si Karlheinz Schreiber, qui était un proche du taureau de Bavière, s'est trouvé au cœur d'un premier et gigantesque scandale de corruption au Canada, portant justement sur la livraison d'Airbus à la compagnie nationale ? Accusé dans ce pays d'avoir « casqué » le Premier ministre Brian Mulroney à l'occasion de la vente de trente-quatre Airbus à Air Canada, Max Strauss, le fils de Franz-Josef, enfonça si profondément ses mains dans le pot de confiture qu'un tribunal allemand le condamna en juillet 2004 à trente-neuf mois de prison ferme pour n'avoir pas déclaré au fisc les 2,6 millions d'euros reçus de Karlheinz Schreiber, certes pour la vente d'Airbus au Canada, mais aussi à la Thaïlande. Il avait également été intéressé à la vente des blindés saoudiens. Est-ce un hasard si Ludwig-Holger Pfahls, dont nous venons d'évoquer le cas, avait été le chef de cabinet de Franz-Josef Strauss ? On oubliera que Max Strauss, son fils, fut en outre accusé d'avoir touché des millions d'euros de pots-de-vin autour des affaires de Karlheinz Schreiber, car les poursuites furent abandonnées faute de preuves.

Valse d'agents secrets autour de la raffinerie de Leuna

Nous avons vu comment, à l'occasion d'un épisode fondateur survenu en 1991 mais qui ne fut révélé que huit ans plus tard, l'inévitable Karlheinz Schreiber avait remis sur un parking au trésorier de la CDU, Walter Leisler Kiep, une valise contenant l'équivalent de 750 000 euros. Dans cette affaire, apparaîtra également un autre homme de réseau occulte, le fort efficace lobbyiste et homme d'affaires Dieter Holzer. Ancien consul d'Allemagne au Liban, il y avait connu le lieutenant-colonel français Pierre Lethier, alors officier à la DGSE, ancien chef de cabinet des directeurs des services secrets Pierre Marion, Pierre Lacoste puis René Imbot.

Holzer et Lethier furent accusés d'avoir promis à des politiques allemands et français une bonne partie des 256 millions de francs de commissions versés par Elf à l'occasion de l'achat en 1992 de la raffinerie Leuna, une grande usine pétrochimique de l'ex-Allemagne de l'Est. Mais l'intermédiaire allemand et l'ancien officier français contestèrent toujours cette interprétation, arguant que les sommes qu'ils avaient reçues n'étaient que le juste prix de leur rôle d'intermédiaires. Comme ce monde est décidément petit, tout petit même, Dieter Holzer dut s'expliquer sur le fait qu'il avait rétrocédé 50 millions de francs à Ludwig-Holger Pfahls, déjà bien arrosé, comme nous l'avons vu, par Karlheinz Schreiber. Mais, à leur grand étonnement, les juges furent priés de croire que cette rétribution concernait des ventes de voitures de luxe [6] ! À l'issue du procès en correctionnelle, dans le cadre de l'affaire Elf, auquel il s'était finalement présenté le 22 avril 2003 après avoir passé plusieurs mois à l'abri derrière des frontières, Pierre Lethier fut lourdement sanctionné, à l'instar des autres protagonistes [a]. Outre sa peine de quinze mois de prison — qu'il purgea à partir de juillet 2007 — assortie de 1,5 million d'euros d'amende, il dut rembourser les 96 millions de francs (17,3 millions d'euros) de commissions qu'il avait perçus dans l'affaire Leuna.

Étonnant personnage que le très discret Pierre Lethier. Officier de l'arme des transmissions, né en 1955, héritier d'une famille de propriétaires fonciers et amateur éclairé de pur-sang, sachant, tout comme son frère Philippe Lethier, partager cette dévorante passion avec les émirs du Golfe, il quitte la DGSE à la fin des années 1980 pour se reconvertir dans les affaires. Autant Philippe est exubérant, autant le cadet Pierre est introverti. Il effectuera un passage à partir de 1993 à l'Office français d'exportation de matériel aéronautique (OFEMA) avec Yvan Barbot — nommé président de cet office par François Léotard, dès son arrivée au ministère de la Défense — et y fera merveille au profit des industriels français. Pierre Lethier possède de l'entregent et de la ressource, gère avec efficacité un carnet d'adresses long comme le bras, rempli dans tous les services secrets du monde qu'il a fréquentés au plus haut niveau durant quinze ans, et verra très vite ses talents mis à profit par ces industriels vendant des matériels liés à la « souveraineté » des États. Après avoir purgé sa peine dans l'affaire Leuna, il s'est reconverti dans l'Université britannique (King's College), où il a valorisé sa passion cinéphilique en devenant un spécialiste du cinéma d'espionnage [7].

---

a Les condamnations rendues définitives par la Cour de cassation en janvier 2007 sont celles d'André Tarallo, ancien directeur Afrique et des hydrocarbures : sept ans de prison ferme, 2 millions d'euros d'amende ; André Guelfi, homme d'affaires : trois ans dont dix-huit mois avec sursis, 1,5 million d'euros d'amende ; Stéphane Valentini, courtier en assurance : trois ans avec sursis, 1 million d'euros d'amende ; Hubert Leblanc-Bellevaux, consultant : trois ans dont deux avec sursis, 300 000 euros d'amende ; Claude Richard, avocat : trois ans dont deux avec sursis, 300 000 euros d'amende ; Patrick Chamarre : six mois avec sursis ; Dominique Dutreix : huit mois avec sursis ; Jean Hamon : huit mois avec sursis ; Dieter Holzer, homme d'affaires allemand : quinze mois de prison, 1,5 million d'euros d'amende ; Nadhmi Auchi, homme d'affaires irako-britannique : quinze mois de prison, 1,5 million d'euros d'amende ; Fatima Belaïd, ex-épouse de Loïk Le Floch-Prigent : trois ans de prison dont deux avec sursis, 1 million d'euros d'amende ; Daniel Léandri, ancien conseiller de Charles Pasqua : dix mois de prison, 200 000 euros d'amende.

La corruption intégrée aux mœurs des entreprises

L'Allemagne a été l'un des premiers États à signer la convention de l'OCDE, dès le 17 décembre 1997, et cette décision était intégrée dans la loi allemande neuf mois plus tard, le 10 septembre 1998. Toutefois, dans les commentaires de cette loi présentés en juin 2003 par le « groupe de suivi » de l'OCDE, il apparaît clairement qu'un problème existe, concernant un tout petit alinéa de la section 153c, sous-section 2 du Code de procédure pénale. Là, bien cachée au fond du texte officiel, une faculté d'interprétation est offerte en toutes lettres aux procureurs allemands, qui se voient offrir la possibilité d'un abandon des poursuites contre un éventuel accusé, à la condition toutefois que ces dernières « risquent d'entraîner un inconvénient grave pour la République fédérale d'Allemagne ou si d'autres intérêts publics primordiaux s'opposent au maintien des poursuites ». Selon cet article, qui s'applique aux « infractions de moindre importance », dont fait partie la corruption d'agents publics allemands ou étrangers, et lorsque le prévenu l'accepte, il peut échapper aux poursuites à la condition que ces dernières ne soient plus d'« intérêt public ».

Le contrevenant s'acquitte alors de sa faute en payant une certaine somme au Trésor (« amende informelle »), etc. Cette faculté est soumise à l'approbation du tribunal. En outre, l'article 153c paragraphe 3 prévoit le classement sans suite de l'affaire lorsque l'infraction a été commise « à l'intérieur [du champ d'application territorial du Code de procédure pénale], mais par le biais d'un acte commis à l'extérieur [de l'Allemagne] ». Le meilleur est pour la fin : « Si les poursuites risquent d'entraîner un inconvénient grave pour la République fédérale d'Allemagne ou si d'autres intérêts publics primordiaux s'opposent au maintien des poursuites », elles ne seront pas engagées [8]. Les autorités allemandes affirment que ce paragraphe ne concerne pas les infractions de corruption, puisqu'il s'applique normalement à des infractions concernant la sécurité nationale, la défense nationale, etc. ; elles estiment en outre qu'en cas de problème la convention prévaudrait sur l'application de ce paragraphe. Il ne reste qu'à les croire…

Il sera facile de juger sur pièces, si une affaire concernant de grands programmes d'armement devait apparaître devant la justice ! Pour être concret, nous saurons alors ce que les juges allemands placent derrière un « inconvénient grave pour la République fédérale d'Allemagne » et des « intérêts publics primordiaux ». En attendant, cette disposition, qui offre la possibilité de dispenser de toute poursuite un corrupteur d'agent public étranger, a été généralement relevée comme une faculté pour les entreprises d'agir à leur guise, comme avant la signature de la convention OCDE par l'Allemagne. Dans son rapport du 8 décembre 2005, le groupe de suivi de l'OCDE sur l'Allemagne relève cette situation : « L'Allemagne n'a publié aucune instruction pour l'application uniforme des articles 153a et 153c du Code de procédure pénale (StPO) sur l'abandon des poursuites. »

Autre spécificité : contrairement à ce qui se passe par exemple en France, les entreprises allemandes ne peuvent être poursuivies et condamnées en tant que personnes morales. Pour Wolfgang Schaupensteiner, magistrat chargé de la section anticorruption au parquet de Francfort, ce serait « pourtant le seul moyen de forcer les entreprises à recourir à des contrôles internes stricts [9] ». En réalité, tout indique que la corruption est intégrée aux mœurs des entreprises d'outre-Rhin. Plusieurs cas très spectaculaires illustrent le fait que, à l'intérieur même du système économique allemand, la corruption s'est installée, acceptée par l'ensemble du corps social : « Le problème ne réside pas dans la loi, mais dans la volonté de l'appliquer. La volonté politique est absente », estime Britta Bannenberg, criminologue à l'université de Bielefeld. Dans son intervention au colloque « Preventing and fighting corruption in the public administration in Europe », tenu à Cologne le 20 février 2006, elle a déclaré : « Ce qui pose problème en Allemagne, ce sont les structures de la corruption répétée à long terme. »

De fait, plusieurs affaires en attestent, dans tous les secteurs économiques. Chez le constructeur Volkswagen, la justice a estimé que deux cadres se sont enrichis illégalement en pillant le groupe automobile. Peter Hartz, directeur des ressources humaines du groupe, architecte d'une importante réforme sociale et proche de l'ancien chancelier Gerhard Schröder, a démissionné en juillet 2005. Il a collaboré avec la justice. L'ancien président du comité d'entreprise Klaus Volkert, dirigeant influent du syndicat IG Metall, a été poursuivi dans la même affaire pour avoir bénéficié de 2,6 millions d'euros afin de payer des voyages et les services de prostituées. Il a été condamné à deux ans et demi de prison et incarcéré en février 2008. Le député SPD Hans-Jürgen Uhl a de même été accusé de complicité d'abus de confiance dans des affaires datant de 2001, dont le recours aux services de prostituées fournies par un cadre de la DRH de Volkswagen, Klaus-Joachim Gebauer. Ce dernier a été condamné à de la prison avec sursis. Démissionnaire du Bundestag en mai 2007, Hans-Jürgen Uhl a été condamné en juin 2007 à 40 000 euros d'amende pour parjure, après avoir juré sous serment ne pas être allé au bordel avec les fonds de Volkswagen. Mais Volkswagen n'a pas été la seule touchée en Allemagne.

D'autres entreprises en vue ont été visées : après que le parquet de Stuttgart a enquêté sur dix-sept employés de Daimler-Chrysler soupçonnés d'avoir touché des pots-de-vin, la société a confirmé en mars 2006 que certains de ses personnels avaient effectué des « paiements illégaux » en Afrique, en Asie et en Europe de l'Est. Daimler-Chrysler a, de son côté, mandaté l'avocat américain Louis Freeh, l'ancien directeur du FBI — celui-là même qui défend le prince Sultan dans l'affaire Al-Yamamah —, pour mener une enquête interne et faire des propositions pour renforcer les procédures de contrôle du groupe. Aux États-Unis, le FBI est généralement chargé de conduire les investigations décidées par Washington contre les entreprises étrangères cotées à la principale Bourse de New York (New York Stock Exchange) et qui se seraient rendues coupables de corruption dans des pays tiers.

Toujours en Allemagne, l'entreprise française filiale de PSA, Faurecia, aurait versé des dessous-de-table pour un montant de 800 000 euros. Le P-DG a dû démissionner en juillet 2006. À la Commerzbank, une affaire de blanchiment liée à la privatisation d'entreprises de télécommunications en Russie a entraîné le départ du directeur du personnel, Andreas de Maiziere, en 2005. Début janvier 2007, une procédure a été lancée par le parquet de Nuremberg contre neuf entreprises, y compris Siemens, concernées par l'affaire « Pétrole contre nourriture [a] » ; tout comme Fresenius Medical Care (FMC, leader mondial des équipements de dialyse), B. Braun (équipements médicaux) ou Linde (fournisseur de gaz industriel).

Le scandale de l'affaire Siemens : « Lu, ri, archivé ! »

Mais aucune de ces affaires n'égale, ni de près ni de loin, l'énormité de celle concernant Siemens. En 2006, ce gigantesque conglomérat,

---

a Du nom de l'opération de l'ONU lancée en 1996 : afin de priver Saddam Hussein et ses archontes de l'argent provenant des ventes du pétrole irakien, ces sommes étaient séquestrées par l'ONU, qui contrôlait l'achat de biens de première nécessité livrés en Irak. En réalité, le programme Pétrole contre nourriture a permis à Saddam Hussein de multiplier les fraudes, en surtaxant le pétrole vendu et en imposant aux vendeurs de nourriture de lui verser d'énormes pots-de-vin ! Il s'est de surcroît permis d'attribuer des barils de pétrole à de nombreuses personnalités étrangères qui avaient su se montrer indulgentes pour son régime, et qui tiraient profit de ces cadeaux en revendant leurs droits à des sociétés pétrolières (voir Paul A. Volcker, Richard J. Goldstone et Mark Pieth, *Manipulation of the Oil-for-Food Programme by the Iraqi Regime*, Independant Inquiry Committee into the Oil-for-Food Programme, 27 octobre 2005).

que les Allemands appellent un *Konzern*, a été accusé — et pas à tort — d'avoir érigé la corruption massive en système politico-commercial. L'affaire Siemens est symptomatique : tant que les organisateurs de la corruption n'ont pas été pris la main dans le sac, la règle de base demeure en vigueur. Son principe ? Pas vu, pas pris...

Le groupe Siemens est profondément ancré dans la vie économique et la société allemandes. 94 % de son capital sont distribués dans le public et aucun actionnaire, hormis la famille du fondateur Werner von Siemens, qui avait créé l'entreprise en 1847 à Berlin, ne porte plus de 5 % des parts. Née durant la révolution industrielle de son savoir-faire exceptionnel en métallurgie et en électricité, l'entreprise a survécu à deux guerres mondiales avant de devenir gigantesque : dans les années 2000, elle emploie 450 000 personnes dans le monde entier, elle est présente dans la communication, l'automation, l'énergie, l'éclairage, les transports, le médical, l'informatique, etc. Le problème, c'est que cette société très représentative de l'économie allemande n'a eu aucun scrupule à combattre ses concurrents par la plus déloyale des méthodes : la corruption des clients.

Par ses implications nationales, internationales, économiques et politiques, cette affaire peut être vue comme le pendant pour l'Allemagne de l'affaire BAe Systems pour le Royaume-Uni. Elle concerne des caisses noires que le groupe avait mises sur pied pour verser indûment des pots-de-vin à des dirigeants industriels et politiques étrangers. Officiellement, l'affaire démarre le 15 novembre 2006 avec les premières perquisitions et l'arrestation d'un cadre de l'entreprise, Michael Kutschenreuter, directeur financier de la division télécommunications. Les faits alors incriminés se sont produits presque trois ans plus tôt dans le pays où la corruption est le mode de relation normal entre les dirigeants politiques et le monde économique : l'Arabie saoudite.

Ce matin de janvier 2004, l'homme d'affaires saoudien Abdul Wahab Al-Akeel, qui représente la firme saoudienne Beit Al-Etisallat, téléphone à Michael Kutschenreuter. Al-Akeel lui réclame 910 millions de dollars de commissions pour des affaires conduites en Arabie saoudite au profit de la division communication de Siemens [10]. Beit Al-Etisallat a été évincée de ces marchés en 2000 au profit d'une autre société et Al-Akeel en est très fâché Il précise à son interlocuteur qu'en cas de refus de payer la somme demandée, un dossier sur les pratiques corruptrices de Siemens dans le royaume sera transmis à la Security Exchange Commission (SEC) à New York. Pourquoi la SEC ? Parce que, depuis mars 2001, Siemens était cotée au New York Stock Exchange. Le très entreprenant patron du groupe, Heinrich von Pierer, avait alors fait sonner la traditionnelle cloche de Wall Street, avec les autres principaux dirigeants de Siemens. Mais cette glorieuse introduction possédait son corollaire : désormais, la firme allemande était soumise à la loi anticorruption américaine, le FCPA. Et, là, il n'est plus question de s'arranger avec le gouvernement et la justice au nom de l'intérêt national. Être pris la main dans le sac signifie la prison pour les dirigeants, des amendes colossales, un scandale planétaire. C'est donc peu dire que Michael Kutschenreuter comprend exactement ce que lui dit Abdul Wahab Al-Akeel. Il n'a pas le choix, il faut discuter.

Lors d'un rendez-vous à Londres, le Saoudien remet à l'Allemand copie des documents prouvant les versements illégaux. Kutschenreuter affirme avoir alors alerté ses supérieurs chez Siemens, dont le directeur général Klaus Kleinfeld et le président Heinrich von Pierer. Avec leur accord, il parvient à une transaction en janvier 2005 avec Beit Al-Etisallat, qui sera entérinée par un tribunal arbitral saoudien : 50 millions de dollars, dont 19 sont effectivement dus pour des opérations passées, et le reste en réparation du préjudice de réputation. Pour autant, cet arbitrage ne stoppe pas la machine judiciaire allemande, saisie du dossier Siemens par le biais de demandes d'information émanant de plusieurs pays, dont l'Italie, l'Autriche et la Suisse, concernant d'autres affaires. Très rapidement, l'enquête va s'emballer, provoquant non pas le plus grand scandale économique de l'après-guerre en Allemagne — qui demeure l'affaire Mannesmann [a] —, mais bien la plus emblématique affaire de corruption qu'ait connue le pays. Car les enquêteurs ne tarderont pas à mettre au jour une inimaginable entreprise de corruption. Ils découvrent notamment l'existence d'une « caisse noire », dissimulée aux actionnaires et au fisc.

Selon les premières déclarations, en novembre 2006, de dirigeants de Siemens adeptes du flou artistique, cette réserve secrète d'argent se serait élevée à « au moins 20 millions d'euros ». Quelques semaines plus tard, c'était déjà dix fois plus. À la mi-décembre 2006, Siemens évoquait un puits sans fond par lequel auraient transité 420 millions d'euros depuis 1999. Puis la somme est portée à 449 millions, concernant exclusivement la division télécommunications. À en croire Siemens, il se serait agi de financer des « frais généraux » fiscalement déductibles. Le fisc ne retient pas l'argument et un redressement fiscal immédiat de 168 millions d'euros est décidé fin 2006. Klaus Kleinfeld, directeur général de Siemens, affirme n'avoir eu connaissance au début de 2006 que d'un seul cas de corruption au Liechtenstein. Il déclare : « Chez Siemens, c'est la tolérance zéro pour le

---

a L'affaire Mannesmann a porté sur le versement de primes indues à six dirigeants de l'entreprise après son rachat par le britannique Vodafone en 2000, au terme d'une bataille boursière épique. Les poursuites ont été abandonnées par la justice allemande en 2006, en échange du versement de 5,8 millions d'euros d'amende.

comportement douteux ou illégal, et nous renforçons notre service de contrôle. » Klaus Kleinfeld et Heinrich von Pierer affirment en novembre 2006 n'avoir été au courant de rien avant la première perquisition, ce même mois, et prétendent que les irrégularités étaient l'œuvre d'un groupe criminel décidé à escroquer Siemens !

Le 7 novembre 2007, la découverte de 857 millions d'euros supplémentaires, portant la caisse noire de Siemens à 1,3 milliard d'euros, puis à 1,6 milliard, donne à l'affaire une dimension encore plus extraordinaire. Cette fois, il ne s'agit plus de la seule division des télécommunications, mais bien de l'ensemble du groupe, dans tous les pays où il opère : Suisse, Italie, Grèce, Chine, Hongrie, Indonésie, Norvège, Israël, Russie, etc. Dans un premier temps, le gouvernement allemand soutient la direction de Siemens. Le 15 novembre 2006, des perquisitions sont conduites par deux cents inspecteurs des impôts dans trente sociétés du groupe et au domicile de ses dirigeants. En réponse aux questions de la police, plusieurs cadres interrogés déclarent que « corrompre les clients à partir des caisses noires est la manière classique de faire du business à la division Telecom de Siemens ».

Le ministre de l'Économie, Michael Glos, déclare le 17 décembre 2006 : « J'ai toujours confiance dans la direction de Siemens, mais son cas est très fâcheux. Il montre que manifestement beaucoup d'instruments de contrôle n'ont pas été installés ou ont failli. » N'était-ce pas plutôt un mode de fonctionnement normal, accepté par les dirigeants ? En 2000, Heribald Närger, alors directeur financier de Siemens, n'expliquait-il pas déjà : « Toutes ces dépenses disparaissent dans un immense océan de chiffres [11] » ? Siemens disposait d'un code de bonne conduite que les employés concernés appelaient de deux manières. Soit « *Gelesen, gelacht, gelocht* ! » (« Lu, ri, archivé ! »), soit en anglais, PYA, pour « *Protect your ass !* » (« Protège ton cul ! ») [12].

Comme toujours, les dirigeants de Siemens ont pensé ne pas se salir les mains en recourant à des intermédiaires nombreux et aux talents variés, chargés de faire le sale boulot. Caramba, encore raté !

La corruption comme *business model*

En ce petit matin glacé du 15 novembre 2006, quand ils commencent leurs perquisitions au siège de Siemens à Munich et chez des dizaines de dirigeants et d'employés de l'entreprise, les enquêteurs dépêchés par Christian Schmidt-Sommerfeld, le procureur de Munich, fondent de grands espoirs sur celui que leurs informateurs ont présenté comme la cheville ouvrière du système : Reinhard Siekaczek. Ils ne seront pas déçus. En acceptant immédiatement de collaborer activement avec la justice, cet ancien de la division télécommunications de Siemens, qui a quitté l'entreprise en 2004, passera rapidement du statut d'accusé numéro un à celui de principal accusateur. C'est de lui que la justice va se servir, comme du fil qu'il suffit de tirer pour dérouler toute la pelote.

Reinhard Siekaczek ne sera que brièvement incarcéré fin 2006 et ne recevra qu'une peine relativement légère : 108 000 euros d'amende et deux ans de prison avec sursis. Ses deux adjoints, connus sous leurs seules initiales [13], seront également condamnés : Heinz Wolfgang Ernst K. von J. à 12 000 euros d'amende et deux ans de prison avec sursis ; et Wolfgang R. à neuf mois de prison avec sursis, ainsi qu'au versement de 20 000 euros à des organisations charitables [14]. Reinhard Siekaczek et sa fine équipe n'ont jamais été accusés de s'être personnellement enrichis et c'est essentiellement à partir de leurs déclarations que les enquêteurs comprendront comment fonctionne le système mis en place fin 2002 dans un restaurant de Munich. Il est tout simplement « destiné à maintenir la division en vie, en ne perdant pas d'un seul coup des milliers d'emplois [15] ». Siekaczek aurait géré à lui tout seul 800 millions des 1,6 milliard de dollars finalement identifiés dans la caisse noire, pour financer les versements illégaux. C'est beaucoup d'argent et Reinhard Siekaczek distribuait chaque année entre 40 et 50 millions de dollars aux agents commerciaux chargés de les ventiler entre les différents bénéficiaires de commissions délictueuses. Ces transactions étaient définies dans 2 700 contrats conclus avec divers « consultants commerciaux ».

Chez Siemens, la corruption est alors structurelle, organisée à l'allemande : rigoureuse, massive, systémique. Et, paradoxalement, aussi étrange que le mot puisse paraître ici, associée à une forme de rectitude. Car, contrairement à ce qui se passe dans d'autres affaires, la justice n'a pas accusé les industriels corrupteurs de s'être servis au passage. Comme le souligne Uwe Dolata, porte-parole du Bund Deutscher Kriminalbeamter (Association allemande des enquêteurs criminels), « la corruption chez Siemens était un *business model*. Elle était institutionnalisée [16] ».

Rapidement, les investigateurs vont mettre le nez dans une multiplicité d'affaires touchant d'ailleurs moins des chefs d'État — plus concernés par les dossiers d'armement et de technologies de souveraineté — que le fameux *working level* : ces cadres dirigeants d'entreprises clientes, voire des cadres intermédiaires, qui conseillent ou même décident les achats. Dans son étude globale de 2007 sur la « corruption dans les marchés publics », déjà citée, l'OCDE note que « la plupart [des corrompus] sont des agents publics ou des personnes effectuant ou exécutant des travaux pour une administration centrale ou locale, ou encore un service public, conformément aux règles statutaires ou aux termes d'un contrat [17] ». C'est exactement ce qui va se produire pour Siemens : en Argentine, 40 millions de dollars sont versés pour un marché de 1 milliard concernant des cartes d'identité. En Israël, un dirigeant de la firme Israel Electric Corporation, l'ex-magistrat Dan Cohen, reçoit, selon ses accusateurs, 5 millions d'euros de pots-de-vin de la filiale « énergie » de Siemens en 2003 et 2004, en relation avec la fourniture de deux turbines électriques à 100 millions d'euros pièce, sans appel d'offres [18]. Pas mal, puisque Dan Cohen est alors président de la Commission des appels d'offre et que ces turbines à gaz ont été installées à Haïfa, où aucune arrivée de gaz n'existe. Suite à cette affaire, il fuira Israël, en 2005, pour trouver refuge en Amérique du Sud, où la justice le rattrapera au Pérou. La Haute Cour du pays a refusé son extradition et l'a assigné à résidence le 8 décembre 2009. Y poursuivra-t-il ses nouvelles activités ? Il semble en effet qu'il se soit reconverti dans la vente d'armes israéliennes, notamment pour le compte de la firme Rafael, en vendant à l'armée péruvienne des missiles antichars Spike LR [19].

En Chine, Siemens débourse 14 millions de dollars pour garantir un marché de matériel médical lié aux jeux Olympiques de Pékin, qui se dérouleront en août 2008. Mais, un an avant l'événement, le directeur de Siemens pour la Chine, Richard Hausmann, annoncera le licenciement de vingt salariés, pour « comportements inappropriés ». Sans autre précision. Siemens compte alors 50 000 employés en Chine et le chiffre d'affaires des contrats de ses diverses filiales avec le comité d'organisation des JO dépasse 5 milliards d'euros ! Au Vénézuéla, Siemens verse 16 millions de dollars pour obtenir un marché de tramway. Et, avant la disparition en 2003 du régime baathiste de Saddam Hussein en Irak, certains de ses dirigeants se sont réparti 1,7 million de dollars.

La liste de ces turpitudes est impressionnante, puisque soixante-cinq pays sont concernés, selon les documents internes examinés par le *Wall Street Journal* [20]. Des affaires sont citées en Arabie saoudite, au Cameroun, en Égypte, au Kazakhstan. En Grèce, l'un des pays les plus corrompus d'Europe avec la Roumanie, 10 % du chiffre d'affaires annuel qu'y réalise Siemens auraient été systématiquement reversés sous forme de pots-de-vin. En Italie, deux cadres de Siemens, Andreas Kley et Horst Vigener, auraient versé 7,8 millions de dollars de pots-de-vin à des dirigeants de la société pétrolière italienne Enel, *via* des comptes au Liechtenstein — paiements documentés pour la justice allemande par Reinhard Siekaczek. En Libye, des documents de la justice allemande révèlent les identités de plusieurs officiels libyens du *working level* liés à la General Post and Telecommunication Company (GPTC), qui ont reçu des pots-de-vin, pour quelques milliers ou quelques dizaines de milliers d'euros chacun. En novembre 2007, le *Wall Street Journal* publie les détails (donneur d'ordre chez Siemens, intermédiaire, bénéficiaire, sommes versées) des paiements effectués en Libye, mais aussi au Nigéria et en Russie [21].

Au Nigéria, pays le plus peuplé d'Afrique, de très nombreux habitants, même très modestes, possèdent un téléphone portable. Sur ce « créneau », c'est paradoxalement l'un des marchés les plus juteux au monde, mais aucun industriel n'y accède sans payer force pots-de-vin (comme le plus souvent sur ce continent). Les autorités suisses ont suivi la trace de paiements par Siemens au Nigéria, passant par un compte dans une banque de Salzbourg (Autriche), qui voyait transiter environ 75 millions d'euros par an ! Les documents judiciaires publiés par le *Wall Street Journal* précisent le versement de 10 millions d'euros au Nigéria de 2000 à 2004, et les identités de trois ministres des Télécommunications nigérians ayant reçu des pots-de-vin : Cornelius Adebayo, Mohammed Bello et Alhaji Haruna Elewi (†) — tous ministres durant la présidence d'Olusegun Obasanjo —, ainsi que celle du général en retraite Tajudeen Olanrewaju. Les documents de la justice allemande montrent que les hommes du *working level* — chefs de bureau du ministère ou membres de la Commission des appels d'offres — ont eux aussi été gratifiés de commissions. Celles-ci ont été versées par trois employés de Siemens : Eduard Seidel, patron de la filiale nigériane, Klaus-Peter Gilbert, son successeur, et Reinhart Stiglmayr, directeur financier de la filiale.

En Russie, Michael Kutschenreuter a admis avoir payé des pots-de-vin sur des projets dans le domaine de l'énergie. Dans le dossier de la justice allemande, trente-huit sous-dossiers concernent des filiales régionales de la société d'État OAO Svyazinvest et impliquent des directeurs locaux ou des cadres techniques, pour environ 2 millions d'euros. Et ce n'est pas fini : en Slovaquie, Michael Kutschenreuter a admis avoir payé des pots-de-vin. Ils pourraient concerner le système opérationnel de la centrale nucléaire de Mochovce et l'éclairage public de Bratislava. Et en Turquie, quand il faut vendre des équipements de communication à l'armée de terre, Siemens corrompt les généraux. Est-il besoin de préciser que la liste n'est pas limitative ?

Siemens sous tutelle américaine

L'une des premières têtes à rouler dans la sciure sera celle d'Heinrich von Pierer. Ce conservateur bon teint né en 1941 a été président du directoire de Siemens de 1992 à 2005, avant de prendre la présidence du conseil de surveillance du groupe. Membre de la CSU bavaroise fondée par Franz-Joseph Strauss, proche du social-démocrate Gerhard Schröder avec qui il aimait jouer au tennis, ami de la chancelière Angela Merkel, il est membre des conseils d'administration de Thyssen, Volkswagen et de la Deutsche Bank, et si consensuel qu'il fut un temps vu comme un possible président allemand. Cet homme, qui a commencé sa carrière dans les années 1960 au service juridique de Siemens, eut même des ambitions sociales et moralisatrices, contribuant en 2003 à un ouvrage sur la morale en économie, intitulé *Entre le profit et la morale. Pour une économie humaine*[22]. Ignorait-il vraiment la corruption dans son entreprise ?

Lorsqu'il est contraint à la démission le 20 avril 2007, il est remplacé par Klaus Kleinfeld, son directeur général qui avait réorganisé le groupe. Lequel est lui-même renvoyé quelques jours plus tard. Mais Klaus Kleinfeld ne reste pas longtemps sur la paille. En octobre 2007, six mois après son éviction de Siemens, il prend la direction du fabricant américain d'aluminium Alcoa. Dont le président Alain Belda déclare alors : « Klaus a prouvé par ses réussites passées sa capacité à gérer des entreprises internationales complexes avec succès. C'est un leader aguerri qui exige des résultats et qui, grâce à son travail au sein du conseil d'administration, possède un sens aigu des défis stratégiques auxquels la société est confrontée[23]. »

À la suite de cette épuration au sommet, la présidence de Siemens sera confiée à Peter Löscher, nommé le 20 mai 2007. Cette nomination est la première d'une personnalité extérieure au groupe, venant de surcroît d'un autre métier, l'industrie pharmaceutique. Mais la révolution est entamée... Car, la loi américaine étant ce qu'elle est, Siemens a pour l'heure dû se soumettre intégralement aux décisions américaines prises à New York. Notons pourtant que le scandale Al-Yamamah touchant BAe — firme devenue un très important fournisseur du Pentagone — n'a au contraire suscité pratiquement aucune réaction de la SEC, alors même que BAe est elle aussi cotée à la Bourse de New York. Hasard ? Siemens se trouve être le principal concurrent de l'une des premières entreprises américaines, General Electric, et cela explique peut-être ce deux poids deux mesures.

Fin décembre 2006, quelques semaines après le déclenchement de l'enquête judiciaire allemande, Siemens annonce le lancement d'un audit interne. Il est confié à Michael Hershman, un Américain au *curriculum vitae* impressionnant : cofondateur en 1993 de l'ONG de lutte contre la corruption Transparency International, président de la société d'intelligence économique Fairfax Group, membre du comité de direction de l'US

Chamber of Commerce's National Chamber Foundation (NCF) et de l'US Chamber of Commerce Homeland Security Task Force, président du conseil consultatif d'INFRAGARD, un organe de liaison entre les entreprises et le contre-espionnage américains sur les questions relatives à la sécurité intérieure des États-Unis. Pour auditer une entreprise stratégique allemande, concurrente des multinationales américaines du secteur, le contrôleur est bien choisi... Il faut dire qu'à l'époque Siemens est membre de Transparency International, comme trente-six autres entreprises allemandes...

Toujours en décembre 2006, un cabinet d'avocats est désigné pour examiner l'ensemble de l'organisation de l'entreprise. Comme l'impose la SEC, il s'agit d'un cabinet américain. En l'espèce, l'heureux élu est Debevoise & Plimpton, celui-là même qui embauchera neuf mois plus tard, en septembre 2007, Lord Peter Henry Goldsmith, l'*attorney general* britannique qui avait interrompu sur ordre de Tony Blair l'enquête sur les pots-de-vin versés par BAe en Arabie saoudite (voir *supra*, chapitre 2) ! Le monde est décidément minuscule et parfois assez paradoxal... Dès la désignation du cabinet Debevoise & Plimpton, Siemens fait savoir que son étude de la révision des procédures internes de l'entreprise commence immédiatement et que les autorités américaines seront tenues au courant de sa progression. Puis le groupe rend publique l'embauche d'un « conseiller anticorruption ».

Jusqu'alors procureur à Stuttgart, Daniel Noa prend ses fonctions le 1er janvier 2007, avec droit d'accès à tous les éléments nécessaires à une investigation interne. Il devient alors, au sein de Siemens, l'interlocuteur de la justice et des auditeurs américains. En avril 2007, Siemens annonce le recrutement d'un second cabinet d'avocats américains, Davis Polk & Wardwell, destiné à le représenter en justice. L'affaire de corruption impliquant l'entreprise est donc prise en main directement de New York, et la justice allemande agit finalement comme une collaboratrice de l'enquête américaine. En décembre 2008, le *New York Times* affirme que Debevoise & Plimpton et un autre auditeur ont facturé — au prix habituel des avocats américains, cela va de soi — un million d'heures de travail à Siemens. Trois cents de ces avocats, analystes et collaborateurs variés ont travaillé sur le dossier, collecté cent millions de documents, afin de répondre à l'attente de Siemens, qui souhaite « tirer toute cette affaire au clair et suivre tous les postes, où que conduisent les preuves [24] ».

Les négociations avec la SEC et le ministère de la Justice américain ont commencé le 19 novembre 2007, conduites par le nouveau *compliance officer* de Siemens, entré quelques semaines plus tôt au directoire de l'entreprise. Lequel n'est autre qu'un avocat... américain, Peter Y. Solmssen, ancien cadre dirigeant de General Electric.

En décembre 2008, l'entreprise allemande paye 1,2 milliard d'euros d'amende aux États-Unis et en Allemagne. Et, en décembre 2009, Siemens solde ses comptes avec neuf de ses anciens dirigeants : Heinrich von Pierer accepte de régler 5 millions d'euros, la facture s'élevant à 4 millions d'euros pour Uriel Sharef et à 2 millions d'euros pour Klaus Kleinfeld, le successeur de von Pierer. Juergen Radomski, autre membre du comité de direction, paiera 3 millions, de même que Johannes Feldmayer et l'ancien président du conseil de surveillance, Karl Hermann Baumann. D'autres transactions de montants inférieurs avaient été conclues avec trois autres membres de la direction, qui avaient précédemment accepté de régler un demi-million d'euros chacun, l'ensemble des transactions se chiffrant à 19,5 millions d'euros [25]. Aucun de ces dirigeants n'a été poursuivi dans l'affaire de corruption, mais une telle éventualité n'était pas exclue, les actionnaires estimant qu'ils étaient à tout le moins responsables d'une absence de supervision [26]. Solde de tout compte, ces pénalités ne représentent qu'une goutte d'eau à côté des 2 milliards d'euros que cette affaire aura coûtés à Siemens : 1,2 milliard pour solder le contentieux avec les justices américaine et allemande, plus 800 millions de frais d'avocats.

Le grand déballage mettra-t-il fin aux pots-de-vin ?

Même si l'emblématique affaire Siemens a révélé des pratiques de corruption bien connues de tous les concurrents des industriels allemands, il n'est pas certain qu'elle amène ces derniers à se conformer au droit et aux engagements internationaux signés par l'Allemagne.

Une entreprise d'origine allemande, naguère filiale de MAN, l'aciériste Ferrostaal [a], est accusée depuis le milieu des années 2000 d'avoir corrompu des dirigeants locaux dans de nombreux pays, pour son propre compte ou pour celui d'entreprises amies. Plusieurs affaires concernent des contrats de sous-marins. Au Portugal, la marine a passé contrat chez HDW en Allemagne en 2004 pour deux sous-marins type U-214, le contrat entraînant des poursuites pour une double affaire de possible corruption [27]. La première touche deux dirigeants du parti gouvernemental centriste Partido do centro democrático e social/Partido popular

a En 2008, le groupe MAN AG, de Munich, a cédé 70 % de ses parts dans Ferrostaal au fond souverain de l'émirat d'Abou Dhabi, IPIC (International Petroleum Investment Company).

(CDS/PP). Abel Pinheiro, l'ancien leader du parti, se trouve déjà impliqué dans de très nombreuses affaires politico-financières. Le second dirigeant mis en cause est Paulo Portas, président du DS/PP qui fut ministre de la Défense de 2002 à 2005. Les deux hommes sont accusés par la justice portugaise de s'être partagé une commission illégale. Une autre affaire de corruption, elle aussi étudiée fin 2010 par la justice portugaise, concerne une fraude de 34 millions d'euros par le groupe portugais Acecia et ses partenaires allemands [28].

Autre scandale : un consortium allemand — formé de Daimler, Deutz, MTU Friedrichshafen, Rheinmetall et Ferrostaal — avance en 2009 un accord avec un fonds d'investissement d'Abou Dhabi, Aabar, filiale du fonds souverain IPIC (International Petroleum Investment Company), et le ministre de la Défense algérien Abdelmalek Guenaïzia. D'autres candidats sont sur les rangs, comme le chinois Norinco, mais les Allemands tiennent la corde. Objectif : moderniser ou bâtir des usines à Tiaret, Aïn-Smara et Oued Hamimine, pour produire des camions sous la marque Mercedes-Benz et des véhicules blindés Fuchs de transport de troupes. L'Algérie estime avoir un besoin pressant d'engins modernes, car elle ne dispose que de vieux transports de troupes russes, des BMP-2 modernisés en version BMP-2M Berezhok dans le cadre du programme de reconversion de la dette algérienne en achat d'armements russes [29]. L'opérateur du contrat allemand était la firme Ferrostaal, mais elle a été exclue de l'opération après la révélation de perquisitions chez des dirigeants du groupe à Essen et Hambourg, dans le cadre d'une enquête pour corruption ouverte par le procureur de Munich. Les sommes en jeu porteraient sur une dizaine de millions d'euros versés hors d'Allemagne et un million d'euros versés en Allemagne [30].

En 2008, des informations sortent en Afrique du Sud sur le versement par Ferrostaal de 2,6 millions d'euros au président Thabo Mbeki pour faciliter la vente de trois sous-marins de la classe U-209 Type 1400 [a], commandés en juin 2000 chez HDW. Selon ces accusations, le tiers de cette somme aurait été remis à Jacob Zuma, le successeur de Thabo Mbeki. Lequel a été poursuivi pour avoir reçu en dix ans 780 pots-de-vin, pour 350 000 euros. En septembre 2008, un juge a lavé Jacob Zuma de ces accusations, et, lorsqu'une autre procédure a paru le mettre à nouveau en cause avant son élection triomphale d'avril 2009, son parti, l'ANC, a fait savoir qu'il « n'acceptera[it] pas qu'une décision prise démocratiquement par les

a SAS *Manthatisi*, SAS *Charlotte Maxeke*, SAS *Queen Modjadji I*.

membres de l'ANC lors d'une conférence nationale soit remise en cause sur la base d'accusations invérifiées ».

En Grèce, les accusations contre Ferrostaal portent sur le contrat des sous-marins U-209 (voir *infra*, chapitre 14), tandis que d'autres sont portées en Colombie, en Égypte ou en Argentine. Dans ce dernier pays, la justice a inculpé en juillet 2010 huit personnes, dont les trois amiraux Gustavo Lepron, Alejandro Uberti et Juan Carlos Palma, pour avoir reçu 3,5 millions d'euros de Ferrostaal afin de favoriser cette entreprise dans le cadre du programme PMZ (Patrulleros de zona marítima) de fourniture de patrouilleurs côtiers (ces bâtiments de conception allemande sont communs à trois pays qui les construisent chacun dans ses chantiers navals : Tandanor pour l'Argentine, Asmar au Chili et Cotecmar en Colombie). Le président de Ferrostaal, Matthias Mitscherlich, le directeur de la filiale argentine Gustavo Frers et l'avocat Helmut Cristian Graf sont également inculpés. Tout comme l'intermédiaire Peter Fischer-Hollweg, un ancien résident du BND à Madrid inscrit à partir de 2007 sur la liste diplomatique lituanienne comme ambassadeur extraordinaire et plénipotentiaire de l'Ordre militaire et hospitalier souverain de Malte… Rien que du classique !

En juin 2009, Siemens a annoncé sa participation au colossal projet Desertec promu par l'industrie allemande, prévoyant la construction de centaines de centrales à énergie solaire, du Sahara à l'Arabie saoudite, pour commencer à produire, dès 2025, 15 % de l'énergie électrique dont l'Europe aura besoin au milieu du siècle. Ces gigantesques ensembles de miroirs concentreront les rayons solaires pour chauffer des chaudières à vapeur, qui produiront de l'électricité. Une initiative aussi pharaonique a-t-elle une chance de voir le jour ? C'est toute la question, et de sérieux doutes existent sur sa faisabilité. Non que les industriels rassemblés au sein du consortium DII (Desertec Industrial Initiative) soient connus comme des farfelus, puisqu'on y trouve ce que l'Allemagne fait de plus sérieux : EON, RWE, ABB ou Deutsche Bank, sous la houlette du réassureur Munich Ré.

Même s'il paraît envisageable de lever les 400 milliards d'euros nécessaires d'ici 2050 — soit 10 milliards d'euros par an durant quarante ans —, cet effort ne sera pas possible sans des subventions nationales et des aides européennes, tandis que les défis techniques à affronter sont d'une ampleur inégalée. Il faudra non seulement construire ces centrales au milieu de déserts dans toute l'Afrique du Nord à partir du Maroc, et au Moyen-Orient jusqu'en Arabie saoudite, mais encore les alimenter en eau de mer dessalée pour produire de la vapeur et transporter l'électricité ainsi produite sur des milliers de kilomètres à l'aide de réseaux filaires en partie sous-marins, certes de nouvelle génération, mais qui connaîtront néanmoins des pertes en ligne comprises entre 10 % et 15 %. Le tout dans une zone où les dirigeants (Maroc, Algérie, Libye, Tunisie, Égypte, Arabie saoudite) sont connus pour toucher des commissions sur tous les projets qu'ils sont en mesure de bloquer. Est-ce bien raisonnable ?

Certains praticiens du commerce international prétendent, sans toutefois en présenter les preuves, que, s'agissant des grands contrats concernant des technologies de souveraineté, l'argent de la corruption n'a pas du tout cessé de circuler en Allemagne depuis la fin de 2006, moment qui a marqué le démarrage du grand déballage public chez Siemens. Bien au contraire. Mais, au lieu de passer quasi ouvertement par les circuits bancaires classiques pour atterrir sur des comptes dans des paradis fiscaux, cet argent serait désormais véhiculé par la valise diplomatique, en espèces afin de ne pas laisser de traces dans les comptes des entreprises concernées. Des cas sont cités en Roumanie et ailleurs...

En Allemagne, la corruption est tellement ancrée dans la culture commerciale que ce comportement apparaît souvent comme une donnée structurelle. Y compris à l'intérieur du pays, où l'argent a longtemps trouvé très aisément les poches de politiciens ou de syndicalistes, afin de payer berlines rutilantes, excursions sous les cocotiers et parties de jambes en l'air avec des professionnelles... En 2005, l'enquêteur Uwe Dolata racontait comment, lors des conférences qu'il donnait dans l'enseignement supérieur, les étudiants réagissaient : « Ils croient que la corruption est un élément essentiel du monde des affaires. Leur approche, c'est que tout le monde le fait et qu'ils devront y passer s'ils veulent aller de l'avant. La faute en revient largement aux médias [31]. »

Les poursuites engagées contre Siemens par la justice allemande sont-elles le signe d'une condamnation définitive de pratiques bien établies ? Ou bien faudrait-il plutôt y voir une soumission allemande à une pression américaine ? Il était difficile de trancher en 2010, d'autres entreprises n'ayant pas rompu pour autant avec ce comportement. En Allemagne, la corruption fait bon ménage avec le commerce. Celui des armes et du reste. Et les scandales sont à la hauteur des faits reprochés. En France, les choses sont un peu différentes. Dans les années 2000, la justice s'est intéressée à des affaires impliquant même un État étranger, comme par exemple l'Angola, livré en armements par d'autres États étrangers, alors que l'administration française n'y avait vu aucune violation des règles régissant les lois nationales.

6

En Angola, armes contre diamants du sang

Quelle histoire que ces ventes d'armes à l'Angola dans les années 1990, par des intermédiaires commerciaux vivant en France et qui n'avaient pas, selon la justice, le droit de procéder de la sorte ! Cette affaire, qui défrayera la chronique sous le nom d'« Angolagate [a] » et débouchera en octobre 2008 sur un procès ultra-médiatisé à Paris, offre un saisissant raccourci des mœurs étranges sévissant dans le monde des intermédiaires commerciaux à l'unique fonction : vendre des armes…

Nous ne sommes pas ici dans le monde du marché « blanc » des armements qui, bien que non exempt de turpitudes, est de règle entre les États souverains. Nous ne sommes pas non plus dans le domaine du marché noir, qui alimente les guérillas et autres rébellions en dépit des lois, voire en opposition avec elles, par exemple en violant des embargos internationaux. C'est une histoire de marché « gris » avec un État acheteur et des États vendeurs agissant légalement, ou presque, mais en faisant appel à

---

a C'est toutefois à tort qu'elle a été qualifiée d'« Angolagate ». Ce néologisme, utilisé pour la première fois dans un autre contexte par un quotidien de Lusaka (Samuel NGOMA, « Is Angola simply war mongering ? », *Times of Zambia*, 21 janvier 1999), combine l'Angola — où se déroule en partie l'affaire — et le scandale du Watergate, qui conduisit à la démission du président américain Richard Nixon en 1974. Il a été repris par *Le Monde* le 13 janvier 2001, dans un article en une titré « Affaire Mitterrand : les secrets de l'Angolagate ». Un raccourci très discutable, puisque la référence au Watergate induisait implicitement la mise en cause de l'ancien président de la République décédé en 1996, alors que seul son fils Jean-Christophe était impliqué dans l'affaire, dont il n'a jamais été au demeurant qu'un protagoniste secondaire.

des intermédiaires aux pratiques étranges, extraordinairement lucratives. Durant des années, ils seront aidés dans tous les pays concernés, de l'Angola à la Slovaquie, de la Russie à la Suisse, de la France à la République tchèque, par des cécités temporaires et des solidarités opportunistes. Le fait que cette affaire se soit scellée en France, si souvent donneuse de leçons en matière de moralité internationale, ne fait que la pimenter.

De l'indépendance de 1975 à la guerre civile

Les ventes d'armes à l'Angola par un réseau d'agents commerciaux et d'intermédiaires français et étrangers, mais basé à Paris, démarre au printemps 1993. Jean-Bernard Curial est un socialiste tiers-mondiste et sympathique en diable, militant antiapartheid, ami de longue date des anticolonialistes d'Afrique australe : dès 1981 et l'élection de François Mitterrand, Curial a fait ouvrir les bureaux parisiens de ses amis noirs de l'African National Congress (ANC) sud-africain et de la South-West African People's Organization (SWAPO) namibienne. Il est également un ami du président angolais Eduardo Dos Santos, dit « Zedu », qu'il a connu une bonne trentaine d'années plus tôt durant sa lutte contre les Portugais de Salazar.

Lorsque je le rencontre en décembre 2000, cet homme né en 1939, qui fut longtemps le « Monsieur Afrique australe » au secrétariat international du PS, me raconte les petits contrats passés avec l'Angola par sa société Stired (Service technique d'information et de recherche d'équipements pour le développement). À l'entendre, il ne s'agissait que de fournir tentes, vêtements, corned-beef, médicaments [1]. Pourtant, quand, en avril 1993, les choses ont tourné de plus en plus mal, son ami Dos Santos a convoqué Curial à Luanda et lui a expliqué : « Notre situation militaire est désespérée. En fait, nous ne tenons plus que la capitale et même les soldats de ma sécurité personnelle sont engagés pour la défendre. Il faut que la France nous aide, il faut que Mitterrand nous envoie des armes [2]. » L'initiative est stupéfiante, car pour Paris, où François Mitterrand est président et, depuis quelques jours (il a été nommé le 29 mars), Édouard Balladur Premier ministre et François Léotard ministre de la Défense, cette aide militaire n'est tout simplement pas imaginable !

Pour comprendre les raisons d'une telle impossibilité, un retour en arrière s'impose. Le 25 avril 1974, éclate au Portugal la « Révolution des œillets », conduite par de jeunes officiers exigeant la fin des guerres coloniales. Ce coup d'État visant à restaurer la démocratie aura deux conséquences majeures. D'abord la chute du président portugais Marcelo Caetano, qui avait succédé au satrape Antonio de Oliveira Salazar après sa mort en 1970. Et, ensuite, l'ouverture du processus qui conduira à l'indépendance des colonies portugaises en Afrique : Guinée-Bissau (10 septembre 1974), Mozambique (25 juin 1975), Cap-Vert (5 juillet 1975), São Tomé et Principe (12 juillet 1975) et, enfin, Angola le 11 novembre 1975... Pour ce dernier pays, ce sont quinze années de rébellion antiportugaise qui prennent fin.

Mais la concurrence entre les différents mouvements anticolonialistes va rapidement s'exacerber, lorsque Agostinho Neto, président de l'un d'entre eux, le Mouvement populaire de libération de l'Angola (MPLA), proclame l'indépendance. Son organisation avait combattu pour cet objectif, en rivalité avec les deux autres principaux partis du pays : le Front national de libération de l'Angola (FNLA) de Roberto Holden et, surtout, l'Union nationale pour l'indépendance totale de l'Angola (Unita), que dirige Jonas Savimbi. Après l'indépendance, le FNLA et l'Unita, qui le supplantera bientôt, engagent la lutte armée contre le MPLA. C'est la guerre civile, dans laquelle le MPLA reçoit l'appui des Cubains agissant pour le compte de l'URSS, tandis que l'Unita de Jonas Savimbi bénéficie du soutien des services secrets sud-africains (Bureau of State Security [BOSS [3]] et Military Intelligence), du Zaïre et de la CIA américaine. L'attention accordée par les grandes puissances à ce pays est tout sauf désintéressée : l'Angola est immensément riche (café, coton, diamants et, surtout, pétrole).

Aussi la France n'a-t-elle jamais été en reste : dès la seconde moitié des années 1970, le président Valéry Giscard d'Estaing avait soutenu Savimbi, *via* le Zaïre, avant d'y renoncer — au grand dam du patron du SDECE, le colossal comte Alexandre de Marenches, *alias* « Porthos ». Sous le septennat de Giscard d'Estaing, de Marenches, accompagné notamment de son chef de cabinet et futur ministre de la Coopération Michel Roussin, avait même rendu visite à Jonas Savimbi dans son maquis [4]. L'arrivée de la gauche au pouvoir en 1981 interrompra cette idylle [5], qui connaîtra pourtant un bref retour d'affection lors de la première cohabitation (mars 1986-mai 1988) et du retour éphémère aux affaires africaines de Jacques Foccart, le « Monsieur Afrique » du général de Gaulle dans les années 1960, comme conseiller du Premier ministre Jacques Chirac. Le 22 octobre 1986, ce dernier reçoit Jonas Savimbi à l'hôtel de Matignon, marquant ainsi ostensiblement l'intérêt qu'il lui porte.

C'est à cette époque, correspondant également à la présence aux commandes de la DGSE du général René Imbot — qui avait succédé à ce poste à l'amiral Pierre Lacoste, le 24 septembre 1986 —, que les services secrets français livrèrent à Savimbi des mines antipersonnel, pourtant interdites d'exportation. Pour la petite histoire : afin de se procurer ces mines dont l'Unita estimait avoir besoin, René Imbot, qui avait précédemment occupé le poste de chef d'état-major de l'armée de terre, aurait exigé de cette dernière qu'elle déclarât bonnes pour le rebut d'importantes quantités de ces fameuses mines qui se trouvaient très légalement dans ses stocks [a]. Aussitôt dit, aussitôt fait ; et ces mortels engins, particulièrement efficaces pour interdire aux paysans de travailler leurs terres, furent envoyés à la destruction... fictivement ! Car ils furent récupérés par les services secrets et envoyés en Angola. Les guérilleros de l'Unita reçurent également à cette époque d'autres armes françaises, dont des roquettes antichars APILAS, produites par Matra-Manurhin-Défense [6].

Dans un livre publié en 2001, Pierre Lethier, l'ancien chef de cabinet de trois directeurs successifs de la DGSE sous le premier septennat de François Mitterrand (Pierre Marion, Pierre Lacoste et René Imbot), raconte comment ce service de renseignement assura, durant la présidence socialiste, le « contact discret que la France d[eva]it maintenir avec Jonas Savimbi » : « Le rebelle est officiellement infréquentable. Pourtant, la forme originale de son projet politique, l'importance considérable de son implantation, le soutien que lui apporte le président ivoirien Félix Houphouët-Boigny, les sympathies qu'il s'est acquises aux États-Unis, en Arabie saoudite et au Maroc, en font quelqu'un qu'il est impossible d'ignorer [7]. » Lors des deux cohabitations (1986-1988 et 1993-1995) entre François Mitterrand et des gouvernements de droite, ces derniers reprendront officiellement l'initiative en faveur de Jonas Savimbi, puissamment soutenu par Jacques Chaban-Delmas, Premier ministre de juin 1969 à juillet 1972, par Jacques Toubon, ministre de la Culture (1993-1995) puis de la Justice (1995-1997), et, enfin, par François Léotard, ministre de la Défense (1993-1995), lequel fit intensifier quelques livraisons et l'invita de nouveau en France, notamment en juillet 1993. Cette visite sera d'ailleurs contestée par le ministère des Affaires étrangères, à l'époque dirigé par Alain Juppé.

Dans l'autre camp, le MPLA — dirigé par Eduardo Dos Santos depuis la mort d'Agostinho Neto en 1979 — s'est trouvé privé du soutien soviétique après la chute du Mur de Berlin en novembre 1989 et, donc, contraint de s'engager dans une négociation avec ses adversaires. Celle-ci

a L'interdiction des mines antipersonnel dans l'armée française n'est devenue effective que onze ans plus tard, le 4 décembre 1997, lorsque Paris a signé la convention d'Ottawa sur l'interdiction de ces armes.

débouchera le 31 mai 1991 sur la signature des accords de paix de Bicesse (localité portugaise proche d'Estoril), qui interdisent le réarmement des deux parties [8], instaurent le multipartisme démocratique en Angola et prévoient des élections législatives l'année suivante. En septembre 1992, le MPLA et Dos Santos obtiennent la victoire dans les urnes, avec 53,7 % des voix. Jonas Savimbi conteste immédiatement ce résultat, les armes à la main. Avec un certain succès, car l'Unita est riche des « diamants du sang », qu'elle extrait pour son seul profit des zones qu'elle contrôle — à tel point qu'elle en vendra pour 3,7 milliards de dollars entre 1992 et 1999 [9].

Diamants de guerre, diamants du sang

Savimbi échange des gemmes contre des armes avec ses amis chefs d'États africains. Les marchands d'armes, comme le Libanais Imad Kabir ou le Belge Jacques « Kiki » Lemaire, deux proches de Mobutu, ainsi que le Russe Viktor Bout (voir *infra*, chapitre 8), sont là pour établir les transactions, négocier les contrats, assurer le transport. En 1993 et 1994, deux des gros livreurs d'armes à l'Unita sont le Sud-Africain Ronnie De Decker, *alias* « Watson », et son frère Joe De Decker, très lié à la société diamantaire De Beers. Ils ne voyagent que dans un jet privé Lear Jet LR35. Ronnie De Decker livre à Savimbi, au prix fort, tout ce que ses diamants peuvent payer : des missiles SAM 16, des mortiers, des armes antichars, des grenades et le reste [10]. Jonas Savimbi n'est pas tendre pour ses fournisseurs : « Il existe des marchands d'armes partout. Ce sont des voleurs... Mais ils vous procurent vite et bien ce dont vous avez besoin. Vous n'avez pas le choix, parfois [11]... »

Dans son premier vrai (et remarquable) rapport sur les transferts d'armements illégaux en Afrique, rédigé en 2000 par une commission dirigée par l'ambassadeur canadien Robert Fowler, l'ONU accusera les chefs d'État Gnassingbé Eyadema (Togo), Blaise Compaoré (Burkina Faso), Mobutu Sese Seko (Zaïre) et Pascal Lissouba (Congo-Brazzaville) d'avoir de cette façon efficacement soutenu le rebelle. Savimbi n'était d'ailleurs pas le seul à écouler sur le marché des gemmes dont le Trésor angolais ne verra jamais la couleur, car le MPLA n'était pas en reste, expliquait en 2002 le chercheur canadien Christian Dietrich, spécialiste de l'économie du diamant : « Malheureusement, le débat entourant les diamants de guerre vise principalement à empêcher les diamants de l'Unita d'atteindre les marchés internationaux, sans égard à l'imposant commerce illicite qui se déroule en Angola et auquel participent aussi bien les *garimpeiros* [chercheurs de diamants indépendants] que les soldats du gouvernement et l'élite politique [12] [a]. »

À la fin de 1992, la situation militaire du gouvernement angolais n'est pas reluisante et Luanda — qui ne contrôle qu'un quart de son territoire — lance en janvier 1993 une offensive très risquée contre les rebelles. Lasse de cette guerre civile interminable, la communauté internationale a pris des dispositions pour qu'elle ne soit pas encouragée par des livraisons d'armes. L'ONU différencie toutefois les deux parties, privilégiant logiquement le gouvernement du MPLA légalement sorti des urnes. Dans sa résolution 864 du 15 septembre 1993, le Conseil de sécurité condamne l'Unita « pour ses actions militaires répétées » et c'est contre elle seule que son article 19 décrète un embargo sur les matériels de guerre. Mais sans effet : alors que l'embargo contre l'Unita est en vigueur, l'Afrique du Sud accélère ses livraisons à Savimbi. Pour ce faire, elle utilise des avions clandestinement mis à disposition par le trafiquant russe Viktor Bout et son associé Sanjivan Ruprah, qui s'envolent de discrets aéroports africains, moyen-orientaux ou européens [13] (voir *infra*, chapitre 8). Les armes viennent elles aussi de partout : d'Afrique du Sud, bien sûr, mais aussi de Chine — alliée à Savimbi depuis le début de la rébellion —, d'Ukraine ou de Bulgarie. En 1994, l'opposition zaïroise avance même, sans preuve, que la France fournit secrètement à l'Unita des armes initialement destinées au Rwanda [14].

---

a De fait, la volonté internationale de tarir les flux financiers permis par la vente de ces précieuses gemmes a mis du temps à se concrétiser, mais elle a fini par conduire à la signature, le 5 novembre 2002, du « processus de Kimberley » (plus connu sous sa dénomination KPCS, Kimberley Process Certification Scheme), du nom de la ville minière sud-africaine abritant le siège de la principale firme diamantaire mondiale, De Beers. Cette initiative associait l'ONU, l'Union européenne et plusieurs dizaines d'États. Elle visait à garantir que les diamants commercialisés ne proviennent pas de zones de guerre et ne financent pas illégalement des approvisionnements en armes. La réunion de suivi de cet accord qui s'est tenue début juillet 2010 à Tel-Aviv (Israël) a ainsi évoqué les produits des champs diamantifères de Marange, découverts en 2006 au Zimbabwe, qui sont extraits par des travailleurs soumis par l'armée au travail forcé et servent pour l'essentiel à financer le régime tortionnaire du dictateur Robert Mugabe (Tom Zoellner, « 5 myths about diamonds », *The Washington Post*, 4 juillet 2010).
Mais le processus de Kimberley n'est pas une panacée, loin de là... Des États peu regardants, comme la Côte-d'Ivoire ou la République démocratique du Congo, continuent depuis à vendre en sous-main des diamants, pour le plus grand profit de leurs dirigeants. Et le Zimbabwe, où la situation ne s'est pourtant guère améliorée, a été réhabilité et réautorisé en juin 2010 à exporter ses diamants. Une première vente aux enchères a eu lieu en août suivant. Il faut dire que ses richesses sont colossales, puisque l'on pourrait extraire de son sous-sol le quart des diamants mondiaux d'ici 2015.

Est-ce à dire que Dos Santos et le gouvernement angolais peuvent de leur côté espérer un soutien militaire de la France ? Non. Tout d'abord, ce pays autrefois colonisé par le Portugal est demeuré lusophone et, de ce fait, n'a pas vocation à intégrer le pré-carré des pays africains francophones liés à la France et soutenus militairement [15]. Au cours de son enquête sur les ventes d'armes à l'Angola, le magistrat instructeur Philippe Courroye recueillera sur ce point des avis convergents des dirigeants français de l'époque. De plus, si le gouvernement angolais ne se trouve plus, *de facto*, frappé par l'embargo depuis les élections de septembre 1992, Paris se veut respectueux de l'esprit des accords de Bicesse et considère que l'« option triple zéro », qui interdisait la livraison d'armes à tous les belligérants, demeure en vigueur. Alain Juppé, alors ministre des Affaires étrangères, expliquera en 2007 : « La ligne diplomatique de la France visait à convaincre le MPLA de négocier et de ne pas s'imposer par la force. Il s'agit d'une position sur laquelle il y a eu une continuité de la politique française, et avant mon arrivée au gouvernement et après mon départ de Matignon [16]. » Édouard Balladur, alors Premier ministre, donc patron à ce titre de la CIEEMG (Commission interministérielle pour l'étude des exportations de matériels de guerre), notera pour sa part que la France, sauf accords de défense en ce sens, ne fournit pas d'armes à un pays en guerre civile : « Dans ce contexte, des ventes d'armes vis-à-vis de l'Angola étaient exclues [17]. »

En effet, au printemps 1993, les dirigeants angolais comptaient passer à l'offensive contre Savimbi. Après avoir effectué de premiers gros achats d'armements au Portugal, au Brésil, en Inde ou en Israël [18], ils avaient tenté de passer par les voies classiques pour acheter du matériel de guerre en France. Le 15 avril 1993, ils sollicitent donc une aide de Paris pour créer des forces spéciales destinées à protéger les installations pétrolières [19]. Deux mois plus tard, ils reviennent à la charge, sans davantage de succès. En juillet 1993, le directeur des affaires africaines et malgaches du Quai d'Orsay, Jean-Marc de la Sablière, note sans ambiguïté : « Le droit est du côté du MPLA, la force du côté de l'Unita. Des deux côtés, on fait peu de cas du respect des droits de l'homme et la situation humanitaire se détériore [20]. » Dans une nouvelle note du 11 août 1993, ce même haut fonctionnaire réitère et met en garde les autorités contre un soutien trop net au MPLA : « Les intérêts importants que nous avons dans la région nous commandent une certaine prudence et cela même si les installations pétrolières d'Elf-Aquitaine (30 % du pétrole angolais) sont off-shore, à une distance légèrement supérieure à celle des canons de l'Unita et à peu près protégées (envoi d'une frégate). Il convient de rappeler que la Coface a récemment encore accordé une garantie pour près d'un milliard de francs d'investissement dans le secteur pétrolier. Il apparaît de plus en plus que l'Unita pourrait l'emporter militairement [21]. »

La position du Quai d'Orsay, qui ne variera pas, consiste donc à soutenir du bout des lèvres le régime de Dos Santos, tout en lui refusant des armes. Avec une nuance permettant en bonne diplomatie de conserver quelques moyens d'action : le Quai suggère d'autoriser la vente de matériels « non létaux », comme des camions ou des équipements de transmission, à la condition que... les accords pétroliers entre l'Angola et Elf soient renégociés. Donnant-donnant, rien que du classique ! Mais, pour les munitions et les armes, le tout nouveau gouvernement Balladur reste ferme : c'est la fin de non-recevoir.

Curial le militant, Falcone le flamboyant

Pour les Angolais, il est dès lors naturel de se retourner vers leurs fournisseurs habituels, petits sans doute, mais compétents et fidèles. Il n'est de ce fait pas surprenant qu'ils s'adressent au militant socialiste Jean-Bernard Curial, pour qu'il les aide à jouer sur une éventuelle divergence entre Matignon — qui a bloqué les achats qu'ils souhaitaient effectuer en France — et l'Élysée, avec lequel ils n'ont pas de contact direct. Il leur suffirait, croient-ils, de convaincre François Mitterrand et leur problème serait réglé du même coup. Curial s'en ouvre logiquement au conseiller Afrique de l'Élysée, le diplomate Bruno Delaye. Sans succès : on se trouve depuis peu en période de cohabitation et l'Élysée ne tient pas à ajouter un nouveau motif de tension avec la droite majoritaire en se « mouillant » en faveur du MPLA. Curial affirme même qu'au « Château » on lui a « ri au nez » ! Mais, quelques jours après son éviction, il croise par hasard place Maubert, dans le VIe arrondissement de Paris, Jean-Christophe Mitterrand, prédécesseur à l'Élysée (de 1986 à 1992) de Bruno Delaye et fils du président.

Jean-Christophe, fort joliment surnommé « Papamadi » par les Africains, ne possède aucun moyen de fournir à Curial la dizaine de millions de dollars d'armements qu'il souhaite acquérir en urgence pour le compte des Angolais, mais il lui suggère de prendre langue avec un homme d'affaires de ses amis, Pierre-Joseph Falcone, chez lequel il a passé ses précédentes vacances d'été aux États-Unis. Ce flamboyant personnage, au réseau de relations aussi épais que le Bottin mondain, est introduit partout. Les milieux d'affaires, la presse, les industriels, les services de contre-espionnage n'ont plus de mystères pour lui. Son futur associé, Arcadi Gaydamak, n'est pas trop tendre avec le personnage : « Pierre-Joseph

Falcone brasse énormément d'air et son secret consiste à étoffer sans cesse le réseau de ses relations [22]. »

L'homme flaire les bons coups comme les meilleurs commerçants, dispose de rabatteurs et de contacts excellents dans les appareils d'État, qui lui signalent les opportunités avant même qu'elles fassent l'objet d'appels d'offres. Tout intermédiaire, tout courtier, cherche à travailler de cette façon : plus les relations sont haut placées, plus les accès au décideur sont rapides. Pour le reste, notamment en matière de ventes d'armes, tout n'est qu'affaire de qualité des circuits et des guides dans les labyrinthes de l'exécutif du pays client. En ce sens, les contrats angolais sont significatifs d'une manière de faire : Dos Santos se tourne d'abord vers l'aimable Curial, avec lequel il aurait traficoté jadis dans les diamants, *via* des sociétés belges approximatives. Mais, quand le moment vient de passer au stade industriel, Curial n'est pas de taille et doit se rapprocher d'un courtier d'une autre surface économique que la sienne. Lequel va sentir que l'affaire de sa vie se présente et ne lâchera plus jamais le morceau.

Jean-Christophe Mitterrand a envoyé son ami Curial à la bonne personne. Pierre-Joseph Falcone se trouve en effet en relations étroites avec plusieurs membres de l'entourage du nouveau ministre de l'Intérieur Charles Pasqua, dont l'incontournable préfet Jean-Charles Marchiani. Falcone est d'autant plus l'homme de la situation qu'il vient alors précisément de devenir, en 1993, l'agent de représentation exclusif d'une société on ne peut plus officielle et quasi intégrée au ministère de l'Intérieur, la Sofremi (Société française d'exportation de matériels et systèmes). Créée en novembre 1985 sur le modèle des offices associés au ministère de la Défense pour exporter des armements, la Sofremi a signé le 13 mars 1986 une convention avec le ministère de l'Intérieur : elle est chargée de promouvoir les exportations de matériels et systèmes français permettant de couvrir les missions confiées à ce ministère dans les domaines de la police, de la défense et de l'administration territoriale.

Les matériels concernés sont des équipements pour la sécurité civile, des transmissions et systèmes d'écoute et d'interception, des salles d'opérations et de commandement, des uniformes, des équipements de maintien de l'ordre ou de lutte contre l'incendie, etc. Lors de la création de la Sofremi par le ministre socialiste de l'Intérieur Pierre Joxe, les porteurs de parts étaient, outre l'État à 35 %, une série d'industriels français (Thomson-CSF, Bull SA, Alcatel, Panhard, Renault Véhicules industriels, Compagnie financière de Suez, Groupe Bidermann et IMC, Ingénierie maritime & Commercialisation). Quatre mois plus tard, les socialistes étaient battus aux législatives, et Charles Pasqua en prenait les commandes. On verra alors la Sofremi obtenir des contrats en Arabie saoudite, où Charles Pasqua s'engagea dès 1986 dans le fameux contrat MIKSA (voir *supra*, chapitre 4), mais aussi en Égypte.

En 1993, Pierre-Joseph Falcone, Français né en 1954 en Algérie dans une famille de petits industriels d'origine italienne spécialisés dans la conserve d'anchois sous la marque Papa Falcone, possède déjà une certaine aisance. Dans les années 1970, il est parti s'installer au Brésil où il a monté des entreprises d'agroalimentaire et prospère dans les cosmétiques. Puis, installé aux États-Unis, il est l'un des occupants d'un lotissement de Paradise Valley, Arizona, où il acquiert un palais. Son épouse Sonia Montero Falcone, une ancienne reine de beauté bolivienne, y reçoit ses amis et mène une vie sociale intense. Au début des années 1990, il rencontre un industriel français de l'armement, Christian Jallabert, alors directeur des affaires africaines du groupe Thomson-CSF, avec lequel il se lie d'amitié. C'est lui qui le présentera à diverses figures du milieu français des affaires pas trop nettes, dont Pierre Lethier, Jean-Christophe Mitterrand et bien d'autres. Après l'arrivée au pouvoir de la droite aux législatives de mars 1993, il le met en relation avec la Sofremi.

Une galaxie d'entités impalpables

Nombre de témoins m'ont affirmé que lorsque, grâce à l'entregent initial de Jean-Christophe Mitterrand, les relations s'établissent entre Falcone et ses futurs clients angolais, tout est fait pour que ces derniers le perçoivent comme un représentant du ministère de l'Intérieur. D'ailleurs, si la Sofremi ne sera pas officiellement concernée par les contrats d'armements conclus par Pierre-Joseph Falcone et son associé Arcadi Gaydamak (autre personnage haut en couleur dont nous verrons plus loin le pedigree), c'est bien elle qui offrira en 1994 (pour moitié avec Brenco, la société personnelle de Pierre-Joseph Falcone) une Safrane Renault blindée au président Dos Santos, au titre de « premier investissement commercial ».

Brenco, la société de Falcone, est quant à elle une galaxie d'entités impalpables. Ses établissements étrangers ne sont souvent que des boîtes à lettres dans des entreprises de domiciliation basées dans des pays européens ou des paradis fiscaux. Leur structure est demeurée incompréhensible pour la justice : « Privé de toute réalité structurelle, juridique ou comptable, le groupe que devaient constituer, avec la société française, les sociétés étrangères n'était finalement que l'écran de flux financiers dont on avait voulu occulter à la fois l'origine et les bénéficiaires [23]. »

Lorsque l'affaire angolaise se présente en 1993, Pierre-Joseph Falcone est déjà en passe d'en conclure d'autres dans plusieurs pays, soit en direct pour le compte de divers industriels français, soit pour celui de la Sofremi. Chacun de ces contrats a-t-il été l'occasion de versements de pots-de-vin ? De bons connaisseurs du milieu le prétendent et les pays où ils ont été signés sont connus pour pratiquer l'exercice. En Colombie, il vend une salle de commandement à la police assortie de 24,1 % de commissions, fournit un réseau de communication, le système Morpho de Sagem, gère les trois principaux hôtels du pays et se trouve aux côtés d'Alcatel et de France Telecom pour la vente d'un satellite de télécommunication Globalstar. À Alma-Ata (Kazakhstan), la Sofremi a vendu un système de surveillance du territoire. Au Niger, Falcone fait commerce de « produits alimentaires ». Au Mexique, il vend pour la Sofremi une salle de commandement pour la police de Mexico, et les systèmes de reconnaissance d'empreintes digitales Morpho de Sagem aux services de l'état civil. Au Vénézuéla, il présente un projet de surveillance des frontières, tout en offrant ses services de consultant à l'armée de l'air locale, qui dispose de quelques équipements français (Mirage 50, Falcon 20, Falcon 50, Super Puma, Cougar). Au Brésil, il participe (avec Sofremi, Cegelec, Alcatel et Matra) au programme de surveillance du territoire et à la modernisation de la police. Partout, les juteuses commissions vont tomber...

Dès juin 1993, un premier « petit » marché de vente de munitions — de 4,5 millions de dollars tout de même — est passé en urgence entre la société Brenco de Falcone et le gouvernement angolais. C'est le début d'une relation qui débouchera sur un énorme scandale sept années plus tard, en décembre 2000, quand le juge d'instruction Philippe Courroye placera plusieurs des protagonistes français en détention provisoire, dont Pierre-Joseph Falcone et Jean-Christophe Mitterrand.

Mais, entre-temps, les armes livrées à l'Angola auront servi. Le lien entre ces livraisons d'armements et les combats sur le terrain ne fait aucun doute puisque, quelques semaines après les premières livraisons, la guerre civile entame sa bascule : « L'équilibre militaire sur le terrain commença à se modifier en août 1993, quand les forces gouvernementales reprirent de larges parties des provinces de Benguela, de Huila et du Bengo », note ainsi le chercheur Alex Vines [24]. L'année suivante, après s'être renforcé grâce aux armes fournies par le réseau Falcone, le gouvernement reprend pratiquement la moitié du territoire de l'Unita, y compris en juillet la ville de Calunfo, centre diamantaire essentiel pour Jonas Savimbi. Les nouveaux équipements, associés à une réorganisation des forces gouvernementales, produisent leurs effets, et Jonas Savimbi voit son territoire se réduire comme peau de chagrin. Le rebelle sexagénaire ne sera néanmoins pas mis hors de combat aussi vite : il sera tué neuf ans plus tard dans son réduit de Moxico, le 22 février 2002.

Ce décès mettra un terme à vingt-sept ans d'une guerre civile responsable d'un demi-million de morts. L'Unita ne disparaîtra pas pour autant, mais entrera dans le jeu démocratique en devenant la première force d'opposition du pays. En septembre 2008, le nouveau président de l'Unita, Isaias Samakuva, a admis publiquement sa défaite aux législatives. Cette fois, le conflit était bien terminé. Mais, pour en arriver là, il avait fallu du temps, du sang et des armes... Pierre-Joseph Falcone et Arcadi Gaydamak avaient entamé leurs livraisons... quinze ans plus tôt ! Dans ses Mémoires publiés en 2010, Arcadi Gaydamak dit avoir rencontré Falcone en 1992, par l'intermédiaire d'un certain Georges Kinsler, « négociant en cacao ». Il y raconte des débuts difficiles, et comment Falcone lui achète sept hélicoptères russes Mi-8 d'occasion pour le Vénézuéla, mais sans être en mesure de le payer. Jusqu'à ce qu'il annonce avoir trouvé un nouveau client pour ces machines : l'Angola [25]. Le début d'une grande histoire...

Arcadi Gaydamak, « membre de la mafia russe en France » ?

Le premier des gros contrats avec l'Angola est signé le 7 novembre 1993 et le second, un simple avenant, le 22 avril 1994. Leur organisation repose sur l'association entre Pierre-Joseph Falcone, *via* sa société Brenco, et cet affairiste que la justice française estimera être un « membre de la mafia russe en France [26] » devenu, entre autres, citoyen français et israélien : Arcadi Gaydamak. Le personnage paraît sortir d'un roman de John Le Carré. Arrivé en France dans les années 1970 pour devenir traducteur à l'ambassade d'URSS, il est « tamponné [a] » sans délai par la section chargée du contre-espionnage antisoviétique de la DST. Rapidement, cet homme va faire son trou à Paris, ouvrir les portes de Moscou à la DST et rendre à la France de signalés services, notamment après la fin de la guerre froide. Au cours de la procédure sur les ventes d'armes à l'Angola, Charles Pasqua et l'ex-directeur adjoint de la DST, Raymond Nart, expliqueront tous deux qu'Arcadi Gaydamak était devenu un « agent » des services de renseignement français. Ces protections joueront pleinement à diverses reprises, contribuant au développement de ses fructueuses affaires.

Dans des circonstances qui ne sont pas toutes élucidées, il aurait également aidé à libérer deux pilotes français d'un Mirage 2000 abattu en Bosnie lors d'une opération de l'OTAN en septembre 1995. Ce qui pourrait

a Terme courant dans les milieux du renseignement, pour évoquer une première prise de contact non sollicitée par la personne concernée.

lui avoir valu l'attribution de la croix de chevalier de l'Ordre national du mérite, qui lui fut remise le 14 juillet 1996 par Jean-Charles Marchiani, devenu préfet du Var. Mais d'autres sources estiment que l'origine de cette décoration devrait plutôt être cherchée dans le rôle qu'il a joué en ouvrant les marchés russes de la viande à plusieurs sociétés françaises. Près de quinze ans plus tard, les versions divergent encore. Mais plusieurs acteurs impliqués dans ce dossier affirment que les deux pilotes prisonniers, dont on ignora s'ils étaient encore vivants jusqu'à la minute même de leur remise au chef d'état-major des armées, le général Jean-Philippe Douin, n'ont pas dû uniquement leur salut à de quelconques tractations secrètes du tandem Gaydamak/Marchiani, mais bien plutôt à d'intenses pressions diplomatiques convergentes du président américain Bill Clinton et de Jacques Chirac sur le président russe Boris Eltsine. Ce dernier appuyant en personne des efforts tenaces en direction du président serbe Slobodan Milosevic, par l'intermédiaire du frère de ce dernier, Borislav, ambassadeur de Yougoslavie à Moscou et francophile éprouvé.

Mis à part la visite du général Douin, aucune des deux autres conditions posées par les chefs bosno-serbes Radovan Karadzic et Ratko Mladic pour la libération des pilotes français, à savoir une énorme rançon en dollars et la construction par la France d'un hôpital à Pale, ne fut satisfaite [27]. La justice a considéré pour sa part que la médaille était le fruit d'un « trafic d'influence », dès lors que Charles Pasqua, artisan de cette nomination, en aurait perçu rétribution : « M. Pasqua avait, en effet, obtenu que M. Gaydamak fût nommé dans l'Ordre national du mérite. Parallèlement, un virement de 1 500 000 francs avait permis de financer, de manière indirecte, certaines de ses activités politiques [28]. »

Dans l'affaire angolaise, Gaydamak et Falcone sont apparus comme les représentants en France d'une société slovaque créée en 1993, ZTS Ozos, qui présentait l'avantage de détenir une autorisation de commerce d'armes et de munitions. Ensuite, tout n'est qu'affaire d'entregent… et de discrétion. Les deux hommes ont estimé que le fait de vendre à l'Angola des armes venant des arsenaux en déconfiture de l'ex-bloc soviétique, sans les faire transiter physiquement par la France, les dispensait de se soumettre aux lois françaises. Des lois pourtant formelles : toute vente d'armement est interdite, sauf à disposer d'une dérogation accordée par la CIEEMG.

Jouant habilement de cette ambiguïté qu'ils perçoivent comme une faille, les deux hommes vont donc, comme l'instruction de Philippe Courroye s'emploiera à le démontrer [a], mettre sur pied leur affaire à Paris en

a C'est le 1er décembre 2000 que le juge Philippe Courroye décide la mise en examen et l'incarcération de Pierre-Joseph Falcone pour « commerce d'armes illi-

utilisant habilement les facilités offertes par la proximité entre Brenco et la Sofremi. Le tout dans une confusion entretenue aux yeux des Angolais entre les services de l'État, le ministre de l'Intérieur Charles Pasqua et ses nombreuses relations, sans oublier la nébuleuse des amitiés stipendiées. Parmi lesquelles la justice française mettra en cause Jean-Charles Marchiani, Jean-Christophe Mitterrand, rémunéré au titre d'« apporteur d'affaires », l'écrivain Paul-Loup Sulitzer, le banquier socialiste Jacques Attali, etc. En tout quarante-deux personnes, aux profils « insolites », écrira le jugement du 27 octobre 2009.

Pour le juge d'instruction Philippe Courroye, le rôle — involontaire — de la France dans cette affaire n'est pas contestable : les contrats de livraison d'armes de 1993 et de 1994 ont été négociés à Paris entre Brenco et les officiels angolais, avant d'être signés dans la capitale française ; mise sur pied par Arcadi Gaydamak, la filiale française de la société ZTS Ozos a été installée à Paris ; la Chambre de commerce et d'industrie de Paris a été désignée pour traiter les éventuels litiges. Plaidant pour sa chapelle dans son livre publié en octobre 2010, Gaydamak ne voit qu'une raison dans cet état de fait : « Pierre-Joseph Falcone aime parader et se faire passer pour un "grand manitou". Ce n'est pas au pied de la tour Eiffel que l'on risque de trouver un char russe, mais il fait comme si. Ni les armes vendues aux Angolais ni le pétrole que nous leur achetons ne transitent par la France, mais il en rêverait. Notre seul point d'ancrage en territoire français se situe du côté de la banque Paribas, dont les bureaux parisiens exercent à l'époque une sorte de monopole dans le domaine du pétrole [29]. » De fait, Paribas assure depuis les rives de la Seine le financement des marchés par des avances gagées sur de futures ventes de pétrole par l'Angola, en association avec la société Glencore de Marc Rich, un financier américain aux pratiques… problématiques. Poursuivi par la justice américaine, il réussira le tour de force de se faire amnistier par le président Bill Clinton, durant les dernières heures de son mandat, le 20 janvier 2001 [30] !

Les montages financiers mis au point pour la livraison d'armes à l'Angola sont souvent d'une extrême complexité, mêlant des intérêts publics et privés, entrecroisés entre la France, la Russie, l'Angola… C'est ainsi qu'en 1996 Moscou et Luanda signent un accord sur le remboursement de la dette publique de 5 milliards de dollars due par l'Angola, qui

---

cite, fraude fiscale, abus de biens sociaux et trafic d'influence », après avoir découvert son rôle dans l'affaire des ventes d'armes à l'Angola suite à des investigations conduites dans un tout autre dossier. L'instruction conduite par la suite conduira quarante-deux personnes impliquées dans l'affaire devant le tribunal correctionnel de Paris, dans un procès fleuve ouvert le 6 octobre 2008 (voir chapitre suivant).

promet d'en régler moins du tiers (1,5 milliard de dollars) pour solde de tout compte. Une société, présentée par la justice suisse comme appartenant à Pierre-Joseph Falcone et Arcadi Gaydamak, Abalone Investment Ltd, va faire transiter sur un compte ouvert à l'UBS (Union des banques suisses) de Genève un peu plus de la moitié de cette somme, soit 774 millions de dollars [31]. En fait, Abalone rachète à la Russie les titres émis par l'Angola en reconnaissance de sa dette — des *promissory notes* —, avant de les revendre à la compagnie pétrolière angolaise Sonangol, une entreprise publique. Toujours selon l'enquête diligentée en Suisse, le Trésor russe ne recevra en fait que 161 millions de dollars des sommes qui ont transité par Abalone, le reste s'étant pour les trois quarts envolé. Les juges découvriront un versement de 34 millions de dollars sur le compte du président Dos Santos. Un autre de 3 millions sur le compte du ministre José Leitão da Costa e Silva, etc.

En avril 2002, Pierre-Joseph Falcone se retrouve inculpé à Genève de « blanchiment d'argent, soutien à une organisation criminelle et corruption de fonctionnaires étrangers ». Mais où est le problème ? Car tout repose selon lui sur un malentendu, bien sûr ! Lorsque le procureur général de Genève Daniel Zapelli, beaucoup plus compréhensif que la justice française, met fin en décembre 2004 aux poursuites engagées dans cette affaire, c'est qu'il a été éclairé par plusieurs protagonistes. Les Russes lui ont expliqué être pleinement satisfaits de l'accord conclu avec l'Angola. L'Espagnol Emilio Fontela, professeur d'économie consulté par la Banque mondiale, a même estimé que les deux pays ont fait chacun une bonne affaire : la Russie en améliorant l'état de ses finances, l'Angola en réduisant sa dette [32]. Quant aux sommes faramineuses englouties dans les trous noirs des comptes off-shore, les Angolais ont expliqué qu'il s'agissait de « fonds stratégiques secrets » et qu'il n'y avait rien de plus à en dire... Et pourtant, si !

III

États de droit, sans foi ni loi

7

De l'Irak à l'Iran et à l'Angola, des Français peu scrupuleux

Les ventes d'armes à l'Angola, on l'a vu, appartiennent à la catégorie des marchés « gris » : ce ne sont pas des transactions vraiment légales, mais elles ne sont pas tout à fait illégales non plus. À tout le moins, les deux bouts de la chaîne n'ont pas la même vision de la légalité. Des opérateurs privés livrent des armes en quantités souvent importantes à des belligérants souvent sous embargo, ou en délicatesse avec les grandes nations industrialisées, mais qui sont par ailleurs des entités reconnues, qu'il s'agisse d'États ou (moins souvent) de fractions armées luttant pour la bonne cause, contre une dictature sanglante par exemple. Dans ce cas des marchés gris, les États vendeurs ferment souvent les yeux sur les commandes et les livraisons. Ils ne les approuvent pas, mais ils laissent faire. Les systèmes de contrôle regardent ailleurs et ne disent rien... Et, quand la justice est saisie, elle peut avoir deux attitudes, du moins en France : ne rien faire, comme dans l'affaire Luchaire ; frapper, comme dans les ventes d'armes à l'Angola.

Saddam Hussein, un client hors normes

Il est ici utile de rappeler un point essentiel : en France, les exportations d'armes de guerre sont purement et simplement interdites depuis le décret-loi du 18 avril 1939, pris juste avant le début de la Seconde Guerre mondiale par le gouvernement d'Édouard Daladier. Et la définition des armements est précise. Ils sont répartis en huit catégories, dont les trois premières sont constituées des « matériels de guerre ». Première catégorie : « armes à feu et leurs munitions conçues pour ou destinées à la guerre terrestre, navale ou aérienne » ; deuxième catégorie : « matériels destinés à porter ou à utiliser au combat les armes à feu » (chars, avions, navires, etc.) ; troisième catégorie : « matériels de protection contre les gaz de combat » [1]. Concernant ces trois premières catégories, aujourd'hui enrichies entre autres de logiciels — dont ceux relatifs à la protection des données, à la cryptographie (pour créer des codes secrets) et à la cryptanalyse (pour briser ces codes), etc. —, des exportations sont certes possibles, mais uniquement après l'obtention par le vendeur potentiel d'une dérogation au décret de 1939. Celle-ci ne peut être attribuée que par la Commission interministérielle pour l'étude des exportations de matériels de guerre (CIEEMG, créée dans sa forme actuelle en 1955 et que préside le secrétaire général de la Défense nationale [a]), au bout d'un processus complexe.

Pendant des décennies, une dérogation de la CIEEMG nécessitait de franchir trois étapes successives, assorties — ou non — de trois autorisations : la première pour la négociation du contrat, la deuxième pour sa signature et la troisième pour la livraison [b]. Ce processus parfois interminable a été allégé depuis décembre 2008 (voir *infra*, chapitre 14) et l'autorisation préalable a été supprimée pour la phase de négociation. La procédure a également été adaptée à la législation européenne : depuis juin 2009 [2], la nomenclature française des matériels de guerre est calquée sur la « Liste commune des équipements militaires de l'Union européenne [3] », ceux-là mêmes qui se trouvent concernés par le COARM (code de conduite de l'Union européenne en matière d'exportation d'armements). Chacune de ces autorisations est accordée par le Premier ministre, après avis de la CIEEMG.

Pour bien comprendre le fonctionnement intemporel de la CIEEMG, un retour en arrière est nécessaire. Revenons donc au début des années 1980. Dans un cadre étatique conforme aux règles, sans doute moralement contestable mais réglementairement rigoureux, la France affiche alors une politique claire et ne dissimule pas son soutien au

---

a Devenu en janvier 2009 le SGDSN (secrétaire général de la Défense et de la Sécurité nationale).

b Le système français de contrôle des exportations d'armements est spécifique dans sa forme, mais pas sur le fond. Tous les gouvernements des pays producteurs contrôlent étroitement leurs exportations de matériels de guerre. Pour une vision comparative des principes en vigueur dans quatre grandes démocraties, voir : Tony KAUSAL, Gertrud HUMILY, Trevor TAYLOR et Peter ROLLER, *A Comparison of the Defense Acquisition Systems of France, United Kingdom, Germany and the United States*, Defense Systems Management College Press, Fort Belvoir, 1999.

dictateur Saddam Hussein, son client dans le conflit qui l'oppose à l'Iran. Il a certes été l'agresseur de son voisin iranien en septembre 1980, mais tous les pays qui comptent soutiennent le dictateur de Bagdad, qu'il s'agisse des États d'Europe de l'Ouest et de l'Est, de la Russie ou des États-Unis. À Téhéran, l'ayatollah Khomeiny a été porté au pouvoir par la rue en février 1979, instaurant dans la foulée la République islamique d'Iran. Le prosélytisme y est de mise, les « barbus » affichant leur arrogance et promettant le grand soir à tous les pays musulmans de la région. Cette fanfaronnade n'est pas du goût de Saddam Hussein, dont le pays abrite une forte communauté chiite. Il craint, non sans raison, une contagion de la révolution iranienne et décide de passer à l'attaque en septembre 1980, avec la bénédiction de ses voisins arabes et des grandes puissances.

Paris accepte de vendre à l'Irak tout ce qu'il souhaite recevoir, dès lors qu'il peut payer : de 1972 à 1988, les commandes portent sur cent quinze exemplaires de l'avion Mirage F-1 EQ-5, des dizaines d'hélicoptères, des centaines de véhicules blindés. Un contrat portant sur trois cent cinquante missiles air-mer Exocet AM 39, destinés au Mirage F-1, est signé avec Aérospatiale pour l'équivalent de 1,07 milliard d'euros [a]. Les Irakiens achètent à Matra des dizaines de missiles air-air Magic-2 et des missiles antiradars AS-37 Armat. Le contrat Vulcain, signé en octobre 1981, permet au GIAT de livrer à Bagdad quatre-vingt-cinq chars AMX-30 AUF1, des monstres de quarante-cinq tonnes tirant des obus de 155 mm à une cadence de huit coups par minute. Ils seront à eux seuls responsables de 10 000 morts côté iranien [4]. Pour compenser les retards de livraison des Mirage F-1, la France prêtera en sus aux Irakiens, pour une durée de deux ans à partir d'octobre 1983, cinq avions Super-Étendard qui seront rendus deux ans plus tard [5]. Dans un roman à clé publié plus d'un quart de siècle après ces épisodes, l'écrivain Philippe Vasset racontera comment l'un des pilotes français ayant livré ces Super-Étendard fut physiquement contraint par les Irakiens de leur prêter main-forte, et de procéder lui-même à des tirs de missiles AS-37 Armat contre des cibles iraniennes [6]. Ce pilote est devenu depuis un excellent marchand d'armes...

Durant ses huit années de guerre avec l'Iran, l'Irak a acheté l'équivalent d'un milliard d'euros par an en armements français — une guerre particulièrement meurtrière, dont le nombre de victimes se compte en centaines de milliers de morts (500 000 à 1 200 000, selon les sources).

---

a Pour effectuer cette conversion, j'ai utilisé le coefficient de transformation proposé par l'Insee, « Pouvoir d'achat de l'euro et du franc », <www.insee.fr>, janvier 2010.

Tous les industriels nationaux du secteur ont bénéficié de cette « manne » mortifère : Dassault, Matra, Thomson-CSF, Aérospatiale, Luchaire, GIAT Industries, Panhard, Thomson-Brandt Armements, Société nationale des poudres et explosifs (SNPE), entre autres. Mais, à la fin du conflit, l'Irak était exsangue : en 1989, sa dette accumulée à l'égard de la France atteignait 6 milliards de dollars [7]. Ce qui n'a pas empêché Bagdad d'entamer dans la foulée avec Paris la négociation sur l'achat de cinquante Mirage 2000 et de cent cinquante avions d'entraînement Alphajet. Mais la première « guerre du Golfe », consécutive à l'invasion du Koweït en août 1990, n'allait rien arranger.

Surgissant du passé, le dossier des Mirage F-1 vendus par la France à l'Irak dans les années 1980 a curieusement refait surface après l'invasion américaine du pays en mars 2003, pour finir par constituer une vraie épine dans le pied du gouvernement français. Début 2010, le gouvernement irakien installé par les États-Unis a ainsi fait savoir qu'il souhaitait « négocier avec la partie française le recouvrement de 651 millions d'euros payés en avance dans le cadre d'un contrat d'achat d'avions Mirage F-1, que les fabricants n'ont jamais livrés [8] ». Alors que l'armée de l'air irakienne possédait déjà quatre-vingt-dix Mirage F-1 au début du conflit, elle avait en effet signé en septembre 1985 un contrat portant sur l'achat de vingt-cinq avions supplémentaires, qui n'avaient pas été livrés à l'été 1990, lorsque l'Irak avait été frappé d'embargo après avoir envahi le Koweït. En 2010, la dette française à l'égard de l'Irak sur les avions français payés et non livrés était d'autant moins contestée par Paris qu'elle avait déjà fait l'objet d'accords dans le cadre d'une négociation globale de la dette de l'Irak à l'égard de la France, qui s'élevait à 4,8 milliards d'euros et dont 80 % ont été annulés en décembre 2009. Mais, alors, pourquoi le gouvernement irakien a-t-il réclamé publiquement ces centaines de millions d'euros, avec une telle ostentation qu'il a constitué pour cela un « comité interministériel » *ad hoc* ?

On trouve un début d'explication dans la négociation engagée au même moment par les Irakiens pour l'achat d'une flotte d'une douzaine d'avions de combat. En 2009, Bagdad a recommencé à discuter avec les Français : ceux-ci proposaient de livrer des Mirage F-1 CT tout juste retirés du service par leur propre armée de l'air, qui seraient remis au goût du jour à prix d'ami. Quelques dizaines de millions d'euros tout de même. Le ministère français de la Défense a alors précisé que, sur le contrat initial de vingt-cinq avions, seuls huit n'avaient pas été livrés lorsque l'embargo avait été mis en place en 1990. Bloqués par le gouvernement français, ces appareils ont été payés à Dassault Aviation par la Coface, société française d'assurance export mettant en œuvre la garantie de l'État. Et, au fil des années, la Coface a revendu ces appareils en pièces détachées, selon le principe bien connu de la « cannibalisation ».

L'affaire Luchaire, pour financer le Parti socialiste

Dans les années 1980, les ventes d'armements à l'Irak sont parfaitement régulières. Elles obéissent à des procédures strictes, sévèrement observées et, par certains aspects, implacables. Ces règles vont devenir particulièrement sévères après l'affaire Luchaire, du nom de la société d'armement présidée par Daniel Dewavrin. De 1982 à 1986, celle-ci a exporté illégalement des centaines d'obus de France vers l'Iran.

Un candide penserait que cette affaire aurait coûté son honneur et sa carrière au fils de l'un des plus proches compagnons du général de Gaulle, André Dewavrin, *alias* « colonel Passy », le créateur des services secrets de la France libre, le BCRA. Mais pas du tout ! Polytechnicien devenu ingénieur de l'armement passé dans l'industrie, Daniel Dewavrin quitta Luchaire la tête haute, avant de poursuivre sa carrière dans d'autres sociétés prestigieuses, dont Epéda-Bertrand Faure, avant de prendre la présidence de l'UIMM (Union des industries métallurgiques et minières) de 1999 à 2006 et de devenir l'un des grands distributeurs d'argent liquide de cette puissante organisation patronale.

Sans raison plus noble, sans doute, que le financement du Parti socialiste, la France de François Mitterrand organise — avec le probable accord du président — des livraisons d'armes à l'Iran, entre 1982 et le début de 1986. Celles-ci passent par un trucage : la CIEEMG les a autorisées en acceptant de faux certificats de destination finale pour 450 000 munitions d'artillerie de 155 mm, destinées en principe au Portugal, à la Grèce, au Pérou, à l'Équateur, au Brésil, à la Thaïlande et à la Yougoslavie. Or le quotidien *La Presse de la Manche* révélera le 28 février 1986 que ces obus ont été livrés au port iranien de Bandar-Abbas par deux cargos ayant appareillé de Cherbourg.

À la demande du Premier ministre Laurent Fabius et du ministre de la Défense Paul Quilès, le contrôleur général des Armées Jean-François Barba se voit alors réclamer un rapport. Déclassifié en 1987 par le successeur de Quilès, André Giraud (1925-1997), ce document établit que non seulement le directeur de la DGSE Pierre Lacoste avait averti dès mai 1984 le ministre de la Défense Charles Hernu et son principal conseiller Jean-François Dubos que ces livraisons avaient lieu, mais encore que ces deux derniers les avaient — à tout le moins — tolérées. Jean-François Barba est explicite quand il écrit : « J'ai la conviction que les opérations illicites de la société Luchaire ont été couvertes par des membres du cabinet de M. Hernu [9]. » Il précise que cette attitude « a été motivée par des préoccupations d'ordre économique et social, ce qui n'exclut pas le versement par Luchaire de sommes — dont le montant total s'élèverait à 3 millions de francs environ — au Parti socialiste ». Confiée au juge d'instruction Michel Legrand, l'enquête judiciaire se terminera en juin 1989 par un non-lieu général.

Pendant plus de trois ans, donc, la France a livré des armes à la fois à l'Irak et à l'Iran, le premier des deux pays étant fourni par tous les marchands d'armes de la planète, le second se trouvant moins bien servi... Mais, pour l'Iran, il était officiellement sous embargo français ! Durant toute la guerre, en effet, seuls certains pays placeront l'Iran sous embargo, l'ONU n'ayant jamais décidé une telle mesure. Après le vote de sa résolution 598, le 27 juillet 1987, les deux pays étaient menacés d'embargo, sauf à accepter un cessez-le-feu. Seul l'Iran sera sur le point de le voir appliquer contre lui, mais cette mesure ne sera jamais décidée [10]. La vraie question consiste à savoir pourquoi ces ventes à l'Iran ont été autorisées *de facto*... Pour quelque obscure raison, tenant sans doute à la volonté de ne pas voir l'Irak gagner la guerre contre les mollahs, Paris et la plupart des capitales européennes leur ont livré des obus d'artillerie.

Nous y voilà : cette vente à l'Iran est un typique « marché gris ». La vente est interdite, mais elle a lieu quand même, avec un habillage juridique permettant à l'État trempant dans la combine de pouvoir émettre autant de démentis plausibles qu'il est nécessaire. Et de financer un parti politique au passage. L'affaire des ventes d'armes à l'Angola, différente sur le fond et dans ses formes, appartient également aux « marchés gris ». Grosse différence entre ces deux affaires : dans la première, la justice se montrera d'une compréhensive indulgence ; dans la seconde, elle détournera le regard durant des années, avant de décider d'intervenir bien après que tout a été terminé...

Il est également arrivé, durant la guerre Iran-Irak, que les autorités françaises acceptent de vendre au belligérant qu'elles ne soutenaient pas officiellement, à savoir l'Iran, des matériels moins « rustiques » que de simples obus d'artillerie. C'est ainsi qu'un marchand d'armes français, qui fut longtemps en affaires avec son homologue Georges Starckmann, raconte comment il fut le pourvoyeur au régime des mollahs de composants essentiels au fonctionnement des missiles sol-air Hawk livrés par la firme américaine Raytheon, achetés du temps du chah, dans les années 1970. Pour fonctionner, ceux-ci ont besoin d'un tube électronique, le Klystron, fabriqué par Varian, un sous-traitant de Raytheon. Les Iraniens, prêts à tout pour se procurer du matériel de rechange américain, se tournent en

1985 vers un agent français, Bernard Stroiazzo-Mougin. L'histoire, que ce dernier racontera quelques années plus tard [11], ne dit pas si l'opération s'est faite en accord avec les Américains — voire avec leur bénédiction —, de longue date engagés, nous l'avons vu, dans la livraison clandestine d'équipements militaires au régime des mollahs. Toujours est-il qu'une société française que Stroiazzo-Mougin n'appelle qu'un « groupe français » — il s'agit en réalité de Thomson-CSF — produit ces fameux tubes, des « klystrons », sous licence américaine [12]. Ils sont facturés 30 000 dollars pièce, et les Iraniens en commandent vingt.

Pour éviter d'encourir le reproche de livrer des armements à un pays sous embargo français, Thomson-CSF fera passer les klystrons par la NIOC, la société pétrolière nationale iranienne, officiellement pour qu'elle les livre à la télévision nationale. Un succès de cette opération ouvrirait la voie à de futurs gros marchés de radars et d'équipements pour la télévision. Il n'en sera rien, car la France ne livrera finalement que la moitié des tubes prévus ; ce contentieux, associé à des déboires sur d'autres contrats d'armement, vaudra à Bernard Stroiazzo-Mougin la très désagréable expérience d'une mise en résidence surveillée à Téhéran. Ses deux fils devront prendre sa place en Iran à plusieurs reprises avant que la situation ne se normalise au bout de plusieurs mois. Mais il ne connaîtra aucun ennui judiciaire en France... Tel ne sera pas le cas pour les marchands d'armes opérant depuis la France pour vendre des matériels à l'Angola : ils finiront devant la justice, mais bien des années après que le contrat fut honoré. Ce délai n'est pas le moindre des étonnements que suscite ce dossier...

50 % de marge !

Pourquoi faudra-t-il attendre sept ans entre la signature du premier contrat entre Falcone/Gaydamak et l'Angola, en 1993 (voir chapitre précédent), et l'ouverture à Paris d'une instruction judiciaire, à la fin de l'année 2000, bien longtemps après la livraison de toutes les armes ? La réponse officielle de la justice française, c'est qu'elle n'a eu connaissance de cette affaire que par raccroc, suite à une enquête sur l'agression dont avait été victime dans le XVIIe arrondissement de Paris, en septembre 1997, un certain Henri Benhamou. Le juge d'instruction Philippe Courroye avait agi à partir de documents saisis lors d'une perquisition, le 7 juillet 2000, chez l'avocat Allain Guilloux, défenseur de cet homme accusé de pratiquer à grande échelle le blanchiment d'argent [13] et qui se trouvait être également l'avocat de Pierre-Joseph Falcone. Allain Guilloux était en outre en relation d'affaires — complexes ! — avec Arcadi Gaydamak.

C'est durant cette procédure que l'affaire des ventes d'armes à l'Angola est « découverte », entraînant rapidement l'ouverture d'une enquête pour fraude fiscale — un grand classique ! — avant de déboucher le 25 janvier 2001 sur le dépôt d'une plainte pour « infraction à la législation sur les armes » par le ministre de la Défense, Alain Richard. Au cours de son enquête pour « trafic d'influence et commerce illicite d'armes », le juge d'instruction Philippe Courroye découvrira que les marchés d'armement passés avec l'Angola par le tandem Falcone/Gaydamak se sont élevés à 790 millions de dollars (exactement 790 879 677 dollars) [a], auxquels il convient d'ajouter un contrat moins litigieux de livraison de camions russes au Cameroun pour 2,2 millions de dollars. 790 millions de dollars d'armements ? Gaydamak conteste cette somme, en arguant plaisamment que la moitié — soit 395 millions de dollars — fut employée « à acheter des médicaments, du riz et des pâtes [14] ».

Philippe Courroye constatera également que les deux organisateurs du trafic se sont royalement servis : selon l'enquête, Arcadi Gaydamak aurait personnellement touché 27 % des encaissements et Pierre-Joseph Falcone, 22 % : 49 % au total, soit la moitié du chiffre d'affaires des contrats angolais.... Joli pactole ! Mais qui demande à être nuancé : comme bien souvent dans les interventions d'intermédiaires lors de ventes d'armes, ces derniers sont considérés par le fisc comme percevant les commissions commerciales pour leur propre compte. Alors que, tout en conservant, c'est vrai, de très confortables rémunérations, ils doivent sur cette part assurer leurs frais généraux et... le retour vers les poches privées de leurs clients d'une partie des fonds que ces derniers avaient sortis du Trésor public. Sans aucun doute, ces affaires sont extrêmement profitables, quand elles réussissent. Mais, en confondant souvent chiffre d'affaires et bénéfice, le fisc fait preuve d'un zèle excessif.

Aux yeux de la justice française, plusieurs protagonistes français et angolais sont donc redevables d'avoir perçu, à l'occasion de ces ventes d'armes, des sommes ou des avantages en nature parfois considérables. Et c'est là que l'affaire se corse ! Lorsque l'argent angolais commence à couler à flots, plusieurs Français de haute volée vont être rémunérés dans des conditions et des proportions telles que Philippe Courroye y verra des raisons suffisantes pour les mettre en examen, le plus souvent pour des

---

a Au total, l'Angola a acheté pour 3,5 milliards de dollars d'armements en 1993 et 1994, en hypothéquant les sept années suivantes de production pétrolière (Alex Vines, « La troisième guerre angolaise », *Politique africaine*, n° 57, 1995).

infractions liées à des abus de biens sociaux ou à des abus de confiance, voire à des trafics d'influence, ou, comme Jean-Christophe Mitterrand, au commerce illicite d'armes et de munitions. En clair : la justice les accuse d'avoir touché dans le cadre des contrats angolais des sommes d'argent indues... C'est ainsi que, le 6 octobre 2008, se retrouveront devant le tribunal correctionnel de Paris plus de quarante personnes, jugées en compagnie de Pierre-Joseph Falcone qui leur avait versé des fonds au titre des « consultations » qu'il avait sollicitées, mais en l'absence d'Arcadi Gaydamak, installé en Israël et qui sera jugé par contumace.

Les autres bénéficiaires des fonds provenant des ventes d'armes à l'Angola, ce sont les dirigeants angolais eux-mêmes. L'enquête du juge Courroye a permis d'identifier une trentaine de dirigeants proches du président Dos Santos qui ont bénéficié des largesses de Pierre-Joseph Falcone, à partir de l'argent versé par leur pays et qu'ils auraient sans doute eu du mal autrement à se mettre directement dans la poche. Falcone, lui, n'a pas le même point de vue et s'offusque de l'emploi du mot « corruption ». Car cet argent, a-t-il expliqué, « c'est pour faciliter les choses et non pour acheter les gens. En d'autres termes, ce n'est pas de la corruption, mais c'est dans une logique opérationnelle sur place en Angola et ailleurs, pour leurs déplacements notamment [15] ». Comme quoi, tout est affaire d'appréciation...

En pratique, les fonds ont servi aussi bien à payer les séjours dans les hôtels de luxe parisiens des officiels angolais et de leurs familles qu'à alimenter leurs comptes personnels, ainsi que des comptes off-shore dont ils sont les ayants droit. Parmi les bénéficiaires ainsi épinglés par le juge, pour des versements successifs se montant parfois à plusieurs millions de dollars, se trouvent : José Eduardo Dos Santos en personne, *via* sa fille Isabel Dos Santos ; l'ancien ambassadeur à Paris et ministre plénipotentiaire Eliso de Figueiredo, homme de confiance de Dos Santos et acteur clé de ces contrats, surnommé « Monsieur 20 % » ; José Leitão Da Costa e Silva, ministre de la présidence, chef de la maison civile ; le ministre de la Défense Pedro Maria Tonha, dit « Pedale » ; Manuel Hélder Vieira Dias, dit « Kopelipa ». Et ainsi de suite...

En 1993 et 1994, Pierre-Joseph Falcone et Arcadi Gaydamak mettent en place le système international qui va leur permettre de livrer au pouvoir angolais une véritable armée clé en mains, mais d'occasion. Alors que les arsenaux des anciens pays du Pacte de Varsovie regorgent de matériels, souvent vétustes, il n'est pas trop difficile de convaincre leurs détenteurs de les vendre. Avec quels arguments ? L'enquête n'est pas allée jusque-là. Mais les listes de commandes sont vraiment impressionnantes, qui portent sur quatre-vingts chars de combat de type T-62, plusieurs centaines de transports de troupes BMP-2 et BMP-3, des dizaines de milliers de fusils Kalachnikov de tous types, des dizaines de tubes d'artillerie lourde autopropulsés et de l'artillerie antiaérienne, des lance-roquettes Grad (« orgues de Staline »), des dizaines de milliers de grenades, des millions de cartouches de fusils, des bateaux de guerre, des lance-flammes, des hélicoptères, des ponts mobiles, des boussoles, des masques à gaz, des uniformes... N'en jetez plus !

Dans une note du 23 février 2000 intitulée « Angola. Filières d'acquisition d'armement », la DGSE écrira que le gouvernement angolais « achète des matériels souvent inadaptés aux besoins de ses forces armées, vendus à un prix supérieur à leur valeur [16] ». La liste comporte même des armes interdites, comme les mines antipersonnel. Lors de l'ouverture de son procès, Pierre-Joseph Falcone s'écriera : « C'est la seule chose pour laquelle je suis sûr que ce n'est pas le cas. Il n'a jamais été livré de mines antipersonnel à l'Angola ! » L'annexe *Lista B* du contrat du 7 novembre 1993 précise pourtant que la société Menatep, acheteuse des armes pour le gouvernement angolais, entend acquérir, entre autres matériels, « 170 000 mines antipersonnel de fabrication soviétique de type MON-50, MON-100, MON-200, POMZ-2 et POMZ-2M et 650 000 détonateurs pour mines antipersonnel de type MUV, MUV-2, MUV-4 [17] ».

L'étrange éviction des concurrents du tandem Falcone/Gaydamak dans les années 1990

Faudrait-il considérer, dans cette affaire, que tout s'est déroulé en 1993 à l'insu des services du Premier ministre chargés de la mise en œuvre de la politique française de ventes d'armes, à savoir la CIEEMG et le SGDN ? Il conviendrait sûrement de le croire, puisque toutes les personnes concernées le disent. Pourtant, des détails troublants surgissent dès cette époque. Des évictions de nombreux petits agents commerciaux français fournisseurs du MPLA posent ainsi question. On se souvient que Jean-Bernard Curial entretenait depuis des années un flux constant en direction de ses amis angolais, dont il fournissait certes les armées, mais pas en armements. Les denrées livrées n'allaient pas au-delà de la nourriture, des tentes ou des chaussures. Pour un homme d'affaires avisé, ces marchés peuvent se révéler très profitables, mais sans commune mesure avec ceux de l'armement. À côté de Curial, d'autres marchands prospéraient à l'ombre de la guerre civile, mais pas seulement avec du riz et des nouilles. S'ils avaient des licences, ils vendaient des armes.

Mais, dès l'arrivée de Falcone et consorts, Jean-Bernard Curial et tous ses homologues ont été priés d'aller chercher des clients sous d'autres cieux. Courtier bien connu sur le marché angolais, un temps très proche de l'équipe Pasqua, Jean-François Clarisse livrait par exemple tout ce dont le ministre de la Défense Pedro Maria Tonha, dit « Pedale », dont il était intime, pouvait avoir besoin. Ce marchand, qui avait commencé dans le sucre, n'a jamais revendiqué un premier prix de vertu. Ami du général russe Alexandre Lebed (1950-2002), dont il a organisé la visite de 1997 en France, et du dirigeant serbe Slobodan Milosevic (1938-2006)[a], Jean-François Clarisse avait sa petite combine, m'a-t-il raconté début 2001 : quand la CIEEMG française lui a refusé les licences d'exportation pour l'armement que l'Angola souhaitait acquérir, au début des années 1990, il se les est procurées au Chili.

Les volumes de matériel, les flux financiers, les interpénétrations avec les marchés pétroliers et diamantaires planétaires, le grand jeu international avec la Russie, l'énormité des commissions versées aux dirigeants angolais que les anciens courtiers arrosaient eux aussi, mais avec des montants sans commune mesure avec ceux distribués par Falcone et Gaydamak, tout cela signait la fin d'une époque. Illustration des mœurs étranges en vigueur en Angola, c'est vers Clarisse — affirme ce dernier — que se tourna la veuve de Pedro Maria Tonha (mort en juillet 1995 à Londres) quand elle voulut récupérer les commissions promises, et non versées, par le réseau Falcone. Mais Clarisse n'était plus en mesure de régler ce problème. Autres temps, autres mœurs... Il s'est établi depuis à Moscou et travaille aujourd'hui en Russie.

Claude Lebœuf, que j'ai rencontré en 2000, était un autre de ces courtiers tout-terrain. En 1993, il a quarante-six ans. Comme à cette poignée de Français pratiquant légalement ce commerce, les clients de sa société CML demandent tout ce qui est nécessaire pour faire fonctionner une armée : chars, riz, hélicoptères, antibiotiques, mitrailleuses, bière, munitions, poulets congelés, mais aussi uniformes, bottes, moyens de transmission, camions, rations de combat, matériel médical, etc. Il a commencé très jeune et approvisionnait l'armée angolaise et les forces du MPLA d'Eduardo Dos Santos dès le début des années 1980. Le parcours est classique : on commence petit, pour finir plus prospère. Français, opérant depuis la France, travaillant aussi avec des entreprises françaises, il prend garde de courir le risque d'être accusé de « trafiquer » des armes, ce qui implique qu'il dispose d'une licence, donc des autorisations de la

a Poursuivi pour crimes de guerre devant le Tribunal pénal international pour l'ex-Yougoslavie et mort en détention à La Haye le 11 mars 2006.

CIEEMG. Au mieux avec les industriels et les pouvoirs publics français, il obtient régulièrement le renouvellement de sa licence officielle de courtier en armements. Jusqu'en 1993.

Une coïncidence, sûrement : l'année même où Jean-Bernard Curial et Jean-Christophe Mitterrand mettent les Angolais en relation avec Pierre-Joseph Falcone, le renouvellement de la licence de Claude Lebœuf est refusé par le gouvernement français. Il se débat, remue ciel et terre. En vain. Tout comme sa délivrance, le retrait d'une licence est discrétionnaire et n'a pas à être motivé. Lebœuf comprend que d'autres circuits se mettent en place et qu'une page s'est tournée en Angola. La sienne... Il termine les contrats en cours, constatant que ses successeurs, Pierre-Joseph Falcone et Arcadi Gaydamak, ont désormais leurs entrées à Luanda : il comprend qu'ils œuvrent avec le soutien discret de la Sofremi, aidés sinon soutenus par les réseaux Pasqua et par Jean-Charles Marchiani. De gros poissons, très appuyés par des pans puissants de très hauts fonctionnaires de l'appareil d'État français, auxquels ils rendent de menus services et qui profitent de leur entregent. Il observe également que les commissions versées aux dirigeants angolais atteignent des sommets vertigineux, vraiment déraisonnables ; et que, là où de nouveaux réseaux apparaissent, la discrétion cède la place à l'ostentation...

Claude Lebœuf a toutefois d'autres marchés. Il se tourne notamment vers l'Asie, avec succès. Mais ceux qui le considèrent comme un adversaire n'ont pas l'intention de le laisser agir. Éliminé d'Angola, il doit également disparaître du paysage des vendeurs d'armes français. De nouvelles mœurs se sont mises en place, de nouveaux appétits, en France cette fois, doivent être rassasiés. Lesquels ? Claude Lebœuf n'a que des soupçons. Mais, un jour de septembre 1995, un correspondant anonyme alerte les services fiscaux. La dénonciation vise une entreprise, Intersphère Finances, qu'il a bien l'intention de monter mais qui n'existe pas encore ! Curieux, tout de même...

Toujours est-il qu'il est soumis à une vérification détaillée des comptes de ses sociétés. Quelques mois plus tard, l'administration lui notifie un redressement salé : 1,2 milliard de francs ! La mise en redressement sera finalement ramenée à 400 millions. Puis, début décembre 2000, alors que les développements de l'affaire Falcone n'ont pas encore été rendus publics, le fisc adresse à Claude Lebœuf deux « avis de dégrèvement » qui font baisser sa dette fiscale à 140 millions de francs. Ce qui représente encore trois années de chiffre d'affaires de l'ensemble de ses sociétés, plus celui de sociétés dont il était le client et celui d'entreprises où il détenait des participations minoritaires. Claude Lebœuf conteste l'ensemble du redressement, mais tous ses biens ont été liquidés, les employés licenciés, des avis à tiers détenteur sont placés par le fisc sur ses comptes : sa ruine est totale. Contacté par l'auteur, le ministère de l'Économie et des Finances n'a pas souhaité commenter cette affaire.

Depuis cette période, les choses se sont un peu arrangées pour Claude Lebœuf. Dans ce monde-là, un mort peut se réveiller et les fonctionnaires qui ont ruiné un contribuable peuvent un jour, sans rien lui dire ni prévoir la moindre compensation, lever l'oukase qu'ils avaient placé sur sa tête. C'est ce qui s'est produit pour Claude Lebœuf. De cette partition, il connaît chaque note : l'absence de règles, les confusions de genres, les appétits voraces. Il a repris ses activités, mais sous d'autres cieux et dans d'autres secteurs. Depuis, il a appris qui l'avait dénoncé. « Je m'en fous ! » dit-il en faisant s'entrechoquer les glaçons de son verre de Perrier... Dans ce métier, mieux vaut avoir la tête solide !

L'efficacité du « système Pasqua »

Ces troublantes coïncidences qui accompagnent l'arrivée de Pierre-Joseph Falcone et d'Arcadi Gaydamak sur le marché angolais laissent à tout le moins apparaître qu'une partie de la technostructure d'État française « escorte » les deux hommes d'affaires dans leur entreprise. À tel point que le procureur Romain Victor affirmera le 11 février 2009, en requérant contre les prévenus, que « Pierre-Joseph Falcone et Arcadi Gaydamak disposaient de relais puissants dans l'appareil d'État ».

Au moins au début de leur équipée africaine, lorsqu'une aide discrète est nécessaire pour asseoir la relation avec les dirigeants angolais, des événements curieux se produisent : en décembre 1996, les dirigeants de Brenco sont prévenus la veille d'une perquisition de la Direction nationale des enquêtes fiscales (DNEF) au siège de l'entreprise, ce qui leur donne le temps de détruire dans la nuit de nombreux éléments [18]. Mais pas tous ! Suite à cette descente des douaniers, des documents saisis sont ensuite mystérieusement récupérés par des hommes se présentant au ministère des Finances comme des fonctionnaires de la DST [19]. Mais de telles solidarités sont généralement conjoncturelles : à partir de juin 1997, alors que les armes commandées ont été pour la plupart livrées, le vent parisien commence à tourner pour les deux compères Gaydamak et Falcone.

Il faut dire que la République est entrée dans une nouvelle cohabitation, de forme inédite cette fois, puisque le président Jacques Chirac est gaulliste, tandis que son Premier ministre Lionel Jospin est socialiste. Dans ce nouvel équilibre des pouvoirs, Pierre-Joseph Falcone perdra le socle de sa prospérité de l'ère Pasqua, en voyant s'envoler le contrat de représentation de la Sofremi, sur décision de son directeur, le préfet Henri Hurand, tout juste nommé par le nouveau Premier ministre. Les mots de cet homme de gauche sont durs. Dans une interview au *Figaro*, il lancera en 2001 : « La règle générale était que sur chaque marché intervenait un intermédiaire particulier. Or, à partir de 1992, Pierre-Joseph Falcone est l'unique interlocuteur de la Sofremi. C'est totalement anormal. Il obtient des rémunérations exorbitantes sur chaque opération [20]. »

Devant le tribunal correctionnel de Paris, qui juge en octobre 2007 Pierre-Joseph Falcone et sept autres prévenus, dont Pierre-Philippe Pasqua, le fils de Charles Pasqua, pour « détournement de fonds » au préjudice de la Sofremi, Henri Hurand reprend les accusations lancées au début de l'affaire. Il considère de plus que le contrat avec la police de Colombie a entraîné des pertes, tout en s'accompagnant du « paiement anticipé de commissions totalement injustifiées » de 14 millions de francs. Et le préfet d'ajouter : « Je savais que c'était pour M. Falcone. J'ai toujours trouvé que ce versement était excessif par rapport au service rendu. » Et de considérer durant le procès que ces commissions constituaient « un des moyens de financement du système de Charles Pasqua ». Nous y voilà !

À en croire la justice, qui a ouvert en octobre 2008 le procès du réseau Falcone dans l'affaire des ventes d'armes à l'Angola, celui-ci n'est en réalité qu'une des briques du « système Pasqua ». L'un tire, l'autre pousse, et tout le monde grimpe l'échelle de perroquet ! Version évidemment contestée avec vigueur par les intéressés, qui crient au complot politicien. « Pour certains, cette procédure n'était que le résultat d'une vindicte politique, judiciaire et médiatique poussée à l'excès, à peine couverte par le manteau du droit [21] », notera à l'issue du procès le président Jean-Baptiste Parlos dans sa décision. Mais à ses yeux, comme à ceux du magistrat instructeur Philippe Courroye, il n'y a aucune place pour le doute : Charles Pasqua est bel et bien concerné à plusieurs titres par l'affaire des ventes d'armes à l'Angola. D'abord, il a couvert de son autorité et de son prestige la relation de Pierre-Joseph Falcone et Jean-Charles Marchiani avec les Angolais. Dans une lettre explicite qu'il adresse à Eduardo Dos Santos le 24 novembre 1994, Pasqua écrit : « Je tiens à vous remercier d'avoir bien voulu m'associer aux récents développements de votre pays, l'Angola. Je serais également heureux, si mon emploi du temps le permet, de me rendre prochainement à Luanda [22]. » Toutefois la condamnation de l'ancien ministre de l'Intérieur à trois ans de prison dont deux avec sursis — pour laquelle il a fait appel — porte sur des dossiers adjacents à l'affaire des ventes d'armes à l'Angola, à savoir sa relation avec Arcadi Gaydamak, considérée par le tribunal comme du « trafic d'influence ».

Aux yeux de Pierre-Joseph Falcone et de ses amis, la judiciarisation accélérée et la médiatisation des livraisons d'armes à l'Angola et des autres affaires les concernant reposent à partir de 2000 sur la volonté du pouvoir chiraquien d'empêcher Charles Pasqua de réaliser un bon score à l'élection présidentielle de 2002, lui qui a obtenu un très flatteur 13,05 % aux élections européennes de 1999. Le juge d'instruction Philippe Courroye s'en est toujours défendu, arguant que son action n'a jamais visé qu'à faire appliquer la loi, sans aucune autre intention. Il faut dire que Pasqua donne du grain à moudre à ses détracteurs, tant est longue la liste des faits lui valant d'être poursuivi, non seulement en correctionnelle, mais encore devant la Cour de justice de la République (CJR), qui traite des affaires concernant les membres du gouvernement pour des infractions commises dans l'exercice de leurs fonctions.

La Cour de cassation ayant rejeté, le 17 juillet 2009, tous les pourvois qu'il avait formés, l'ancien ministre de l'Intérieur a donc été renvoyé devant la CJR, pour trois dossiers différents. Le premier concerne l'attribution en avril 1994 de l'exploitation du casino d'Annemasse (Haute-Savoie) à un de ses proches, Robert Feliciaggi (assassiné à Ajaccio le 10 mars 2006), en échange d'un financement politique ultérieur. Charles Pasqua est renvoyé devant la Cour pour « corruption passive sur personne dépositaire de l'autorité publique ». Il a déjà été condamné en mars 2008 à dix-huit mois de prison avec sursis, confirmés en septembre 2009 par la cour d'appel de Paris, dans un autre volet de ce dossier, concernant de nouveau le financement présumé illégal de son parti, le Rassemblement du peuple français, alors qu'il n'était plus membre du gouvernement [a].

Autre dossier traité par la CJR : le transfert du siège de la branche transport de GEC-Alsthom à Saint-Ouen (Seine-Saint-Denis), qui nécessitait l'accord du ministre de l'Intérieur et avait entraîné en 1994 le versement d'une commission de près de 800 000 euros à Étienne Léandri, un proche de Charles Pasqua qui aurait, selon ce dernier, agi à son insu. Charles Pasqua a encore connu d'autres problèmes, non redevables de la Haute Cour. Il a bénéficié d'un non-lieu en septembre 2009 dans le cadre de l'affaire irakienne « Pétrole contre nourriture », pour laquelle d'autres protagonistes de haut vol demeuraient poursuivis en décembre 2010 [b].

---

a Avec lui, ont comparu sur le banc des prévenus : l'homme d'affaires Michel Tomi, la fille de ce dernier et ancienne patronne du PMU du Gabon Marthe Mondoloni, ainsi que l'avocat Edgard Vincensini.

b Concernant les personnalités françaises, elles seraient entrées en relation avec les dirigeants irakiens par l'intermédiaire d'Elias Firzli, agent commercial proche de Total et avocat libanais. La justice a renvoyé en septembre 2009 plusieurs personnes devant le tribunal correctionnel pour abus de biens sociaux et/ou corrup-

Le 29 avril 2010, la Cour de justice de la République a condamné Charles Pasqua, quatre-vingt-trois ans, à un an de prison avec sursis pour « complicité et recel d'abus de biens sociaux », dans le seul dossier de la Sofremi. Et elle l'a relaxé dans les autres dossiers où il était mis en cause (affaires du casino d'Annemasse et du siège de GEC-Alsthom). L'ancien ministre s'est pourvu en cassation, mais tous ses pourvois ont été rejetés le 23 juillet 2010 et il a alors fait part de son intention de se présenter devant la Cour européenne des droits de l'homme.

Soutiens dans l'appareil d'État

Quant à Pierre-Joseph Falcone et Arcadi Gaydamak, ils n'ont pas manqué de soutiens au sein même de l'appareil d'État. Le 15 novembre 2000, le secrétaire général de la Défense nationale Jean-Claude Mallet, qui assure le secrétariat de la CIEEMG, écrit aux enquêteurs de la brigade financière qui l'ont sollicité : « Les opérations de courtage elles-mêmes, lorsqu'elles ne donnent pas lieu à un mouvement physique d'exportation à partir du territoire national, ne sont pas soumises à autorisation. » Cela voudrait donc dire que, puisque personne n'accuse Pierre-Joseph Falcone et son ami Arcadi Gaydamak d'avoir fait transiter des armes par la France, les accusations de trafic seraient nulles et non avenues. Or l'avis ne vient pas de n'importe qui : Jean-Claude Mallet est un conseiller d'État considéré comme proche de Pierre Joxe, dont il fut longtemps le collaborateur aux ministères de l'Intérieur et de la Défense.

S'il donne cet avis totalement contradictoire avec celui que le ministre Alain Richard fera connaître moins de deux mois plus tard, c'est qu'il l'estime dicté par le droit. Il a quelques raisons pour cela : nommé secrétaire général de la Défense nationale deux ans et demi plus tôt, en

tion d'agents publics étrangers : Bernard Guillet, ancien conseiller diplomatique de Charles Pasqua, soupçonné d'avoir reçu 6 millions de barils entre 2001 et 2003 ; Jean-Bernard Mérimée, ambassadeur de France aux Nations unies de 1991 à 1995 puis conseiller spécial du secrétaire général de l'ONU de 1998 à 2002 (6 millions de barils de 2001 à 2003) ; Serge Boidevaix, ancien diplomate devenu consultant (en 1993, il a présidé l'Association franco-irakienne de coopération économique ; il est soupçonné d'avoir perçu 32,6 millions de barils de 1998 à 2003 pour le compte de la société suisse Vitol) ; Claude Kaspereit, fils de l'ancien député RPR de Paris Gabriel Kaspereit. En novembre 2000, cet homme d'affaires affrète un avion pour emmener en Irak, notamment, Jany Le Pen, épouse du président du Front national Jean-Marie Le Pen et présidente de SOS-Enfants d'Irak (Claude Kaspereit est soupçonné d'avoir reçu 9,5 millions de barils de 2001 à 2003 à travers sa société European Oil and Trading Company).

juillet 1998, il est depuis cette date le plus haut fonctionnaire français en charge du contrôle des ventes d'armes. Il n'évoque pas les aspects financiers ou fiscaux, qui ne le concernent pas ; mais qu'il ne voie pas malice dans la procédure de transfert mise en place par Falcone et Gaydamak n'est pas sans importance. Insatisfait de son analyse, le juge d'instruction Philippe Courroye lui demande alors de la revoir, mais Jean-Claude Mallet réitère sans ambiguïté qu'« aucune obligation internationale ne prévoit à ce jour d'embargo complet sur les armes à destination de l'Angola ». Il réaffirme que les ventes d'armes « ne sont pas soumises à autorisation [...] lorsqu'elles n'entraînent pas de passage de matériel par le territoire français ». Pourtant, le juge Courroye passera outre, arguant quant à lui que les activités des deux marchands d'armes sont passibles de poursuites pour commerce illicite d'armes, abus de biens sociaux et trafic d'influence. Le débat est-il seulement technique ?

Alors que le procès approchait — il s'est ouvert le 6 octobre 2008 —, plusieurs éminentes personnalités françaises se sont mobilisées en faveur de Pierre-Joseph Falcone. Moins d'ailleurs pour ses beaux yeux que pour sauver ce qui pouvait encore l'être dans la relation de la France avec l'Angola, premier producteur de pétrole d'Afrique subsaharienne et premier fournisseur pétrolier de la France dans cette région, à égalité avec le Nigéria — le pays est riche de fabuleuses réserves d'hydrocarbures qui restent à explorer. Du 14 au 16 novembre 2007, le secrétaire d'État à la Coopération, Jean-Marie Bockel, se rend en visite à Luanda, accompagné notamment par le conseiller élyséen chargé de la cellule Afrique, Bruno Joubert. Dix jours plus tard, le 27 novembre 2007, le premier collaborateur de Nicolas Sarkozy, le secrétaire général de l'Élysée Claude Guéant, se rend à son tour en Angola pour rencontrer le président Dos Santos, qui le reçoit en compagnie de Manuel Hélder Vieira Dias, chef de la maison militaire, et de Manuel Vicente, le patron de la société pétrolière d'État Sonangol [23]. Le 27 mai 2008, c'est Nicolas Sarkozy en personne qui fait le voyage, pour les mêmes motifs, avant qu'un accord sur la protection réciproque des investissements soit signé le 24 juin 2008 à Paris.

Mais comment convaincre les juges de ne point faire de mauvaises grâces à l'Angola ? C'est le ministre de la Défense, Hervé Morin, qui s'y colle. Sur ordre de l'Élysée, ce bon soldat exprime à son tour le 11 juillet 2008 ses doutes sur la réalité d'une infraction, dans une lettre à l'avocat de Pierre-Joseph Falcone, Me Pierre-François Veil [24] : « La législation relative aux opérations de ventes d'armes et de munitions [...] ne s'appliquait pas, aux dates retenues par le dossier de l'instruction, à l'activité exercée par M. Pierre[-Joseph] Falcone telle que vous la décrivez [25]. » Cette analyse coïncide avec celle des avocats de Pierre-Joseph Falcone, qu'ils ont toujours présenté comme un « homme d'affaires respectable », œuvrant, « au péril de sa vie », « pour le plus grand intérêt des entreprises françaises ». Mais elle sera rejetée par le tribunal.

Que l'exécutif, en les personnes de plusieurs membres du gouvernement et de l'Élysée après 2007, ait pris explicitement position en faveur de l'Angola et du courtier Falcone, a provoqué un choc sérieux dans une partie de la magistrature... Dans son réquisitoire, le procureur Romain Victor fustigera cette « démarche extraordinaire » constituée par « cette lettre d'une autorité ministérielle française adressée à un prévenu poursuivi pour trafic d'armes devant une juridiction française, estimant que le trafic d'armes n'était pas consommé ». Et, plus clairement sans doute que quiconque, c'est lui qui expliquera dans son réquisitoire en quoi l'affaire des ventes d'armes à l'Angola est une affaire d'État : « Les raisons véritables de ce laisser-faire sont peut-être à rechercher dans des intérêts économiques et stratégiques [de la France] qui apparaissent en filigrane. À l'évidence, les ventes d'armes à l'Angola ont été connues à des degrés divers, bien avant la procédure. Et rien ne se passe. Aucune dénonciation n'intervient. Le ministère de la Défense ne déposera plainte qu'en 2001, qu'après avoir été saisi par le procureur de Paris, lui-même saisi par le juge d'instruction [26]. »

Après ce réquisitoire cinglant, dont la lecture par les procureurs Romain Victor et Yves Badorc durera huit heures, le verdict prononcé un an plus tard, le 27 octobre 2009, est sévère pour plusieurs protagonistes. Charles Pasqua, nous l'avons vu, est condamné à trois ans de prison, dont un an ferme. Tirant ses dernières cartouches, le sénateur des Hauts-de-Seine exigera dans la foulée une intervention de Nicolas Sarkozy : « Je demande au président de la République de lever le "secret défense" sur toutes les ventes d'armes, sur toutes ces opérations qui ont été réalisées à l'étranger afin que l'on sache s'il y a eu des retours de commissions en France et qui en a bénéficié. » Mais, devant des dizaines de micros et de caméras, l'artiste effectuait l'un de ses derniers tours de piste et ses protestations n'ont pas convaincu.

Jean-Christophe Mitterrand se voit pour sa part infliger deux ans de prison avec sursis ; et Paul-Loup Sulitzer quinze mois avec sursis. Jacques Attali et le magistrat Georges Fenech sont relaxés. Pierre-Joseph Falcone — dont l'immunité diplomatique fournie par l'Angola n'a pas été reconnue et qui a été arrêté à l'audience — est condamné à six ans de prison ferme (pour trafic d'armes, trafic d'influence, abus de confiance, abus de biens sociaux), comme Arcadi Gaydamak. À la fin de l'année 2010, les plus hautes autorités politiques et judiciaires de l'État continuaient de chercher un moyen pour sortir Pierre-Joseph Falcone d'une situation d'autant plus difficile qu'il demeurait en détention, après deux demandes de mise en liberté rejetées par une formation de la cour d'appel de Paris présidée par le juge Christian Pers. Un homme peu sensible, donc, aux arguments de la défense de Pierre-Joseph Falcone et qui devait présider son procès en appel prévu pour le 19 janvier 2011. Les choses étant bien faites, le juge Christian Pers a reçu une flatteuse promotion à la Cour de cassation, rendue publique le 10 novembre 2010. Et le procès en appel ne sera pas dirigé par lui [27].

Quant à Jean-Charles Marchiani, l'autre personnage clé de cette affaire, il a écopé de quinze mois fermes en première instance. Peine qui attendra pour être exécutée, ou non, qu'elle ait été examinée par la cour d'appel. Dans le dossier des ventes d'armes à l'Angola, Jean-Charles Marchiani aura été omniprésent, sans jouer les premiers rôles. Mais pourquoi et comment est-il arrivé dans cette affaire ?

Jean-Charles Marchiani, un homme de l'ombre

À la fin des années 1980, cet ancien officier du SDECE, né en 1943, a déjà vécu mille vies lorsqu'il est amené, à la demande discrète du gouvernement de Jacques Chirac, à intervenir en faveur des otages français détenus au Liban. L'affaire est extrêmement complexe, mais ses tenants et aboutissants sont connus et font appel, du côté des ravisseurs, à des hommes et à des factions libanaises prenant leurs ordres chez les mollahs de Téhéran. Il n'est pas contestable que les otages français enlevés au Liban durant l'année 1985 l'ont été par le Hezbollah, sur ordre de Téhéran. Une faction iranienne, comprenant des mollahs radicaux et les chefs des Gardiens de la révolution, entendait ainsi obtenir satisfaction sur deux dossiers — ce qui s'est d'ailleurs produit.

Le premier concernait le contentieux Eurodif. En 1974, le chah d'Iran avait prêté un milliard de dollars au Commissariat à l'énergie atomique français (CEA), pour contribuer au financement du centre européen d'enrichissement d'uranium Eurodif. Après leur arrivée au pouvoir en 1979, les mollahs avaient exigé de quitter le programme, mais la France avait refusé le remboursement du prêt. Le second contentieux portait sur le soutien de la France à l'Irak dans sa guerre contre l'Iran, ouverte en septembre 1980. Les mollahs n'avaient pourtant pas vraiment été abandonnés par les gouvernements de Pierre Mauroy et de Laurent Fabius : sur ordre, nous l'avons vu (voir *supra*, chapitre 3), la société Luchaire avait vendu à l'Iran — pourtant sous embargo — des centaines de milliers d'obus entre 1982 et 1986.

Le négociateur français Jean-Charles Marchiani avait établi le contact, engageant l'ouverture de négociations « d'État à État » avec les commanditaires iraniens des ravisseurs, grâce aux informations qui lui avaient été fournies par les hommes d'affaires chrétiens libanais Iskandar Safa et Akram Safa. Les derniers otages français libérés arriveront à Paris le 5 mai 1988 [a]. Frappé à partir de décembre 2001 par un mandat d'arrêt international français, Iskandar Safa est néanmoins resté actif ensuite dans les milieux économiques moyen-orientaux, où il a continué son rôle d'intermédiaire, notamment pour des entreprises françaises d'aéronautique, d'électronique et d'armement. Le mandat d'arrêt contre Iskandar Safa entrait dans le cadre de poursuites pour « recel de blanchiment aggravé » et pour « trafic d'influence aggravé » : il portait sur d'importantes sommes d'argent en espèces qui auraient été perçues par des proches de Charles Pasqua et de Jean-Charles Marchiani, à partir d'un compte bancaire suisse de l'homme d'affaires libanais. D'où venaient ces fonds ? D'une rançon versée par la France aux ravisseurs des otages français au Liban libérés en 1987 et en 1988. Alors dirigé par Jacques Chirac, le gouvernement de l'époque a toujours démenti le versement d'une telle rançon. La justice en était pour sa part convaincue.

Mais en octobre 2009, alors qu'il avait été placé en détention préventive pour cette affaire du 2 août au 2 décembre 2004, un magistrat instructeur a lavé Jean-Charles Marchiani de tout soupçon. Les accusations avaient été lancées en janvier 2001, lorsque la DST avait transmis à la justice une « note blanche » titrée « Relations entre l'homme d'affaires Iskandar Safa et le député européen Jean-Charles Marchiani », publiée par *Le Monde* le 7 janvier 2002. La DST estimait que de présumées libéralités versées par Iskandar Safa à Marchiani, Pasqua et quelques autres auraient donc pu provenir du détournement d'une partie des fonds qu'aurait débloqués la France pour payer la rançon des otages libérés en 1988. Le juge d'instruction Philippe Courroye avait été saisi dans la foulée. Dans ce dossier, Charles Pasqua était quant à lui soupçonné d'avoir bénéficié, en tant que responsable de l'association France-Afrique-Orient (FAO), de la mise à disposition gratuite, entre 1989 et 1993, de locaux appartenant à la holding d'Iskandar Safa, Triacorp International Investment. D'après la

---

a Il s'agit du journaliste Jean-Paul Kauffmann et des diplomates Marcel Carton et Marcel Fontaine, tous trois enlevés trois ans plus tôt. Le chercheur Michel Seurat était mort en détention en mars 1986. Les journalistes Jean-Louis Normandin et Roger Auque, respectivement enlevés en mars 1986 et janvier 1987, avaient été libérés le 27 novembre 1987.

justice, la valeur des loyers qui auraient dû être versés s'élevait à l'équivalent de 870 000 euros.

Dans cette affaire, Charles Pasqua a été mis en examen le 5 octobre 2005 pour « recel d'abus de biens sociaux ». Dans son ordonnance de non-lieu rendue en octobre 2009, le juge d'instruction Philippe Hullin s'est montré particulièrement sévère pour la DST, expliquant : « ces accusations n'ont jamais été étayées, n'ont fait l'objet d'aucune investigation matérielle en huit ans, et l'existence même d'une rançon versée par l'État français pour la libération de ses ressortissants au Liban n'est soutenue par aucun élément objectif [28] ».

Cette piste se révélant sans issue, l'enquête s'était ensuite orientée vers le versement d'éventuelles commissions en marge de la vente au Koweït, en 1995, de patrouilleurs par les Constructions mécaniques de Normandie (CMN), une société appartenant à Iskandar Safa. Ce contrat « Garoh », d'une valeur de 505 millions d'euros, a fait encourir à Iskandar Safa le reproche d'avoir personnellement perçu 4,23 millions d'euros, somme qui aurait ensuite partiellement bénéficié à Jean-Charles Marchiani. Pour ces raisons, Iskandar Safa et son frère Akram Safa avaient été poursuivis et avaient quitté la France, où ils ne sont revenus qu'en octobre 2007. Ils ont alors indiqué n'avoir reçu aucune somme, sinon des remboursements de frais ou la « prise en charge par leurs soins, sur fonds propres, pour près de 3,4 millions d'euros à compter de 1992, de commissions versées à des agents étrangers identifiés en marge et pour les besoins du contrat ». Concernant les versements à Jean-Charles Marchiani, l'ordonnance de non-lieu retient que les frères Safa « n'ont pas contesté avoir été en relation d'affaires avec ce dernier à partir de 1988, à une époque où il n'avait aucun mandat électoral ni fonction dans l'administration publique ».

Selon Jean-Charles Marchiani et Charles Pasqua, encore ministre de l'Intérieur à l'époque de la libération des otages du Liban en mai 1988, le conflit avec leurs ravisseurs libanais téléguidés par le pouvoir iranien n'a pas été soldé par le versement d'une rançon, mais par le règlement du contentieux Eurodif. Celui-ci, on l'a vu, portait sur le remboursement d'une partie du prêt d'un milliard de dollars consenti en 1974 par le chah d'Iran à Eurodif : cet accord a été conclu à Genève, en avril 1988, entre un représentant de l'État iranien et Jean-Claude Trichet, alors directeur du Trésor (et futur patron de la Banque centrale européenne, à partir de 2003). Le non-lieu général prononcé en octobre 2009 en faveur de l'ensemble des personnes poursuivies (Ahmad Al-Sayes, Raymond Issa, Naguid Chbeir, Marie-Danielle Faure, Christiane Fichot épouse Marchiani, Akram Safa, Iskandar Safa, Jean-Claude Marchet, Anne-Marie Privas, Jean-Charles Marchiani et Charles Pasqua) a lavé ces dernières de toute accusation « de blanchiment aggravé, de trafic d'influence aggravé et d'abus de biens sociaux, de complicité et de recel de ces infractions [29] ».

Blanchi dans cette affaire, Jean-Charles Marchiani sera néanmoins condamné quelques jours plus tard, le 27 octobre 2009, dans celle des ventes d'armes à l'Angola. Il était accusé par la justice d'avoir aidé à l'obtention de l'Ordre national du mérite par Arcadi Gaydamak, de recel d'abus de biens sociaux pour avoir bénéficié d'avantages divers consentis par les sociétés de Falcone, notamment pour rémunérer des activités de lobbying. Marchiani sera condamné pour « complicité de trafic d'influence passif » à trente-six mois de prison, dont vingt et un avec sursis, et à 375 000 euros d'amende. Il a fait appel de cette décision.

De l'Angola à la Chine, en passant par l'Algérie : l'étonnante carrière de Pierre-Joseph Falcone

La justice française n'a pas été plus accommodante avec Pierre-Joseph Falcone. Condamné le 27 octobre 2009 à six ans de prison ferme, il a été immédiatement envoyé en prison, et la cour d'appel a confirmé cette détention, au motif qu'il existait des « risques de fuite » de celui qui « dispos[ait] de moyens financiers conséquents et entret[enai]t des relations privilégiées avec des pays tiers où il pourrait trouver refuge ». Il faut dire que les ventes d'armes à l'Angola n'ont été que le début de ses affaires dans ce pays, où il a ensuite été présent dans le déminage [a], l'hôtellerie, les réseaux ferrés, l'importation de produits alimentaires et pharmaceutiques. Le régime lui a même attribué une concession pétrolière. En fait, Pierre-Joseph Falcone est devenu au fil des années un agent commercial indispensable aux dirigeants du MPLA au pouvoir à Luanda. Son implantation dans le pays ne fera que croître, au point qu'il se trouvera notamment, selon diverses sources, au cœur des relations pétrolières entre la Chine, avide d'énergie, et l'ancienne colonie portugaise, son premier fournisseur de pétrole. Plus fort encore : lorsque les ennuis de Falcone en France deviendront très sérieux, l'État angolais lui conférera en juin 2003 la dignité de « ministre conseiller » à la délégation permanente de l'Angola auprès de l'Unesco, à Paris. Cet excellent coup politique aurait

---

a La présence de nombreux industriels de l'armement dans le secteur du déminage s'explique par les moyens considérables que nécessite cette activité. On considère généralement que l'enlèvement d'une seule mine revient à 1 000 dollars (Jean GUISNEL, « Mines, faire cesser le cauchemar », *Le Point*, 20 avril 1996).

dû, pensait alors Pierre-Joseph Falcone, garantir son immunité diplomatique pour échapper aux poursuites de la justice française. Peine perdue...

À la fin des années 1990, Falcone possède des bureaux à Washington, Genève, Londres. Mais sa nouvelle base, c'est la Chine. À Pékin, « consultant » dès le début des années 1990 pour Aérospatiale — société française à capitaux d'État désormais fondue dans le groupe privé EADS —, il a contribué à la promotion du satellite de communication Sinosat 1, dont la vente effective sera signée en janvier 1996. Il intervient dans la foulée comme consultant auprès des Chinois du COSTIND (Commission for Science, Technology and Industry for National Defense) pour plusieurs entreprises françaises et pour des entreprises brésiliennes proposant un avion de surveillance des frontières.

Falcone a investi le marché chinois en utilisant notamment l'entregent du Français Thierry Imbot, ancien chef de poste de la DGSE à Pékin de 1986 à 1989, nommé du temps où son père René Imbot était directeur du service. Cet homme énergique et court sur pattes, né en 1952, qui semblait souvent dépassé par les événements quand je l'ai rencontré à plusieurs reprises dans les années 1990, dirigeait alors la société TDI China, à partir de la sublime maison partagée avec son épouse journaliste à la chaîne CNN, Susan Toffler, dans les bois de McLean (Virginie), à deux pas du siège de la CIA. De 1996 à 1999, le fils du général Imbot recevra de Pierre-Joseph Falcone 120 000 dollars pour prix de ses services [30]. Le 10 octobre 2000, Thierry Imbot sera retrouvé mort, défenestré, au pied de son appartement parisien (voir *infra*, chapitre 10).

Au ministère de la Sécurité publique pékinois, Falcone a vendu de l'« électronique de pointe », terme désignant du matériel d'écoute et d'interception des réseaux téléphoniques et de l'Internet. À Shanghai, il est l'agent d'AXA-UAP, branche Vie. À Nankin, il fournit du matériel de sécurité publique à la municipalité et la « partie la plus moderne du système de signalisation de la ville [31] », assure le traitement des déchets et l'exploitation du mobilier urbain. Dans ce secteur, Falcone va mobiliser l'appui — comme souvent — d'une personnalité au profil inattendu : Alexandre Jia, un chanteur soliste à l'Opéra de Pékin, qui exerça ensuite ses talents à l'Opéra de Paris. A-t-il été efficace pour faire entrer Falcone en contact avec certains milieux dirigeants chinois ? Sans doute, puisque la justice française a établi qu'il avait reçu de Falcone, en 1998 et 1999, l'équivalent de plus de 120 000 euros.

Le flamboyant Pierre-Joseph Falcone possède bien des cordes à son arc. Alors qu'il se trouve emprisonné à Paris, un énorme scandale éclate en Algérie à la fin de 2009. La presse algérienne révèle en effet à cette époque que le contrat de construction de 1 200 km d'autoroute entre les frontières marocaine et tunisienne de l'Algérie aurait été assorti de gigantesques pots-de-vin payés par les entreprises chinoises du groupe Citic-CRCC, qui avaient remporté le marché en 2006. Ce contrat de 11 milliards de dollars, assorti de 536 millions de commissions (à 5 % de la valeur du contrat, ce chiffre est très certainement sous-évalué) qui seraient allées dans les poches de sept hauts fonctionnaires du ministère des Travaux publics, aurait été négocié par Pierre-Joseph Falcone et l'Algérien Chani Mejdoub. Lorsque les Chinois ont eu du mal à obtenir le paiement de leurs prestations, c'est encore Falcone et son associé qui seraient intervenus pour débloquer les financements, et empocher plus de 100 millions de dollars au passage.

Toutes informations à prendre au sérieux mais avec force pincettes, car difficiles à vérifier et émanant presque exclusivement de journalistes algériens dont la seule source, de leur aveu même, est le Département de renseignement et de sécurité (DRS, ex-Sécurité militaire), la police politique au cœur du pouvoir réel en Algérie depuis 1962 : un service passé maître, depuis des décennies, dans l'art de distiller simultanément des informations hautement vraisemblables, voire avérées, et une désinformation véhiculant de grossiers mensonges.

Tel fut le cas lors de la « campagne anticorruption » lancée fin 2009 par les généraux du DRS pour torpiller définitivement sur la scène politique le clan adverse, celui du président Abdelaziz Bouteflika, devenu trop gourmand dans la captation des commissions liées à la corruption dans les grands marchés d'État (travaux publics, équipements et marchés pétroliers, etc.). Soucieux de rétablir à leur avantage la distribution de ces commissions, ces généraux ont alors frappé fort, en limogeant ministres et sbires du *working level* liés au clan présidentiel, livrant au passage quelques secrets de famille, comme en a témoigné par exemple en octobre 2010 un article du quotidien francophone *El Watan* évoquant le rôle de Falcone en Algérie : « C'est durant le règne de l'ex-ministre de l'Énergie [Chakib Khelil, de décembre 1999 à mai 2010, proche de Bouteflika] que Falcone a obtenu le monopole d'une grande partie des marchés de réalisation des bases de vie au sud du pays et de l'installation des *pipes*, non pas en tant qu'entreprise, mais en tant qu'intermédiaire qui percevait sa commission sur chaque marché pris par une société étrangère. Négociant pétrolier, toutes les portes lui étaient ouvertes au ministère de l'Énergie et à Sonatrach [l'entreprise nationale gérant l'exploitation des hydrocarbures], tout comme d'ailleurs au ministère des Travaux publics [32]. »

Mais revenons en France, pour tirer une leçon provisoire de ces épisodes : le traitement des affaires Luchaire et des ventes d'armes à l'Angola en a fait des cas d'école pour comprendre le fonctionnement des « marchés gris ». Tout y est : la légalité approximative, les financements de partis politiques, les jeux d'influence et les rapports de forces au sein de l'appareil d'État, les appuis internationaux douteux, les pays en développement dont les dirigeants s'enrichissent sur les passations de contrats. Des pratiques que l'on retrouve sur bien d'autres marchés, comme ceux des diamants, qui nourrissent tant de fantasmes, ou des hydrocarbures, dont la France industrialisée — pour ne citer qu'elle — a besoin de sécuriser les approvisionnements. Dans tous les cas, les États vendeurs jouent de ces marchés douteux pour pousser leurs propres pions. Personne ne s'étonnera que, dans ces domaines, la morale soit absente. Mais, pour toucher le fond, il faut entrer dans un marché encore plus opaque : le marché noir des ventes d'armes. Et, dans les années qui se sont écoulées depuis la fin de la guerre froide, celui-ci n'a eu qu'un maître : le Russe Viktor Bout. Il se pourrait bien qu'après avoir sévi impunément sous tous les cieux, sa course soit terminée…

8

Objectif : Viktor Bout !

L'image montre un homme encore jeune derrière les gros barreaux d'une prison thaïlandaise. Nous sommes en mars 2008. Le visage est rond, presque poupin, plutôt ouvert. La moustache courte envahit toute la lèvre supérieure. Mais ce qui frappe, ce sont les yeux : déterminés, ils sont fixés sur l'objectif de la caméra et ne disent rien d'autre que : « N'attendez rien de moi ! » Il est peut-être milliardaire et plus sûrement trafiquant, parle excellemment une invraisemblable quantité de langues (russe, anglais, français, espagnol, xhosa, zoulou, allemand, portugais, farsi et ourdou [1]) et se trouve alors parti pour de longues années derrière les barreaux. Motif ? Trafic d'armes. Viktor Bout est tombé... Cet homme très mal connu dit être né à Douchanbé (Tadjikistan) en 1967. Mais certaines sources prétendent qu'il serait natif d'Achgabat (Turkménistan), ou d'Ukraine, ou de Smolensk, en Russie... Allez savoir ! En vingt ans, il est devenu l'archétype du vendeur sans scrupule d'armes légales et illégales, et l'un des plus réputés. À tel point que, dans le célèbre film d'Andrew Niccol *Lord of War* (2005), son personnage a inspiré celui de Youri Orlov, incarné par Nicolas Cage. Il s'appelle Viktor Anatolijevitch Bout. Dans ce film, il n'est toutefois pas le seul modèle : des traits d'autres personnages transparaissent, parmi lesquels ceux du Français Jean-Bernard Lasnaud, du Syrien Monzer Al-Kassar, du Libanais Sarkis Soghanalian ou de l'Ukrainien Leonid Minin. Mais Bout est bien le premier d'entre eux.

Marchand de mort

Lors de la chute de l'URSS, fin 1991, cet ancien pilote militaire — à moins qu'il n'ait été un agent du renseignement militaire, le GRU, ou les deux — n'a que vingt-quatre ans. Mais, dès cette époque, il livre à des clients étrangers des stocks d'armes et de munitions issus des arsenaux de l'empire déchu, que vendent les officiers des forces armées. Banal, selon William Odom, spécialiste américain de la dislocation de l'ex-URSS : « Dans les républiques baltes et au Tadjikistan, les vols et les ventes d'équipement militaire étaient endémiques. En 1990-1991, les armes, les véhicules et d'autres matériels des forces terrestres se retrouvaient dans des mains civiles à une vitesse alarmante. Dans de nombreux cas, les chefs de corps devaient vendre tout ce qui se trouvait en leur possession pour nourrir leurs troupes, ou pour leur propre profit. Un grand nombre de divisions ne comptaient que 10 % ou 15 % de leurs effectifs théoriques, ce qui voulait dire que de nombreux équipements en stock pouvaient être vendus sans priver les troupes [2]. » À cette époque aussi, des milliers d'avions de transport fabriqués par les Soviétiques pour la compagnie Aeroflot, qui les utilisait tant pour les vols civils que pour les missions militaires, rouillent sur des centaines de pistes d'aviation. Portes ouvertes, vitres brisées, câbles dénudés, pneus crevés, tous ces Antonov, Iliouchine, Yakovlev et autres Tupolev sont alors à qui veut les prendre et les faire voler, après avoir effectué des réparations sommaires. Ou, d'ailleurs, sans réparation du tout.

Des éléments de l'appareil militaire russe, sans doute membres des services secrets de l'armée, le GRU, commencent par fournir trois Antonov à Viktor Bout, pour une misère : 120 000 dollars. Il n'a pas encore vingt-cinq ans et c'est là que commence sa fortune. Ses trois premiers avions s'envolent d'abord pour le Danemark, d'où ils repartiront pour les juteuses routes du tiers monde [3]. Selon un rapport très fouillé d'Interpol, datant du 4 décembre 2000 [4], Bout s'installe cinq ans plus tard, en 1996, sur l'aéroport d'Ostende, dans les locaux tout juste libérés par une autre société, Aviation Network Group (TAN Group), qu'il possède à 50/50 avec le Français Michel Victor-Thomas. Au départ, Bout n'est pas propriétaire de la totalité de sa flotte. Dans un premier temps, ses commanditaires russes lui ont loué ces appareils, charge à lui de les remplir d'armes issues là encore des arsenaux de Russie ou des pays de l'ex-URSS, d'encaisser les dollars et de rétribuer ses protecteurs. Il se passera vite de leur parrainage...

Sa flotte d'avions militaires russes — il en exploitera jusqu'à cinquante — se promènera à l'intérieur d'une nébuleuse de compagnies aériennes, qu'il possède en tout ou partie, ou dont l'exploitation passe par d'impénétrables contrats d'affrètement. Leur tête de pont est Air Cess, qui a succédé à Cessavia. Mais elle compte également Central African Airlines, San Air General Trading, Air Bas, CET Aviation, Irbis, Transavia Travel, Santa Cruz Imperial, Bukavu Aviation Transport, Business Air Services, Trans Aviation Network Group, Trans Attico, Great Lakes Business Co, Phoenix Aviation, Tapo Avia, Flying Dolphin, Volga-Transdnepr, Airstam, Hungarian Ukrainian Cargo, etc. Viktor Bout est basé à Sharjah, sur le Golfe arabo-persique, le plus petit des émirats composant la Fédération des Émirats arabes unis. Il s'y trouve avec la bénédiction du cheikh Sultan ben Mohammed Al-Qassimi... Tous les mouvements rebelles de la planète ont alors recours à ses services : ceux de l'Angola (Unita), du Kenya, du Soudan, de l'Ouganda [5] ou de la Sierra Leone (RUF, Revolutionary United Front de Sam « Mosquito » Bockarie) [6]. Sans oublier les FARC (Forces armées révolutionnaires de Colombie) et le FDLR (Forces démocratiques pour la libération du Rwanda) de Straton Musoni. Au Zaïre (devenu République démocratique du Congo en 1997), Bout est payé en diamants et en coltan [a] par le MLC (Mouvement de libération du Congo) de Jean-Pierre Bemba [b].

L'Afrique ? Bout la connaît par cœur. Elle coule dans ses veines comme dans celles de tous les militaires qui ont foulé son sol. Russe et espion, il a fréquenté le continent noir du temps du communisme comme jeune officier du GRU, le renseignement militaire. Et c'est en Angola qu'il aurait définitivement attrapé le virus, quand il y était interprète pour des observateurs russes de l'ONU appartenant à l'UNAMEV I, une mission qui dura de 1989 à 1991 pour vérifier le déplacement des troupes cubaines [7]. Mais rien n'est sûr... Bien des années plus tard cependant, en mai 1997, c'est un avion de ce bon Viktor Bout qui exfiltrera en extrême urgence le sinistre dictateur du Zaïre Mobutu Sese Seko, sous le feu de ses gardes du corps abandonnés sur le tarmac de l'aéroport de Kinshasa [8]. Les années 1990 sont pour lui pain bénit, faisant de lui un acteur majeur — comme pourvoyeur d'armes pour les belligérants et assassins de tous bords — de la terrible « guerre des Grands Lacs », qui a fait plus de 4 millions de morts en

a Minerai rare formé de deux composants, la colombite et la tantalite, cette dernière fournissant le tantale, un matériau aux propriétés physiques exceptionnelles, fort prisées pour la fabrication de composants électroniques.

b Tout comme Bout, ce dernier connaîtra des revers de fortune : poursuivi par la Cour pénale internationale (CPI) pour des crimes de guerre et des crimes contre l'humanité qu'il aurait commis en République centrafricaine en 2002 et 2003, Bemba a été arrêté en Belgique en juillet 2008 ; détenu depuis à La Haye, son procès devant la CPI a commencé le 22 novembre 2010.

Afrique centrale de 1993 au début des années 2000, souvent qualifiée de « Première Guerre mondiale africaine » [9].

Les zones de conflit en Afrique sont d'autant plus adaptées au transport aérien que les pistes sont nombreuses, les vols discrets permettant d'échapper sans difficulté aux contrôles et aux formalités. Ainsi, rien n'est plus simple que de prétexter un faux « atterrissage d'urgence » ou de rejoindre une destination différente de celle inscrite sur le plan de vol. Dans un document sur la contrebande aérienne d'armements, le Quai d'Orsay remarquait en 2006 que « d'autres techniques impliquent les vols "en relais" au cours desquels la marchandise est déchargée à un point d'expédition, puis envoyée vers sa destination finale par un autre avion. Plus le nombre de points de transbordement et d'avions impliqués est grand, plus l'expédition et la destination finale des livraisons d'armes peuvent être brouillées, compliquant la tâche des autorités nationales dans l'identification et le dépistage des envois suspects et des acteurs impliqués [10] ». En outre, l'itinéraire des livraisons d'armes se complexifie encore par des pratiques telles que « la sous-location d'autorisations de survol internationales grâce à laquelle un avion se déplace sous l'indicatif d'appel d'un autre, l'enregistrement de plans de vol fictifs et le manque de respect ou de contrôle des détails du vol par les autorités aéroportuaires et douanières ». Ne dirait-on pas que ce passage a été rédigé en pensant spécifiquement à Viktor Bout, dont les avions changent plus vite d'immatriculation que ne varie la météo et qui se rit des embargos de l'ONU sur les livraisons d'armes aux pays en guerre ?

Bout ne sévit pas seulement en Afrique. De 1992 à 1996, il convoie ses cargaisons d'armes en Afghanistan, au profit des troupes du « Lion du Panchir », Ahmed Shah Massoud, contribuant ainsi à alimenter une guerre civile particulièrement meurtrière. Devenu ministre de la Défense d'un régime transitoire, le leader de l'Alliance du Nord l'aurait alors payé en émeraudes. En effet, après le départ des troupes soviétiques en 1989, l'Afghanistan était resté aux mains d'un régime communiste soutenu par Moscou et dirigé par Mohammed Najibullah. En 1992, Ahmed Shah Massoud, chef de l'ethnie tadjike — qui représente moins du quart de la population afghane —, participe à l'éviction de Najibullah, avec d'autres chefs de guerre afghans, et entre dans Kaboul. Il devient ministre de la Défense du nouveau gouvernement présidé par Sibghatullah Modjadeddi. Mais, dès 1993, une nouvelle guerre civile éclate entre les différentes factions. Les Panchiri de Massoud ne sont pas en reste et détruisent à l'arme lourde les quartiers chiites de la capitale afghane, laissant des milliers de morts derrière eux [a]. Comme ailleurs dans les régions du tiers monde déchirées par les guerres, les cargaisons d'armes convoyées par Viktor Bout sèment efficacement la désolation...

Le Pentagone pour client !

Avec ses appareils gros porteurs, rustiques, bien sûr pilotés par des Russes, mais pas certifiés pour voler sous les couleurs de pays développés, Viktor Bout est le seul à accepter de se poser n'importe où, aussi bien au profit des humanitaires que des militaires ou des rebelles qui les combattent. Il touche des deux côtés et mange à tous les râteliers... En 1994, lorsque la France lance l'opération Turquoise au Rwanda, c'est lui qui achemine en partie troupes et matériels grâce à un pont aérien fort profitable. Il approvisionne ensuite les troupes des génocidaires Hutu réfugiés au Congo [11]. En 1999, quarante conflits armés se déroulent simultanément, dans trente-six pays [12]. Des dizaines de ses avions volent chaque jour sous tous les cieux. Viktor Bout atteint son apogée. Les problèmes ne sont plus très loin...

Bout a-t-il jamais fourni des armes à Al-Qaida ? C'est peu probable, et d'ailleurs les Américains ne l'en accusent pas directement, ce qui veut dire qu'ils n'ont pas d'éléments... Avant 2001, il aurait en revanche livré 50 millions de dollars d'équipements militaires aux taliban afghans. Le rapport précité d'Interpol entre dans le détail des livraisons d'armes à l'Unita de Jonas Savimbi, qui n'ont rien à envier à celles de Pierre-Joseph Falcone et Arkadi Gaydamak en direction du MPLA adverse [13]. Ces opérations sont également analysées dans un document de l'ONU [14], qui relève une organisation « classique » : des sociétés bulgares et roumaines ont reçu à la fin des années 1990 des commandes d'armement considérables émanant de pays bien incapables de les financer, le Togo et le Burkina Faso notamment. Les certificats de destination finale sont pour le moins douteux, avant de se révéler purement et simplement fabriqués. Mais pas de souci : Bulgares et Roumains livrent effectivement tout ce qu'on leur demande, sans trop regarder où partent les mortelles cargaisons. Les armes bulgares seront livrées au cours de trente-huit vols organisés par la compagnie Air Cess de Viktor Bout. À l'aller, les avions véhiculent des armes. Au

a En 1996, les partisans de Massoud et les autres factions au pouvoir seront chassés de Kaboul par les « étudiants en religion », les taliban. Cinq ans plus tard, le 9 septembre 2001, Massoud sera tué par deux pseudo-journalistes, Abdessatar Dahmane et Rachid Bouraoui El-Ouaer, militants de la mouvance Al-Qaida.

retour, ou pour des voyages transversaux, ils transportent les richesses de l'Afrique, des minerais rares ou des diamants du sang.

Revenons à Viktor Bout. Le 26 novembre 2004, des inspecteurs de l'ONU qui n'avaient pas froid aux yeux se sont présentés à l'improviste sur l'aéroport de Goma (ville de l'est de la RDC), après s'être mis sous la protection de soldats sud-africains [15]. Ils n'étaient pas attendus et ont pu récupérer les documents de vol et les éléments techniques concernant vingt-six avions de Viktor Bout. L'un de ces avions, enregistré au Kazakhstan et peint en blanc, portait en toute légalité l'immatriculation UN-79954, qui le faisait passer à tort pour un avion de l'ONU. En réalité, il transportait des armes au profit des diverses factions armées congolaises et repartait chargé de minerais d'étain et de coltan [16].

Que Viktor Bout ait convoyé illégalement des armes vers tous les rebelles de la terre aurait dû inciter les gouvernants des États démocratiques à la prudence. Eh bien non ! Ces sulfureux états de services n'empêcheront pas, quelques années plus tard, ni le Pentagone ni les forces d'occupation en Irak de recourir aux compétences du peu regardant entrepreneur — ce que ce dernier a tenu à démentir vigoureusement [17]. Ainsi, fin 2004, l'une de ses compagnies d'aviation, Irbis, avait volé plus de 142 fois vers l'Irak, au profit de l'armée américaine et de ses sous-traitants. En réalité, la Defense Logistics Agency américaine utilisait les services de la société de messagerie Fedex, laquelle achetait des heures à Irbis, qui faisait la navette entre le Golfe et l'Irak à l'aide notamment d'un vieil Iliouchine Il-18. Pourtant, Viktor Bout était alors dûment inscrit sur une liste noire éditée par le ministère américain du Trésor, mais pas ses sociétés de transport aérien. Le Pentagone n'ayant pas été en mesure de se priver de ses services, l'US Air Force, le génie militaire (US Army Corps of Engineers) et d'autres encore — dont l'inévitable Haliburton — ont eu recours à lui et à sa nébuleuse comptant, outre Irbis, les sociétés British Gulf, Jetline et Air Bas. Entre autres...

Mais pourquoi donc recourir aux prestations des entreprises d'un homme aussi marqué ? Parce que, alors, la nécessité de faire passer du fret en Irak par tous les moyens possibles fait loi. Et parce que Bout offre des services que les autres sociétés ne proposent pas. Interrogé par *Le Monde* en mai 2004, un « spécialiste des trafics d'armes » expliquait que la spécificité du commerçant russe tenait à la nature même de ses équipages et de ses avions : « Ils sont habitués à se poser dans n'importe quelle zone de guerre sans états d'âme. Et si on abat un de leurs appareils, on ne risque pas de traîner les corps de pilotes américains dans les rues [18]. » Certes, mais ce n'est pas la seule raison. Ces vols en zone de combats effectués par des avions civils exigent des avions solides, des pilotes efficaces, des mécaniciens hors pair, de véritables savoir-faire logistiques, une bonne pratique des zones sous tensions multiples. Ce business n'est pas à la portée de n'importe qui, et Viktor Bout était l'homme de la situation. Il ne servait pas seulement les dictateurs et les tortionnaires, mais quiconque pouvait s'offrir ses services. Le comparant à un autre courtier en armements illégaux, le Syrien Monzer Al-Kassar, le service de documentation du Congrès américain écrit qu'ils ne sont tous deux « engagés envers aucun groupe ou idéologie. Leurs motivations apparaissent comme étant purement orientées vers le profit [19] ». Que de nombreuses entités légales aient fait appel à ses services n'est donc pas si étonnant...

La chute

Il n'aura pas fallu une décennie à l'ancien officier soviétique pour monter un empire, qui va prospérer près de quinze ans. Et puis sa chance va tourner. En 2002, alors qu'il a quitté la Moldavie pour la Grèce, Bout apprend que des agents britanniques veulent le coincer à Athènes. En 2004, d'autres services essaient de le surprendre à Madrid, puis au Soudan [20]. Mais il s'évanouit toujours dans la nature. C'en est trop ! Le trafiquant russe est désormais dans le collimateur des États-Unis. En 2004, ses possessions personnelles sur le territoire américain sont mises sous scellés. Le 26 avril 2005, le Département du Trésor publie une liste de trente sociétés et de quatre personnes qui lui sont liées [a], contre lesquelles Washington a décidé de prendre des sanctions, en gelant leurs avoirs et en bloquant leurs comptes. Le gouvernement des États-Unis accuse Bout d'avoir fourni des armes à plusieurs régimes sous embargo de l'ONU, dont l'Afghanistan, l'Angola, la République démocratique du Congo, le Libéria, le Rwanda, la Sierra Leone et le Soudan. Même si cette évaluation est sujette à caution, sa fortune est estimée en 2007 par la justice américaine à 6 milliards de dollars. Il faut en finir... Cette année-là, de nouvelles sanctions américaines visent Bout, ses sociétés et ses associés, concernant cette fois ses trafics d'armes en République démocratique du Congo. Mais, depuis 2000, il se terre en Russie, qui ne l'extradera jamais, et prétend s'y être retiré pour fabriquer des tuiles.

Une opération de piégeage est montée contre lui par la DEA (Drug Enforcement Administration) américaine pour l'attirer en Thaïlande et l'y jeter en prison avant de l'extrader. Pourquoi la DEA ? Question de

a Il s'agit de son frère Sergei Bout, de Serguei Denissenko, Valeriy Naydo et Richard Chichakli.

commodité juridique : Bout veut livrer des armes aux FARC colombiennes, qui pratiquent le trafic de drogue et ont enlevé des citoyens américains. Autant de crimes passibles de sanctions maximales.

Le 27 février 2008, l'agent spécial de la DEA Robert F. Zachariasiewicz obtient un mandat d'arrêt du juge Theodore Katz, de New York. Le document décrit l'opération par le menu [21]. Trois faux clients qui se font passer pour des membres des FARC prétendent lui acheter pour plusieurs millions d'euros des roquettes antichars et des missiles sol-air 9K38-Igla [a] qui seraient largués dans la jungle au bout de deux cents parachutes. Après plusieurs mois d'approches subtiles, cet homme d'une méfiance maladive, qui ne quittait plus la Russie, est progressivement attiré dans le piège par ces trois personnes connues seulement sous le nom de code CS1, CS2 et CS3 (CS pour Confidential Source). En contact avec Andrew Smulian, un associé de Viktor Bout, les agents américains négocient aux Antilles néerlandaises, puis à Copenhague (Danemark) et enfin à Bucarest (Roumanie). Ils parviennent à endormir les soupçons de Viktor Bout et à l'attirer à Bangkok. Ce sera sa fin. L'homme qui a prospéré sur les ruines du communisme jusqu'à la Global War on Terror (GWOT) engagée par George W. Bush après les attentats du 11 septembre 2001, a ensuite décliné. Trop voyant. Trop insolent. Trop en marge… Tant qu'il servait les guérillas, passe encore. Mais faire ami-ami avec les narcoterroristes, c'en était trop !

Le 6 mars 2008, la réunion avec ses pseudo-clients des FARC, au *business center* de l'hôtel Sofitel de Bangkok, se termine par son arrestation, et celle de son associé Andrew Smulian, par des agents américains avec l'appui de la police thaïlandaise [22]. Mais, en août 2009, patatras ! La justice thaïlandaise refuse l'extradition, au motif qu'elle « ne possède pas l'autorité lui permettant de punir des actes commis par des étrangers contre d'autres étrangers dans un autre pays ». Le juge Jittakorn Wattanasin va plus loin, en précisant que les accusations américaines ne sont pas recevables par la justice thaïlandaise : « Il s'agit d'un procès politique. Les FARC se battent pour une cause, il ne s'agit pas d'un gang criminel. La Thaïlande ne considère pas les FARC comme une organisation terroriste. Nous n'extraderons pas Viktor Bout [23]. »

L'accusation a dès lors paru craindre que son incapacité à démontrer que Bout disposait effectivement des armements dont il était venu négocier la vente à Bangkok, puisse lui poser des problèmes. D'autant que le gouvernement russe commençait à réclamer avec insistance le retour au

---

a Le lance-missiles sol-air SA-16 Gimlet de fabrication soviétique (1988) tire des missiles Igla-1 à guidage infrarouge de 5 200 mètres de portée.

pays de son ressortissant. En Thaïlande, où tout peut s'acheter, surtout une décision dépendant du politique, Moscou possédait des cartes qui n'avaient sans doute pas toutes été abattues. Pour Viktor Bout pourtant, persuadé qu'il avait été trahi par son ami Andrew Smulian, l'escale thaïlandaise semblait toucher à sa fin... En août 2010, une cour d'appel thaïlandaise acceptait qu'il soit extradé vers les États-Unis, avant de se rétracter quelques jours plus tard : craignant que leur procédure pour terrorisme n'aboutisse pas, les États-Unis en avaient lancé une seconde, pour blanchiment et fraude, qui eut pour principal effet de retarder l'échéance. Pour Viktor Bout, il était alors encore possible d'espérer que, d'ici là, ses puissants soutiens à Moscou auraient trouvé un terrain d'entente avec la justice thaïlandaise pour qu'il rejoigne la mère patrie.

Mais las ! Son extradition s'est finalement produite le 16 novembre 2010, vers les États-Unis où l'attendait une condamnation à la prison à vie. Ce diable d'homme étant au mieux avec le pouvoir en place en Russie, il espérait sans doute que la partie n'était pas terminée et qu'une ultime négociation entre Moscou et Washington lui permettrait de retrouver un jour la liberté...

Agents provocateurs contre l'Iran

Viktor Bout a finalement été piégé par de faux clients, mais vrais agents provocateurs. Usant de méthodes d'infiltration efficaces à défaut d'être très honorables, les Américains sont passés maîtres dans ces opérations consistant à attirer une « proie » dans un lieu où il sera possible de s'en saisir avant de la déférer à la justice. Ces pièges peuvent se refermer dans un pays étranger où le suspect sera arrêté avec l'aide de la police locale, comme ce fut le cas pour Viktor Bout. Il peut également être intercepté aux États-Unis, comme plusieurs courtiers illégaux en armements en ont fait l'expérience au cours des années 2000. Le Belge Jacques Monsieur, cinquante-six ans, trafiquant d'armes réputé vivant en France et travaillant notamment au profit des mollahs iraniens, en sait quelque chose. Dans une carrière mouvementée, le dernier faux pas en date remonte à août 2009 : alors qu'il arrivait à New York, il fut arrêté par le FBI, au cours d'une opération très similaire dans son principe à celle qui a fait tomber Viktor Bout.

Après son arrestation, Monsieur s'est vu inculpé par un grand jury de conspiration pour exportation illégale de pièces détachées d'avions de combat américains vers l'Iran frappé d'embargo par les États-Unis ; il a été présenté ensuite à un juge fédéral de Mobile (Alabama) et incarcéré. Il avait en effet tenté d'acquérir des réacteurs et des pièces de rechange pour d'antiques avions de chasse F-5 Freedom Fighter achetés par l'Iran avant la révolution islamique de 1979 — ces mêmes avions qui avaient été naguère vendus à l'Arabie saoudite par Adnan Khashoggi (voir *supra*, chapitre 1). Problème : le contact susceptible de lui procurer ces pièces de F-5, qu'il avait rencontré à Paris au printemps 2009, était en réalité un agent du FBI ! Lors de son arrestation, la justice américaine avait initialement indiqué que les charges pesant contre lui pourraient lui valoir soixante-cinq ans de prison, à savoir cinq ans pour la conspiration, dix ans pour la contrebande, dix autres pour violation de la loi sur les exportations d'armements AECA (Arms Export Control Act), vingt ans pour le blanchiment d'argent et vingt ans encore pour violation de la loi IEEPA (International Emergency Economic Powers Act). Mais, après avoir plaidé coupable, la peine encourue devint au maximum six années d'emprisonnement, assorties de 250 000 dollars d'amende. Présenté comme son complice, l'Iranien Dara Fotouhi, cinquante-quatre ans, échappa à l'arrestation et se trouvait toujours en fuite en novembre 2010.

Selon l'acte d'accusation, Monsieur a cherché à se procurer les pièces détachées illégales par le biais d'une société basée au Kirghizstan, qui les aurait fait livrer aux Émirats arabes unis, *via* la Colombie, puis les aurait transférées en Iran. Pour obtenir une licence d'exportation, il est classique, nous l'avons vu, que les trafiquants d'armes présentent des certificats de destination finale (*end users*) de complaisance. C'est le procédé de base du trafic d'armes et dès qu'il convient de livrer des armes dans un pays sous embargo, ou de détourner une réglementation nationale, les *end users* de complaisance sont de la partie [24] ! Contre rétribution occulte, un fonctionnaire stipendié d'un pays pseudo-destinataire complaisant signe ce document, tandis que le matériel litigieux gagne une autre destination. Dans le cas de Monsieur, c'est l'Iran. Dans les années 1980, Jacques Monsieur — souvent surnommé « le Maréchal [25] », ou « le Renard » — utilisait souvent le Zaïre pour cet exercice.

À cette époque, déjà au service des mollahs iraniens, il a été mêlé au scandale de l'Irangate. Ensuite, il a trempé dans tous les trafics d'armes et a toujours prétendu travailler autant pour les services secrets que pour son propre compte. C'est assez peu crédible, quand on voit l'accumulation de ses années de prison : deux ans en Iran, puis en Turquie, en Belgique et en France, sans même parler de ses ennuis aux États-Unis. Le journaliste Laurent Léger, qui l'a interviewé pour un ouvrage dont il est le principal personnage [26], ne se montre pas vraiment convaincu par son interlocuteur et s'interroge : « Est-il un réel espion, un simple trafiquant d'armes frimeur et vantard, ou un marchand qui va glaner des informations sur le terrain et les remettre à un ou plusieurs services de renseignement en échange de faveurs et de protections ? » Pour avoir vendu depuis la France des armes iraniennes à la Croatie et à la Bosnie sans autorisation de la CIEEMG, mais aussi d'autres engins guerriers à destination du Togo, du Qatar, du Congo-Brazzaville, du Congo-Kinshasa et du Kazakhstan, Jacques Monsieur — qui prétendait pourtant avoir été « couvert » par la DST, la CIA et le Mossad israélien — écopera en mai 2008 de quatre ans de prison avec sursis devant le tribunal de Bourges. Mais il sera relaxé pour ses dangereux commerces avec l'Ouganda, l'Inde, la Namibie et le Vénézuéla. Dans la galaxie des marchands d'armes internationaux ayant marqué la fin du XXe siècle, Jacques Monsieur ne brille pas d'un éclat flamboyant.

Les États-Unis n'ont pas manqué de recourir à maintes reprises à des opérations de piégeage du même type contre les tentatives de détournement d'armes au bénéfice de l'Iran. Ainsi, le 2 décembre 2009, ils annonçaient détenir secrètement depuis janvier 2008 un trafiquant d'armes travaillant au profit du régime des mollahs. Cette opération a été organisée à partir de 2004, mais l'Iranien Amir Hossein Ardebili n'a été arrêté en République de Géorgie (Asie centrale) qu'en octobre 2007, dans des conditions qui n'ont pas été précisées. Le 9 novembre 2009, le président iranien Mahmoud Ahmadinejad a cité son nom lors d'une conférence de presse, liant son arrestation par les États-Unis à celle de trois jeunes « touristes » américains sur le territoire iranien, qui venaient de traverser la frontière irakienne. Ardebili a été présenté le 2 décembre aux autorités judiciaires du Delaware. Encourant une peine de 140 années de prison, il avait plaidé coupable dès mai 2008. Selon l'acte d'accusation rédigé par le procureur David Hall, « Ardebili a admis avoir aidé l'Iran à préparer une guerre contre les États-Unis ». Selon l'*attorney* (procureur fédéral) du Delaware David Weiss, Amir Hossein Ardebili aurait acquis « des milliers » d'articles militaires pour le compte du ministère iranien de la Défense, dont des pièces des rares vieux avions de chasse à la disposition de l'Iran, des F-5 Freedom Fighter et des F-14 Tomcat. Il aurait aussi acheté des jumelles de vision nocturne, du Kevlar et des systèmes de radiocommunication. Pour David Weiss, « les accusations qui sont révélées aujourd'hui racontent l'histoire d'un homme responsable de passations de marché pour le gouvernement iranien. Elle consistait à se procurer et à exporter illégalement des technologies et du matériel militaires américains ». Toujours selon l'accusation, « son seul client était le gouvernement iranien. Il a acheté illégalement du matériel pour qu'il soit utilisé par l'Iran dans le cadre de ce qu'il croyait être la préparation de ce pays à une guerre contre les États-Unis ».

Autre coup des agents américains : le 30 mars 2009, Shahrzad Mir-Gholikhan, une Iranienne de trente et un ans résidant en Floride, était condamnée à six ans de prison. Elle avait été arrêtée en 2004 à Vienne (Autriche) pour avoir tenté d'acquérir pour le compte de l'Iran 35 000 jumelles de vision nocturne auprès d'un vendeur qui était en fait, là encore, un « agent provocateur » des services américains. Libérée par la justice autrichienne, elle s'était présentée de son plein gré devant les autorités américaines. Auparavant, l'ancien ambassadeur iranien en Jordanie, Nosratollah Tajik, avait quant à lui été arrêté à Londres en mars 2006, après avoir tenté là encore d'acheter des jumelles de vision nocturne à des agents américains du FBI. À l'automne 2010, il demeurait toujours détenu au Royaume-Uni, en attente de son extradition vers les États-Unis. Clairement, les États-Unis ont fait une priorité du blocage des ventes d'armes à l'Iran. Mais il reste de nombreuses contrées où les approvisionnements ne sont pas un problème. Cela au point que, sur cette planète, rien ne semble plus facile à acheter que des armes.

9

Profiteurs de guerres et marchés noirs

Pour peu que les pays ou les organisations cherchant à acquérir des armements disposent de dollars ou d'autres monnaies d'échange qui les remplacent avantageusement, comme les diamants, ils trouveront toujours un fournisseur. Les trafiquants d'armes au marché noir agissent comme n'importe quel grossiste œuvrant sur le marché ouvert : ils mettent en relation vendeurs et acheteurs, et facilitent la transaction. « Ils n'acquièrent pas nécessairement des armes, et les transferts ne se font pas nécessairement par les pays où ils résident », notait en 2003 le groupe de réflexion bruxellois International Security Information Service [1]. Mais la combine a ses limites et, aussi habiles soient-ils, ces messieurs se prennent de temps à autre les pieds dans le tapis et passent pratiquement tous un jour ou l'autre un bon moment en prison. Reste que la justice internationale ne s'est intéressée que tardivement à ces nouveaux commerçants de la mort, qui n'ont pourtant jamais cessé d'exercer sur toute la planète.

La justice impuissante

Au début des années 1980, le conflit Irak-Iran est une première source de profits. Et les conflits localisés qui vont se multiplier au cours de la décennie suivante seront également des plus rentables pour ces grossistes d'un genre particulier. La nouveauté, c'est que la justice décidera d'en poursuivre quelques-uns. En juillet 2006, les juges néerlandais ont ainsi condamné l'un de leurs compatriotes, Guus van Kouwenhoven, à huit ans de prison pour avoir violé l'embargo sur les armes à destination du Libéria. Mais ils l'innocenteront de l'accusation de crime contre l'humanité. En mars 2008, la justice néerlandaise l'acquittera finalement en appel, arguant que certaines des accusations portées contre lui n'étaient pas crédibles. Ancien président d'une société commercialisant du bois exotique et des armes, Oriental Timber Company, van Kouwenhoven avait notamment vendu des copies chinoises du fusil d'assaut AK-47 et du lance-roquettes RPG-7, transportées à bord du navire *Antarctic Mariner* de la société Global Star [2]. Les relations d'affaires de cet associé et bras droit de Charles Taylor, sinistre chef de guerre et président du Libéria (de 1997 à 2003) [3], n'étaient autres que le Kenyan Sanjivan Ruprah, un autre trafiquant d'armes et de diamants, associé de Viktor Bout, et le très sulfureux Israélo-Ukrainien Leonid Minin, qui s'était fait une spécialité du paiement de ses cargaisons en « diamants de sang ».

Leonid Minin. Encore un nom peu connu du grand public, ni même des spécialistes. Et, pourtant, l'histoire de ce marchand d'armes vaut bien des romans.... Quand la police italienne l'arrête dans un hôtel de Milan le 5 août 2000, elle trouve dans sa chambre des documents illustrant ses liens avec le RUF (Revolutionary United Front) de Sierra Leone, sous embargo de l'ONU. Et ce n'est pas un petit livreur ! Pourtant, en décembre 2002, la Cour suprême italienne l'élargira, au motif que son commerce d'armements ne s'est pas fait sur le sol italien et que, dans ce cas, l'Italie n'est pas concernée [4]. Une attitude diamétralement opposée à celle de la France dans l'affaire des ventes d'armes à l'Angola ! Or, en 2000, un rapport du Conseil de sécurité de l'ONU avait décrit précisément ses opérations au profit de Charles Taylor [5]. Rien que du classique... Le 13 mars 1999, soixante-huit tonnes d'armements (armes légères et munitions essentiellement) arrivent à Ouagadougou (Burkina Faso), en vertu d'un contrat entre la société Chartered Engineering and Technical Services (basée dans le paradis fiscal de Gibraltar et représentant le gouvernement burkinabé) et la société d'État ukrainienne Ukrspetsexport. Le *end user* (certificat de destination finale) émis par Ouagadougou est signé par le lieutenant-colonel Gilbert Diendéré, chef de la garde présidentielle du chef de l'État Blaise Compaoré, arrivé au pouvoir en octobre 1987 grâce à un coup d'État au cours duquel son prédécesseur, Thomas Sankara, avait été tué.

Problème : les armes ukrainiennes fournies par Leonid Minin ne sont absolument pas destinées au Burkina Faso ! Elles seront bel et bien livrées au Libéria, alors en pleine guerre civile, après être passées par l'aéroport de Bobo Dioulasso, grande agglomération du sud-ouest du Burkina Faso, où un BAC-111 sera venu les chercher. Ce biréacteur appartenant à une société monégasque, propriété de Leonid Minin, assure deux fonctions : parfois, c'est l'avion présidentiel de Charles Taylor et, souvent, il approvisionne en armes ses sanguinaires milices. Dès son acquisition en décembre 1998, l'avion a livré le Libéria, à partir des arsenaux de l'armée du Niger voisin. L'année suivante, ses navettes entre Bobo Dioulasso et Monrovia dureront du 17 au 31 mars, bientôt complétées par celles d'un Antonov. Ensuite, Charles Taylor approvisionnera le RUF (Revolutionary United Front) de Sierra Leone, véritable réservoir de diamants. L'ONU accusera également l'homme d'affaires libanais Talal El-Ndine d'avoir joint ses efforts à ceux de Leonid Minin. En 2002, l'ONU reproche en outre à ce dernier d'être en affaires avec le colonel Tshinga Dube, de la société Zimbabwe Defense Industries, dans des extractions de diamants douteuses en République démocratique du Congo [6]. En 2003, Leonid Minin est encore cité dans un rapport américain, aux côtés du courtier belge Jacques Monsieur et de Viktor Bout, parmi les « trafiquants de gros volumes d'armements » passant par la Belgique [7]. Mais le marché noir est fait de voies innombrables.

Il existe aussi une catégorie de trafiquants d'une efficacité redoutable : installés dans les appareils d'État, jouissant des facilités et des privilèges réservés aux commerçants opérant sur des marchés souverains, ils dévoient les procédures légitimes pour en faire profiter des réseaux clandestins. Où se côtoient criminels, services secrets et autres acteurs problématiques.

Sarkis Soghanalian, ou la vieille école

Le 6 octobre 2006, s'est terminé à Lima (Pérou) un procès de trois ans contre un personnage particulièrement peu reluisant : Vladimiro Lenin Montesinos. Sentence : vingt ans d'emprisonnement, venant s'ajouter à quinze autres années obtenues précédemment. Depuis cette date, Montesinos purge sa peine dans la prison qu'il avait fait lui-même bâtir pour les guérilleros du Sentier lumineux (Partido communista del Peru Sendero luminoso) ! Patron tout-puissant des services secrets du Pérou, le SIN (Servicio de inteligencia nacional), durant la présidence d'Alberto Fujimori (1990-2000), Montesinos était non seulement l'âme damnée de ce président qui finira lui aussi dans une geôle — une peine de vingt-cinq ans de prison pour violation des droits de l'homme a été confirmée en janvier 2010 —, mais également le lien entre ce dernier et la CIA [8]. Les services secrets américains l'utilisaient notamment pour organiser la lutte clandestine contre le trafic de drogue, hors de tout cadre juridique légal. Grassement payé par Washington, l'effrayant Montesinos touchait aussi de la part des narcotrafiquants, qu'il avertissait des opérations antidrogue... Mais ce n'est pas tout ! En 1999, bien des années avant que Viktor Bout soit tenté par les profits massifs qu'il entrevoyait dans le commerce avec les FARC colombiennes, Vladimiro Montesinos avait organisé la livraison d'armes à leur profit.

Cette transaction avait été négociée avec le chef du 16e Front, Tomás Medina Caracas, *alias* « Negro Acacio » (celui-ci sera tué en septembre 2007 lors d'un raid de l'armée colombienne). Il était alors visé par vingt-trois mandats d'arrêts internationaux et son extradition était demandée par les États-Unis. Negro Acacio était le seul dirigeant noir des FARC et trafiquant de drogue patenté : « Cet individu fait du business avec les trafiquants de drogue des départements colombiens de Vichada, Guainia, Casanare et Meta, dans les plaines orientales, et a exporté de la cocaïne aux États-Unis *via* des associés brésiliens », accusait en 2006 la Rand Corporation dans une étude financée par l'US Air Force [9].

Comme toutes les guérillas, les FARC avaient besoin d'armer leurs combattants et voulaient des fusils d'assaut AK-47 Kalachnikov. L'homme de la situation fut un marchand d'armes de la vieille école, Sarkis Soghanalian, citoyen libanais né en Syrie (ou en Turquie) en 1929 (ou en 1930), et fournisseur attitré de ses amis dictateurs Anastasio Somoza du Nicaragua et Saddam Hussein d'Irak. L'affaire est étonnante, car elle fut entièrement montée par Montesinos, qui fit approcher Soghanalian par deux anciens militaires péruviens, les frères Jose-Luis Aybar et Manuel Aybar. Un intermédiaire français, Charles Acelor-Kokeran, fit le lien et Soghanalian agit comme d'habitude : efficacement. Démontrant au passage que le commerce des armes est aussi mondialisé que celui de la drogue... Entre mars et août 1999, quatre parachutages à partir d'un avion ukrainien permirent la livraison de 10 000 fusils d'assaut en provenance des stocks de l'armée jordanienne. Montesinos avait monté l'opération sous couvert d'une véritable transaction d'État à État, entre la Jordanie et le Pérou, en s'en portant lui-même garant ! C'est la CIA qui fera cesser la combine par Amman, empêchant la livraison de 40 000 Kalachnikov supplémentaires.

Revenons à Sarkis Soghanalian. Ce personnage très actif commence sa carrière à la fin des années 1950, en armant les milices chrétiennes du Liban à la demande de la CIA [10]. Puis on le retrouve en affaires avec Georges Starckmann, le vendeur d'armes français longtemps englué dans une obscure affaire de vente de systèmes de vision nocturne Startron à la Libye [11]. Entre 1980 et 1988, il fait comme tout le monde en procurant des armes à Saddam Hussein en guerre contre l'Iran : 2 milliards de dollars de chars et d'obusiers, entre autres, venant notamment de France et de toute l'Europe de l'Ouest [12]. Sa compagnie aérienne Panaviation tourne alors à plein régime, pour livrer le front. Toujours au même moment [13], Sarkis Soghanalian achète aux États-Unis des avions C-130 Hercules pour les revendre en Libye au colonel Kadhafi, pourtant sous embargo américain. En 1982, il livre en urgence des missiles air-mer Exocet AM39 aux Argentins durant la guerre des Malouines. Avant de fournir les *contras* nicaraguayens d'Eden Pastora lors de la guerre civile contre les sandinistes.

Évidemment, une telle carrière connaît des cahots : en 1992, il est condamné à six ans et demi de prison aux États-Unis pour avoir voulu livrer cent trois hélicoptères de combat Hughes 500MD Defender armés de missiles TOW à Saddam Hussein, durant sa guerre contre l'Iran : il avait « oublié » de demander aux États-Unis les licences nécessaires pour vendre du matériel militaire en conformité avec l'US Arms Export Control Act... Le trafiquant lancera au juge lors de l'audience devant le tribunal de Miami : « Votre Honneur, j'ai confiance dans vos capacités et dans votre conscience. Ce que vous me donnerez, je le prendrai [14] ! » Sa peine sera finalement réduite des deux tiers quand il acceptera d'aider les autorités américaines à enquêter sur un trafic de faux billets de cent dollars destinés au Liban.

En 1999, Sarkis Soghanalian fait une rechute et est arrêté à Miami à sa descente de l'avion de Paris pour une fraude bancaire de 3 millions de dollars. En 2001, une minable affaire de chèque volé (250 000 dollars, tout de même !) le conduit à nouveau en prison, dont il sort une fois encore en offrant ses services aux autorités américaines. Il s'était présenté à l'audience accompagné par un certain Mgr Vatche Hovsepian, primat du « diocèse occidental de l'Église arménienne américaine ». Un brave homme... Ne dites pas de Soghanalian qu'il est un trafiquant d'armes. Non, il est un « consultant militaire ». Il tient tant à ce qualificatif qu'à la fin des années 1980, alors que le commerce avec l'Irak bat son plein et qu'il encaisse les dollars par millions, il n'aime pas qu'on le compare au plus riche marchand d'armes de l'époque, le Saoudien Adnan Khashoggi : « Je ne le vois pas comme un concurrent. Ce n'est pas un technicien en armements. Il monte des réceptions et présente les gens. Les clients ne me parlent pas parce que je serais aimable ou élégant, mais parce que je règle leurs problèmes. Je me rends dans un pays, j'aligne les troupes, je vois ce dont elles manquent et les dollars n'arrivent que bien après [15]. » Sous le soleil, il existe bien des manières de vendre des armes... Le Français Jean-Bernard Lasnaud en sait quelque chose...

Un Français dans les trafics argentins

Lorsque je l'ai appelé en décembre 2009 pour discuter de ses activités, François Lasnosky — le vrai nom de Jean-Bernard Lasnaud — m'a répondu qu'il n'était « pas intéressé » par une telle perspective. Il entretient le mystère. Mais, selon les éléments qu'il a lui-même fait filtrer auprès de divers journalistes, ce Franco-Américain serait né en 1942 à Neuilly-sur-Seine et se prétend le petit-fils d'un grand rabbin de Varsovie [16]. Il déclare, sur la fiche de « consultant stratégique » qui lui est consacrée sur le site américain Strategic Consultants and Advisors [17], avoir été capitaine durant la guerre d'Algérie — ce que son âge, à supposer qu'il ait donné le bon, ne permet pas. Il aurait participé à ce conflit dans les « forces spéciales » de la Légion — lesquelles n'existent pas — au sein d'un « 131e commando Panthère noire » — inconnu au bataillon —, avant d'être versé dans la « branche spéciale renseignement » du 5e bureau (action psychologique). Mais, dans cette dernière et simple affirmation, il y a au moins deux problèmes : primo, les 5e bureaux n'avaient pas de structure de renseignement en propre ; et, secundo, ces 5e bureaux ont tous été dissous par Pierre Messmer lors de son arrivée au ministère des Armées, en février 1960. Et Lasnaud, né en 1942, donc alors âgé de dix-huit ans, y aurait été capitaine ? Ce n'est pas sérieux. Quant à avoir participé au putsch des généraux en 1961, cela ressemble fort à une fantaisie [a]...

Il serait ensuite parti pour la Rhodésie, afin d'y collaborer avec les services de renseignement du leader raciste Ian Smith, avant de rejoindre l'Afrique du Sud dans les années 1970 [18]. Ces deux pays africains, alors dirigés par des suprématistes blancs, sont d'ailleurs les seuls qui aient été frappés d'embargo sur les armements durant la guerre froide [19] (la Rhodésie par la résolution 253 du Conseil de sécurité de l'ONU du 29 mai 1968, et l'Afrique du Sud par la résolution 418 du 4 novembre 1977). Le régime de l'apartheid s'engagea dès lors dans une politique active d'achats illégaux d'armements, effectués à travers la société Armscor (Armament Corporation of South Africa). Dans une lettre adressée au quotidien genevois *Le Temps*, Jean-Bernard Lasnaud affirme en décembre 2002 qu'« une opération a permis aux Sud-Africains de livrer des missiles sol-air soviétiques aux rebelles angolais de l'Unita [20] ».

Selon le vendeur d'armes, poursuit l'auteur de l'article, cette opération clandestine — les missiles étaient assortis d'un faux certificat de destination finale pour le Pérou — impliquait le marchand d'armes français

---

a Spécialiste incontesté de la période, le journaliste et écrivain Rémi Kauffer n'a retrouvé aucune trace de cette personne dans ses archives.

Georges Starckmann, qui résidait alors à Genève. Anecdote piquante : le 21 avril 1988, la station FM associative Radio Zones, de Ferney-Voltaire (Ain), avait diffusé des enregistrements illégaux de la ligne téléphonique de Star Productions, la société de Starckmann basée à Genève, qui aurait abrité des activités de négoce en armements. Les enregistrements avaient été réalisés par l'association suisse La Grenouille, militant contre les ventes d'armes, et Radio Zones les avait montés pour en faire un feuilleton documentaire titré « Rose culotte et noir canon », mais le SRPJ de Lyon avait saisi les bandes avant que la deuxième émission fût diffusée.

Jean-Bernard Lasnaud assure en outre avoir entretenu, durant son séjour en Afrique du Sud à la fin des années 1970, des contacts fréquents avec Jürg Jacomet, un marchand d'armes zurichois et collaborateur occasionnel du Groupe des renseignements, les services secrets suisses, afin d'acheter ou de vendre des matériels militaires. Jürg Jacomet était proche de Peter Regli, chef du Groupe des renseignements, qui fut mis à la retraite anticipée en 1999 pour avoir contribué à l'acquisition illégale d'armes destinées à la constitution d'une armée secrète [21] ! C'est par l'entremise de Jürg Jacomet que Peter Regli a rencontré le général de brigade Wouter Basson, le responsable du programme clandestin d'armes chimiques et biologiques de l'Afrique du Sud [22] connu sous le nom de Projet Coast, puis Projet Jota à partir de 1993. Tout à leurs délires racistes, les forces armées sud-africaines, les SANDF (South African National Defense Forces), espéraient découvrir des agents pathogènes qui auraient frappé exclusivement les Noirs, en épargnant les Blancs !

Toujours selon son récit, Jean-Bernard Lasnaud participe ensuite, au Paraguay et au Salvador, à la formation des parachutistes et des paramilitaires antimarxistes. Il aurait noué à cette occasion des liens avec la CIA. On le trouve ensuite chez Renault à la fin des années 1970, avant qu'il parte s'installer aux États-Unis en 1986, où il crée la société General Equipment Corporation Inc.

C'est ensuite que les affaires se corsent. Dans les années 1990, Jean-Bernard Lasnaud se verra accusé à Buenos Aires d'avoir contribué à livrer des armes argentines à deux pays en guerre et sous embargo international : la Croatie et l'Équateur. Au plan quantitatif, la première affaire est la plus importante, puisque 6 500 tonnes d'armes sont parties d'Argentine pour les Balkans en 1991, et « seulement » 75 tonnes vers l'Équateur en 1995, composées de 10 000 fusils et 10 millions de cartouches (en l'occurrence des armes plus ou moins hors d'usage, issues des stocks inutilisés lors de la guerre des Malouines en 1982 [23]). Mais, au plan diplomatique, elles sont aussi ahurissantes l'une que l'autre : en Croatie, les armes ont été livrées alors même que des casques bleus argentins se trouvaient sur le terrain, sous mandat de l'ONU. Un millier de ces soldats y étaient partis dès le lancement de la force de protection des Nations unies, la FORPRONU, début 1992. Et en mars 1995, quand le mandat de cette opération a été reconduit en Croatie sous l'appellation d'ONURC (Opération des Nations unies pour le rétablissement de la confiance en Croatie), l'Argentine y a maintenu son contingent. Comme d'habitude, ces ventes se feront avec de faux certificats de destination finale, cette fois vers le Panama — alors que ce petit pays ne compte pas d'armée ! — et le Vénézuéla. Comme c'est souvent le cas, des complicités au sommet de l'État seront nécessaires.

Détruire les preuves du trafic

Les contrats pour la Croatie seront en effet conclus grâce à l'autorisation du président argentin Carlos Menem en personne, *via* deux arrêtés secrets signés de sa main, le « décret 1697 » et le « décret 2283 » (respectivement datés du 27 août et du 31 octobre 1991 [24]). En 1992, il signera même un autre document, cette fois pour des armes destinées en principe à la Bolivie, le « décret 1632 » — qui restera toutefois lettre morte. Pour faire bonne mesure, ces pièces seront contresignées par deux ministres de la Défense successifs, Antonio Erman Gonzáles (1935-2007) et Oscar Camilión, par le ministre des Affaires étrangères Guido Di Tella (1931-2001) et par celui de l'Économie Domingo Cavallo. D'autres personnalités de premier plan seront mises en cause dans ce dossier, parmi lesquelles les anciens chefs d'état-major de l'armée de terre Martín Balza et de l'armée de l'air Juan Paulik, et l'ex-beau-frère de Carlos Menem, Emir Yoma. Cela fait beaucoup de monde, si on y ajoute la poignée de fonctionnaires de rang inférieur qui ont aussi trempé dans les combines. Mais cela explique aussi, au moins en partie, que, sur les 37 millions de dollars facturés aux clients croate et équatorien, 25 millions seulement soient arrivés dans les caisses des fabricants d'armement argentins. Un tiers d'évaporation ? Sans doute le prix des rétrocommissions…

Concernant les ventes d'armes à l'Équateur, l'affaire révèle des pratiques particulièrement nauséabondes. Les livraisons se sont en effet produites en 1995, alors même que ce pays était engagé dans la « guerre du Condor » contre le Pérou [a] ! Tandis que l'Argentine jouait officiellement

---

a Dans le secteur dit de la « Cordillère du Condor », le conflit frontalier entre l'Équateur et le Pérou date de 1829. Lors de la délimitation des frontières entre les deux anciennes colonies espagnoles, celles-ci n'étaient pas parvenues à s'accorder, l'Équateur souhaitant accéder à la partie supérieure du fleuve Amaun rôle de bons offices pour rapprocher les parties et mettre fin au conflit, elle livrait du 17 au 22 février 1995, soit une semaine avant la fin de la guerre, des armements embarqués à l'aéroport international de Buenos Aires (Ezeiza) sur trois vols de la compagnie nord-américaine Fine Air. Quant aux armes plus lourdes destinées à la Croatie quelques années plus tôt, dont le détail est mal connu, elles provenaient pour une large part de l'entreprise nationale argentine Fabricaciones Militares de Rio Tercero (province de Cordoba) et elles comptaient notamment une vingtaine de canons d'artillerie de 155 mm de type L33 CITER — des canons tractés en réalité d'origine française : il s'agit de 155 mm Mk F3, produits en son temps par Creusot-Loire et montés sur un châssis conçu en Argentine par le CITEFA (Instituto de Investigaciones Cientificas y Tecnicas de las Fuerzas Armadas).

Lorsque l'affaire équatorienne est divulguée par le quotidien argentin *Clarin* le 9 mars 1995 [25], Jean-Bernard Lasnaud est rapidement inquiété : il serait l'une des chevilles ouvrières du trafic et aurait notamment été en relation avec un ancien colonel de l'armée argentine devenu vendeur d'armes, Diego Palleros. Un temps réfugié en Afrique du Sud, Palleros sera accusé d'avoir servi d'intermédiaire pour le compte du principal organisateur du trafic, en particulier vers la Croatie, le marchand d'armes syrien Monzer Al-Kassar.

Après que la presse argentine a révélé ces deux affaires et alors que l'avocat et militant anticorruption Ricardo Monner Sans se démène contre les ventes d'armes illégales, de bizarres événements se produisent. D'abord, le fils du président, Carlos Menem Junior, vingt-six ans, trouve la mort dans un étrange accident d'hélicoptère, le 15 mars 1995 : selon les investigations ultérieures de journalistes argentins ayant enquêté sur cette affaire qui bouleversa le pays, le jeune Carlos en « savait trop » sur les

---

zone. En 1941, le conflit devint aigu, mais l'Argentine, le Brésil, le Chili et les États-Unis parvinrent à faire signer le Protocole de Rio aux deux pays en 1942. La situation ne s'est toutefois pas réglée, notamment en raison d'un insoluble différend sur le bornage de 78 km de frontière. Une première crise a éclaté en 1981, avant de resurgir quatorze ans plus tard, lors d'une guerre d'un mois qui opposa les deux pays du 26 janvier au 28 février 1995. L'Argentine, le Brésil, le Chili et les États-Unis ont de nouveau contribué à la signature d'un cessez-le-feu, cette fois entre les présidents péruvien Alberto Fujimori et équatorien Sixto Durán Ballen.

À noter pour la petite histoire que les armes françaises étaient bien représentées dans ces cieux guerriers, puisque la Fuerza Aera del Peru alignait dix Mirage 2000-P et quatorze Mirage V-P ; tandis que la Fuerza Aera de Ecuador disposait de treize Mirage F-1 JA, huit Jaguar franco-britanniques et neuf Kfir-C2, copie israélienne des Mirage III.

turpitudes de son père [26]. Ensuite, le 3 novembre 1995, une très violente explosion ravage l'usine d'armement de Rio Tercero (d'où étaient parties les armes pour la Croatie et l'Équateur), qui fera sept morts, trois cents blessés et 10 000 sans-abri dans cette ville de 40 000 habitants. En 2003, des experts de l'université de Córdoba rendront un avis formel : l'explosion de l'usine était intentionnelle et a été réalisée à l'aide d'une bombe télécommandée placée dans un stock d'explosifs. La presse sera d'ailleurs prompte à affirmer que les raisons de cette explosion n'étaient pas à chercher ailleurs que dans une volonté de détruire les preuves du trafic.

Puis la série noire s'enchaîne. Une nouvelle victime, dans un très étrange accident d'hélicoptère (encore !) qui fait quinze morts à Buenos Aires le 9 octobre 1996, sera le général Juan Carlos Andreoli (lequel avait remplacé le directeur de l'entreprise de Rio Tercero, Luis Sarlenga, incarcéré suite à la révélation du trafic). Autre mort suspecte, celle de Vicente Bruzza, l'employé de Rio Tercero qui avait alerté sur les irrégularités commises dans l'entreprise : une crise cardiaque le foudroie en 1997. Son collègue Francisco Callejas, qui avait voyagé en 1993 en Croatie pour y assurer une assistance technique, succombe à son tour à une attaque en juin 1998. Et, deux mois plus tard, l'officier de marine Horacio Estrada, mouillé dans le trafic vers l'Équateur, se « suicide » d'une balle dans la tempe gauche. Il était droitier [27]...

L'implication personnelle de Carlos Menem, né le 2 juillet 1930 et surnommé « El Turco » en raison de ses origines syriennes, a donné toute sa dimension à ce scandale. Président de la République argentine de 1989 à 1999, il n'a quitté le pouvoir que depuis deux ans lorsqu'il est accusé, pour ces affaires et quelques autres, d'avoir été le « chef d'une association illicite ». Il se voit assigné à résidence le 7 juin 2001 — échappant à la prison en raison de son âge —, avant de bénéficier d'une décision de la Cour suprême (dont il avait nommé la majorité des membres) et de retrouver sa liberté de mouvement le 20 novembre, après 167 jours de claustration à domicile. Reclus, mais pas seul, car son épouse chilienne Cecilia Bolloco, une ancienne Miss Univers de trente-cinq ans sa cadette, ne l'avait pas privé de sa compagnie...

De son côté, le marchand d'armes français Jean-Bernard Lasnaud ne nie pas vraiment sa participation au trafic d'armes argentines vers la Croatie et l'Équateur dans les années 1990 lorsqu'il est arrêté à la frontière franco-suisse, en mai 2002, avant d'être extradé vers l'Argentine en décembre de la même année. Il réduit toutefois son rôle à celui d'un modeste « inspecteur technique », affirmant travailler pour les Douanes américaines et la CIA. Vrai ou faux ? La réponse n'est pas connue... Quelques éléments dans ce dossier, dont une écoute du FBI sur la ligne d'Alexandre Lasnaud, avocat en Floride et fils de Jean-Bernard Lasnaud, accréditeraient néanmoins l'idée que ce dernier aurait pu agir pour la centrale de Langley, éventuellement désireuse de procurer des armes à des alliés, en dehors des circuits traditionnels [28]. Cette hypothèse pourrait avoir une certaine cohérence dans le cas de la Croatie, moins dans celui de l'Équateur. Selon les services de renseignement argentins, Lasnaud a été l'un des « organisateurs clés [29] » du trafic, et c'est pour cette raison qu'ils firent lancer un mandat d'arrêt international contre lui en 1996. Il ne sera arrêté, à Genève, que six ans plus tard. Mais, là, il s'en tirera encore ! Le 6 décembre 2002, le juge argentin Julio Speroni, qui avait pourtant demandé son extradition, estimera qu'il n'y avait pas de « cause suffisante » pour le maintenir en détention et le libérera au bout de deux semaines...

Les armes légères, comme des petits pains

Les marchands d'armes peuvent proposer sur le marché gris ou sur le marché noir la quasi-totalité des armements de base, comme l'a amplement démontré l'affaire des ventes d'armes à l'Angola. Des chars, des avions et même des petits navires ne sont pas hors de leur portée. Mais ils peuvent faire plus fort ! Dans un cas jugé en 2006, la justice néerlandaise a accusé un certain Frans van Anraat d'avoir fourni des composants chimiques interdits au régime de Saddam Hussein. Verdict : quinze ans de prison. On peut aussi évoquer l'affaire de l'ingénieur Gerald Bull, assassiné à Bruxelles en mars 1990 après avoir réussi à tester une première version du « supercanon » commandé par Saddam Hussein, qui était prévu pour une portée de 240 km. Gerald Bull avait pu acquérir dans le monde entier, sans difficulté particulière, les composants de cette artillerie [30]. Si on possède quelques complicités au sommet d'un État, il est relativement facile de contourner les restrictions. Mais gare au retour de bâton ! C'est ainsi que le président lituanien Rolandas Paksas, élu en janvier 2003, a été destitué en avril 2004, suspect tout comme son conseiller pour les affaires de sécurité, Remigijus Acas, de liens avec le crime organisé. Le président a en outre été accusé d'avoir accepté pour sa campagne électorale le soutien financier de l'homme d'affaires russe Jurijus Borisovas, lui-même suspecté d'être impliqué dans l'envoi d'armes (des hélicoptères Mi-8T) au Soudan, pourtant sous embargo de l'ONU.

S'il n'est donc pas du tout impossible de trafiquer des armes lourdes, la base lucrative du « métier » des courtiers en armements n'en demeure pas moins le commerce des « armes légères et de petit calibre », qu'on appelle souvent dans le jargon des diplomates et des ONG par leurs initiales, les

ALPC (ou, en anglais, SALW, pour Small Arms and Light Weapons). Celles-ci vont du pistolet de base à la mitrailleuse de 12,7 mm, arme assez peu « légère » s'il en est, mais extrêmement répandue dans le monde [a]. Ce sont des armes de ce type qu'emportent souvent les pick-up Toyota, surnommés *technicals*, que l'on trouve dans toute l'Afrique, du Tchad à la Somalie. De même, les lance-roquettes antichars de la catégorie du RPG-7 entrent dans cette nomenclature des armes « légères », mais particulièrement meurtrières.

Ces outils de mort ont été produits à des dizaines de millions d'exemplaires, pendant de longues années et avec une grande efficacité, dans les usines d'armement de l'URSS et de ses satellites. Et, après la chute de l'empire soviétique au début des années 1990, ils se sont retrouvés disponibles en quantités considérables sur les marchés mondiaux. Plusieurs facteurs ont ensuite favorisé une prolifération des ALPC devenue impossible à stopper : les guerres du Liban et des Balkans, les détournements privés d'arsenaux énormes dans les républiques de l'ex-URSS, en Albanie ou en Irak (où quelque 24 millions d'armes individuelles étaient aux mains de la population au début des années 2000), la fabrication à bas coût de copies de bonne qualité en Chine. Le fait enfin que toutes ces armes sont militairement très efficaces et que leur prix a baissé au point d'être accessibles au délinquant de base, y compris en France. Sans parler de la singularité des États-Unis, où la possession d'une arme individuelle est un droit constitutionnel de chaque citoyen, avec des conséquences effrayantes : sur le sol américain, les détenteurs d'armes individuelles tuent bon an mal an 12 000 personnes.

D'autres chiffres font frémir. À l'occasion de la Journée internationale de la destruction des armes légères, le 9 juillet 2004, les organisations Oxfam, Amnesty International et RAIAL (Réseau d'action international sur les armes légères) estimaient que 640 millions d'armes étaient en circulation dans le monde et que 8 millions de plus étaient produites chaque année. Sans oublier 14 milliards de cartouches, soit plus de deux par habitant de la planète… Les morts causées par ces armes se comptent par

---

a Les armes dites « légères » comprennent : revolvers et pistolets automatiques, fusils et carabines, mitraillettes, fusils d'assaut et mitrailleuses légères. Mais aussi : mitrailleuses lourdes, lance-grenades, missiles antiaériens et antichars portatifs, fusils sans recul, lanceurs portatifs de missiles antichars, systèmes de roquettes et de missiles antiaériens, mortiers d'un calibre inférieur à 100 mm, munitions, obus et missiles pour l'ensemble des systèmes précités, grenades, mines terrestres et explosifs (source : Debbie Hillier et Brian Wood, *Vies brisées. Plaidoyer pour un contrôle renforcé des ventes d'armes à l'échelon international*, Oxfam et Amnesty International, Londres, 2003).

millions, comme le soulignait en 2000 le secrétaire général de l'ONU, Kofi Annan : « Le nombre de morts par armes légères éclipse celui de tous les autres systèmes d'armement et, dans la plupart des cas, dépasse largement le nombre des victimes des bombes atomiques qui ont dévasté Hiroshima et Nagasaki [31]. » En 2006, le ministère français des Affaires étrangères notait quant à lui que près de 4 millions de personnes avaient été tuées par ces armes au cours des seize années précédentes, relevant que leur utilisation avait contraint 18 millions de personnes à quitter leur foyer ou leur pays et que ces armes « sont à l'intersection de quatre menaces majeures : le terrorisme, les conflits régionaux, la déliquescence des États et le crime organisé [32] ».

La guerre contre le terrorisme lancée par le président américain George W. Bush après les attentats du 11 septembre n'a rien arrangé. En livrant des armes en quantité à des pays instables comme le Pakistan, mais alliés des États-Unis dans la GWOT, les Américains ont-ils « considérablement accru, au lieu de la combattre, la prolifération à l'échelle mondiale des ventes d'armes légères [33] » ? Nombre d'ONG l'avancent...

Quand on constate que le trafic des armes légères concerne aussi bien le marché blanc, complètement légal, que le marché gris — qui ne l'est pas toujours, mais quand même un peu, quoique... —, force est d'admettre que le marché noir n'est peut-être pas le problème le plus grave... D'où l'importance de revenir sur ces grands marchés d'État, « blancs » ou « gris », dont certains ont largement défrayé la chronique médiatique en France. Si le Royaume-Uni semble ne pas savoir vendre une arme sans corrompre, la France a fait la preuve que les grands contrats qu'elle a signés au cours des dernières décennies sont tous entachés d'à-côtés viciés, de clauses dissimulées, de coups tordus et de dessous-de-table.

Les marchands d'armes en Afrique vous ont scandalisé ? Vous avez frissonné d'épouvante avec le Pakistan ? Les affaires d'Arabie vous ont fait frémir ? Vous allez adorer Taiwan... Bienvenue chez les comploteurs, les corrompus et les assassins !

IV

La France,
au cœur des affaires

10

Taiwan : ses trésors, ses complots, ses venins

Le 20 août 2004, j'atterris à Heathrow, l'un des aéroports de Londres, par le premier vol du matin. Mon contact m'attend. C'est un homme de loi. Je l'ai déjà rencontré une semaine plus tôt, en Suisse. Nous avons défini le cadre de l'entretien qu'avait sollicité le fameux Andrew Wang, alors âgé de soixante-seize ans, avec le magazine *Le Point*. Dans un grand hôtel sans charme, je retrouve l'homme clé de l'« affaire des frégates », entouré de deux de ses fils. Avec leur troisième frère, leur sœur et leur mère, ils sont les titulaires ou les ayants droit des comptes bancaires de l'agent milliardaire et les propriétaires de ses sociétés installées dans les habituels paradis fiscaux. C'est la première fois, me confie Andrew Wang, qu'il parle à un journaliste. Le cœur de l'entretien avec cet homme posé, qui n'élève jamais le ton, c'est l'affaire des frégates, bien sûr ! À cette date, elle empoisonne depuis trois ans déjà la vie politique française. Mais elle a commencé bien avant, dès l'été 1989.

Dédé et l'or des frégates

En septembre 1989, une mission officielle de la marine taïwanaise se rend en France puis en Arabie saoudite pour examiner les frégates de la classe F-2000 que DCN avait vendues au royaume wahhabite. La société française propose alors un nouveau modèle, qui se trouve encore à cette époque sur la table à dessin, la frégate F-3000, celle-là même qui sera plus tard acquise par le royaume dans le cadre du contrat Sawari 2 (voir *supra*, chapitre 4). Ce modèle, très proche des frégates françaises *La*

Fayette, intéresse Taiwan. Qui donne son accord pour l'achat de six bâtiments en octobre 1989. Mais les Français commencent à tirer sur la corde : de 11,5 milliards de francs en août 1990, la petite note passe un an plus tard à 15,6 milliards (soit l'équivalent de 3,8 milliards d'euros de 2010). Quand le contrat — dont 27 % reviennent à Thomson-CSF et 73 % à DCN en vertu de l'accord qui les lie — est finalement signé en août 1991, les Français peuvent se réjouir d'avoir vendu six frégates à Taiwan, pour 2,6 milliards de francs pièce. Le « contrat Bravo » est juteux, tout en comportant un discret article 18 particulièrement explicite : il proscrit de verser quelque commission que ce soit à des intermédiaires, sous peine de restitution à Taiwan des fonds ainsi distribués. En corrompant sciemment les dirigeants taïwanais — et d'autres aussi à Pékin — et en se faisant prendre, les Français ont provoqué des catastrophes en cascade : l'affaire des frégates a empoisonné la vie politique nationale durant des années jusqu'à ce qu'un non-lieu général soit prononcé en octobre 2008 par le juge Renaud Van Ruymbeke : la classe politique a fait bloc pour interdire au magistrat d'accéder aux documents classés secret défense qui lui auraient peut-être permis d'identifier d'éventuels bénéficiaires de commissions illégales.

Néanmoins, en apprenant que leur contrat avait été violé, l'île nationaliste a réclamé logiquement la convocation d'un tribunal arbitral réuni par la Chambre de commerce internationale de Paris, dont la sentence a été rendue le 3 mai 2010, plus de dix-huit ans après la signature : les industriels français ont été condamnés à verser 630 millions d'euros à Taiwan, intérêts compris, dont 27 % à la charge de l'électronicien de défense Thales, nouveau nom de Thomson-CSF. Comme on est en France, où rien ne se passe comme ailleurs, les contribuables français paieront les 73 % restants, dès lors que le chantier naval DCN était à cette époque une régie d'État intégrée à l'administration, dont les employés étaient des fonctionnaires.

Les entreprises concernées, Thomson-CSF et DCN (devenue DCNS en 1997) ont donc choisi en toute connaissance de cause de violer l'accord qu'elles avaient signé et de tricher en payant 500 millions de dollars, soit 20 % du contrat, à l'intermédiaire taïwanais Wang Chan Poo, *alias* Andrew Wang, *alias* Mister Shampoo ou « Dédé » pour ses amis industriels français, chargé de la répartition des pots-de-vin. Pour les autorités taïwanaises, ce corrupteur a payé des officiers de marine afin qu'ils convainquent le gouvernement d'acquérir des navires français au lieu des modèles coréens initialement retenus : le surcoût des commissions serait donc clairement imputable à Wang et aux marins stipendiés. Comme elles l'expliqueront dans la procédure conduite en Suisse pour récupérer les commissions indues : « Les prévenus auraient établi des rapports favorables au projet, en se fondant sciemment sur des données fausses, ainsi que sur des analyses et des comparaisons de prix tronqués, notamment pour ce qui concernait le taux de change entre le franc français de l'époque et le dollar taïwanais. Leur intervention aurait été décisive pour amener les autorités supérieures à conclure le contrat [1]. »

Avec les 500 millions de dollars versés par Thomson-CSF et DCN, Wang aurait pu arroser des centaines de corrompus. Or, aussi curieux que cela puisse paraître, les enquêtes conduites en Suisse sur les comptes de l'intermédiaire ne font apparaître que des mouvements fort modestes : il aurait réglé 17 millions de dollars à un officier de marine taïwanais, Kuo Lin-heng (condamné en 1994 à la prison à vie pour avoir remis des documents confidentiels de la marine, puis à nouveau envoyé en prison pour quinze ans en août 2010) ; un cadre de Thomson a bénéficié d'un prêt de 150 000 dollars, qu'il a remboursé ensuite ; et un troisième bénéficiaire, pour 150 000 dollars, est le fameux Étienne Léandri (1915-1995).

Ce Corse sulfureux, « monté » à Paris dans les années 1930, a été à la Libération condamné par contumace aux travaux forcés pour intelligence avec l'ennemi, mais a rendu des services à la CIA aux heures les plus chaudes de la guerre froide, et est revenu à Paris avec la bénédiction de l'Oncle Sam à la fin de la IVe République. Il devint rapidement utile aux grandes entreprises et, dans les années 1980, vendit ses services comme intermédiaire avec l'Irak pour Thomson-CSF, ou à Dumez et à bien d'autres [2] — en devenant par exemple le représentant en France de Nadhmi Auchi, milliardaire irako-britannique, condamné en janvier 2007 dans le volet Leuna de l'affaire Elf (voir *supra*, chapitre 5). Dans l'affaire des frégates de Taiwan, Léandri a bénéficié d'un versement de 150 000 dollars pour faire fabriquer de vrais-faux passeports français au profit d'Andrew Wang et de sa famille. Ces documents ont effectivement été réalisés à la préfecture de police de Paris à la demande de Thomson-CSF, mais jamais payés au fonctionnaire qui s'était chargé de la petite formalité.

Intangible « secret défense »

Sur les 500 millions de dollars versés à Wang par Thomson-CSF et DCN, il n'en manquait donc lors de la clôture de l'arbitrage international en mai 2010 que bien peu : moins de 17,2 millions… C'est le problème : de l'argent a sûrement été promis à des dirigeants chinois [a] — mais,

a Selon l'ancien ministre français des Affaires étrangères Roland Dumas, impliqué à son corps défendant dans l'affaire, 400 millions de dollars auraient été destinés

s'il a été payé, ce n'est pas à partir des versements réalisés dans le cadre du contrat Bravo. Notons également que, lorsque ces commissions ont été versées, c'était certes en violation du contrat commercial liant les entreprises françaises à Taiwan, mais pas en contradiction avec la loi française. Comme on l'a vu (voir *supra*, chapitre 4), pour intégrer les pots-de-vin dans leurs frais généraux, il convenait alors simplement — avant la ratification en 2000 par la France de la convention anticorruption adoptée en 1997 par l'OCDE — de les faire passer pour des FCE, ou « frais commerciaux extérieurs ». Cet accord était donné par les Douanes et le ministère du Budget, après étude attentive du dossier.

De ce fait, il est hautement probable que les identités d'une partie des bénéficiaires — à moins qu'il s'agisse du seul Andrew Wang — aient été portées à la connaissance des fonctionnaires et de l'autorité politique. Lorsque le contrat est signé, les commissions ayant sans doute été payées en partie dans les mois précédant cette conclusion, le ministre d'État, ministre de l'Économie, des Finances et du Budget est Pierre Bérégovoy (1925-1993), son ministre délégué chargé du Budget est Michel Charasse et le Premier ministre est Édith Cresson. En voilà trois au moins qui, à coup sûr, ont su quelle décision avait été prise, et pourquoi. Mais Bérégovoy s'est suicidé le 1er mai 1993, avant que l'affaire éclate. Édith Cresson n'a jamais dit un mot sur le sujet. Quant à Michel Charasse, il serait le « cheval » qui a communiqué à Roland Dumas la clé de répartition des commissions entre Taipeh, la capitale de Taiwan, et Pékin, que l'ancien ministre des Affaires étrangères a dit tenir « de la bouche du cheval [3] ».

Durant toute leur enquête, les magistrats instructeurs vont tenter de percer le « secret défense » entourant les documents fiscaux autorisant les commissions. Ces derniers porteraient-ils mention de rétrocommissions éventuellement versées en France à des personnalités ou à des partis politiques, comme Roland Dumas et le ministre de la Défense du gouvernement de Lionel Jospin (1997-2002), Alain Richard, l'ont affirmé ? C'est assez peu probable, bien que ce dernier ait déclaré : « Dans le pourcentage particulièrement élevé de ces commissions, une partie avait été destinée à des reversements en France. Les autorités publiques ayant supervisé la conclusion puis l'exécution de ces contrats ont pu désigner certains bénéficiaires, les industriels maîtres d'œuvre des contrats ont pu également orienter le versement de ces commissions [4]. » Dans la bouche d'un

au parti au pouvoir à Taiwan, le Kuomintang, et 100 millions au comité central du parti communiste à Pékin (Roland DUMAS, *L'Épreuve et les preuves*, *op. cit.*, p. 287).

homme prétendant être « au courant », cela fait beaucoup de suppositions...

Une chose pourtant est sûre : dans les documents douaniers, une trace des versements et de leurs destinataires, non point français mais étrangers, se trouve portée. Ce secret-là a été déclaré intangible par tous les gouvernements sollicités pour déclassifier les documents, dont la publication aurait assurément eu pour effet d'entraîner la condamnation immédiate de la France par la commission arbitrale saisie par Taiwan. Suivant à chaque fois l'avis constant de la CCSDN (Commission consultative du secret de la défense nationale), les ministres des Finances successifs ont donc opposé un refus à une transmission aux juges. Le premier fut Laurent Fabius en décembre 2001, le deuxième Francis Mer en juin 2002 et le troisième Thierry Breton en août 2006.

Que reste-t-il de cette première affaire taïwanaise ? Bien des mystères. Car Andrew Wang, par lequel passaient presque toutes les ventes d'armes à Taiwan, se serait trouvé parfaitement en mesure, pour payer les concussionnaires et autres prévaricateurs, de ponctionner des versements sur d'autres commissions, perçues sur des contrats conclus avec des firmes françaises ou américaines. Qui n'ont, pour leur part, jamais fait l'objet d'aucune investigation.

Trop de morts suspectes

Ayons garde d'oublier que, dans cette affaire, un homme a été assassiné : le commandant Yin Ching-feng, de la marine taïwanaise, enquêtait sur de possibles malversations dans le cadre du contrat des frégates. En décembre 1993, il a été retrouvé noyé dans un port. Dix ans plus tard, le juge d'instruction Thierry Jean-Pierre (1955-2005), reconverti en politicien puis en essayiste, a cru pouvoir associer directement deux autres décès à celui du commandant [5]. Le premier est Yang Yi-li, mort le 1er novembre 1996 à Montréal. Ce jeune homme n'était autre que le neveu du capitaine Yin Ching-feng, qui lui aurait confié des documents avant son décès. Il est mort électrocuté dans son bain. La police évoque un accident, mais sa famille n'en croit rien. Quelques jours plus tard, James Kuo tombe par la fenêtre de son bureau à Taipei et s'écrase sur le trottoir. C'est un employé du Français Joël Bücher, directeur du bureau de la Société générale à Taiwan. Il était en relations d'affaires avec Bruno Wang, fils d'Andrew Wang, et suivait pour la banque française le dossier du chantier naval China Shipbuilding, l'industriel « correspondant » de DCN à Taiwan. Troublant.

Trois autres protagonistes de l'affaire ont connu des fins tragiques et prématurées. Sans qu'une relation formelle ait jamais été établie, nombre de leurs proches pensent que leurs disparitions sont liées à l'affaire des frégates de Taiwan. Il s'agit d'abord de Jean-Claude Albessard, ex-officier de marine et ancien représentant de Thomson-CSF à Taiwan. Il quitte l'île rapidement après la mort du capitaine Yin Ching-feng en 1993, à laquelle la police taïwanaise pense un temps qu'il pourrait avoir été mêlé. Il vit ensuite à Tokyo avec son épouse japonaise, lorsqu'il est frappé par un cancer foudroyant et meurt très rapidement en mars 2000.

Thierry Imbot, lui, meurt brutalement le 10 octobre 2000, à quarante-huit ans. Un voisin retrouve son corps au pied du nouvel appartement de la rue Jean-Goujon (Paris VIIIe) dans lequel il venait de s'installer et où son épouse Susan Toffler devait le rejoindre, pour entrer à la rédaction parisienne de l'*International Herald Tribune*. Thierry Imbot n'avait pas connu que le succès dans les affaires, après avoir quitté la DGSE et travaillé pour Pierre Falcone (voir *supra*, chapitre 7). Selon son propre témoignage à l'auteur, l'ancien espion aurait un temps redistribué à Paris des enveloppes taïwanaises, notamment à destination de personnalités gaullistes proches de la Mairie de Paris. Avant d'être évincé — toujours selon son témoignage — au profit d'un intermédiaire mieux en cour que lui, le très corrézien et très chiraquien Patrick Maugein, décédé en décembre 2006.

Ce personnage, rendu célèbre par ses mésaventures dans la mine d'or de Yanacocha au Pérou [a], fut longtemps un des membres du premier cercle de Jacques Chirac à la mairie de Paris [6]. Habitué de l'Irak, cité par l'ONU dans le dossier « Pétrole contre nourriture » [7], il ne s'était pas spécialement fait connaître dans les réseaux de ventes d'armes, jusqu'à ce qu'il intervienne en 1996 dans l'achat par l'armée de l'air française de six avions de transport tactique CASA CN235, de fabrication espagnole. Entre la France et l'Espagne, deux États modernes et développés, nul n'était besoin d'un agent commercial pour négocier un achat de matériel militaire. Les structures étatiques suffisaient amplement, mais Patrick

---

a En 1994, le BRGM (Bureau de recherches géologiques et minières), copropriétaire de la mine d'or de Yanacocha, en a vendu une partie au groupe australien Normandy Poseidon, dont Patrick Maugein était un conseiller. Problème : le prix était sous-évalué du tiers, et les coactionnaires du BRGM ont protesté. Une procédure complexe s'ensuivit, dans laquelle Jacques Chirac a appuyé le groupe australien. Toute l'affaire a été révélée par l'écrivain Jean Montaldo dans son livre *Main basse sur l'or de la France*, Albin Michel, Paris, 1998.

Maugein est encore une fois parvenu à se placer dans la boucle. Et hop ! 2,6 millions de francs de commissions. À tout le moins pour celles qui ont été repérées [8]...

Évincé de Taiwan, Thierry Imbot avait assez mal encaissé le coup, venant d'un agent plus audacieux et mieux introduit. Mais il était passé à autre chose, était rentré des États-Unis afin de s'installer pour de bon à Paris et semblait repartir d'un meilleur pied. Il vivait sur un train très confortable, plongeait l'été à Cuba et chassait en hiver dans les neiges du Grand Nord canadien. De l'affaire des frégates, il parlait beaucoup sans connaître grand-chose, contrairement à ce qu'en écrit le juge Thierry Jean-Pierre [9]. Avec son ami banquier Alban Young, il avait rédigé sur le sujet, sous le pseudonyme commun de Rémi Gedoie (rémige d'oie), un roman à clé qui n'ouvrait guère de portes et dont il se montrait assez fier [10]. Il serait donc tombé par sa fenêtre, en fermant les volets. Accident, conclura la police... Une version à laquelle peu d'observateurs attentifs de l'affaire ont accordé du crédit, sans avoir pour autant percé les secrets de cette mort mystérieuse.

Sept mois après Thierry Imbot, c'est Jacques Morisson qui passe par-dessus la rambarde ! Âgé de soixante-six ans, c'est un ancien officier de la Marine nationale qu'il a quittée avec le grade de capitaine de vaisseau. En 2001, il a cessé toute activité professionnelle et s'occupe de *La Baille*, la revue des anciens de l'École navale. Après sa retraite, il avait entamé une seconde carrière chez Thomson, où il négocia notamment à Taiwan les aspects techniques du contrat Bravo. Résidant au deuxième étage d'un immeuble de Neuilly-sur-Seine, il tombe du cinquième par la fenêtre de l'escalier de service. Dépressif, il ne semblait néanmoins pas être tenté de mettre fin à ses jours. Mais il avait confié son angoisse à sa compagne : « Je suis le dernier survivant de l'équipe des personnes qui avaient participé aux négociations des frégates [11]. » Il meurt le 18 mai 2001. La police conclut au suicide. Dans cette affaire, on se supprime décidément beaucoup. Et on tombe souvent par la fenêtre...

Mais Andrew Wang n'accepte pas cette analyse et refuse tout net d'évoquer ces morts qu'il trouve, lui, naturelles. Cet agent exceptionnel préfère parler de son histoire personnelle : celle d'un paisible homme d'affaires, bon père de famille et honnête travailleur, auquel on cherche injustement des noises. Lors de notre rencontre de 2004, il évoque son enfance dans une riche famille de commerçants et d'armateurs du sud de la Chine, où il naquit en 1928, l'invasion japonaise et sa fuite pour Nankin, sa pratique du culte bouddhiste, son attirance pour les techniques modernes et son entrée dans une école de communications et d'électronique de l'armée de l'air. Et aussi son départ en 1949 pour Taiwan (que l'on appelait encore Formose), où une partie de l'armée avait suivi Tchang Kaï-chek pour ne pas tomber sous le joug de Mao Zedong. Puis sa carrière d'officier-ingénieur dans les radars d'avions de chasse avant la création de sa propre société d'électronique dans les années 1960, et encore son premier engagement comme agent par la société allemande Siemens, en 1969. Dix ans plus tard, il rencontre les dirigeants de Thomson-CSF et c'est le début de ses affaires dans l'importation de matériels militaires.

Son grand souci, à l'été 2004, c'est de perdre « ses » 500 millions de dollars. Des pots-de-vin à payer ? Il s'offusque... À ce qu'il prétend, il ne doit aucune commission à personne ! Il estime que cette somme colossale lui appartient et que, dans le contrat Bravo, Paris « prenait le risque sérieux d'offenser la Chine et d'y perdre de futurs contrats. De ce seul point de vue, il était raisonnable que les sociétés d'État françaises cherchent à obtenir un tarif incluant la prise de risques. C'est la loi du marché [12] ». Autrement dit : c'est moi qui prenais les risques, l'argent était pour moi ! Ben voyons... Avec les intermédiaires ayant touché des commissions occultes, les arguments sont toujours les mêmes, car ils ne vont évidemment pas révéler le nom des bénéficiaires corrompus de leurs reversements, sauf à perdre tout crédit. Alors, classiquement, ils tiennent tous le même discours : ces monceaux d'or sont à eux ! Ils peuvent être poursuivis par la justice, se faire saisir les sommes concernées, aller en prison s'il le faut, ils n'en démordront pas. Mais qui irait les démentir ? Ceux qu'ils avaient promis d'arroser et qui ne toucheront pas un fifrelin ? Certainement pas... Alors, ils nient. Wang Chan Poo, *alias* Andrew Wang, ne fait pas exception à la règle.

Des professionnelles aux avant-postes

La décision taïwanaise d'acquérir des frégates françaises a été prise en octobre 1989, quatre mois seulement après la révolte des étudiants réprimée dans le sang sur la place Tien An Men à Pékin. À Paris, le Quai d'Orsay, alors dirigé par le socialiste Roland Dumas, vieil ami de François Mitterrand, est farouchement opposé à cette vente, de même que l'ensemble du lobby prochinois en France [13]. Aux yeux de ces amis de Pékin, la France n'a pas à se commettre avec une province rebelle, dont l'amitié ne pèse rien, ni économiquement ni politiquement, à côté de celle de l'Empire du Milieu. Pour eux, l'inévitable froid diplomatique suivant le massacre de Tien An Men sera un jour oublié et la France pourra dès lors revendre des armes à la Chine continentale, un marché autrement plus vaste et intéressant que celui de Taiwan. (Un mauvais calcul : vingt et un ans plus tard, l'embargo sur la livraison d'armes à la Chine, décidé après les événements de Tien An Men par les États-Unis et la Communauté européenne, n'était toujours pas levé.)

Le refus initial de la vente des frégates à Taiwan par le président François Mitterrand, décidé le 3 janvier 1990, ne sera transformé en un accord que lors d'une réunion interministérielle qui se tient le 10 juin 1991 autour du Premier ministre Édith Cresson, à laquelle sont présents plusieurs membres du gouvernement : Pierre Bérégovoy (Économie, Finances, Commerce extérieur), Pierre Joxe (Défense), Roland Dumas (Affaires étrangères) et Dominique Strauss-Kahn (ministre délégué au Commerce extérieur) [14]. Les classiques groupes de pression politico-industriels ont joué pour parvenir à cette issue, possible seulement après que Pékin a donné son accord. En revanche, le réseau occulte animé par une figure incontournable des plus louches affaires françaises, Alfred Sirven (1927-2005), n'a servi à rien. Profitant de la présence dans le lit de Roland Dumas de celle qui s'est fait appeler la « putain de la République », Christine Deviers-Joncour [15], Sirven mit sur pied une pure escroquerie pour tenter de faire payer très cher à Alain Gomez, le patron de Thomson-CSF, les prétendus services d'un réseau « chinois » imaginaire, soi-disant capable de faire avaliser la vente taïwanaise par les autorités pékinoises. C'est le refus de Gomez de céder à de telles exigences qui conduisit ce dernier à porter plainte en 2001. La procédure rapprocha cette affaire de celle des fonds secrets de l'affaire Elf [16], déclenchant les réactions en chaîne et la révélation du scandale du contrat Bravo [17].

Le réseau pékinois a bel et bien existé, monté non point par Alfred Sirven, mais par la très efficace représentation de Thomson-CSF présente à Pékin au tournant des années 1990. Celle-ci doit alors essentiellement convaincre un homme, He Peng-fei, directeur de l'industrie d'armement nationale dont les entreprises sont toutes sous tutelle directe de l'état-major de l'armée chinoise. He Peng-fei, qui occupera son poste jusqu'en 1992 [18], est un dignitaire important, fils du maréchal He Long, un compagnon de Mao Zedong durant la Longue Marche. L'accord d'un second dignitaire est indispensable : l'amiral Liu Hua-ging, vice-président de la commission militaire chinoise et ancien chef d'état-major de la marine.

Pour s'approcher de lui, Thomson-CSF va employer une courtisane locale à la fière allure : Liu Lili, titulaire d'un passeport américain et fille d'un général taïwanais [a]. Cette femme, présentée par ceux qui la

a Cette femme a souvent été présentée en France comme « Lily Liu ». Mais ceux qui la connaissent l'appellent Liu Lili, selon la pratique chinoise voulant que le nom de famille soit cité avant le prénom.

connaissent comme une adepte de spécialités sexuelles courues à défaut d'être raffinées, ancienne épouse d'un Japonais puis d'un Américain en relation avec le président Jimmy Carter, est la maîtresse d'un haut diplomate français en poste en Chine continentale, qui la présente à Thomson. La France l'attire, et son projet de l'heure consiste à épouser un diplomate français, quel qu'il soit. Pas de doute : elle possède très exactement le profil de l'emploi. En octobre 1990, neuf mois donc avant que la France annonce qu'elle vendra des frégates à Taiwan, une photographie la montre lors d'un dîner à la résidence des hôtes d'État à Pékin : longs cheveux noirs, frange sur le front, traits fins, yeux baissés, tout pour plaire [19]. À sa droite, dans l'ordre : Liu Hua-ging, Jean-François Briand, le directeur des affaires internationales de Thomson-CSF, et He Peng-fei. Selon diverses sources, c'est lors de ce dîner que l'accord de Pékin sera négocié.

« De cette superbe putain, on a fait une magnifique femme d'affaires. Elle était fort intelligente, pleine de prestance et de chien, mais ne savait parler que de la Chine », précise une source connaissant bien le processus pékinois lié au contrat Bravo. Cette femme est rémunérée, bien sûr, mais pour une infinitésimale proportion des fonds versés à Andrew Wang : un million de francs (150 000 euros). Pour ce prix, elle effectue la tâche convenue, consistant à présenter aux dirigeants chinois concernés les arguments français censés les convaincre que la vente des frégates à Taiwan ne justifierait nullement une crise entre Pékin et Paris. La corruption des dirigeants pékinois est-elle passée par elle ? Contredisant elle aussi plusieurs autres sources françaises, dont Roland Dumas, une autorité qui fut décisionnelle dans ce processus m'a affirmé à l'automne 2010 que « pas un sou, sinon des miettes, n'a été payé à Pékin. Les Chinois n'attachaient pas vraiment d'importance à la livraison des frégates à Taiwan, mais voulaient acheter en France des armements. Ils n'ont pas voulu bloquer la situation. Mais l'embargo n'a pas été levé, et ils attendent toujours les armements français... ».

De fait, Pékin fera seulement mine de lever un sourcil lorsque le contrat sera annoncé. À l'occasion de ces épisodes, la belle Chinoise sera mise en contact avec Alain Gomez, dont elle deviendra très proche. Elle convaincra le P-DG de Thomson-CSF de la transformer en véritable agent. Ses commissions vont alors atteindre des niveaux astronomiques, jamais évalués précisément à ce jour, alors que la « rémunération » de l'un des principaux décideurs pékinois sera symbolique : à notre connaissance, elle aurait surtout consisté en prestations en nature, y compris la remise de... cinq bouteilles d'un excellent cognac français ! Ce qui ne veut pas dire que d'autres commissions plus substantielles n'ont pas été réparties ailleurs... Une fois l'affaire conclue, Liu Lili se consola de n'avoir point été épousée, comme elle l'avait espéré, par le sémillant Gomez — lequel n'a pas souhaité confirmer ou démentir l'existence de cette relation quand j'ai abordé la question avec lui. Elle reprit alors, selon mes sources, l'usine de lunettes de son père et acheta deux splendides appartements à Hong Kong. L'un pour elle, l'autre pour le devin qui lui avait prédit sa bonne fortune.

Les affaires politico-judiciaires françaises ne sont jamais aussi spectaculaires que lorsqu'elles concernent les industries d'armement. Depuis 1985, pour ne citer que les plus récentes, une série ininterrompue de procédures judiciaires a concerné en France les industries de défense, avec un point commun sous-tendant les investigations : les rétrocommissions qui auraient été versées à des hommes politiques français. De l'affaire Luchaire (voir *supra*, chapitre 7) à celle des frégates de Taiwan ou à celle des sous-marins pakistanais associée à l'attentat de Karachi en 2002 (voir *supra*, chapitre 4), en passant par la violente polémique opposant Thomson-CSF à Matra sur fond de ventes de missiles à cette même île nationaliste chinoise, qui aboutit au psychodrame national de l'affaire dite « Clearstream » (toujours pas soldée début 2011), tout laisse penser que nombre d'hommes politiques français, toutes tendances confondues, toucheraient des pots-de-vin sur les ventes d'armes et qu'ils se joueraient des efforts de la justice pour tenter d'y voir plus clair et de moraliser la vie publique.

Peine perdue ! À la seule exception notable du Parti républicain, clairement accusé dans les années 1990 d'avoir touché des pots-de-vin (sans que cela ait d'ailleurs été formellement démontré par les procédures), les mises en cause se sont régulièrement perdues dans les sables. Cela ne veut certes pas dire qu'il n'y en ait pas eu et, encore moins, que la corruption serait depuis absente du paysage politique français. Mais, pour ne prendre que la plus gigantesque affaire, celle des frégates de Taiwan, sept années de procédures se sont conclues en octobre 2008 par un non-lieu rendu par les magistrats instructeurs Renaud Van Ruymbeke et Xavière Siméoni. Conclusion ? Circulez, y a rien à voir ! Cela n'est évidemment pas aussi simple…

Car, peu après la conclusion du contrat Bravo en 1991, un autre contrat est signé le 18 novembre 1992 entre les firmes françaises et Taiwan pour la fourniture de soixante Mirage 2000-5. DCN n'est plus présent cette fois, mais Thomson-CSF, si. Là encore, Andrew Wang est de la partie, bien que son rôle exact n'ait jamais été vraiment précisé. On retrouve les commissions, la concurrence, les coups bas. Mais, surtout, un autre ingrédient fait son apparition : la haine. Comme un cancer, elle va répandre ses métastases dans toute l'industrie d'armement, puis dans la classe politique. Une histoire de folie, de pouvoir et d'argent.

Thomson contre Matra : pourquoi tant de haine ?

Les entreprises françaises concernées par la vente de Mirage à Taiwan sont les partenaires habituels des marchés d'avions de combat français : Dassault pour la « cellule » et l'assemblage dans ses ateliers, Thomson-CSF pour l'électronique de bord, SNECMA pour les réacteurs et Matra pour les missiles. Il s'agit là d'un magnifique contrat, baptisé « Tango », mais les Taïwanais ont été partageurs : la semaine précédente, ils ont également acquis cent cinquante avions F-16 A/B aux États-Unis.

Pour l'industrie aéronautique française, ce contrat des Mirage est une aubaine. Les Taïwanais disposent pour leur achat d'une enveloppe budgétaire globale. Elle est importante (30 milliards de francs) et permet à deux des partenaires du trio français, Dassault et Thomson-CSF, de tabler sur leur stratégie classique : faire financer par leur client des développements de perfectionnements techniques hors de prix de leurs produits, qui bénéficieront ensuite à toute la gamme. Mais les choses ne se passeront pas comme prévu, car Matra va rafler la mise de façon très inattendue.

L'auteur de cet exploit commercial est Jean-Paul Gut. Cet homme né en 1961 est un ami proche d'Arnaud Lagardère, le fils de Jean-Luc. L'histoire veut qu'Arnaud l'ait introduit auprès de son père, qui l'accueillera comme un autre fils. Jean-Paul Gut deviendra ensuite et pour de longues années l'un des meilleurs vendeurs d'armes français. Il ne prise guère la compagnie des journalistes, mais sait se montrer aimable s'il doit les rencontrer. En revanche, pour les confidences, il faudra repasser… Comme le rapporte la journaliste Leslie Varenne, « discret, peu attiré par la lumière des médias, toujours bougon mais commercial chevronné [20] », il a commencé chez Matra, dans les glorieuses années 1980, en Irak du temps où Saddam Hussein faisait tourner les usines françaises à plein régime. Son exploit le plus retentissant, avant qu'il fasse ensuite les plus beaux jours d'Airbus, se réalise donc dans les heures précédant l'annonce du contrat des Mirage, le 18 novembre 1992. Cette nuit-là, il convainc les Taïwanais de tripler les achats prévus de missiles air-air MICA (longue portée) et R550 Magic II (courte portée) qui doivent équiper les soixante Mirage 2000-5 vendus par la France dans le cadre du contrat « Tango ». Selon Jean-Louis Gergorin, qui était à l'époque le directeur de la stratégie du groupe Matra, ce contrat a permis un chiffre d'affaires de « plus de 10 milliards de francs [21] », soit au bas mot 10 millions de francs pièce (1,53 million d'euros), en moyenne, avec une marge bénéficiaire colossale. Joli coup, mais empoisonné ! Fin 1992, quand Jean-Luc Lagardère décide de fusionner ses deux grosses maisons, Matra et Hachette, il nomme Jean-Paul Gut à la tête des affaires internationales du nouveau groupe. C'est dire le crédit qu'il lui accorde.

Pour doubler à l'arraché une commande de missiles aussi considérable, il faut des arguments. Opérationnels ? Sans aucun doute... Techniques ? Comme il se doit... Ou, plus classiquement, Jean-Paul Gut aurait-il lié l'« intéressement » de quelque(s) officiel(s) taïwanais à la vente ? Dans un livre fort bien documenté publié en janvier 1995 chez Plon (appartenant au Groupe de la Cité, dont le principal actionnaire était alors Havas), soit un peu plus de deux ans après la signature du contrat, la journaliste de *Libération* Alexandra Schwartzbrod soulève un coin du voile. Elle révèle à propos de la vente des soixante Mirage que « Matra s'en sortira avec la plus grosse part du contrat, ses négociateurs réussissant à faire passer en une seule nuit la part des missiles dans l'affaire de 3 à 11 milliards de francs [22] ! ».

Telle est du moins la phrase apparaissant dans la première édition de son ouvrage, envoyée en service de presse aux journaux français. Mais ce livre ne sera jamais proposé aux acheteurs dans les librairies. Les exemplaires du premier tirage seront rappelés et pilonnés à la demande de Jean-Luc Lagardère, le patron du groupe Matra-Hachette, contrôlant donc le principal challenger du Groupe de la Cité dans le monde de l'édition. Jean-Louis Gergorin, l'homme des missions délicates de Lagardère et de ses relations avec le Paris des lettres, se chargera de racheter en secret l'ensemble du tirage. L'éditeur Olivier Orban — qui a confirmé cette opération à l'auteur, tout comme Gergorin — effectue dans la foulée un second tirage, qui paraît sans les quelques lignes incontestables, mais inopportunes [a]. Le problème, ce sont évidemment les « 11 milliards ». Ce chiffre tabou, c'est le secret de Lagardère. Le montant du fabuleux contrat de vente de missiles à Taiwan décroché par Matra ne doit pas être divulgué. À aucun prix.

Le coup de Taiwan a ainsi suscité la naissance d'une légende — dont chacun sait qu'il s'agit d'un récit à caractère merveilleux, où les faits historiques sont transformés par l'imagination populaire ou par l'invention poétique. Ce récit, souvent entendu, voudrait que le jeune Jean-Paul Gut

---

a Outre l'absence du texte litigieux dans la seconde version de l'ouvrage, la seule différence entre les deux éditions concerne leur numéro d'identification ISBN (International Standard Book Number) : la première est numérotée 2-259-02752-0, la seconde 2-259-18245-3.

ait lancé à un interlocuteur taïwanais : « Chaque fois que vous commandez cent missiles, je vous donne un point de plus ! » Ce qui ferait entre 9 % et 10 % de pots-de-vin, sur un contrat de 11 milliards de francs (1,7 milliard d'euros) ! Cela pourrait expliquer pourquoi Taiwan a acheté tant de ces engins (d'ailleurs jamais utilisés depuis) : 1 420 (960 MICA à longue portée et 460 Magic II à courte portée) ! Un chiffre considérable. Même les armées de l'air les plus prospères n'achètent qu'au compte-gouttes ce type de munitions, tant elles sont chères. L'armée de l'air française n'en commande jamais plus de quelques dizaines à la fois — ce qui de toute façon n'est pas très grave : depuis que les missiles air-air existent, c'est-à-dire le début des années 1950, elle n'en a jamais tiré un seul au combat !

Pour les trois autres industriels français concernés par le marché taïwanais (Dassault, SNECMA et Thomson-CSF), le tour de force commercial de Jean-Paul Gut en novembre 1992 est en tout cas une mauvaise nouvelle. Les journalistes Alexandra Schwartzbrod et Vincent Nouzille, biographes de Jean-Luc Lagardère, écrivent que, alors, « chez Dassault et Thomson-CSF, on est certes content : le plan de charge des deux entreprises est assuré au-delà de l'an 2000. Mais cela n'empêche pas d'être furieux : Lagardère s'est comporté comme s'il était seul au monde, raflant sans vergogne ce qui aurait dû revenir à ses deux partenaires [23] ». De fait, alors que l'enveloppe globale de Taiwan pour cet achat ne dépassait pas 30 milliards de francs, jamais il n'avait été prévu que Matra en empoche le tiers. C'est dans cette affaire qu'il faut chercher, selon tous les témoins que j'ai consultés, la source de l'exacerbation de l'animosité ressentie contre Jean-Luc Lagardère par Alain Gomez, l'inspecteur des finances (né en 1938) nommé à la tête de Thomson-CSF lors de sa nationalisation en 1982.

Mais il y a peut-être aussi une autre raison, indicible. Pour l'un de mes interlocuteurs, qui évoque pour moi ce sujet en janvier 2001, « le problème de Thomson avec Matra et le contrat "Tango", c'est que Gomez voulait que Lagardère paye des rétrocoms en France. Lagardère s'y est refusé. Il ne paye jamais de rétrocoms, sauf à lui-même ». En confrontant cet avis à celui de bons connaisseurs du dossier, autres acteurs de l'industrie française, je n'ai pas été démenti, quand les Lagardère's boys juraient pour leur part, croix de bois, croix de fer, qu'il n'en était rien... Parmi ceux-ci, Jean-Louis Gergorin, qui voit pourtant des rétrocommissions partout, mais curieusement pas dans l'industrie privée, donc pas chez Lagardère. Il ne les discerne, en France, que dans les seules entreprises à capitaux d'État : « Certains présidents d'entreprises publiques y ont vu un complément bien utile à des rémunérations qu'ils considéraient comme misérables par rapport à celles de leurs congénères du privé. Ils ont aussi perçu l'intérêt qu'il y avait à utiliser cette source financière quasi intraçable pour se concilier les bonnes grâces des politiques, surtout en période de renouvellement de leur mandat [24]. » S'il le dit...

La vente de missiles français à Taiwan en novembre 1992 va en tout cas provoquer dans les milieux français de l'armement des réactions en chaîne — dont l'affaire Clearstream — qui n'ont toujours pas terminé leurs dévastations près de vingt ans plus tard. C'est qu'avant cette signature les affaires de Jean-Luc Lagardère étaient au plus mal. Loin d'être au bord du gouffre, il avait déjà un pied dedans... À cette époque, la survie même de ses affaires et du groupe qu'il a créé était en cause. Ici, un retour sur le parcours de ce moderne Rastignac s'impose.

Après être entré chez Dassault en 1952, le brillant ingénieur gascon né en 1928 et passé par Supélec est débauché en 1963 par l'un de ses petits sous-traitants, Matra. L'entreprise est la propriété de son fondateur, Marcel Chassagny, et d'un homme d'affaires prospère possédant une grosse part de la radio « périphérique » Europe 1, Sylvain Floirat. Nommé directeur, Lagardère conduit intelligemment Matra à la prospérité : dans les quinze ans qui suivent, le chiffre d'affaires est multiplié par vingt ! Il devient le dauphin officiel de Floirat quand ce dernier le fait entrer en 1973 à Europe 1, dont il partage la propriété avec l'État et dont Lagardère cumulera à partir de 1974 la direction avec celle de l'entreprise d'armements. Sa progression se poursuit sur deux axes : il fait prospérer Matra, tout en devenant un acteur essentiel du petit monde des médias français. À la fin des années 1970, il achète en personne 16 % d'Europe 1 à Floirat, avant de prendre fin 1980 le contrôle de l'éditeur Hachette, qui lui est offert sur un plateau par le président de la République Valéry Giscard d'Estaing. Il n'attendra que quelques années pour qu'Hachette reprenne la part que l'État détenait dans Europe 1 *via* la Sofirad, faisant de lui le seul patron de la station.

Cet homme d'affaires est un animateur de réseaux. Il fréquente, notamment grâce à Europe 1, tous les dirigeants politiques de France et de Navarre, dont il sait se faire des alliés. S'agissant des élections présidentielles il se révèle néanmoins un analyste fort médiocre : en 1974, il soutient le gaulliste Jacques Chaban-Delmas, perdant contre Valéry Giscard d'Estaing. Devenu proche de ce dernier, il l'aide en 1981 dans sa campagne contre le vainqueur François Mitterrand. Et, en 1995, ça ne loupe pas : Édouard Balladur recueille ses faveurs, quand Jacques Chirac sort victorieux du scrutin. Mais qu'à cela ne tienne ! Dans ces milieux de l'armement français, systématiquement accouplés au monde de la communication et des médias, dont la famille Dassault est un autre exemple, des inimitiés ne peuvent jamais durer bien longtemps : les enjeux sont trop énormes !

Lorsque la gauche arrive au pouvoir, Matra est nationalisée selon des modalités proches de celles qui concerneront la famille Dassault : l'État prend seulement 51 % du capital, mais laisse les anciens patrons aux commandes. Tout à son désir d'accroître son rôle dans la communication, Jean-Luc Lagardère cherche à acheter TF1, privatisée par le gouvernement de Jacques Chirac en 1987. Raté ! C'est un grand patron du bâtiment et des travaux publics, Francis Bouygues, associé au magnat britannique Robert Maxwell et à Bernard Tapie, qui emporte le morceau, en infligeant à son concurrent une insupportable humiliation. Infatigable guerrier des affaires, Lagardère veut sa revanche. Elle lui est apportée quand il prend le pouvoir dans une chaîne généraliste lancée à grand fracas en 1985, La Cinq, à la faveur d'une augmentation de capital souscrite par Hachette. Le 23 octobre 1990, il en devient l'opérateur, avec des ambitions démesurées. En avril 1991, la marque de Jean-Luc Lagardère s'imprime à l'antenne et, moins de six mois plus tard, la déconfiture est consommée : en décembre 1991, la chaîne annonce 3 milliards de francs (540 millions d'euros) de pertes et 576 licenciements. Un an après la reprise, les émetteurs de La 5 sont éteints, le 12 avril 1992 à minuit. Dans ce monumental désastre, Hachette risque de sombrer ! Mais les armes de Taiwan vont sauver l'entreprise.

Quand les missiles sauvent Hachette

Lorsque le fameux contrat Tango est signé en novembre 1992, le chiffre d'affaires qu'il va immédiatement apporter à Matra est donc soigneusement tenu secret. Lagardère a toujours dit que les clauses de confidentialité d'un tel contrat, protégées par le « secret défense », ne lui permettaient pas d'en faire état auprès des actionnaires [25]. Jean-Louis Gergorin explique quant à lui : « Le gouvernement nous demande de tenir cette information secrète pour ménager la Chine, et aussi parce que ce gros achat ne doit être ratifié par le Parlement de Taiwan qu'en janvier 1993 [26]. » Mais ce secret, si tant est qu'il ait jamais eu vocation à blinder d'autres intérêts que ceux de Jean-Luc Lagardère, est une miraculeuse aubaine.

Voici pourquoi : quelques semaines après la signature du contrat, assorti d'un acompte de 30 % équivalant à peu de chose près au trou abyssal de son groupe de presse et d'édition, Lagardère fait voter par les deux conseils d'administration la fusion de Matra et d'Hachette. Aux manettes de cette opération : un jeune associé-gérant de la banque d'affaires Lazard Frères, Jean-Marie Messier. Il met sur pied la structure en commandite qui va permettre à Lagardère de prendre en main les rênes du nouveau groupe, avec une part minoritaire du capital. Mais il y a un vrai problème : grâce au secret protégeant le pactole du contrat Tango, la valeur de Matra ne tient pas compte des fabuleux bénéfices qu'il a engendrés. Un avocat américain au parcours assez opaque, William Lee, mobilise des actionnaires de Matra pour porter plainte contre le groupe, au motif que les calculs de parité entre Hachette et Matra minorisent la valeur de l'entreprise d'armement, lésant donc leurs intérêts. Certains d'entre eux ne se contentent pas de dénoncer par lettre au gouvernement taïwanais les conditions du contrat : ils portent plainte. L'affaire va déclencher une crise terrible entre Lagardère et Alain Gomez, ce dernier étant accusé de se trouver derrière toute cette opération de déstabilisation, baptisée « Couper les ailes de l'oiseau » — un intitulé découvert sur un dossier récupéré lors d'une perquisition au cours de l'instruction conduite par Dominique de Talancé dans l'une des procédures engagées sur ce dossier.

Chacun des acteurs reprochera à tous les autres d'avoir versé des commissions et des rétrocommissions, mais en oubliant systématiquement de désigner précisément les bénéficiaires et d'avancer les preuves de tels reproches. On a tout de même droit à cette occasion à des révélations, comme celle de Jean-Louis Gergorin voulant nous convaincre de sa candide découverte de l'existence des rétrocommissions. À ses yeux, les responsables de leur introduction dans les ventes d'armes sont les agents : « Dans l'histoire des grands contrats internationaux, les entreprises ont toujours cherché les meilleurs agents susceptibles d'influencer au mieux les responsables des pays clients. Quant aux agents, ils n'ont jamais hésité à vanter leurs mérites pour être sélectionnés. L'activité est si rémunératrice ! Pour mieux convaincre les dirigeants des entreprises et des pays exportateurs, ils ont su exploiter la faiblesse de certains de leurs interlocuteurs auxquels ils ont proposé de participer au festin. Dès lors, toutes les conditions étaient réunies pour que naquît une nouvelle forme de corruption : la commission sur la commission. Ainsi sont apparues les rétrocommissions, avec plusieurs variantes possibles. Le modèle "ascendant" correspond à la situation où l'agent, pour être sélectionné, propose spontanément une ristourne à son client potentiel. Les grands intermédiaires des contrats des années 1970 vers le Moyen-Orient avaient la réputation d'être spontanément très généreux envers leurs clients. La rétrocommission "descendante" est au contraire le fait du responsable de l'entreprise exportatrice, qui fait comprendre à l'intermédiaire qu'une gratification serait utile pour l'aider à faire le bon choix [27]. »

Lorsque ce vénéneux dossier se traduira douze ans plus tard par une ordonnance de renvoi devant le tribunal correctionnel de Paris, la juge d'instruction Dominique de Talancé écrira le 8 avril 2005 qu'il « existe un lien évident entre le très fort ressentiment d'Alain Gomez à l'égard de Jean-Luc Lagardère à la suite de la signature du contrat des Mirage à Taiwan et sa volonté, dès fin 1992, sous couvert de remise en cause des opérations de fusion entre Matra [et] Hachette, de mettre en œuvre une action visant les intérêts de Matra ». Les enjeux industriels ne sont pas étrangers à cette opération, estime de son côté le directeur adjoint du contre-espionnage, la DST, chargé de la protection du patrimoine des entreprises françaises. Aux yeux de Raymond Nart, dont les propos sont cités par la juge d'instruction, Alain Gomez a alors en tête la « perspective de récupérer à moyen terme tout ou partie de l'activité défense de Matra dans le contexte prévisible d'une restructuration d'ensemble de l'industrie française d'armement ».

Finalement, bien que la tentative de déstabilisation ait été bien réelle, le retentissant procès qui se déroule fin 2005 devant le tribunal correctionnel de Paris se traduit par une relaxe générale, prononcée en février 2006. Le tribunal estimera que Matra, « une entreprise puissante, rompue aux affaires, bénéficiant du soutien des pouvoirs publics », n'aurait pas dû s'inquiéter de voir sa concurrente lui chercher des noises, mais aussi qu'Alain Gomez était bien animé « par la rivalité et l'animosité personnelle » qu'il éprouvait envers Jean-Luc Lagardère. À cette époque, la vieille querelle aurait dû être éteinte. Car, le 14 mars 2003, Jean-Luc Lagardère était décédé des suites d'une opération de la hanche fort bénigne. Cette fois, la rocambolesque affaire du contrat Tango allait à nouveau rebondir. Et faire exploser dans tous les coins de Paris une pétarade de bombes à retardement ! Bienvenue dans l'affaire Clearstream.

Clearstream : une affaire si française !

Dans quinze ou vingt ans, que pourrait-on répondre s'il venait à un jeune Français la curieuse idée de demander ce que fut naguère l'affaire Clearstream ? On pourrait certes lui suggérer de se reporter à quelques livres, souvent écrits à chaud [28]. Mais encore ? L'affaire Clearstream démarre officiellement en mai 2004, quand le juge d'instruction Renaud Van Ruymbeke reçoit une première lettre anonyme. Celle-ci met en cause des industriels français, des oligarques et des mafieux russes. Ils sont tous accusés d'avoir utilisé la caisse de compensation interbancaire Clearstream, installée au Luxembourg, pour faire circuler des commissions illégales, retirées par Andrew Wang de la vente de frégates *La Fayette* à la marine taïwanaise.

L'un des industriels accusés par le corbeau, le vice-président d'Airbus, Philippe Delmas, sera perquisitionné et placé en garde à vue, sans que cette investigation donne le moindre résultat. Puis, en juin 2004, une seconde lettre anonyme parvient au juge Van Ruymbeke. Celle-ci est accompagnée d'une seconde liste de 855 comptes Clearstream. Mais, cette fois, sont mêlés à des comptes « authentiques » d'autres comptes attribués à une soixantaine de personnalités françaises, qui se révéleront complètement faux. Une pure invention. Toutes ces personnes sont accusées d'avoir bénéficié de rétrocommissions sur les ventes d'armes à Taiwan. Pour l'imprécateur, le choix de s'adresser au juge Van Ruymbeke n'est pas un hasard. Car, pour celui qui est en charge de l'instruction de l'affaire des frégates de Taiwan, cherchant sans relâche les traces de l'argent qu'il croit avoir été reversé en France, voilà des noms excitants ! Si les lettres anonymes ne livrent aucune information particulière sur les preuves de versements illégaux, elles désignent des personnes qui auraient pu les autoriser. On y trouve les noms d'un ancien ministre de l'Économie, Alain Madelin, de plusieurs responsables socialistes et ex-ministres (Dominique Strauss-Kahn et Jean-Pierre Chevènement), de responsables d'Airbus et du groupe Lagardère, de policiers. Sans oublier celui qui est alors ministre de l'Intérieur, Nicolas Sarkozy, accusé de posséder des comptes à la Banca Popolare di Sondrio, en Italie, mais sous deux identités différentes : Paul de Nagy et Stéphane Bocsa : le corbeau n'ignore pas que le futur candidat à la présidentielle s'appelle en réalité Nicolas Paul-Stéphane Sarkozy de Nagy Bocsa.

Ce n'est que six mois après avoir reçu ce second fichier anonyme, en novembre 2004, que le juge d'instruction transmettra en Italie une demande de vérification. La banque répondra dix jours plus tard que Nicolas Sarkozy ne peut pas être le titulaire des comptes indiqués, mais cette réponse va mettre un an à parvenir au juge d'instruction français ! Devenu en mars 2004 ministre de l'Économie et des Finances du nouveau gouvernement de Jean-Pierre Raffarin, Sarkozy se porte ensuite candidat à la présidence de l'UMP, le parti gaulliste. Il connaît les accusations du corbeau. Mais ce qu'il n'apprend qu'à ce moment-là, si l'on en croit sa défense, c'est que son concurrent devenu ministre de l'Intérieur, Dominique de Villepin, a fait diligenter par la DST une enquête sans le lui dire. Sarkozy soupçonne Villepin d'avoir profité de cette investigation policière pour déclencher une campagne contre lui, reprenant à son compte les accusations du corbeau. Circonstance aggravante : alors qu'une grave crise couve dans le couple formé par Nicolas Sarkozy et son épouse Cécilia Ciganer-Albeniz, qui annonceront leur divorce le 18 octobre 2007, Villepin se servirait de l'enquête policière pour déstabiliser son collègue au gouvernement... La violence des relations entre les deux héritiers présomptifs de Jacques Chirac atteindra un sommet lors d'une entrevue orageuse, le 15 octobre 2004, à laquelle participera également le directeur de la DST, Pierre de Bousquet de Florian.

L'enquête de Renaud Van Ruymbeke est enlisée. Il ne trouve dans ces documents fabriqués aucune commission sur les ventes d'armes, aucun lien avec l'affaire des frégates, pas le moindre élément de véracité. Et pour cause ! Comme on l'apprendra plus tard, ces forgeries sont les fruits empoisonnés de deux imaginations fertiles, celle de Jean-Louis Gergorin, vice-président exécutif d'EADS, la maison mère d'Airbus, qui échafaude des théories intellectuelles, et celle de l'informaticien Imad Lahoud — un étonnant personnage sur lequel on reviendra — qui, selon ses accusateurs, les intègre dans les fichiers qu'il falsifie. Non sans y rajouter, peut-être sur instructions, des noms de personnes auxquelles Gergorin n'aurait eu aucune raison de s'en prendre. À la fin 2005, le juge d'instruction est parfaitement au courant que les accusations du corbeau sont fausses, mais ce que tout le monde ignore encore, c'est que, pour lui, ces lettres ne sont pas le moins du monde anonymes.

Nicolas Sarkozy est alors fort en colère. Initialement, il n'avait porté plainte « que » pour dénonciation calomnieuse. Cette fois, il se constitue partie civile chez les juges Jean-Marie d'Huy et Henri Pons, fin janvier 2006. Les deux juges, surnommés « Zig et Puce », vont démarrer une enquête sérieuse, qui va déboucher, en quelques semaines, sur une série de stupéfiantes révélations. Ils multiplient perquisitions et auditions dans les lieux les plus invraisemblables : le bureau du directeur des services secrets, la DGSE ; celui de la ministre de la Défense, Michèle Alliot-Marie (dite « MAM ») ; et les deux résidences du général Philippe Rondot, conseiller pour le renseignement et les opérations spéciales de MAM. Avec lui, les juges vont lever un lièvre, car ils apprennent de son audition et des quantités de documents saisis que l'officier a enquêté sur l'affaire du corbeau à la demande de Dominique de Villepin et de Jacques Chirac.

Une date retient l'attention : celle d'une réunion, le 9 janvier 2004, dans le bureau de Dominique de Villepin (alors ministre des Affaires étrangères), à laquelle participent le général Rondot, convoqué, et Jean-Louis Gergorin. Cette réunion se trouve au cœur des révélations qui se succèdent à partir des comptes rendus et notes du général Rondot et de la publication de différents rapports qu'il a écrits pour Michèle Alliot-Marie. Ces rapports indiquent clairement que, dans cette affaire, Philippe Rondot estime avoir été « instrumentalisé » par Gergorin et Lahoud.

Car l'enquête à laquelle le général s'est livré pour vérifier la véracité des accusations de Lahoud et Gergorin, qui ne sont pas différentes de celles du corbeau, a rapidement débouché : avant même que le juge envoie une demande d'enquête en Italie, Rondot avait fait son rapport à la ministre de la Défense, pour lui dire que les accusations ne tenaient pas. Pourquoi Michèle Alliot-Marie n'en a-t-elle pas dit un mot à Nicolas Sarkozy, l'homme politique le plus gravement mis en cause ? Bonne question... Il y en a d'autres. Car, au cours de la fameuse réunion du 9 janvier 2004, bien d'autres noms d'hommes politiques ont été cités : Laurent Fabius, Charles Pasqua, Jean-Charles Marchiani ou le député Patrick Ollier, qui n'est autre que le compagnon de Michèle Alliot-Marie.

Jean-Louis Gergorin, la vigie de Lagardère

Depuis 1984, date de son entrée chez Matra, Jean-Louis Gergorin est la sentinelle de Lagardère. Au siège du groupe, rue de Presbourg à Paris, à quelques dizaines de mètres de l'Arc de triomphe, son bureau est le nid-de-pie du bâtiment, comme on le disait autrefois sur les grands voiliers du baquet abritant la vigie, tout en haut du mât. Ses ordinateurs sont sa lunette à longue portée. Ses informateurs sillonnent les horizons tempétueux. La nuit, il fouille. Le jour, il cherche, traquant sans relâche les ennemis de Jean-Luc Lagardère, donc de la France. Telle est sa vision du monde. Dans le groupe, dont l'activité s'étend à des secteurs très sensibles, Gergorin, polytechnicien passé par l'ENA, le Conseil d'État et le Quai d'Orsay, est le correspondant des services secrets. Sans voir le mal partout, il le discerne dans les brumes. Souvent à tort, parfois à raison.

En ce mois de décembre 2002, donc, grosse alerte... L'une de ses nombreuses sources, souvent prolifiques car il les paye bien grâce aux fonds mis à sa disposition par son groupe, lui signale une menace. Vrai, faux ? Allez savoir... Elle émane, paraît-il, d'un Allemand de l'Est établi en Suisse, qui tournerait dangereusement autour de la tête du groupe. Et plus précisément du fils du patron, Arnaud Lagardère. Il s'agit d'un soupçon plus que d'un indice. Mais il n'en a jamais fallu davantage pour que Gergorin enfourche son destrier. À cette époque, il se rapproche du jeune informaticien Imad Lahoud, fils du créateur des services secrets libanais et frère de son ami Marwan Lahoud, jeune, irréprochable et brillant cadre supérieur d'EADS — qui deviendra en janvier 2003 président du fabricant de missiles MBDA, filiale commune d'EADS, BAE Systems et Finmeccanica, créée en 2001. Gergorin est persuadé que les menaces contre Arnaud Lagardère sont liées à des contrats d'armement. Autrement dit, à des commissions occultes qui seraient revenues de Taiwan après la vente des frégates au début des années 1990. Mais il est aussi question de commissions concernant des ventes d'Airbus en négociation, en Russie et en Inde.

Lecteur de Denis Robert, Gergorin a découvert dans ses livres-enquêtes le rôle de la caisse de compensation Clearstream [29]. L'ancien journaliste de *Libération* a mis au jour le rôle central dans l'économie mondiale de cette caisse de compensation internationale installée au Luxembourg. C'est la banque des banques et un échangeur financier fournissant, selon ses dirigeants, un simple service technique. Pour Denis Robert, c'est la lessiveuse de la planète, la blanchisseuse industrielle de l'argent sale irriguant l'économie mondiale. Quand son livre *Révélation* est publié en 2001 [30], Robert raconte qu'il a reçu un appel de Joël Bücher, ex-banquier à la Société générale, en poste à Taiwan au moment de l'affaire des frégates. Ce dernier lui détaille le fonctionnement du système et lui confirme que des rétrocommissions auraient pu passer par cette caisse de compensation [31].

Gergorin est sûr et certain que des transferts d'argent occulte ont eu lieu. Après le décès de Jean-Luc Lagardère en mars 2003, il ne doute pas une seconde que son patron ait en fait été assassiné, en liaison avec cette affaire. Avec la foi du charbonnier, il ne met pas en doute le transfert de rétrocommissions vers la France, *via* Clearstream. Ces retours vers la France de l'intermédiaire taïwanais Andrew Wang demeurent hypothétiques, sans doute. Mais est-ce une raison pour ne pas les rechercher ? Impossible n'est pas Gergorin ! C'est Imad Lahoud qu'il chargera de les trouver. Telle est la genèse de l'affaire Clearstream.

Elle va prospérer durant des années et se résumer finalement à une confrontation aux apparences politiciennes entre Dominique de Villepin, accusé d'avoir manigancé l'affaire, et Nicolas Sarkozy, bien décidé à s'en servir pour anéantir politiquement son concurrent. Le très long procès de l'affaire, traversé par de nombreux psychodrames entre les accusés, s'est tenu à Paris du 21 septembre au 23 octobre 2009. Le jugement, rendu le 28 janvier 2010, a relaxé Dominique de Villepin et accablé Gergorin et Lahoud. Dans la foulée, le procureur de la République de Paris, Jean-Claude Marin, a fait appel de la relaxe bénéficiant à Dominique de Villepin, qui comparaîtra donc avec ses coaccusés devant la cour d'appel de Paris en mai 2011. Lorsque toute cette affaire sera terminée, après le jugement en appel et sans doute des pourvois en cassation, il se sera écoulé plus de vingt ans...

Reste qu'aujourd'hui, comme au temps des contrats Bravo ou Tango, ce qui compte, pour un pays comme la France, ce sont toujours les contrats de plusieurs milliards d'euros, ceux que procurent les armes sophistiquées que savent fabriquer ses industriels. Le problème, c'est que de tels contrats sont devenus de plus en plus rares. Et que la France réussit désormais l'exploit de rater les uns après les autres ceux qui redoreraient son blason. Le meilleur exemple de ces contrats si difficiles à signer est sans doute celui des échecs à répétition enregistrés dans les tentatives d'exporter l'avion de combat Rafale.

11

Rafale, pourquoi tant d'échecs ?

C'est une page rose grand format découpée dans le *Financial Times*, encadrée de bois précieux sous un verre minéral de qualité, datée du 18 février 2004. Je l'avais observée une première fois dans un bureau de l'Élysée, bien en place sur un mur jaune pâle, mais trop haut pour qu'elle soit lisible. L'occupant des lieux avait consenti à me préciser, amusé, qu'il s'agissait d'un article évoquant une note interne envoyée aux diplomates britanniques par celui qui était alors le secrétaire au Foreign Office (ministre des Affaires étrangères) britannique, Jack Straw. Lequel expliquait, deux ans après l'entrée en vigueur de la convention anticorruption de l'OCDE dans le droit britannique, intervenue en 2002 : le gouvernement de Sa Majesté « préfère changer le comportement [des entreprises] par l'éducation plutôt que par les poursuites judiciaires. [...] Bien que les petits paiements extorqués soient strictement illégaux, nous n'envisageons pas de circonstances qui pourraient provoquer un procès [1] ». Admirable déclaration, qui a eu le don d'exaspérer les industriels français, avant même qu'éclate au grand jour le scandale Al-Yamamah.

Quelques semaines plus tard, j'entre dans un autre bureau, ministériel cette fois, et j'observe le même encadrement, sans obtenir davantage de précisions sur celui qui l'a apporté. Un peu plus tard, dans un troisième bureau parisien aussi somptueux que les précédents, l'hôte consent à avouer que le généreux donateur n'est autre qu'un cadre dirigeant de Dassault Aviation. Rendez-vous est pris et celui-ci m'explique bien volontiers qu'il avait été assez stupéfait par cette déclaration pour souhaiter qu'elle n'échappât à aucun dirigeant français. Il l'avait donc fait encadrer à une dizaine d'exemplaires, qu'il était allé porter lui-même aux récipiendaires choisis par lui. Histoire qu'ils n'ignorent pas que les gouvernants britanniques continuaient d'assumer la corruption des clients de leur industrie bien après l'entrée de la convention de l'OCDE dans leur droit national.

Je serais tenté de rapprocher cette petite histoire d'une autre que les milieux français de l'aéronautique racontaient volontiers, quelques mois après les déclarations de Jack Straw, concernant une visite qu'aurait rendue au second semestre 2002 Serge Dassault, P-DG de la holding GIMD (Groupe industriel Marcel Dassault [a]), à Jean-Pierre Raffarin, alors Premier ministre. Cette visite n'avait qu'un seul but : demander confirmation que le gouvernement français avait bien décidé de rejeter les demandes de commissions illégales présentées par des officiels polonais, dans le cadre d'un projet de vente de chasseurs Mirage 2000. Ce qui fut effectivement réaffirmé... Prétendre à cet égard, comme l'ont souvent discrètement fait les Français, que les ventes de F-16 américains de Lockheed Martin — finalement préférés fin 2002 aux Mirage de Dassault — à la Pologne seraient liées uniquement à des versements de commissions occultes ne peut certainement constituer la seule explication de l'échec français. D'ailleurs, aucune preuve n'en a jamais été apportée [2] et aucun industriel n'a jamais déposé de plainte à ce propos, ni en France ni auprès de la justice d'un pays éventuellement concerné, alors qu'il en aurait eu le droit.

1975 : la France perd le « contrat du siècle » en Europe du Nord

L'aviation de combat demeure un symbole. Car, en la matière, une vente à l'exportation n'est pas seulement l'illustration d'une excellence militaire, c'est aussi la preuve d'une grande efficacité commerciale et d'une relation stratégique privilégiée entre deux États. Depuis que les avions se vendent, ils sont synonymes de prouesse technologique, chargés à ce titre d'une forte symbolique, tant pour le pays vendeur que pour l'acheteur. Mais, dans bien des cieux européens, les aviateurs nationaux volent sur des avions d'armes américains, qui ont commercialement vaincu des concurrents du Vieux Continent. Et cela ne date pas d'aujourd'hui ! Dans toutes ces compétitions de la fin du XXe siècle, les Américains de General Dynamics, Northrop ou Lockheed se sont opposés aux Français de Dassault... Tous les arguments sont utilisés, et si Lockheed

a Propriétaire de 50,22 % du capital de Dassault Aviation.

corrompt ses clients, explique dès 1976 un journaliste américain, c'est de la seule faute des Français ! Car les Américains, écrit-il, « sont obsédés par la corruption gauloise. Ils n'ont aucun doute qu'il existe des preuves que les employés de Dassault, leur principal rival français, payent des pots-de-vin [3] ». Mais ce qui énerve aussi les Américains, c'est la « politique française de "tact et diplomatie", associée à une coordination effective entre diplomates et hommes d'affaires français ». Comme toujours, ce n'est pas si simple... Mais les Français ont quand même du mal à revendiquer le premier prix de vertu.

En avril 1974, la Belgique, les Pays-Bas, le Danemark et la Norvège annoncent qu'ils vont passer ensemble un ordre d'achat pour 348 avions de chasse, pour un total — faramineux ! — de 18 milliards de francs. Pour ces raisons, ce marché est appelé « contrat du siècle » ; les deux principaux concurrents sont le tout jeune F-16 américain de General Dynamics et le Mirage F-1 E de Dassault, et les accusations croisées vont voler bas. Aux Pays-Bas, une polémique sévère éclate autour d'accusations de pots-de-vin que Dassault aurait proposés à des politiciens, notamment au jeune président socialiste de la commission des Affaires étrangères, Piet Dankert, et à son homologue libéral Georges Keja [4]. Ce pays demeure d'ailleurs encore aujourd'hui l'un des États européens où les achats d'armement ne se font pas sans relation avec le financement des partis politiques par les industriels. Un procès se déroulera en 1976 à Amsterdam opposant Piet Dankert et l'un de ses collègues au secrétaire général de Dassault, Pierre François, et à Jean Botterman, le représentant dans ce pays d'un organisme étatique français chargé de promouvoir les exportations d'armement, l'OFEMA (Office français d'exportation de matériels aéronautiques). Tous deux seront acquittés. Selon Piet Dankert, qui sera pour sa part élu président du Parlement européen en janvier 1982, Botterman lui aurait fait miroiter les avantages qu'un choix en faveur de l'avion français permettrait de lui consentir : « Vous n'aurez pas à le regretter. Un joli terrain du côté de Perpignan vous sera certainement agréable [5]. » Marcel Dassault, pour ce qui le concerne, prétendra n'avoir jamais eu connaissance de telles pratiques : « Notre société n'a fait aucune proposition financière à des parlementaires hollandais et aucune instruction n'a été donnée dans ce sens au délégué de l'OFEMA. Ce dernier, M. Botterman, honorablement connu en Hollande, nous a assuré qu'il n'avait pris aucune initiative de ce genre [6]. »

Si la compétition est aussi rude, c'est que chacun des avionneurs affirme risquer l'avenir de son entreprise. Un général français jouera un rôle central dans cette compétition. Paul Stehlin, quand il était attaché de l'air adjoint à Berlin avant guerre, avait alors alerté en vain les autorités françaises contre la montée en puissance de la Luftwaffe hitlérienne. Suite à la capitulation, il fut affecté dans l'armée d'armistice, avant de devenir après guerre l'un des plus atlantistes des militaires français et chef d'état-major de l'armée de l'air de 1960 à 1963. Plus tard, après avoir obtenu du général de Gaulle un poste de conseiller d'État, qui l'avait déçu car il espérait être nommé ambassadeur à Washington, Paul Stehlin basculera dans l'antigaullisme, allant jusqu'au sacrilège en qualifiant la dissuasion nucléaire de « dogme sacro-saint et infaillible auquel personne ne croit [7] ». Il deviendra ensuite vice-président pour l'Europe de la société américaine fondée en 1932 par l'extravagant milliardaire Howard Hughes, Hughes Aircraft International. Puis, en 1968, il sera élu député centriste et vice-président de l'Assemblée nationale.

En novembre 1974, une note qu'il a adressée deux mois plus tôt au président de la République, Valéry Giscard d'Estaing, fait l'objet d'une fuite vers *Le Figaro* : Paul Stehlin y affiche sa conviction de la supériorité des deux candidats américains au contrat du siècle, le F-16 Fighting Falcon de General Dynamics et le F-17 Cobra, de Northrop, sur le Mirage F-1 E (E pour Europe) français (cette version du Mirage F-1 se distingue notamment de celle destinée à l'armée de l'air française par son réacteur) [8]. Le général Pierre Guillain de Bénouville, employé de Dassault et simultanément député, aurait reçu la note de Stehlin des mains du chef d'état-major de l'armée de l'air belge, et c'est chez l'avionneur que la fuite vers *Le Figaro* aurait été organisée [9], provoquant un scandale.

Le Mirage F-1 français dispose d'un réacteur Atar 9 K 50, produit par Snecma, quand le F-1 E est proposé à l'exportation avec un réacteur plus puissant, le M53, conçu pour équiper le futur Mirage 2000 [10]. *Stricto sensu*, Stehlin n'a pas tort : si les excellentes qualités du Mirage F-1 ne sont pas discutables — cet appareil est d'ailleurs toujours en service dans l'armée française en 2010, dans sa version Mirage F-1 CR —, il n'est pas vraiment supérieur à ses concurrents américains ; et ces derniers sont mieux adaptés aux missions que leur destinent les armées européennes, car plus puissants. De plus, Stehlin critique la confusion entre les intérêts de Dassault et ceux de la France. Le 19 septembre 1974, le Premier ministre Jacques Chirac n'avait-il pas fait commander quarante Mirage F-1 E pour l'armée de l'air française, afin d'appuyer les chances de l'appareil pour le contrat du siècle ? Stehlin flirte dangereusement avec la haute trahison quand, dans sa note, il fustige sans nuance l'avionneur national : « L'exemple de la maison Dassault est typique des raisons pour lesquelles l'industrie française est aujourd'hui la plus coûteuse au monde pour l'argent public [11]. » Mais le pire restait à venir...

Quelques mois plus tard, le 6 juin 1975, la commission d'enquête du sénateur Frank Church (Senate Subcommittee on Multinational Corporations), qui mène au Sénat américain des investigations sur les pratiques corruptrices des multinationales, révèle que Paul Stehlin n'est pas seulement un député français, mais qu'il est également un agent stipendié de Northrop. Rien d'étonnant donc à ce que ce général à cinq étoiles, député français mais également agent commercial américain, ait vanté les mérites des productions de ses employeurs ! Ceux-ci n'étaient point si généreux, d'ailleurs, puisque ses indemnités annuelles variaient de 5 000 à 7 000 dollars [12]. Mais le choc est terrible ! Et d'abord pour Stehlin, qui « portait en lui l'angoisse et l'amertume de Cassandre [13] ». Car, alors que des journalistes viennent de lui apprendre au téléphone les découvertes de la commission Church, ce même 6 juin 1975 il est renversé par un autobus avenue de l'Opéra, à Paris. Le lendemain, la Belgique, les Pays-Bas, le Danemark et la Norvège annoncent qu'ils choisissent le F-16. Dans la foulée, Jacques Chirac fait annuler la commande de quarante F-1 E qu'il avait annoncée en septembre précédent ! Paul Stehlin meurt deux semaines plus tard.

Serge Dassault : « Mais, tout le monde verse des commissions ! »

Perdre le contrat ne veut pas dire que Dassault s'empêchera de tenter de récupérer quelques miettes, une douzaine d'années plus tard. Pas toujours par les moyens les plus orthodoxes. Il faut dire que la Belgique est connue de tous les vendeurs d'armes comme une terre de corruption... En 1988, les Italiens d'Agusta parviendront à vendre quarante-six hélicoptères A-109 BA à l'armée de terre belge, face à des modèles allemand et français concurrents. Prix de la décision : 50 millions de francs belges (équivalant à 1,2 million d'euros) payés à des politiciens. L'enquête citera plusieurs ministres socialistes, mais entraînera surtout le suicide du général Jacques Lefebvre dans un hôtel bruxellois en mars 1995. Ancien chef d'état-major de l'armée de l'air belge, ancien aide de camp (titre honorifique mais prestigieux) du roi Baudouin (1930-1993), il avait été publiquement mis en cause pour une intervention supposée en faveur de l'industriel italien.

Une autre affaire va mettre en cause Dassault : dès la fin des années 1980, les F-16 de l'armée de l'air belge ont besoin d'être modernisés. Les systèmes de guerre électronique perfectionnés de l'appareil, alors fabriqués par la seule société américaine Litton Corporation, doivent notamment être remplacés. La société Dassault Électronique, entité confiée à Serge Dassault du vivant de son père Marcel et spécialisée dans les systèmes de combat, entend concourir pour ce marché important. Elle manque toutefois d'atouts, car elle ne fabrique pas le matériel que veulent acquérir les Belges. Mais elle souhaite profiter de l'occasion pour pénétrer ce marché très profitable. Pour peu que le contrat belge lui permette de financer les recherches et le développement, elle pourrait mettre au point ce détecteur de radar. Coup de veine : elle gagne ce contrat « Carapace » en juin 1989, pour 1 milliard de francs (180 millions d'euros). Sauf que Dassault Électronique est accusée d'avoir versé des pots-de-vin.

Le dossier est rocambolesque : un avocat et intermédiaire commercial, Alfons Puelinckx, se serait entendu proposer des fonds par l'avionneur français, charge à lui de les reverser au Parti socialiste flamand. L'apparatchik socialiste Merry Hermanus a effectivement reçu 15 millions de francs. Mais l'affaire est emberlificotée, car l'argent litigieux a été viré depuis le compte bancaire personnel de la maman de l'avionneur, Madeleine Dassault, alors âgée de quatre-vingt-huit ans ! Frappé dans cette affaire par un mandat d'arrêt international, Serge Dassault a sérieusement craint de devoir faire un passage par la case prison et n'a pas osé quitter la France durant plusieurs mois. Il a finalement su faire négocier quelques garanties avec la justice belge, par le gouvernement d'Alain Juppé. Il pourra dès lors se rendre en Belgique sans risque de connaître la paille humide du cachot, que venait alors de fréquenter durant quelques jours Didier Pineau-Valencienne, le P-DG du groupe français Schneider. Le fils de Marcel Dassault expliquera ensuite, avec un invraisemblable aplomb, que l'argent tombé dans l'escarcelle des socialistes belges n'était autre, en réalité, que le vénéneux butin d'une escroquerie au détriment de sa maman octogénaire. Il ajoutera que sa société n'avait nul besoin de corrompre pour gagner des contrats, tant sa technologie était supérieure à celle de ses concurrents [14] !

Ce scandale provoquera par ricochet la démission du secrétaire général de l'OTAN Willy Claes et se soldera le 23 décembre 1998 par un verdict sans faiblesse de la Cour de cassation belge, qui condamnera Serge Dassault et dix personnalités politiques à des peines de prison avec sursis. L'affaire n'était pas terminée, car en juin 2005 la Cour européenne des droits de l'homme fit savoir que, si la Cour de cassation belge était juridiquement fondée à juger les anciens ministres des Affaires étrangères Willy Claes et de la Défense Guy Coëme, ceux qui n'étaient pas membres du gouvernement au moment des faits n'auraient pas dû comparaître devant cette juridiction. Vainqueur sur tapis vert, mais bon prince, Serge Dassault ne réclama pas de dédommagement. De ce procès, on retiendra surtout le cri du cœur de l'avionneur devant le juge d'instruction : « Mais, tout le monde verse des commissions [15] ! » Ça, c'était vrai...

Échec polonais, la faute à qui ?

Dassault veut vendre des avions militaires. Après des années de vaches grasses marquées par des ventes de centaines d'avions Mirage dans tous les pays du monde, les choses deviennent nettement plus difficiles dès la fin des années 1990. Le dernier monoréacteur de la firme, le Mirage 2000, ne remporte pratiquement plus de marchés export et, au début des années 2000, c'est en Pologne qu'une nouvelle compétition est en cours, entre les mêmes protagonistes. Toujours avec les mêmes arguments, toujours avec les mêmes appuis politiques et diplomatiques. Aux États-Unis, la concentration des industries a été rapide et efficace : depuis le contrat du siècle vingt ans plus tôt, la division avions de combat de General Dynamics a été achetée par Lockheed, qui a entre-temps fusionné en mars 1995 avec Martin-Marietta, devenue Lockheed Martin. Mais, contre le Mirage 2000, c'est toujours le F-16 qui mène la danse. Et ça chauffe dur.

Nous sommes fin 2002, treize ans après la chute du Mur de Berlin. La guerre froide n'est plus qu'un souvenir et la Pologne, revenue à son antagonisme historique avec la Russie, souhaite marquer son rattachement au camp occidental. Varsovie s'apprête donc à acheter une flotte d'avions de combat compatibles avec les normes OTAN et a mis en compétition trois appareils : le Mirage 2000-5 Mk 2 de Dassault, le JAS 39 Gripen de Saab (Suède) et le F-16 Block 52 + de Lockheed Martin. À la mi-décembre 2002, lors du Conseil européen de Copenhague qui doit entériner l'adhésion de la Pologne à l'Union, le Premier ministre Leszek Miller arrache *in extremis* une subvention de 108 millions d'euros, comme « cadeau de bienvenue ». La ministre polonaise des Affaires européennes, Danuta Huebner, est aux anges : « Nous avons obtenu pratiquement tout ce que nous voulions. » Et Leszek Miller de conclure : « Nous sommes venus d'une Pologne solidaire pour entrer dans une Union européenne solidaire [16]. » Curieusement, il oublie d'annoncer qu'il a déjà conclu l'acquisition de quarante-huit F-16 américains pour son armée de l'air. Montant du contrat : 3,5 milliards d'euros. L'annonce ne sera officielle que le 27 décembre. Et, tandis que la Pologne paraphe le traité d'adhésion à l'Union européenne le 16 avril 2003, la Défense polonaise n'attend que deux jours, le 18 avril, pour signer définitivement le contrat avec Lockheed Martin.

On apprendra par la suite que l'homme qui avait conduit les négociations avec le fournisseur américain, à savoir le vice-ministre de l'Économie Andrzej Szarawarski, n'était pas un parangon de vertu publique. Tout d'abord, en violation de la loi anticorruption polonaise, il possédait un demi-million de dollars d'actions d'une entreprise. Seconde source d'étonnement : peu après l'ouverture des enveloppes des avionneurs soumissionnant pour le contrat, il avait déclaré que l'offre américaine était la « meilleure ». S'il l'avait lue, il aurait su que c'était faux [17]... Le critère essentiel des « compensations [a] » offertes par le vendeur était nettement mieux rempli par les Suédois, qui proposaient 7,5 milliards d'euros, contre 6 milliards pour Lockheed Martin et 3,8 milliards pour le vendeur du Mirage 2000-5, très loin derrière [18].

Les compensations ont beaucoup fait, officiellement, pour la décision polonaise en faveur des Américains. Les Polonais ont par exemple obtenu d'assembler sur place les réacteurs de leurs avions de chasse. Au grand dam de certains aux États-Unis, qui estimaient que ces compensations privaient les salariés américains d'emplois et pouvaient de ce fait être considérées comme de la corruption. Robert E. Scott, de l'Economic Policy Institute, proche des milieux syndicaux, est de cet avis quand il prétend en 2003 que « les *offsets* sont l'équivalent de ce que nous faisions en corrompant les dirigeants étrangers. C'est une tragédie. Le meilleur moyen d'éviter ce genre de jeux concurrentiels et déstabilisants, c'est de les mettre hors-la-loi [19] ». Ce n'est certainement pas demain la veille... Car, comme le constatait en 2008 le Français Paul Poast, contrôleur général des Armées, « les accords *offset* et les aides militaires permettent au gouvernement [américain] d'augmenter les exportations de F-16 [20] ».

On notera avec intérêt qu'Andrzej Szarawarski a été, trois mois après la conclusion de l'accord sur les F-16, l'une des chevilles ouvrières d'un autre contrat polonais, à l'exportation cette fois : la vente à la Malaisie, pour 400 millions de dollars, de quarante-huit chars PT-91 Twardy, équipés

---

a Lors de l'achat de systèmes d'armes, le pays client exige quasi systématiquement des « compensations » (ou *offsets*), sous forme d'investissements locaux de l'industriel vendeur. Ceux-ci peuvent prendre toutes les formes possibles — en août 2000, après avoir vendu des Mirage 2000 à la Grèce, Dassault s'est ainsi vu contraint d'entrer dans le marché des raisins secs de Corinthe... Il n'existe aucune limitation à l'imagination des acheteurs, mais ils demandent classiquement à produire des sous-ensembles de haute technologie, que le vendeur les aidera à vendre sur le marché mondial, par exemple en les intégrant dans ses propres productions.

d'une conduite de tir produite par le français Sagem, plus seize véhicules de soutien. La somme est certes relativement modeste, mais il s'agit du deuxième plus important contrat de défense jamais signé par l'industrie polonaise. Quelques mois après l'annonce de cette vente, des allégations de corruption ont encore été portées contre Andrzej Szarawarski, dans le cadre de la privatisation du secteur sidérurgique polonais [21].

L'échec des Français en Pologne s'explique-t-il par ces seuls éléments ? Pas sûr. Car l'entrisme américain en Europe n'est pas nouveau : lors de la signature du contrat F-16, les efforts américains en faveur des ventes d'armes à la Pologne remontaient en effet à plus de dix ans... La négociation du contrat de 2003 avait été entamée dès la chute de l'URSS douze ans plus tôt, en 1991. De 1995 à 1997, les pays de l'Est européen participant au programme « Partenariat pour la paix » avaient reçu des centaines de millions de dollars pour « échanger des idées, méthodes et concepts » avec les Américains. Et, lorsqu'il s'est agi d'élargir l'OTAN aux pays de l'Est, qui fut choisi pour présider la structure *ad hoc* de préparation, l'US Committee to Expand NATO ? Bruce Jackson, directeur de la planification stratégique de Lockheed Martin, le producteur du F-16 [22]... Après les attentats du 11 septembre 2001, la Pologne — membre de l'OTAN depuis 1999 — s'alignera sur la position américaine, au point de s'engager militairement à ses côtés dans l'attaque de l'Irak en mars 2003, dans les semaines qui suivirent l'annonce du contrat F-16. À la même époque, l'ambassadeur des États-Unis en Pologne, Christopher Hill, consacrait toute son énergie à finaliser le deal avec Lockheed Martin, tandis que le secrétaire à la Défense américain Donald Rumsfeld se rendait à Varsovie et que Leszek Miller était reçu à Washington par le président George W. Bush, avant de l'être par le président de Lockheed Martin, Vance D. Coffman [23].

En décembre 2002, lorsque la décision d'acheter des avions américains est prise par le gouvernement polonais, ce dernier se trouve de surcroît engagé dans le programme secret dit des « *extraordinary renditions* » organisé par la CIA, consistant à enlever illégalement, le plus souvent avec l'aide des services secrets locaux, des suspects de terrorisme réfugiés dans des pays démocratiques, afin de les transférer dans des geôles situées dans des pays où se pratique la torture. Le tout hors de tout mandat, sans le moindre cadre judiciaire et en violation flagrante du droit international et des lois des pays concernés, mais également de celles des États-Unis eux-mêmes. Comme l'a expliqué fort simplement en 2005 Robert Baer, un ancien fonctionnaire de la CIA : « Si vous voulez un interrogatoire sérieux, envoyez le prisonnier en Jordanie. Si vous voulez qu'il disparaisse, envoyez-le en Syrie ou en Égypte [24]. »

En Pologne, on dénombrera (au moins) onze escales de ces avions clandestins transportant autour du monde des prisonniers de la Global War on Terror (GWOT)[25]. Après enquête, en février 2007, le Parlement européen « déplorera les escales dans des aéroports polonais d'aéronefs dont il a été démontré qu'ils ont permis à la CIA, en d'autres occasions, de procéder aux restitutions extraordinaires » de plusieurs « terroristes » islamistes présumés, le plus souvent sans le moindre fondement. Un fort soupçon existe également que la Pologne ait aussi abrité une prison illégale de la CIA au début des années 2000 : les journalistes Agnieszka Kublik et Wojciech Czuchnowski, du quotidien *Gazeta Wyborcza*, ont écrit le 26 octobre 2008 que les services secrets polonais disposaient alors d'un camp d'entraînement à Kiejkuty, qui pourrait avoir servi de centre de détention aux agents de la CIA utilisant l'aéroport voisin de Szymany.

Le 22 janvier 2003, pour se féliciter de l'apport des Polonais et de la solidarité militaire qu'ils se préparent à manifester dans l'invasion programmée de l'Irak en mars 2003 — des troupes polonaises seront intégrées dès le début dans le dispositif militaire américain, au contraire des Français et des Allemands —, Donald Rumsfeld lance une provocation : « Je ne vois pas l'Europe comme étant l'Allemagne et la France. Je pense que c'est la vieille Europe. Si vous regardez l'Europe entière, son centre de gravité passe à l'Est[26]. » Une déclaration fort significative, illustrant une attitude politique qui se traduit aussi en achats militaires : le contrat des F-16 polonais est avant tout le résultat d'actions politiques intenses, mobilisant sans relâche des années durant les dirigeants de l'État producteur, associés à l'industriel Lockheed Martin.

En février 2003, un conseiller de la société française CEIS (Compagnie européenne d'intelligence stratégique), Foulques de La Motte de Broöns, voit des raisons supplémentaires à l'échec du Mirage 2000 en Pologne, parmi lesquelles le rôle clé de l'ambassadeur américain à Varsovie Christopher R. Hill, qui parle couramment polonais : l'utilisation « froide » de futurs prêts de la Banque mondiale, auxquels s'ajoutent les contrats de modernisation de frégates de la classe *Perry*, livrées en 2001 et 2002[27]. Cet auteur se fourvoie toutefois sur un point majeur, quand il qualifie la vente de F-16 à la Pologne de « modèle de blitzkrieg américaine ». Car l'opération F-16, nous l'avons vu, a duré une bonne douzaine d'années, tout le contraire d'une guerre-éclair. Mais, s'agissant des échecs français, il est fort classique chez les cocardiers de considérer la manœuvre adverse comme systématiquement déloyale, alors qu'elle est tout au contraire logique, cohérente et inscrite dans la durée. Cela s'appelle une stratégie. Et, le plus souvent, c'est tout ce qui manque désormais aux offres françaises. Ce qui ne fut pas toujours le cas.

Dans les années 1960 et 1970, lorsque Marcel Dassault vendait comme des petits pains ses Mirage III à la planète entière en taillant des croupières à tous les avionneurs concurrents, son entreprise tirait profit d'un avion conçu pour les besoins nationaux, sans doute, mais avec deux atouts complémentaires : une excellente coopération avec les services de l'État et une adéquation idéale de l'appareil aux besoins de ses clients à l'exportation. Dans l'affaire polonaise de 2003, Dassault et ses Mirage 2000 pouvaient-ils se prévaloir de soutiens aussi essentiels, dans un contexte aussi favorable, pour servir des intérêts extra-économiques aussi forts que ceux des États-Unis ? Non. Parfois, chez Dassault, on explique que, dans chacun de ces pays où des contrats lui ont échappé dans les années 2000 (Pays-Bas, Singapour, Corée du Sud, Arabie saoudite, Maroc), la compétition a certes été perdue sur des critères technico-opérationnels et politiques, mais aussi parce que le P-DG, Charles Edelstenne, entend respecter à la lettre la convention anticorruption de l'OCDE de 1997. Un esprit simple pourrait en conclure : pas de pots-de-vin payés, pas de matériels militaires vendus... L'affaire est toutefois un peu plus compliquée.

Charles Edelstenne, l'homme du Rafale

Dans le Falcon 900 qui ramène ce soir de mai 2005 le clan Dassault d'un petit salon d'aviation d'affaires à Genève, ils sont cinq. Ce sont les doigts d'une main. Serge, le patriarche octogénaire au coup de griffe toujours aussi acéré, est à la place du chef, dans le sens de la marche. Non loin de lui, Olivier et Laurent Dassault, deux de ses trois fils. Bruno Revellin-Falcoz, brillant ingénieur et vice-P-DG de Dassault Aviation, se tient sur le siège latéral. Et, en face de lui, souriant, affable et l'air de ne pas y toucher, Charles Edelstenne, le stratège. Je prépare son portrait pour *Le Point*[28]. Il m'a invité à le suivre durant cette journée.

Edelstenne est l'homme clé du dispositif industriel familial de Dassault. En 2000, il a succédé à Serge au poste de P-DG de Dassault Aviation, où il est entré en 1960, à vingt-deux ans, au service comptabilité. Il est également président de Dassault Systèmes, société qu'il a fondée en 1981 avec Marcel Dassault et qui s'est installée depuis à la première place mondiale des fabricants de logiciels de conception industrielle. Atypique, il ne fréquente pas les coteries. Même pour ses collègues industriels, qui admirent autant ses qualités de manager qu'ils craignent ses initiatives, il demeure un mystère. Qui est donc cet homme ?

Cet expert-comptable, né en 1938, est entré chez Dassault en 1960. Pas plus à l'époque qu'aujourd'hui, un tel parcours ne prédispose aux plus hautes destinées dans un univers qui conçoit et fabrique des avions de combat. Les Mirage et les premiers avions d'affaires Falcon vont lui donner l'occasion de faire valoir ses talents de financier. Marcel Dassault lui accorde sa confiance tout en s'étranglant parfois devant les solutions qu'il propose. Cette connivence sera le premier gage de son succès : en 1971, Marcel nomme Edelstenne secrétaire général adjoint de sa société et en 1986, à la mort du fondateur, il en est le vice-président chargé des affaires économiques et financières. La relation privilégiée avec Marcel Dassault s'est poursuivie avec Serge, le fils et actionnaire majoritaire de la société, dont EADS détient 46 % [a]. Entre les deux hommes prévalent des rapports « quasi fraternels », mais chacun reste à sa place. En 2000, lors de la passation de pouvoir, Edelstenne a obtenu de tenir seul le manche. Pour le reste, c'est peu dire qu'il est en parfaite harmonie avec les idées maison : la société doit rester « petite », indépendante et rentable. Elle doit conserver sa capacité à concevoir et fabriquer les meilleurs avions du monde. Son capital doit être contrôlé par la famille Dassault. Et les bénéfices doivent être partagés en trois parts équivalentes : une pour l'actionnaire, la deuxième pour l'entreprise, ses investissements et l'autofinancement de ses projets civils, et la troisième pour le personnel.

Longtemps, les éminences du complexe militaire français, dénonçant une vision chauvine et à courte vue, se sont indignées du refus de Serge Dassault et de Charles Edelstenne d'adhérer à une ambition supranationale pour consolider le pôle aéronautique national en lui permettant de prendre le pouvoir en Europe. Avec les fortes turbulences traversées à partir de 2003 par le groupe franco-allemand EADS, le ton a toutefois changé. En 2005, l'un des grands patrons du secteur m'a ainsi expliqué : « La capacité de la maison Dassault à refuser la croissance me sidère. Charles, surtout, a une vision terre à terre des choses et pense que l'avenir à dix ans se prépare en regardant ce qui va se passer demain matin. Ça fait vingt ans que ça dure mais, au total, on ne peut pas dire que ce soit une mauvaise vision. Avec sa stratégie franchouillarde et étriquée, le clan Dassault s'est mis en position de devenir bientôt le seul constructeur d'avions de combat européens. C'est tout simplement hallucinant ! »

a Ces actions détenues à l'origine par l'État ont été versées à Aérospatiale en 1998, avant que cette société fusionne avec Matra, puis intègre en 1999 le nouvel ensemble EADS.

Dès 1981, les ingénieurs de Dassault imaginent de traiter les plans de leurs futurs avions en 3D, sur un écran cathodique de téléviseur. Jamais personne n'avait eu cette idée avant et les grosses têtes maison phosphorent, puis viennent présenter leur projet, baptisé « Catia », à Charles Edelstenne. Il s'enthousiasme, montre à son tour le bébé à Marcel Dassault, qui lui annonce que… cette idée court à la faillite, comme me l'a raconté Edelstenne : « Je lui ai demandé 10 millions de francs [1,5 million d'euros] pour ce logiciel, et il m'a répondu : "Et vous, combien pouvez-vous mettre ?" J'avais un million de francs, toute mon épargne. Il a mis le reste. » Pari réussi. Catia portait en germe une révolution industrielle. Trente ans plus tard, tous les avions du monde, les bateaux, les voitures, les bouteilles et même les tubes de dentifrice sont conçus avec la famille de logiciels issus de Catia, la mine d'or, de diamant et de platine réunis de la société Dassault Systèmes. De son vivant, Marcel Dassault n'a jamais cessé de s'enquérir de ses progrès, sans le dire à Edelstenne. Les 10 millions de francs de 1981 ont fait des petits. Au 20 novembre 2010 [29], Dassault Systèmes représentait un capital de 6,4 milliards d'euros, en augmentation de 50 % en cinq ans. 43,84 % de ce capital sont en possession du Groupe industriel Marcel Dassault — la holding portant les participations de Serge Dassault — et 6,49 % de Charles Edelstenne. Tout cet argent (plus de 415 millions d'euros en 2010) en a fait un homme très riche. Et qui n'a aucune intention de prendre des libertés avec la loi. À ses yeux, les temps anciens sont révolus : la corruption appartient au passé. Il a quelques raisons pour cela.

Aux temps héroïques des marchés officiellement corrompus par des « frais commerciaux extérieurs » autorisés par le ministère des Finances et intégrés dans les frais généraux, les grands patrons corrupteurs ne risquaient pratiquement rien d'autre que de se brûler en allumant leur cigare. Ce fut possible jusqu'en 2000, les trois décennies précédentes ayant été en quelque sorte l'âge d'or des marchands d'armes français, révolu depuis la ratification de la convention anticorruption de l'OCDE. Mais ce n'est pas tout. Pour les patrons français, Charles Edelstenne comme les autres, la vraie rupture est venue de la loi du 13 novembre 2007, qui a rendu le droit français conforme à la convention des Nations unies contre la corruption, dite convention de Merida, du nom de la ville mexicaine où elle fut signée le 9 décembre 2003. La nouvelle loi prévoit notamment que les personnes soupçonnées d'être liées à un « pacte de corruption » sont susceptibles de se voir appliquer les mêmes méthodes d'investigation que la criminalité organisée ou le trafic de drogue : dans les affaires de corruption, les enquêteurs ont désormais le droit, sous le contrôle de la justice, d'utiliser une fausse identité pour infiltrer des réseaux, en France ou à l'étranger, de recourir à des tiers (banquiers, notaires) exonérés de responsabilité s'ils rédigent sur instruction des actes frauduleux, d'organiser des interceptions électroniques, voire l'installation clandestine de caméras ou de micros de surveillance dans des lieux privatifs (bureaux, voitures, domiciles) — les perquisitions nocturnes ne sont toutefois pas autorisées.

En 2008, un expert de la société Ethic Intelligence, Emmanuel Chausson, précisait dans un article très détaillé que, avant même une éventuelle condamnation, « la saisie conservatoire des avoirs de la personne mise en examen constitue l'ultime innovation rattachée aux enquêtes de criminalité organisée applicable aux enquêtes économiques et financières. [...] Il s'agit de l'outil le plus redoutable pour endiguer le phénomène de corruption [30] ». Pour pallier ces inconvénients fort désagréables, les industriels français, qui ne peuvent plus désormais corrompre eux-mêmes sans prendre des risques considérables, préfèrent laisser les entreprises locales du pays client s'arranger avec leurs commanditaires : celles-ci prennent en charge des parts de plus en plus importantes des contrats (génie civil, etc.) et font leur affaire des pots-de-vin... Quant aux rétrocommissions, elles n'ont pas disparu pour autant. Le sport est pourtant de plus en plus risqué, quasi suicidaire, ce que savent tous les dirigeants, industriels ou politiques, qui se risquent encore à l'exercice. Car, oui, il en reste...

Mais revenons au Rafale, dont le premier vol date de juillet 1986 [31]. Plus de vingt ans plus tard, le président Nicolas Sarkozy a pris fait et cause pour cet « avion d'État », jamais vendu hors de l'Hexagone. Et, dès lors, Dassault a estimé que sa commercialisation à l'étranger était plus que jamais du ressort exclusif de l'État. Ce qui n'est pas simple ! Car, depuis le début, les États-Unis ont opposé une vive résistance au Rafale. Une stratégie qui a systématiquement fait mordre la poussière à l'avion français.

Corée du Sud : Boeing imbattable

Il faut admettre en effet que, même quand ils prennent les affaires par le bon bout pour placer leur Rafale, les Français se heurtent à un mur anglo-américain visant à leur interdire de le vendre. À Paris, nombre d'officiels — militaires, industriels, diplomates ou politiques — m'ont dit leur conviction profonde que les États-Unis veulent réellement « casser » l'avion de combat national, au profit de ses concurrents américains, certes, mais également de l'Eurofighter Typhoon, produit par un consortium européen sous leadership britannique. Parfaitement conscients de cet état de fait, les Français ont donc depuis longtemps pris des dispositions pour placer les éventuels contrats sur de bons rails, en préparant le terrain en amont et en tentant de répondre aux demandes des États clients, notamment en matière de transferts de technologie et de soutiens politiques divers.

C'est la position que Paris a prise par exemple à la fin des années 1990 pour tenter de vendre quarante Rafale à l'armée de l'air sud-coréenne, la ROKAF, pour un montant de 3,2 milliards de dollars. Le Rafale Mk2 avait dominé à partir de 2000 les évaluations techniques coréennes, paraissant très bien placé contre des concurrents classiques, le F-15K Slam Eagle de Boeing, le Typhoon d'Eurofighter et le SU-35 de Sukhoï (Russie). Les liens historiques entre Séoul et Washington, qui lui fournit la quasi-totalité de ses matériels militaires depuis la guerre de Corée, font que les États-Unis ont très mal supporté la présence du compétiteur français, dernier en lice contre l'avion de Boeing. Le 13 octobre 2001, la police locale découvrait l'installation de systèmes d'interception sophistiqués au standard téléphonique de Dassault Aviation à Séoul, tandis que les pressions officielles américaines sur le gouvernement sud-coréen étaient suffisamment directes pour ne laisser place à aucune ambiguïté.

Celui qui avait été désigné pour faire passer le message était un personnage clé du dispositif américain des ventes d'armes : Edward W. Ross, de la Defense Security Cooperation Agency (DSCA), qui gérait depuis 1994 les énormes et difficiles contrats militaires avec l'Arabie saoudite. En juillet 2001, c'est donc lui qui précisa, dans un courrier officiel aux dirigeants coréens, que les États-Unis ne permettraient l'installation d'aucun équipement américain sur un autre avion que le F-15K. Cette menace concernait aussi bien les missiles que les systèmes de communication cryptés ou les IFF (Identifying Friend or Foe). Il s'agissait de faire admettre que, dans l'hypothèse où la Corée du Sud achèterait ailleurs qu'aux États-Unis, ses avions ne pourraient plus fonctionner avec ceux de l'US Air Force déployés dans la zone, alors même que les deux armées de l'air y sont complètement intégrées. Chaque système ou sous-système acheté aux États-Unis pour être installé sur le Rafale — l'armée sud-coréenne voulait notamment faire installer le missile air-air AIM-120 AMRAAM de Raytheon — devrait faire l'objet d'un accord américain spécifique : « Ce serait un processus très lent, au bout duquel il n'est pas possible de prévoir si des [exportations d']armes seraient ou non approuvées », écrit Edward W. Ross [32]. Sans surprise, le Rafale perdit la compétition en avril 2002.

Mais les Français avaient compris depuis un bon moment qu'ils ne pouvaient plus espérer vendre des appareils de combat sans conclure avec le client potentiel un accord aux ambitions plus vastes, un « partenariat stratégique ». Quand elle vise un marché, la France met donc le paquet : dès 1998, c'est-à-dire avant même que le lancement d'un appel d'offres pour de nouveaux avions de combat soit lancé par Singapour, la ville-État de la péninsule malaise, la France fait savoir qu'elle met à la disposition des aviateurs de ce pays la base aérienne 120 de Cazaux (Landes) ; deux cent cinquante aviateurs singapouriens viendront s'y installer à demeure à partir de 1999 avec leurs familles, pour bénéficier de conditions d'entraînement meilleures que celles dont ils disposent chez eux. Quelques mois plus tard, la ville-État annonce qu'elle souhaite remplacer ses anciens avions A-4S Super Skyhawk, fabriqués par McDonnell Douglas, et lance un appel d'offres. Plusieurs industriels y répondent mais, à la fin de la compétition, Boeing se retrouve confrontée au GIE (groupement d'intérêt économique) « Team Rafale », réunissant Dassault Aviation (pour la cellule), Thales (pour l'électronique de bord et le radar) et Snecma (pour les réacteurs) : le premier aligne son F-15T Strike Eagle, face au Rafale F3 du second.

Comme toujours, le gouvernement français met les petits plats dans les grands. Il accepte par exemple d'aider au financement des nouveaux systèmes électroniques du modèle proposé à Singapour, qui ne devaient être intégrés que plus tard dans les appareils destinés à l'armée française. Le coût de développement et d'industrialisation de ces modernisations au standard F3 atteint tout de même 1,5 milliard d'euros... Cela ne suffira pas. Le 6 septembre 2005, Singapour choisit finalement le F-15T. Et Dassault ne cache pas son amertume dans un communiqué évoquant « deux raisons principales » pour expliquer la décision singapourienne. La première est la cote élevée de l'euro face au dollar. La seconde est plus politique et vise quasi explicitement le gouvernement français : « Le poids américain donne une fois de plus raison au proverbe chinois : "Le bambou penche toujours du côté de celui qui pousse le plus fort". »

Aux yeux du député UMP Yves Fromion, il existe une troisième raison. Pour celui-ci, auteur en juin 2006 d'un rapport sur les ventes d'armes commandé par le Premier ministre Dominique de Villepin, le succès américain s'explique également par la relation entre les États-Unis et Israël en matière d'exportations d'armements : « Israël est un allié de poids et parfois même un "faux nez" pour les sociétés de défense américaines. Le récent exemple du contrat de fourniture d'avions de combat F-15 aux forces aériennes singapouriennes, avec des armements israéliens, confirme l'efficacité de cette alliance [33]. » Ce qu'Yves Fromion n'écrit pas, mais pense très fort — comme la quasi-totalité de l'appareil politico-militaro-industriel français —, tient en peu de mots : cette alliance israélo-américaine bien réelle pourrait dissimuler la dévolution aux Israéliens des pratiques corruptrices que proscrivent la loi américaine et la convention de l'OCDE.

Les pots-de-vin américains seraient de ce fait — explique-t-on souvent à Paris — le fait des sous-traitants israéliens des grands industriels américains. À ce jour, aucune preuve n'est toutefois venue conforter cette accusation. L'État d'Israël a d'ailleurs rejoint l'OCDE le 27 mai 2010, non sans que les experts anticorruption de l'organisation internationale aient donné à ses dirigeants quelques conseils avisés sur ce sujet. Ils leur ont recommandé en particulier d'« augmenter considérablement les sanctions applicables aux personnes morales, de même qu'aux personnes physiques, en cas de corruption transnationale », tout en les invitant à « cibler tout particulièrement les personnes physiques et morales actives à l'échelle internationale, ainsi que les entités impliquées dans l'audit, la comptabilité et le conseil fiscal ». En décembre 2009, un copieux rapport de l'OCDE a ainsi détaillé l'ensemble de ses recommandations à Israël [34].

On l'a compris : aux yeux de Paris, où cet avis est unanime ou presque, ce sont les Américains, voire les Israéliens (ou les Britanniques et les Allemands quand il s'agit de l'Eurofighter), qui font perdre le Rafale. Au risque de décevoir les tenants de cette thèse, il faut leur rappeler le magistral « plantage » de Dassault Aviation au Maroc. Où les Français ne peuvent s'en prendre qu'à eux-mêmes ! C'est même, en la matière, un cas d'école...

Le ratage marocain de Dassault en 2007 : un cas d'école

Nous sommes le 11 septembre 2007 à Toulouse, lors des « universités d'été de la Défense ». Devant un parterre comptant tous les dirigeants français des armées et de l'industrie militaire, le ministre de la Défense Hervé Morin, en poste depuis moins de trois mois, a refusé qu'on lui prépare un discours et s'engage dans une improvisation sur le chasseur-bombardier Rafale. L'avion, tout le monde le sait, est emblématique des onéreux efforts français en matière de technologie, que la gauche, la droite, les présidents François Mitterrand et Jacques Chirac, l'armée de l'air et des dizaines d'industriels sous-traitants soutiennent à bout de bras depuis un tiers de siècle. Un monument ? Non... Une vache sacrée ! Que la France a décidé de s'offrir et que le monde lui envie, bien sûr, mais ne lui achète pas... Hervé Morin est un transfuge du parti centriste de son ancien mentor François Bayrou, qu'il a préféré lâcher quand ce dernier s'est lancé dans son aventure pour l'élection présidentielle de 2007. Rallié depuis au vainqueur, Nicolas Sarkozy, Morin n'a jamais prononcé, dans son domaine de compétence, un mot qui pourrait faire seulement froncer un sourcil au président. À l'instar des chevaux qu'il aime tant, le ministre possède un excellent flair. Dans son domaine ministériel, il sent le vent de l'Élysée et n'est pas du genre à souffler contre lui.

Or, devant les plus importants dirigeants de Dassault Aviation, dont le patron Charles Edelstenne en personne, et devant le patron de Thales (qui fournit l'électronique de l'avion) Denis Ranque, il envoie une ruade inattendue en s'en prenant à ces « programmes qui ont été pensés en pleine guerre froide ». Et de choisir un exemple, au hasard : « On le voit bien avec le Rafale, un avion sophistiqué, formidable. Quand les Américains emportent les contrats, c'est souvent avec des F-16 d'occasion [a]. Je souhaite qu'on propose aux politiques la possibilité de choisir un équipement peut-être un peu moins sophistiqué à l'avenir. » Et d'ajouter : « Le Rafale est un avion absolument formidable, qu'on a beaucoup de mal à vendre. J'observe simplement que beaucoup de pays ne [raisonnent pas en termes] de combat à haute intensité, leur réflexion sur les équipements intègre bien entendu beaucoup plus la question du prix. » C'est clair : pour le ministre, mais aussi pour l'Élysée, c'est parce qu'il est trop cher que le Rafale ne se vend pas. Et ce que le ministre sait, mais ne dit pas, c'est que sa première vente à l'exportation, au Maroc, vient de capoter !

Quelques jours avant le discours d'Hervé Morin, la DGSE, qui avait fort bien travaillé au royaume chérifien, avait remis à Paris un document passionnant : l'offre commerciale concurrente de celle du Rafale, présentée par l'industriel américain Lockheed Martin : vingt-quatre F-16C/D Block 50/52 pour 2,4 milliards de dollars (1,6 milliard d'euros) [35]. Alors que les Français proposaient dix-huit Rafale pour 2,1 milliards d'euros. Et soudainement, en lisant ce document secret acquis de haute lutte, les Français ont compris que la partie était perdue. La fin d'une longue histoire...

C'est le 13 décembre 2005, lors d'une visite privée à Paris, que le roi du Maroc Mohammed VI évoque à l'Élysée, avec Jacques Chirac en personne, son intérêt pour des avions d'armes français. Il les veut adaptés à son armée de l'air et cite le monoréacteur Mirage 2000. Un an plus tard, quand le général Jean-Louis Georgelin, chef d'état-major des armées, revient d'une visite officielle au Maroc les 11 et 12 décembre 2006, il confirme à Paris l'intérêt de ses interlocuteurs pour l'achat de ces avions. Pas si fortunés, les

a Le chasseur F-16 Fighting Falcon, produit par Lockheed Martin, a volé pour la première fois en février 1974. Il a été acheté par l'US Air Force à 2 231 exemplaires et à plus de 2 000 autres par vingt-quatre pays. Son équivalent dans la panoplie française est le Mirage 2000, qui a volé pour la première fois en mars 1978, a été acheté à 315 exemplaires par l'armée de l'air française et a été exporté à 285 exemplaires dans huit pays (Brésil, Égypte, Émirats arabes unis, Grèce, Inde, Pérou, Qatar, Taiwan).

Marocains préféreraient des modèles d'occasion, en vingt-quatre exemplaires. Demande assez logique, puisque les voisins algériens ont confirmé en mars 2006, à l'occasion d'une visite du président russe Vladimir Poutine, une commande de chasseurs russes dernier cri, déjà annoncée au printemps 2004 : vingt-huit SU-30 Flanker et trente Mig-29 Fulcrum.

Quand le projet de commande marocaine parvient à Dassault, transmis par les filières administratives habituelles, un problème apparaît aussitôt : l'arrêt de la production de Mirage 2000 neufs est programmé, la fermeture des chaînes étant prévue pour novembre 2007 avec la sortie du dernier appareil d'une commande grecque. Il est hors de question de les relancer chez l'industriel et ses sous-traitants, car la facture ne serait pas éloignée du milliard d'euros, affirme Dassault. Il faut dire qu'avant la décision d'arrêt de la production le Mirage 2000 a subi de sévères échecs au début des années 2000 : contre le F-16 américain en Pologne et au Chili, on l'a vu, mais également contre le Mig-29 russe en Inde (après une première victoire au début des années 1980), ou contre le Jas 39 Gripen de Saab en Afrique du Sud. Que dans ce dernier pays les Britanniques, auxquels les Suédois avaient confié la commercialisation de leur appareil, aient gagné à coups de pots-de-vin massifs ne change rien à l'affaire [36] ! Dassault a dès lors choisi de concentrer tous ses efforts sur son appareil le plus moderne, le Rafale.

En 2006, les trois industriels du GIE Team Rafale (Dassault Aviation, Thales et Snecma) proposent donc au Maroc une autre solution : dix-huit Rafale, pour le prix de vingt-quatre Mirage 2000. Les industriels français trouvent aussitôt des alliés dans la place, dont le général Ahmed Boutaleb. Inspecteur général des Forces royales Air (chef d'état-major de l'armée de l'air), cet aviateur a été le précepteur du roi Mohammed VI et se trouve crédité à ce titre d'une grande influence. Être la première force africaine à disposer d'un avion d'un tel niveau a tout pour l'enchanter... Le gouvernement français, en la personne de Jean-Paul Panié, directeur des affaires internationales de la DGA (Délégation générale pour l'armement), propose un marché à 1,5 milliard d'euros. Mais patatras ! Absolument furieux, les dirigeants du Team Rafale lèvent les bras au ciel, affirmant que le juste prix serait de 2,5 milliards d'euros.

Finalement, après des négociations franco-françaises au poignard, ce sera quelque 2,1 milliards d'euros tout compris (en principe), sauf l'armement. Le Team Rafale affirme-t-il que les équipements électroniques ne sauraient être identiques à ceux des appareils français, dont de nombreux composants sont d'origine américaine et soumis à la norme ITAR (International Traffic in Arms Regulations) [37] ? Et que, pour cette raison, les capacités opérationnelles de l'avion doivent être dégradées, à un coût très élevé ? La DGA répond du tac au tac qu'il est parfaitement possible de vendre des avions strictement identiques à ceux du parc français et qu'il appartiendra aux Marocains de demander aux Américains les dérogations ITAR nécessaires. Les auraient-ils obtenues ? C'est peu probable : les Américains n'acceptent en règle générale de vendre ces équipements qu'avec leurs propres avions.

Pour que l'offre française permette une livraison rapide des avions aux Marocains, elle prévoit que les neuf premiers exemplaires de leur commande (Rafale F3 biplace) seront prélevés sur les chaînes tournant pour l'armée de l'air française (cette dernière recevant plus tard les appareils lui étant destinés). Les aviateurs français assureront sur place la maintenance et l'entraînement des pilotes, entre autres. Ce qui reviendrait, affirme l'un des négociateurs de cette affaire, à « installer un escadron français sur une base marocaine ».

Cette offre est formellement présentée à Rabat fin juin 2007. Six mois ont donc été nécessaires depuis la visite du général Georgelin à Rabat. Pourquoi ce délai ? Parce que, avec une dette extérieure de quelque 18 milliards de dollars, le Maroc ne dispose pas des ressources nécessaires pour creuser davantage le déficit de sa balance commerciale en s'achetant de telles machines de guerre. Il fallait donc que Paris avance les fonds, même en le dissimulant par un pieux mensonge, maintes fois répété durant la campagne pour l'élection présidentielle française d'avril 2007 : certains émirs du Golfe honoreraient la facture pour le compte du royaume chérifien. Il existe également une explication politique, typiquement franco-française : le Premier ministre Dominique de Villepin, s'offusque un industriel, « aurait pesé sur la non-décision de Jacques Chirac, pour que son successeur, Nicolas Sarkozy, ne bénéficie pas du crédit de cette vente ».

Explication certes alambiquée, mais les faits sont là. C'est seulement en avril 2007, alors que la campagne présidentielle touchait à son terme, que les vraies négociations ont commencé à Matignon, avec deux autres acteurs principaux aux vues antagonistes : le ministère de la Défense de Michèle Alliot-Marie, très ardente, et celui des Finances de Thierry Breton, debout sur les freins. « Les gentils baratineurs chefs de bureau de Bercy n'ont répondu qu'en juillet à une demande présentée quatre mois plus tôt », s'indigne ainsi l'un des négociateurs militaires, oubliant sans doute qu'il n'était pas si aisé de prendre une telle décision alors que des élections présidentielle et législatives allaient survenir. Les vendeurs du Rafale, quant à eux, ne demandaient qu'une chose : que l'administration française décide clairement, et dans les temps. Ils seront déçus !

Car ce n'est que le 11 juillet 2007, après l'élection de Nicolas Sarkozy et sur sa décision personnelle, que la France proposera finalement de financer totalement (ou presque) l'achat des Rafale par le Maroc, avec des prêts remboursables sur de longues années à des conditions « amicales », qui n'ont pas été détaillées. L'offre repose classiquement sur des prêts bancaires cautionnés par la Coface, elle-même garantie par le Trésor public : en cas de défaillance du client, c'est le contribuable français qui paye... Dès lors que le crédit garanti par l'État est accordé, la Délégation générale pour l'armement (DGA) profite de l'aubaine pour charger la barque, faisant une fois de plus fulminer Dassault. Et d'ajouter une offre complémentaire portant sur des frégates et des hélicoptères EC725. La facture va grimper à 3 milliards d'euros, mais il est déjà bien tard...

Car, sur le papier, c'est au Premier ministre François Fillon que revient la décision. Son cabinet exige une directive écrite de l'Élysée, qui n'arrive que le 21 juillet 2007. Visiblement très bien informés du processus décisionnel à Paris, les Américains ont présenté leur propre offre définitive à Rabat entre le 10 et le 14 juillet. L'acceptation française du crédit en faveur des Rafale est quant à elle annoncée fin juillet aux Marocains : il se monte à 100 % du contrat, 85 % garantis par la Coface et le reste négocié avec un pool de banques. C'est alors que le roi Mohammed VI tranche en faveur de la proposition américaine. Après cette date, les fils sont coupés : les interlocuteurs marocains des Français ne les prennent même plus au téléphone. Trop tard ! « C'est un fiasco majeur, une fuite du politique devant ses responsabilités », s'étrangle un industriel... Mohammed VI apprend simultanément que Nicolas Sarkozy souhaite effectuer une visite de travail à Rabat, à la fin d'un déplacement-éclair le menant également à Alger et Tunis. Incident diplomatique : Mohammed VI exige un report de cette visite, au motif que le premier voyage d'un président français dans son pays ne saurait être qu'une visite d'État... Prétexte !

Comment Washington a su séduire le royaume marocain

Car, tandis que les Français jouaient en ordre dispersé et que les décisions gouvernementales tardaient, les nouvelles avancées diplomatiques attendues de Paris par les Marocains ne sont pas venues, notamment sur le Sahara occidental, tandis que les initiatives américaines se multipliaient. C'est bien simple : pour vendre des avions de combat aux Marocains, il aurait fallu faire comme les Américains. Démonstration...

À partir de 2007, Washington s'est mis à soutenir beaucoup plus ostensiblement le Maroc dans son conflit plus que trentenaire avec le Front

Polisario, qui revendique l'indépendance du Sahara occidental. Surtout, la Maison-Blanche a effectué un geste financier en décuplant son aide publique au royaume. Jusqu'alors cantonnée à une subvention annuelle d'une vingtaine de millions de dollars, versée par l'agence gouvernementale US Agency for International Development (USAID) — à comparer aux 180 millions d'euros (244 millions de dollars) annuels, soit vingt-deux fois plus, octroyés par la France au titre de l'aide au développement —, la générosité américaine s'est considérablement accrue.

Le 31 août 2007, l'Américain John Danilovitch est envoyé par la Maison-Blanche pour signer avec Rabat un accord de coopération accordant 697,5 millions de dollars d'aide au royaume, soit 140 millions annuels durant cinq ans. Un tiers du contrat promis à Lockheed Martin ! John Danilovitch, qui a effectué sa première mission au Maroc dès janvier 2006, est le directeur général d'une entreprise de droit privée peu connue, MCC (Millennium Challenge Corporation), financée par le Département d'État et présidée par Condoleezza Rice durant l'administration de George W. Bush. Son vice-président est alors le secrétaire au Trésor, Henry Paulson. Une entreprise d'État, donc, qui verse des subventions aux pays pratiquant « la bonne gouvernance et la liberté économique, tout en investissant dans leur population ». La concomitance entre les progrès décisifs du contrat de vente des F-16 et le versement de ces subventions très officielles n'est évidemment pas un effet du hasard, comme me l'a expliqué fin 2007 un acteur français très au fait du dossier : « Si ce n'est pas une forme douce et moderne de corruption, compatible avec la convention de l'OCDE, je n'y connais plus rien ! »

Une formulation due au dépit, sans doute, car les Français ne sont pas exempts de reproches. Pendant leurs mois de chamailleries et de concurrence stérile entre Bercy et la Défense, les Américains concentraient leurs efforts sur le F-16, chassaient en meute, envoyaient parlementaires et multiples autorités au Maroc. Et offraient des conditions financières exceptionnelles, en damant discrètement le pion aux Français qui évoluaient, croyaient-ils, en terrain conquis. Commentaires d'un marchand d'armes français en vue : « La responsabilité dans l'échec est multiple. D'abord, parce que nous n'avons aucune cohérence et pas de structure unique de l'État pour conduire des négociations de ce type, en accord avec les industriels. Ensuite, parce que ni les diplomates ni les services de renseignement n'ont vu venir les Américains, que nous aurions pu contrer, par exemple en proposant des avancées sur le Sahara. » Mon interlocuteur poursuit : « Ce dossier était prépondérant pour Washington, qui veut empêcher toute vente export du Rafale. Et, pour nous, il n'était pas perçu comme prioritaire. Ce que la France paie, c'est surtout la multitude de ses erreurs ! » Et cette incapacité à se mettre en ordre de marche, en offrant souvent un front ridiculement désuni devant ses clients, relativise le problème des concurrents américains prêts à tous les efforts pour évincer le Rafale des marchés. Quant au roi Mohammed VI, il a le sens de l'humour ! Le 14 juillet 2007, alors qu'il a déjà décidé de ne point acheter le Rafale français et de lui préférer son concurrent américain, il se félicite dans un message adressé à Nicolas Sarkozy du « partenariat stratégique » et de la relation « d'exception » qui lient son pays à la France. Et d'ajouter : « Je saisis cette heureuse opportunité pour vous dire à quel point je me réjouis de l'exemplarité des liens d'amitié séculaires et profonds qui unissent nos deux pays. » Le roi est délicat, mais hypocrite...

Conscient des raisons de cet échec marocain, Nicolas Sarkozy estime alors que la France doit retenir cette leçon, si elle veut vendre des armes ailleurs. De tous types, bien sûr, mais surtout le très emblématique Rafale. Et en jouant du partenariat stratégique. C'est pourquoi la construction d'une base interarmées française à Abou Dhabi, aux Émirats arabes unis, a été solennellement annoncée par l'hôte de l'Élysée lors d'un voyage dans le Golfe, en janvier 2008. Rapidité inhabituelle : la (petite) base a été prête dès l'été 2009 !

Déception aux Émirats arabes unis

Rien d'étonnant à cela : les relations entre la France et les riches Émirats arabes unis sont excellentes depuis des décennies. Le cheikh Zayed ben Sultan Al-Nahyane (date de naissance inconnue, mort en 2004), souverain de l'Émirat d'Abou Dhabi et président de la Fédération, était un admirateur du général de Gaulle, dont la politique arabe a toujours été très appréciée dans la région. Au plan militaire, François Mitterrand et ses deux successeurs ont toujours aidé les Émiratis à ne pas dépendre des États-Unis en les incitant à se fournir auprès des entreprises françaises et en resserrant les liens entre les forces armées des deux pays.

Ceux-ci se sont traduits par de nombreux accords et par la fourniture d'équipements modernes aux forces armées des Émirats. En avril 1999, lorsque la Fédération a souhaité être le premier pays arabe à s'engager fortement dans le soutien au Kosovo, ce sont les forces armées françaises qui ont accueilli le contingent émirati venu avec une flotte d'hélicoptères, ainsi que des personnels et des équipements sanitaires, pour aider les populations d'origine albanaise. De la même manière, les Émirats fournissent un détachement médical aux troupes françaises déployées au sud-Liban depuis 2006. Les Émiratis sont très attachés aux services que la présence française peut leur rendre, notamment en rappelant aux Iraniens présents de l'autre côté du golfe que cette petite Fédération n'est pas seule dans le conflit territorial qui l'oppose à Téhéran sur l'île Abu Moussa.

Est-ce à dire que les vendeurs d'armes français ont des chances de succès ? Peut-être, mais ce n'est jamais gagné d'avance. Après la guerre du Golfe de 1991, le cheikh Zayed avait acheté pour l'armée de terre des Émirats quatre cent trente-six chars Leclerc. Mais à des conditions tellement draconiennes, négociées par le vendeur vedette et directeur commercial du fabricant GIAT Industries [a], Philippe Lethier, que ces blindés ont coûté un maximum d'argent aux contribuables français. Non seulement les engins devaient progressivement être mis aux normes des modèles nouveaux sortant des chaînes, au frais du constructeur ; mais, en outre, le contrat était assorti de compensations (*offsets*) à plus de 60 % de sa valeur, clauses dont les Français n'avaient pas réellement mesuré les conséquences.

Alors président du groupe industriel, Pierre Chiquet a toujours vigoureusement contesté ce point de vue, dénonçant en 1996 les « manipulations qui se sont orchestrées pour dévaloriser le contrat émirati, sur lequel s'acharne une DGA qui n'y a pas participé et ne peut donc l'accepter (!), des réseaux évincés, des industriels jaloux (souvent liés à ces réseaux) et, plus récemment, de forts lobbies antiarabes soutenus par les Américains. Ce contrat est un excellent contrat qui, malgré ses difficultés, se déroule admirablement, même si sa rentabilité, un peu seulement au-dessous de l'équilibre, se justifie par le sauvetage de GIAT Industries qu'il a permis en évitant à celui-ci une catastrophe épouvantable [38] ». Le président de la Coface, François David, n'a pas vraiment le même point de vue et a raconté son étonnement dans un livre publié en 2007 : « J'étais dans les Émirats lorsque le GIAT signa le fameux contrat des chars Leclerc (dont chacun valait 50 millions de francs pièce). Je fus stupéfait par la désinvolture de l'équipe de négociation, qui avait fait l'impasse sur ses obligations de compensation sous prétexte qu'elle traitait avec de simples Arabes, alors que leurs interlocuteurs du ministère de la Défense étaient pour beaucoup d'entre eux issus de Yale et de Harvard et parfaitement au fait des questions financières [39]. » Les Émiratis sont des clients coriaces...

---

a Le GIAT (Groupement industriel des armements terrestres), né en 1971, regroupait les arsenaux d'État en charge des études et de la fabrication des armements terrestres français. En juillet 1990, il est devenu GIAT Industries, société anonyme à capitaux d'État, qui a rapidement intégré les sociétés d'armement Manurhin et Luchaire. Le groupe a pris le nom commercial de Nexter en décembre 2006.

Mais qu'à cela ne tienne ! En 2008, l'Élysée de Nicolas Sarkozy est cette fois sûr de son coup : il va vendre des Rafale aux dirigeants émiratis. D'ailleurs, le 5 juin, ceux-ci se sont fendus d'un communiqué pour annoncer leur intention d'« engager des discussions » pour l'acquisition de soixante-trois exemplaires — début des livraisons en 2012, si l'affaire se confirme. Deux semaines plus tard, le 18 juin, le secrétaire général de l'Élysée Claude Guéant revient sur le sujet lors d'une émission d'Europe 1 : « La France est en négociations avec des espoirs sérieux, effectivement, de vendre une centaine de Rafale. Enfin, après vingt-trois ans, nous allons vendre des Rafale. » Sera-ce plus simple que dans les contrats précédents ? Certainement pas. Et le principal collaborateur de Nicolas Sarkozy, qui suit ces négociations en direct, lève un coin du voile : « S'il faut, pour vendre les Rafale, que la France rachète des Mirage en service dans certaines armées, elle le fera. On vend [les Rafale], mais c'est clair que les pays qui ont des Mirage 2000 — qui ne sont pas toujours vieux d'ailleurs — souhaitent les revendre, et nous allons les aider à le faire. » De fait, les Émiratis n'y vont pas de main morte et réclament le rachat des Mirage 2000-9 qu'ils avaient acheté à prix d'or dix ans plus tôt.

Début 2011, les Français n'étaient toujours pas parvenus à revendre ces appareils d'occasion à un client étranger... Il fut un temps question que l'armée de l'air française les achète pour son propre usage [40]. Mais, début 2009, Nicolas Sarkozy en personne a rejeté cette hypothèse en Conseil de défense, arguant qu'il n'était pas question que l'armée française se dote d'avions d'occasion. Fût-ce pour la bonne cause et pour que Paris puisse vendre des appareils neufs à des clients étrangers [41]. Cette éventualité n'étant plus d'actualité, le gouvernement a donc créé une structure de « défaisance », qui achètera les avions et les revendra ensuite à des clients étrangers. À qui ? C'est un peu le problème. L'idée de les vendre aux Indiens n'est pas excellente, puisque la France participe aux appels d'offres pour lui vendre cent vingt-six Rafale dans le cadre du contrat MRCA (Multi Role Combat Aircraft). Les Pakistanais alors ? Le projet a été étudié, mais ce pays n'a pas un sou pour des équipements aussi chers et a donc été écarté. Alors, qui ?

Dans tous les cas, le constructeur Dassault Aviation se dit non concerné par cette opération, qui intéresse l'État seul. Lequel n'apprécie que modérément ce refus de l'avionneur de participer à la revente de ses appareils et n'avait pas encore finalisé à la fin de l'automne 2010 l'accord avec les Émirats sur leur reprise. Pour quel prix ? Entre 1,5 et 2,3 milliards d'euros, selon des sources proches de la négociation. Si l'on rapporte cette somme aux 6 milliards d'euros évoqués pour la vente des soixante-trois

Rafale F3, la reprise représentera au moins le quart, voire le tiers, du prix de vente. Ce qui ne constitue qu'un petit problème, à côté des autres...

Car les autres difficultés que pose cette vente aux Émirats arabes unis portent sur deux des composants majeurs de l'avion : son moteur et son radar. Le moteur, d'abord : le Rafale F3 est équipé de deux réacteurs M88-2 fabriqués par le motoriste français Snecma, dont la caractéristique principale est leur poussée de 7,5 tonnes. Les Émiratis exigent quant à eux une version plus puissante, d'une poussée de 9 tonnes, qui rapprocherait les performances du M88 de celles des moteurs du F/A-18 E/F Super Hornet de Boeing. De longue date, Snecma voulait faire financer par l'État une version de 9 tonnes du M88, le M88-3, destinée à satisfaire les clients export souhaitant accentuer les capacités antiaériennes du Rafale. Mais ce projet a été refusé et, dès lors que Paris ne veut toujours pas le financer pour sa propre armée de l'air, il faudra que les Émiratis mettent la main à la poche. Facture : 800 millions d'euros ! Cette exigence a ses raisons : pour Abou Dhabi, qui défend un territoire minuscule et se prépare à affronter un jour l'Iran, le Rafale doit être avant tout un appareil de supériorité aérienne. Une source proche du GIE Rafale souligne que, « dans l'idéal », Paris aurait dû prendre en charge ce développement et soutenir ainsi l'exportation d'un avion qui a du mal à se vendre.

Mais, de source bien informée sur ce dossier, on confirme début 2008 la volonté de Nicolas Sarkozy de « ne pas mettre en péril la future loi de programmation militaire » (votée le 29 juillet 2008) en alourdissant ainsi son budget. Sauf que... Les annonces prématurées de ventes d'armes sont plus graves qu'il y paraît : vendant la peau de l'ours avant de l'avoir tué, le gouvernement prie les industriels de tenir compte de ces fausses bonnes nouvelles dans leur plan de charge et de prévoir de faire tourner les chaînes avec ces avions fantômes. Un jour, les faits se chargent de rappeler les rêveurs à la réalité. C'est ainsi que, pour avoir voulu intégrer trop tôt la fabrication de Rafale pour les Émirats dans les commandes passées à Dassault, le ministère de la Défense s'est retrouvé le bec dans l'eau : pour que les chaînes puissent tourner, il a fallu avancer d'urgence onze commandes de Rafale pour l'armée de l'air française et les financer ! Cela coûtera 800 millions d'euros au budget entre 2011 et 2013...

L'une des exigences des Émiratis a toutefois été acceptée par les Français : il s'agit de l'adaptation du Rafale au futur missile air-air européen Meteor en cours de développement par MBDA. Son financement de 250 millions d'euros, consacré pour une large part à des développements sur le « radar à antenne active » RBE2-AESA de Thales, est alors prévu à la fin de la loi de programmation militaire, vers 2012. Des sources militaires affirment que ce financement sera avancé, pour favoriser le contrat avec les Émirats. Les Rafale de l'armée de l'air française seront donc dotés plus tôt que prévu de la capacité d'emport du Meteor. Conclusion : avec les Émiratis qui ont oublié d'être mauvais en affaires, un contrat n'est jamais gagné d'avance. La preuve en a encore une fois été apportée durant l'été 2010.

Quand un général français flingue le contrat du Rafale aux Émirats

Il faut dire que le début de l'été a été marqué par un incident que seuls les Français savent inventer. Et que seule la propriété de nombreux titres de la presse nationale par des industriels de l'armement permet de comprendre. Le 26 juin 2010, *Le Figaro* publie sous la plume de son journaliste Georges Malbrunot, excellent connaisseur du monde arabe, un article explosif [42]. Il y relate avec moult détails le fait que la sécurité de l'émirat d'Abou Dhabi repose pour une large part sur la technologie israélienne (drones, systèmes de surveillance, images satellitaires), fournie notamment par l'homme d'affaires Mati Kochavi, un Israélien installé aux États-Unis et propriétaire, entre autres, des sociétés AGT (Asia Global Technologies) et Sentry Technology Group, qui emploient de très nombreux anciens cadres de Tsahal, du Mossad et du Shin Bet. Que cet homme soit un partisan déclaré du dialogue israélo-arabe n'est pas un mauvais point, mais les Émirats et Israël n'entretiennent pas de relations diplomatiques et l'opinion arabe ne peut tolérer une telle proximité stratégique.

L'information n'était pas nouvelle, puisque le quotidien *Haaretz* l'avait révélée deux ans plus tôt [43], la lettre française *Intelligence Online* la complétant ensuite [44]. Mais, vu du Golfe, un journal israélien ne peut proposer que de la propagande sans intérêt. C'est autre chose quand *Le Figaro* reprend cette information, en prenant le soin d'apporter du nouveau. Il cite ainsi l'ancien chef de l'armée de l'air des Émirats, le général Khaled Al-Buainain, qui confirme à demi-mots : « Pour nous, c'est une question de survie. Regardez ce qui est arrivé au Koweït en 1990. Il n'avait pas de tel système d'alerte ; et, un matin, les Koweïtiens se sont réveillés avec l'armée irakienne contrôlant les carrefours de leur capitale. » Les Émiratis n'aiment pas trop être désignés comme des traîtres à la cause arabe, surtout quand l'accusateur est le journal quotidien propriété d'un fournisseur de l'armée nationale ! Lors de la visite à Abou Dhabi d'un envoyé de l'Élysée en juillet, celui-ci entend de la bouche de son interlocuteur, le prince héritier et ministre de la Défense Mohammed ben Zayed Al-Nahyane, des propos assez désagréables quand ils sont tenus par un client : « Nous négocions. Pourquoi m'avez-vous planté un poignard entre les deux omoplates ? » Pour sa part, Serge Dassault aurait fait répondre qu'il « ne contrôle pas » les journalistes du *Figaro*.

Là-dessus, alors que la plaie ouverte n'est pas refermée, c'est un officier général français qui passe la deuxième couche. Dans une interview au mensuel spécialisé *Défense et sécurité internationale* parue en août 2010, le général de division Alain Silvy, sous-chef d'état-major plans programmes à l'état-major de l'armée de l'air, donne d'étonnantes précisions sur les discussions confidentielles en cours entre la France et les Émirats pour l'achat de Rafale [45]. Il y fait état publiquement des attentes de ces derniers en matière de puissance des moteurs, de performances de l'antenne du radar AESA, voire de spécification du Spectra (Système de protection et d'évitement des conduites de tir du Rafale). Pour les Émiratis, qui demandent le secret sur tout ce qui concerne leurs armements, le choc est rude. Même leurs demandes en matière de guerre électronique sont révélées par le général Silvy : « Au-delà du radar, ils font montre d'exigences assez fortes sur les évolutions du Spectra avec, par exemple, l'élargissement de certaines bandes, l'augmentation de la sensibilité, l'ajout de fonctionnalités, bref, ils veulent que l'on pousse au maximum les technologies actuelles. »

Pour un industriel français très proche du GIE Rafale, « cette interview a violé à la fois le secret et l'obligation de réserve. On est entre la puérilité et l'inconscience. Si un général ne comprend pas ça, où va-t-on [46] ? ». À entendre plusieurs sources françaises proches du dossier, les négociations sur le Rafale aux Émirats se trouvaient très compromises à l'automne 2010, sans que le contact soit toutefois rompu. Pour l'un de nos informateurs : « La France a gravement humilié le prince héritier, son interlocuteur et ami, celui qui veut lui acheter ses avions. Si les choses peuvent repartir, cela prendra des mois ! » Paris se trouve alors en position de grande faiblesse : « On est dans leurs mains, c'est eux qui choisissent », avoue un connaisseur du dossier. À Abou Dhabi, des officiels auraient dit à leurs interlocuteurs français : « C'est à Nicolas Sarkozy de régler ce problème. » À Paris, beaucoup voulaient croire que la colère des Émiratis se traduirait par un simple ralentissement, rien de plus, et que ces richissimes Arabes ne renonceraient par pour si peu aux avantages du Rafale. En voilà qui ont oublié ce qu'est un marché monopsone, dans lequel un seul client est courtisé par des nombreux fournisseurs ! Le 13 septembre 2010, l'hebdomadaire spécialisé *Defense News* annonçait que les Émiratis avaient demandé en août à Boeing des informations sur les versions monoplace et biplace du F/A-18E/F Super Hornet, concurrent du Rafale.

La difficile exportation du Rafale est due à une multiplicité de facteurs. Pour certains marchés, l'avion est trop cher, alors même qu'il s'agit du seul modèle proposé à la vente par les Français. Pour d'autres clients, les performances de cet appareil excèdent leurs besoins. Il arrive aussi que le poids politique et diplomatique déclinant de la France ne pèse pas face aux bénéfices d'un rapprochement stratégique avec un autre puissant fournisseur, comme les États-Unis. Dans d'autres cas, le refus des industriels français de corrompre les dirigeants et/ou les militaires du pays acheteur — sauf à accepter des conséquences judiciaires insupportables — ne veut certes pas dire que les marchés seraient par magie devenus propres. Mais le versement des pots-de-vin passant par des filières locales, en étant décidé, organisé et conclu sur place par l'acheteur lui-même, qui organise ainsi le pillage de ses ressources nationales sur des marchés annexes au contrat principal, ralentit considérablement les processus de décision. Tous ces facteurs jouent à des degrés divers pour expliquer les difficultés rencontrées par l'avion français dans deux marchés essentiels pour son avenir : le Brésil (voir *infra*, chapitre 13) et l'Inde. C'est dans ce dernier pays que se situeront les plus gros marchés d'avions de combat des années 2010. Dans un contexte d'une complexité rare, où tout le problème consiste à jongler avec une réalité inéluctable : la corruption.

12

L'Inde, nouvelle terre de conquête

L'Inde est sans conteste un pays justifiant toutes les attentions de l'Élysée. Il est considéré comme une priorité absolue pour les industries françaises d'armement et justifie tous les efforts. C'est que, depuis son indépendance en 1947, l'Inde se considère comme assiégée. Elle craint que ses adversaires traditionnels, le Pakistan et la Chine, attaquent ses frontières. À l'idée de perdre sa liberté de mouvement sur les océans, elle est prise de hantise. Avec son turbulent voisin pakistanais, l'état de guerre larvée dure depuis 1947 — le colonisateur britannique avait démantelé son empire des Indes à sa manière, laissant derrière lui les germes d'un éternel conflit. Plusieurs terribles guerres ont éclaté depuis, notamment à propos d'un différend territorial insoluble sur le Cachemire. La bombe atomique de part et d'autre de la frontière et, plus récemment, les attentats terroristes d'origine pakistanaise n'ont cessé d'exacerber les passions. Avec, pour corollaire, une incessante course aux armements.

Mais vendre des armes au pays des maharadjahs relève souvent de l'impossible exploit. La corruption y demeure endémique, bien que les autorités affirment la combattre. Particularité locale : un contrat gagné après des années, voire des décennies, de négociations byzantines peut être annulé quelques mois plus tard, avant d'être relancé dans de nouvelles conditions, pour favoriser un concurrent évincé ! L'un des meilleurs exemples de ces pratiques exotiques est fourni par une très curieuse compétition lancée en 2001 pour la fourniture de plusieurs centaines d'hélicoptères. Celle-ci fut d'abord gagnée par Eurocopter, filiale d'EADS basée à Marignane (Bouches-du-Rhône), puis annulée avant d'être relancée. À l'Élysée, on estime que, si le politique ne s'en mêle pas, ça ne marchera pas ! Une affaire emblématique.

L'Inde, objectif prioritaire pour l'Élysée

En 2001, l'armée indienne lance une compétition pour le remplacement de ses hélicoptères Chetah et Chetak, versions localisées des hélicoptères français des années 1960, SA315 Lama et SA319 Alouette III. L'Inde compte acquérir cent quatre-vingt-quatorze appareils, pour plus de 600 millions d'euros. Durant la procédure, le Kamov KA 226 russe est évincé et deux compétiteurs sont sélectionnés : l'AS550-C3 Fennec d'Eurocopter et le Bell-407 Shen de l'entreprise américaine Bell Helicopter Textron. Les essais des deux machines retenues se déroulent dans le désert du Rajasthan et dans l'Himalaya. Les deux compétiteurs présentent des versions civiles des appareils proposés, car les spécifications indiennes (renforcements structuraux et points d'emport d'armements) n'ont pas été définies dans les délais. Le 25 mai 2005, à l'époque des essais, un appareil Écureuil/AStar AS350 B3, version civile du Fennec, bat un spectaculaire record du monde en se posant et en redécollant du sommet de l'Everest : 8 850 mètres tout de même !

En février 2007, l'AS550-C3 Fennec est retenu. Ce n'est pas l'effet du hasard car, durant les tests officiels, son concurrent américain n'a pas satisfait à plusieurs exigences techniques. Vu des États-Unis, la défaite est inacceptable, car elle freine la conquête américaine des marchés d'armement indiens, jusqu'alors chasse gardée des Russes et des Israéliens. Et ce n'est pas une part, même copieuse, que veut l'oncle Sam, mais tout le gâteau. L'Inde est un pays immense, comptant plus d'un milliard d'habitants, au développement économique explosif. Il lui faudra des centaines, voire des milliers, d'hélicoptères et ce marché est à conquérir. La défaite de la machine de Bell est une humiliation que Washington n'accepte pas. On pourrait penser que l'administration américaine serait d'autant moins sensible à cette défaite que l'Inde avait commandé quelques mois plus tôt à Eurocopter... trois cent soixante-sept exemplaires de son hélicoptère EC145, rebaptisé UH-72A Lakota. Eh bien non !

Durant le premier semestre 2007, la Maison-Blanche met tout son poids dans la balance pour faire revenir sur sa décision le ministre de la Défense Aarakkaparambil Kurian Antony [a], petit homme au front dégarni,

a En Inde, les prénoms sont souvent interminables et sont alors cités par leurs

les épaules toujours recouvertes d'un châle clair et ne se départissant jamais d'un drôle de petit sourire narquois. Les États-Unis adressent des plaintes au gouvernement indien, mais un acteur va jouer un rôle essentiel : le général Jeffrey B. Kohler de l'US Air Force, directeur de la Defense Security Cooperation Agency (DSCA) et à ce titre grand patron des ventes d'armes américaines. Dans cette fonction, il a initié le retour des États-Unis sur le marché indien, réalisant des ventes majeures : douze radars WLR (Raytheon) pour 200 millions de dollars ; le navire amphibie *USS Trenton* (48,2 millions de dollars) et les six hélicoptères UH-3H du bord (39 millions de dollars) ; six Hercules C130J (Lockheed Martin), pour 1 milliard de dollars.

Signe de l'importance stratégique accordée par Washington au marché indien : le général Kohler, qui quitte ses fonctions au Pentagone le 1er septembre 2007, est embauché dès le 2 novembre comme conseiller de la direction par l'US-India Business Council (USIBC), une organisation de lobbying visant à développer les échanges économiques entre les deux pays. En l'accueillant, le président de l'USIBC Charles « Chip » Kaye, coprésident du fonds d'investissement Warburg Pincus, déclare : « En tant que directeur de la DSCA, le général Kohler est devenu un vigoureux architecte d'un partenariat stratégique plus étroit avec l'Inde, en visitant le pays à de nombreuses reprises. Nous attendons ses conseils, en travaillant sérieusement avec lui sur de nouveaux engagements de l'USIBC en Inde, sur des sujets d'importance stratégique [1]. » Il n'aura pas été nécessaire d'attendre bien longtemps. Et, assurément, Eurocopter sera la première cible de la nouvelle offensive commerciale américaine.

Dès juin 2007, une lettre anonyme avait dénoncé à la justice le rôle qu'aurait joué un agent commercial indien dans le contrat : le général en retraite S.J.S. Saighal, ancien patron de l'aviation de l'armée de terre indienne. Devenu président du premier exploitant civil d'hélicoptères en Inde, Global Vectra Helicorp Ltd, il est le premier client d'Eurocopter dans le pays. Sa société Vectra Aviation est aussi le concessionnaire de l'hélicoptériste européen en Inde. Or il est le frère d'un autre général, H.S. Sehgal [a], dont les fonctions officielles auraient pu le conduire à donner son avis sur l'appel d'offres de l'état-major. Les Américains prétendent que la proximité des deux frères a pu jouer en faveur d'Eurocopter. La filiale d'EADS répond que la société Global Vectra Helicorp et son président « ne sont pas

---

seules initiales. L'identité d'usage d'Aarakkaparambil Kurian Antony est ainsi A.K. Antony.

a Bien que leurs noms s'orthographient différemment, S.J.S. Saighal et H.S. Sehgal sont bien frères.

concernés par les contrats gouvernementaux[2] » et que Vectra est d'ailleurs opérateur de plusieurs types d'hélicoptères, fournis soit par Eurocopter (deux machines EC155B et trois autres en commande), soit par Bell (dix-neuf machines). Mais, début décembre 2007, Eurocopter est finalement évincé du marché des hélicoptères légers — et, un an plus tard, le général Saighal quitte son entreprise.

Pourtant, allez comprendre, Eurocopter est ensuite invité à participer à de nouvelles négociations. Celles-ci concernent les cent quatre-vingt-dix-sept machines évoquées au départ, plus cent quatre-vingt-sept exemplaires supplémentaires qui seraient fabriqués sous licence. Dans la foulée, d'autres compétitions se sont ouvertes, la première pour fournir soixante hélicoptères à la marine, la deuxième pour les garde-côtes, la troisième pour des hélicoptères de combat destinés à l'armée de terre.

En Inde, rien ne se passe comme ailleurs. Les avionneurs du monde entier se souviennent que les tractations pour le marché de soixante-six appareils d'entraînement Hawk Mk 132, de BAe Systems, signé en mars 2004, avaient commencé... vingt-six ans plus tôt ! Signe des temps : les appareils seront pour la plus grande part assemblés sous licence dans les ateliers de HAL, à Bangalore. Souvent les grands accords commerciaux en matière d'armement s'officialisent lors de contacts directs entre les chefs d'État ou de gouvernement. C'est ainsi qu'un nouveau contrat permettant à l'Inde d'acquérir cinquante-sept nouveaux avions du même type auprès du Royaume-Uni a été signé lors de la visite officielle du Premier ministre britannique David Cameron, fin juillet 2010. À la même époque, les différents acteurs des hypothétiques contrats espérés par Eurocopter attendaient donc avec impatience la visite officielle de Nicolas Sarkozy, prévue en fin d'année, pour faire avancer ce dossier ainsi que ceux des autres armements proposés par la France à ce pays, atteint d'une véritable frénésie d'achats militaires. Espoirs déçus...

Jusqu'au début des années 2000, les armées indiennes achetaient majoritairement leurs équipements en Russie et, pour les plus modernes, ceux qui font un important appel à l'électronique, en Israël. Depuis, réconcilié avec les États-Unis, New Delhi achète désormais des avions de transport et de l'artillerie à Washington. Pour commencer... Paris, qui avait vendu en septembre 2005 six sous-marins Scorpène à New Dehli, attendait toujours début 2011 un gros contrat pour la modernisation des cinquante Mirage 2000 restants de la commande des années 1980 (quarante-six Mirage 2000 EH et treize Mirage 2000 TH). Remis sur les rails lors du voyage officiel en Inde de Nicolas Sarkozy en janvier 2008, le contrat de rénovation est évalué à 1,5 milliard d'euros et vise à prolonger d'une vingtaine d'années la vie de ces avions mis aux standards techniques les plus modernes, pour le prix de la moitié d'un avion neuf. Le contrat concerne Dassault, Thales pour l'avionique et le système de combat, Snecma pour les moteurs et MBDA pour la fourniture de missiles MICA. Le chef d'état-major de l'armée de l'air indienne, le général Pradeep Vasan Naik, a affirmé en février 2010 que le contrat n'a traîné qu'en raison des prétentions françaises, supérieures d'un tiers à ce que les Indiens étaient prêts à payer [3]. L'Élysée suit donc la question de près, pour tenter en outre de vendre à l'Inde des missiles, des avions de combat, des équipements d'infanterie, des hélicoptères et, pourquoi pas, d'autres sous-marins ou des frégates.

Le premier importateur d'équipements militaires au monde

Les industriels du monde entier sont en effet pris de fièvre quand ils constatent que le pays des maharadjahs est prêt à débourser une cinquantaine de milliards d'euros pour ses armes d'ici 2020… Car les tensions nées en 1947 de la partition fondatrice entre l'Inde et le Pakistan sont loin d'être apaisées, même si New Dehli et Islamabad cherchent toujours à jouer la carte diplomatique.

Le 25 février 2010, la rencontre à New Delhi entre les secrétaires généraux des ministères des Affaires étrangères, Nirupama Rao pour l'Inde et Salman Bashir pour le Pakistan, a ainsi été vécue comme un événement historique, concrétisant la reprise du dialogue entre les deux frères ennemis. « C'est inextricable, regrette cet officier de renseignement que je rencontre à New Delhi au printemps 2010. Les Pakistanais se sentent écrasés par un rouleau compresseur qui voudrait les repousser vers l'Afghanistan. Ils croient que les Indiens veulent revenir aux frontières de l'époque du Raj ! » C'est-à-dire à celles de l'empire britannique des Indes, quand Londres dominait un territoire comprenant l'Inde, le Pakistan, le Bangladesh, la Birmanie et le Sri Lanka actuels. « Quant aux Indiens, poursuit un officier aviateur enfoncé dans l'un des confortables fauteuils du salon bleu à fleurs de lys de l'hôtel Imperial de New Delhi, ils aimeraient faire comme si le Pakistan n'existait pas ! »

Depuis les années 1990, le terrorisme, dont le voisin du Nord est accusé, constitue un problème majeur. La série d'attaques à Mumbai, du 26 au 29 novembre 2008, a provoqué cent soixante-quinze morts. À la mi-février 2010, un nouvel attentat a tué treize personnes dans la ville de Pune avant d'être revendiqué, depuis le Pakistan, par un groupe djihadiste inconnu, Lashkar-e-Taïba Al-Almi. Pour les Indiens, aucun doute :

ces actions ont été téléguidées par les services secrets pakistanais de l'Inter-Services Intelligence (ISI), qui auraient également frappé le 13 mai 2008 à Jaipur (soixante-trois morts), le 13 septembre 2008 à New Delhi (trente morts) et, déjà, à Mumbai en juillet 2006 (deux cent neuf morts). Cela fait beaucoup... Sans compter les deux attentats successifs contre l'ambassade de l'Inde à Kaboul en 2008, attribués eux aussi à l'ISI !

Autant dire que les protestations de bonne foi venues d'Islamabad passent mal à Delhi. L'universitaire indien Prem Maharevan ne mâche pas ses mots quand il explique : « Ils ne veulent négocier que pour gagner du temps afin de conduire de nouvelles attaques ! Ils ont délibérément cherché à cacher leur rôle dans les attentats de Bombay et ont protégé des leaders terroristes anti-indiens. Dawood Dahim, chef d'un gang local dont les bombes ont tué deux cent cinquante-sept Indiens en 1993, continue de vivre à Karachi sous la protection de l'ISI ! » L'Inde n'est pas seule à voir la main de l'ISI dans les attentats terroristes sur son sol. Tous les pays impliqués dans la région en raison de la présence de leurs troupes en Afghanistan, dont les États-Unis et la France, pensent la même chose. Et c'est pour cette raison que leurs services collaborent aussi intensément avec leur homologue indien, le RAW (Research and Analysis Wing). Prem Maharevan reflète un avis général quand il lance : « Les djihadistes pakistanais sont pleinement soutenus par les services secrets et les militaires pakistanais. »

Ancien officier de cavalerie devenu éditeur, Bharat Verma perçoit dans la nouvelle prospérité indienne l'une des causes profondes de la crise : « Tous les deux siècles, l'Inde traverse une ère de richesse qui attire les envahisseurs. Ces forces hostiles nous environnent à nouveau... » Alors, le pays s'inquiète... Et, puisqu'il s'enrichit, il achète tant d'armes qu'il est devenu dans les années 2000 le premier importateur d'équipements militaires au monde ! Pour un pays qui vénère le Mahatma Mohandas Karamchand Gandhi et où sont nées deux religions qui ne passent pas pour les plus agressives, le bouddhisme et l'hindouisme, cette posture militaire paraît incongrue. Rahul Bhonsle, longtemps officier d'infanterie avant de se reconvertir dans les affaires, en convient, mais ajoute : « Le terrorisme est une guerre asymétrique d'intimidation. Les armements que nous achetons sont une dissuasion, pour éviter d'autres guerres. » Argument classique ! Ali Ahmed, un officier devenu chercheur à l'IDSA (Institute for Defence Studies and Analyses), confirme : « Avec plus d'un milliard d'habitants et une croissance économique de plus de 6 % par an, nous devenons une grande puissance. Nous avons besoin des instruments de ce statut. » Et pas seulement vis-à-vis du Pakistan !

L'Inde considère en effet l'Océan indien comme un espace stratégique, dès lors que sa sphère d'influence s'étend à ses yeux jusqu'à la Birmanie et au détroit de Malacca. À Delhi, on remet en avant, pour en souligner la portée belliqueuse, cette formule prononcée en 1984 par Chi Haotian, alors ministre de la Défense chinois : « L'Océan indien n'est pas l'océan de l'Inde. » On a déclenché des guerres pour moins que ça... En février 2010, l'Inde annonce avoir testé avec succès un nouveau missile destiné à équiper un jour des sous-marins stratégiques. Et s'empresse de préciser que l'engin pourrait atteindre les grandes villes chinoises. Information fondée ou rodomontade ? Cette petite bravade confirme en tout cas que l'Inde s'inquiète réellement de l'expansionnisme chinois, surtout dans l'Océan indien. Car Pékin augmente régulièrement le tonnage de sa marine quand celui de l'Inde se réduit, faute de l'entrée en service dans les délais de bâtiments modernes. Un porte-avions commandé en Russie a déjà pris cinq ans de retard, la construction des six sous-marins diesels-électriques Scorpène achetés en France en octobre 2005 et construits sous licence dans un chantier local n'avance pas aussi vite que prévu, et les frégates de construction nationale ne sont pas des plus performantes. L'Inde cherche à moderniser rapidement sa capacité sous-marine.

Elle dispose en 2010 de seize submersibles, dont dix vendus par les Russes (classe Kilo 877EKM appelée localement *Sindugosh*) et quatre par les Allemands (classe U-209, appelée localement *Shishumar*). Après l'achat des six Scorpène français, elle projette désormais de compléter cette flottille moderne par six autres sous-marins, de dernière génération. Ce programme, connu comme le Project 75, est énorme et vise l'acquisition à terme de trente nouveaux sous-marins d'attaque. Le calendrier de cette modernisation vise à faire entrer le premier Scorpène au service actif en 2012, suivi ensuite par un submersible par an. Trois firmes sont consultées par les Indiens : la Russe Rosoboronexport, l'Allemande HDW ainsi que la Française Armaris. Cette dernière est une joint-venture Thales/DCNS, en charge des grands programmes d'armement navals français à l'exportation et en coopération internationale. À l'été 2010, elle gérait — outre les Scorpène indiens et la candidature française au Project 75 — les programmes de frégates FREMM et Horizon en coopération avec les Italiens d'Orizzonte Sistemi Navali, des sous-marins Scorpène pour la marine malaise, et celui de patrouilleurs rapides FPB Skjold pour la marine norvégienne, dans le cadre du Skjold Prime Consortium mis sur pied avec Kongsberg Defence Aerospace et le chantier naval Umoe Mandal.

Corruption systémique

Tout en s'armant avec vigueur, la Défense indienne a le plus grand mal à organiser son système d'acquisitions. La bureaucratie du ministère de la Défense est kafkaïenne. On peut signer des contrats énormes et les annuler dans la foulée, pour les relancer dans d'autres conditions. Eurocopter, nous l'avons vu, en a pâti en 2007, mais cet industriel n'est pas le seul. Airbus avait vendu six ravitailleurs A330 MRTT jusqu'à ce que le ministère des Finances annule le contrat en décembre 2009. « Ici, c'est Staline sans le goulag », me lance un industriel européen furibard mais discret, car il ne faut pas gâcher les chances d'un contrat futur !

Les guerriers représentent, juste après celle des brahmanes, la deuxième caste en Inde. Pourtant, leur statut social n'est pas à la hauteur de leur position théorique. S'ils demeurent bien considérés, la fascination qu'ils exerçaient naguère n'est plus de mise. À la source de cette désaffection : la faiblesse des soldes. Celles-ci ont beau avoir été revalorisées ces dernières années, elles ne sont pas suffisantes pour permettre aux militaires, tous professionnels, de participer à la vie débridée de la nouvelle classe moyenne. D'où les tentations... En 2009, des poursuites ont été lancées contre quatre généraux de haut rang accusés d'avoir acquis à vil prix des terrains à bâtir. Dans un système politique toujours marqué par le féodalisme, où la prévarication est monnaie courante, ce dossier aurait été naguère classé sans suite par la justice militaire. Mais, cette fois-ci, l'affaire fait d'autant plus de bruit que le principal accusé était l'un des hauts responsables de l'armée de terre, le général Avadesh Prakash. Signe des temps et d'une forme d'émancipation, tous les quatre ont été mis en cause par des subordonnés... Ce n'est pas un cas isolé : les affaires de corruption sont omniprésentes et touchent une large proportion de cadres des armées, selon les industriels étrangers lucides mais qui refusent d'aborder le sujet ouvertement.

Nombreux sont les officiers qui tapent allègrement dans la caisse : le directeur de l'école du matériel de Jabalpur est accusé d'irrégularités dans des acquisitions de fournitures pour un régiment envoyé par l'Inde en opérations sous l'étendard de l'ONU [a]. Un deuxième général aurait

---

a En 2010, l'Inde est le deuxième pays contributeur pour les missions de l'ONU, avec près de 8 000 soldats : FINUL (Liban) : 897 hommes ; MONUC (République démocratique du Congo) : 4 580 hommes ; MINUSTAH (Haïti) : 139 policiers ; UNMIS (Soudan) : 2 700 hommes. L'Inde est également engagée avec l'ONU dans l'UNFICYP (Chypre), la MINUK (Kosovo), la MINUL (Libéria), l'ONUCI (Côte-d'Ivoire) et la MANUTO (Timor oriental).

trafiqué des factures d'approvisionnement pour un dépôt de matériel. Et la fortune de la famille d'un troisième général s'est si soudainement accrue qu'une enquête financière a été ordonnée. Les noms de quinze généraux de l'armée de terre, d'un officiers de marine, d'officier de l'armée de l'air, d'un autre des garde-côtes ont été communiqués au Parlement par le ministre de la Défense A.K. Antony. On trafique sur tout, pas seulement sur le foncier : les liqueurs, l'essence, les céréales, tout fait miel. Et les armements achetés à l'étranger ?

Sur ce point, les industriels concernés refusent de s'exprimer, arguant sans convaincre que cette pratique n'a pas cours dans ce pays. Dans la réalité, un industriel français a accepté de me confirmer : « Une demande précise nous a été faite pour un grand parti de gouvernement. Il s'agissait de payer 15 % de la valeur du contrat, au motif qu'il faudrait "aider à construire la démocratie" ! Nous ne paierons pas et nous savons déjà que notre proposition n'est pas sur le dessus de la pile ! » Mais encore ? Motus... Pas plus que dans les autres milieux toute vérité n'est bonne à dire dans le monde de l'armement.

Depuis Rajiv Gandhi, Premier ministre d'octobre 1984 à décembre 1989 avant d'être assassiné par un indépendantiste tamoul le 21 mai 1991, le gouvernement indien bannit officiellement les agents commerciaux et les intermédiaires des marchés militaires. Tout recours à ces services peut aujourd'hui conduire n'importe quel industriel à se trouver « blacklisté » par le ministère de la Défense. Contre toute attente, cette règle a encore davantage perverti le système : les intermédiaires corrupteurs demeurent présents dans chaque contrat, mais de manière beaucoup moins apparente que dans le passé. Le 14 octobre 2006, le Premier ministre Mannohan Singh avait émis l'idée que l'activité des agents pourrait être reconnue et donc autorisée. Dix jours plus tard, le 24 octobre 2006, le nouveau ministre de la Défense A. K. Antony, nommé l'année précédente, annonçait le contraire. Affublé du sobriquet de « Mr Clean » (Monsieur Propre), il réclamait un renforcement des contrôles sur les intermédiaires et obtenait gain de cause. Il convient de noter que son prédécesseur à la Défense, Pranab Mukherjee, venait tout juste d'être nommé ministre des Affaires étrangères, pour succéder à Natwar Singh, congédié en raison de son implication dans le volet indien de l'affaire « Pétrole contre nourriture » — du nom de cette extraordinaire opération de corruption internationale montée en son temps par le défunt dictateur irakien Saddam Hussein (voir *supra*, chapitre 5).

Les récentes affaires de corruption sur les achats d'armements par les armées indiennes ont été initialement révélées en 2001 par le site d'information Tehelka.com. L'équipe à l'origine de cette enquête a piégé — de manière fort peu déontologique — des politiciens et des généraux à l'aide d'une fausse société britannique vendeuse d'équipements de vision nocturne, de journalistes déguisés, d'enregistrements vidéo clandestins, de recours à des prostituées, etc. Tehelka.com était alors dirigée par les journalistes Tarun Tejpal, devenu depuis un romancier à succès, et Aniruddha Bahal, désormais animateur du site d'investigation Cobrapost.com. Les révélations de Tehelka.com, publiées à l'issue de cette enquête baptisée « opération West End [4] », ont mis en cause des militaires et des politiques. Secrétaire général du parti au pouvoir, le BJP (Bharatiya Janata Party), Bangaru Laxman fut contraint à la démission, mais la commission d'enquête officielle créée à cette occasion s'est surtout intéressée aux... journalistes ! Résultat : Tehelka.com a dû mettre un temps la clé sous la porte, avant de renaître en donnant naissance au magazine hebdomadaire éponyme.

Pas un contrat sans polémique

En 2004, la coalition conservatrice NDA (National Democratic Alliance) dirigée par le BJP est évincée par les électeurs et remplacée par l'autre pilier de la politique indienne, l'INC (Indian National Congress), parti de centre gauche largement dominé par le clan Gandhi et présidé par Sonia Gandhi, veuve de Rajiv Gandhi (1944-1991). Ce parti domine la coalition UPA (United Progressive Alliance). Moins corrompue que l'autre ? Cela reste à démontrer... Car la famille Gandhi, dont se réclame l'héritière Sonia, italienne de naissance, n'a pas toujours fait preuve des plus grandes vertus et s'est trouvée prise la main dans le pot de confiture à plusieurs reprises. En 1974, le scandale de l'affaire Maruti avait mis en cause le Premier ministre Indira Gandhi (1917-1984), pour avoir favorisé son fils cadet Sanjay Gandhi (1946-1980) afin qu'il obtienne une licence de fabrication de véhicules automobiles. Et, comme nous l'avons vu (voir *supra*, chapitre 2), le fils aîné d'Indira, Rajiv Gandhi, s'est trouvé tout près d'être mis en cause dans le scandale Bofors, survenu alors qu'il était Premier ministre.

Toujours est-il qu'en 2004, peu de temps après le retour de l'INC et de la famille Gandhi aux affaires, le CBI (Central Bureau of Investigation) — structure de la police nationale spécialisée dans les investigations financières et la lutte contre la corruption — se voit confier une nouvelle enquête. Le 10 octobre 2006, il procède à une série de trente-cinq perquisitions simultanées, reliées à quatre enquêtes sur des contrats d'armement passés avec l'Afrique du Sud, Israël et la Russie. Parmi ces contrats, figurent l'achat en Israël en 1993 et en 2000, pour plus de 500 millions de dollars, de missiles antinavires Barak, produits par IAI et Rafael [5]. L'ancien ministre de la Défense George Fernandes est interrogé avant d'être mis cette fois hors de cause [a], ce qui ne sera pas le cas de son ancienne associée et ancienne présidente du parti Samata, Jaya Jaitley, du trésorier Rakesh Kumar Jain, de l'ancien chef d'état-major de la marine Sushil Kumar et d'un agent/intermédiaire, Suresh Nanda. Jaya Jaitley menait ses affaires à partir de la résidence de George Fernandes, membre de son parti. Les accusations portent sur la perception d'une commission de 430 000 dollars par Jaya Jaitley, dans le cadre du contrat Barak, et sur les manœuvres de l'amiral Sushil Kumar pour bloquer le difficile développement d'un missile antinavire de conception nationale.

D'autres affaires ont concerné des dirigeants indiens, accusés cette fois d'avoir été corrompus par des industriels sud-africains. En 2003, du temps où le ministre de la Défense était George Fernandes, l'Inde a signé avec la société sud-africaine Denel un contrat de 13 millions de dollars US pour la fourniture de fusils de précision à longue portée. Le ministre a été accusé d'être concerné par le contrat, notamment parce que la Denel devait construire une usine dans sa circonscription électorale. Quand le journal sud-africain *Cape Argus* révèle en avril 2005 que des commissions illégales ont été versées [6], le nouveau ministre de la Défense Pranab Mukherjee annule aussitôt ce contrat, en arguant « des influences indues et des commissions à des agents ». Des agents de Denel, dirigés en Inde par John Pletz, seraient parvenus à acquérir les minutes du « comité gouvernemental des prix » devant discuter le contrat. Du coup, le gouvernement indien a annulé en juillet 2005 la participation de Denel à un appel d'offres pour la fourniture de 1 400 pièces d'artillerie de 155 mm, dont des obusiers automoteurs G6 et des canons tractés. Alors même que l'industriel sud-africain paraissait en bonne position pour emporter ce marché de près de 2 milliards de dollars. Cette décision indienne a conduit Denel à une profonde restructuration industrielle et à des centaines de licenciements.

À peu de choses près, les accusations contre l'Afrique du Sud sont semblables à celles qui avaient été portées contre la France une vingtaine d'années plus tôt, quand des agents de la DGSE avaient eux aussi réussi à obtenir copie des délibérations secrètes du gouvernement indien, lors de la négociation sur la vente des Mirage 2000. À la suite de cette opération excellemment réussie, l'attaché militaire adjoint Alain Bolley avait été

a George Fernandes avait déjà été impliqué dans l'affaire des SU-30 et dans un scandale de trafic de cercueils (« Coffingate ») lors du conflit du Cachemire en 1999.

expulsé et l'ambassadeur Serge Boidevaix en personne « rappelé » [7] ! L'affaire a beau avoir une trentaine d'années, elle n'a pas été oubliée à New Delhi...

À cette même époque, l'Inde décide d'acheter au chantier allemand HDW (Howaldtswerke-Deutsche Werft) quatre sous-marins type 209, préférant cette solution à celle proposée par la France (Super Agosta de DCN), la Suède (le type 45 B/Naaken de Kockums) et les Pays-Bas (Swordfish de Nevesbu). Deux submersibles seront livrés par les Allemands et les deux autres seront construits sous licence en Inde par les chantiers Mazagon. Ce contrat signé le 11 décembre 1981, après quatorze ans de négociations, va donner lieu à une retentissante affaire de corruption, plusieurs personnalités indiennes du ministère de la Défense se trouvant accusées par le CBI de s'être partagé 7 % de commissions sur la valeur du contrat. Lancée en 1988, l'enquête sera officiellement close le 4 mars 2005, dix-sept ans plus tard, le CBI ayant renoncé à obtenir la collaboration des autorités allemandes, qui ont toujours démenti que leur industriel ait mal agi...

Un sous-équipement facteur de convoitises

Depuis 2000, bien d'autres affaires ont été soulevées en Inde. Conçue sur le modèle des forces lourdes du début du XXe siècle, l'armée de terre indienne est puissante, dotée de très nombreux chars de bataille et d'une artillerie démesurée. Mais la plupart des matériels sont des antiquités. Un document interne à l'industrie de défense française [8] soulignait début 2010 que l'armée indienne compte certes soixante-trois régiments de chars de bataille, mais treize d'entre eux sont équipés de chars russes T-55 (modèle 1955) et quatorze de chars Vijayanta, copie locale du Vickers MK1 britannique, datant de 1963. Moins de 20 % des chars indiens disposent des systèmes de combat informatisés et des moyens de vision nocturne désormais indispensables, notamment face à l'armée pakistanaise, équipée de T-80 UD acquis en Ukraine (voir *supra*, chapitre 3) et de chars MBT al-Khalid développés en commun avec la Chine. À partir de 2000, l'Inde a acquis en Russie six cent soixante chars T-90S, 1 000 autres étant construits sous licence dans le pays, sous le nom local de Brishma. À terme, le pays devrait compter une flotte de chars de combat composée de 1 700 T-90S, 1 800 T-72M1 qui restent à moderniser aux standards actuels, et de quelques centaines d'Arjun. Les Indiens ont en effet tenté de se débrouiller seuls à partir des années 1980, en mettant au point à grand-peine un char de combat local, l'Arjun. Sa conception dépassée et ses médiocres qualités opérationnelles ont toutefois conduit l'armée de terre à n'en commander que deux cent cinquante et le premier régiment n'est opérationnel que depuis mai 2009 [9].

Du côté de l'artillerie, la situation est encore plus étonnante. L'Inde compte deux cent cinquante régiments d'artillerie et, à elle seule, cette arme compte deux fois plus de soldats que l'armée de terre française tout entière ! Mais les seuls équipements modernes de l'artillerie indienne sont quatre cents pièces FH-77B de 155 mm achetées aux Suédois de Bofors en 1986 (voir *supra*, chapitre 2). En raison des accusations de corruption en faveur de la famille Gandhi qui l'avaient entouré, ce marché a fait l'objet d'une longue et complexe procédure judiciaire. Résultat : depuis un quart de siècle, l'artillerie indienne n'a plus acheté une seule arme et la majeure partie de ses équipements sont dépassés techniquement. Pour remédier à cette situation, le ministère de la Défense indien a relancé plusieurs appels d'offres depuis janvier 2006. Mais de nouvelles procédures anticorruption ont frappé plusieurs industriels soumissionnaires, dont Israel Military Industries (qui devait construire des chaînes de fabrication de munitions de 155 mm dans l'État de Bihar, à la frontière népalaise), STK (Singapore Technologies Kinetics), Corporation Defence (Russie), Rheinmetall Air Defense (Allemagne) et plusieurs firmes indiennes, dont R K Machine Tools et T S Kishan and Company.

Le scandale est intervenu après la mise en cause de l'interlocuteur de ces industriels, Sudipta Ghosh, patron de l'OFB (Ordnance Factory Board), structure industrielle d'État fédérant une quarantaine d'arsenaux. L'appel d'offres en discussion a été suspendu et la police anticorruption a recommandé que les entreprises concernées soient définitivement blacklistées par le ministère de la Défense [10]. L'histoire retiendra sans doute que BAe Systems était le seul industriel concerné par l'appel d'offres à ne pas avoir été accusé de corruption, mais qu'il a été pénalisé comme les autres puisque la compétition a finalement été annulée. Jusqu'à ce qu'elle reprenne, cela va de soi… Détail amusant : BAe Systems, acquéreur entretemps du suédois Bofors, accusé de la plus retentissante affaire de corruption en Inde, présentait pour cette compétition un canon justement conçu par sa nouvelle filiale !

Quand on discute avec les industriels vendeurs d'armements à l'Inde, ils admettent en privé que la corruption est un problème majeur. Ils s'y sont adaptés en faisant comme dans tous les autres pays concernés par ce phénomène, c'est-à-dire en créant autour de chaque contrat des sociétés communes avec des entreprises indiennes. Les Français fournissent les matériels sortant de leurs bureaux d'études et de leurs usines, les Indiens les assemblent, en livrant aussi des prestations indispensables à tout gros contrat : génie civil, construction, études, maintenance. C'est désormais le plus souvent autour de ces entreprises nationales que se situent les éventuels faits délictueux. L'exercice est d'autant plus complexe que les autorités indiennes affichent une attitude très en pointe contre la corruption. En 2010, un projet de loi en discussion depuis un lustre et portant sur la protection des informateurs révélant les faits de corruption (Public Interest Disclosure Bill) paraissait devoir avancer au Parlement, en introduisant deux nouveautés : la mise en place d'une Central Vigilance Commission (Commission centrale de vigilance) aux pouvoirs étendus et — enfin — une définition précise de la corruption. Aussi curieux que cela puisse paraître, la loi anticorruption de 1988 (Prevention of Corruption Act) ne s'était pas intéressée à ce « détail »...

L'exemple indien et ses inextricables complexités illustrent à merveille la difficulté de vendre des armes, y compris à une démocratie. Les sommes en jeu sont considérables et ne peuvent être débloquées que par le gouvernement. Lequel est formé par des partis qui saisissent les plus importants marchés pour se faire payer d'énormes commissions par les industriels soumissionnant aux appels d'offres. Mais, en même temps, des pans entiers de cette démocratie se battent justement contre cette corruption systémique. Chacun des industriels compétiteurs sur un marché d'armement en Inde — mais cela vaut aussi pour le nucléaire — considère donc que sa part consiste à présenter des offres technico-financières acceptables, tout en estimant que le « gros morceau » revient au politique. Et force est de constater que les présidents français acceptent sans trop de difficultés de mettre la main à la pâte. Nous avons vu comment François Mitterrand avait, par exemple, prêté main-forte à Dassault, mais sans succès, pour des ventes de Mirage 2000 au Pakistan (voir *supra*, chapitre 3). Jacques Chirac, lui, n'a pas ménagé ses efforts pour la vente de ce même appareil aux Émirats arabes unis. Mais celui qui a le plus mouillé sa chemise pour les armes françaises, sans grand succès pourtant, est incontestablement Nicolas Sarkozy. Son truc à lui, c'est le « partenariat stratégique ».

L'Inde et le nucléaire français

Pour vendre des armes, il ne suffit pas de clients avec de gros moyens. Car, par définition, s'ils ont des dollars, ils peuvent également se fournir chez n'importe quel industriel, dès lors que tous proposent des matériels répondant peu ou prou aux critères des armées modernes. L'une des solutions, on l'a vu dans de nombreux pays, consiste à corrompre le décideur. Mais, là encore, tout le monde procède de la même façon et, si la manœuvre est nécessaire, elle n'est pas toujours suffisante. Car on a vu des dirigeants corrompus manger sans la moindre vergogne à plusieurs râteliers bien garnis... Il faut donc trouver autre chose, revenir aux bases, en quelque sorte !

L'une des récentes innovations des Français consiste à insister lourdement sur le « partenariat stratégique » liant leur pays à ceux que les commerciaux appellent les « prospects ». Ce « partenariat stratégique » est ainsi le maître mot de la politique franco-indienne, vue de Paris. Mais cela va-t-il vraiment plus loin que les formules convenues ? Et la ficelle n'est-elle pas un peu grosse quand la France refuse simultanément d'ouvrir ses frontières aux étudiants indiens, rappelle Navi Radjou, vice-président chez Forrester Research : « La politique française du commerce extérieur demeure ancrée dans un modèle révolu d'import-export de biens manufacturés. Peu avant la visite du président Nicolas Sarkozy en Inde en janvier 2008, son ministre des Affaires étrangères, Bernard Kouchner, indiquait son espoir de voir la visite présidentielle se traduire par la vente d'Eurocopter et de réacteurs nucléaires, écho surréel d'un capitaine de la Compagnie des Indes comptant troquer des canons français contre des épices indiennes [11] ! »

Le nucléaire constitue cependant un domaine sur lequel la France fait reposer de forts espoirs de coopération. Désireuse depuis longtemps — et on la comprend ! — d'être reconnue par la planète entière comme une vraie puissance, l'Inde se devait de démontrer ses capacités en se dotant de l'arme nucléaire. Elle l'a fait en procédant à un premier tir le 18 mai 1974, avant de récidiver les 11 et 13 mai 1998, suscitant cette fois une forte réprobation des États-Unis, choqués de n'avoir pas décelé à temps la préparation de ces explosions et de ne pas en avoir été avisés par l'Inde, il est vrai particulièrement pointilleuse sur son indépendance en la matière. En refusant de signer le TNP (Traité de non-prolifération nucléaire) de 1968, comme deux autres nations dites « du seuil », à savoir Israël et le Pakistan, l'Inde s'est affranchie de tout contrôle international sur son industrie nucléaire, mais s'est interdit d'acquérir des technologies nucléaires civiles à l'étranger. Or, ce qui était acceptable voici quatre décennies ne l'est plus à l'heure où l'économie indienne galope et veut dépenser des dizaines de milliards d'euros pour répondre à son besoin crucial d'énergie électrique. L'opérateur national indien NPCIL (Nuclear Power Corp. of India Ltd), qui dispose du monopole sur la production d'énergie nucléaire, exploite en 2010 dix-neuf centrales de conception nationale et en construit sept nouvelles. Mais c'est très insuffisant et New Delhi souhaite investir 100 milliards d'euros d'ici 2025 dans ses centrales nucléaires, pour accroître sa capacité énergétique de 60 000 mégawatts.

Pour en arriver là, il a d'abord fallu lever un obstacle majeur : l'interdiction qui était opposée à l'Inde d'acheter à l'étranger des technologies nucléaires civiles, du fait de sa non-ratification du TNP. Grâce à un accord préalable conclu en juillet 2005 avec les États-Unis, qui ont bien sûr quelques idées de contrats derrière la tête, l'Inde a pu obtenir en septembre 2008 une dérogation accordée par l'AIEA (Agence internationale de l'énergie atomique) et par le NSG (Nuclear Suppliers Group), qui rassemble les quarante-cinq États fournisseurs de technologie nucléaire. Cette institution avait été créée en 1974, justement après la première explosion atomique indienne, pour empêcher qu'un État se dote de l'arme nucléaire à partir des technologies civiles qui lui avaient été livrées.

Lors de sa visite en Inde en janvier 2008, Nicolas Sarkozy a insisté sur le fait que la France n'avait pas condamné les explosions nucléaires de 1998 et que l'Inde ne saurait disposer d'un meilleur gage d'indépendance qu'en privilégiant une relation nucléaire avec la France plutôt qu'avec les États-Unis. Le message a été entendu et le Français Areva a signé en février 2009 un protocole d'accord pour la construction de deux réacteurs EPR [a] à Jaitapur (État du Maharashtra). Mais les choses avaient assez peu évolué un an et demi plus tard, même si les négociations avec les banques françaises devant assurer 85 % du financement du programme de 5 milliards d'euros se trouvaient à un « stade avancé » fin juillet 2010 [12]. Pendant ce temps, l'Inde poursuivait ses négociations avec les éternels concurrents d'Areva, à savoir General Electric-Hitachi Nuclear Energy, Westinghouse Electric Company et Kepco.

Quand il insiste sur le « partenariat stratégique » avec New Delhi, Nicolas Sarkozy ne manque jamais de réclamer que l'Inde et ses 1,2 milliard d'habitants obtiennent à l'ONU la place qui revient à la plus grande démocratie du monde : « À l'évidence, l'Inde doit être un membre permanent du Conseil de sécurité des Nations unies », déclarait-il ainsi à l'issue de sa visite officielle dans ce pays, le 25 janvier 2008. Souvent, pourtant, les Français se payent de mots. Lors d'un briefing informel avec les journalistes qui l'accompagnaient dans ce voyage, un haut responsable de l'Élysée souligna : « En Inde, vous ne signez pas un contrat parce que vous déjeunez avec le Premier ministre. La France est en train de bâtir avec l'Inde un partenariat d'exception, dont on va tirer les conséquences économiques, politiques et militaires dans les semaines et mois qui

a Fabriqués par Areva, les réacteurs European Pressurized Reactor, dits « de troisième génération + », sont plus puissants que les précédents (1 600 MW contre 1 000 MW) et peuvent utiliser du Mox, produit avec du plutonium de qualité militaire que la réduction des arsenaux nucléaires rend disponible sur le marché.

viennent [13]. » Près de deux ans plus tard, on n'a toujours rien vu ! Autre preuve irréfutable du prétendu « partenariat d'exception », l'Élysée soulignait début 2008 que Nicolas Sarkozy avait promis qu'il reviendrait « une fois par an en Inde [14] ». Promesse non tenue en 2009. Mais pour une cause inattendue : les exigences de Carla Bruni-Sarkozy, l'épouse du chef de l'État.

Il faut dire que, pour avoir suivi le voyage officiel de Nicolas Sarkozy en Inde en janvier 2008, l'auteur peut témoigner que ses confrères locaux ne s'intéressaient plus que très modérément au président français après son arrivée, précisément depuis qu'ils avaient constaté que l'ex-mannequin-vedette ne l'accompagnait pas. Comme partout dans le monde, la jeune femme suscite un intérêt considérable, mais elle ne se déplace que si ses exigences sont satisfaites. C'est ce que racontent dans un livre publié en septembre 2010 les journalistes Michaël Darmon et Yves Derai : « L'exemple de la visite en Inde plusieurs fois reportée est édifiant. Ce ne sont pas tant les considérations politiques ou le retard dans la signature de contrats qui l'ont hypothéquée, mais l'exigence de Carla Bruni-Sarkozy d'organiser un long séjour. "Pour l'Inde — un continent ! —, j'ai demandé six jours. Ils sont revenus vers moi en me disant : "On part trois jours." Je leur ai dit : "OK. Sans moi" [15]. » Trois jours, c'est non. Mais quatre, c'est bon…

On l'a vu du 4 au 7 décembre 2010, quand le couple présidentiel s'est enfin rendu en Inde pour une visite officielle. À cette occasion, Nicolas Sarkozy a annoncé 15 milliards d'euros de contrats « conclus ou sur le point d'aboutir », ce qui veut dire… zéro ! Pas un contrat n'a été signé lors de cette visite, pas même ceux qui se trouvent dans les tuyaux depuis des années, à savoir les deux EPR pour Areva, la rénovation des Mirage 2000 ou les missiles sol-air pour MBDA. Mais a-t-on vu un VRP se démonter pour de telles broutilles ? Aux yeux du président français, rien de grave : « Nous allons nous mobiliser pour que cela se fasse le plus rapidement possible. Nous sommes d'accord, y compris sur le prix de l'énergie. » Il a été immédiatement démenti par les Indiens.

V

Nicolas Sarkozy, un président très marketing

13

Sous-marins à gogo et centrales nucléaires, fiasco !

On se souvient de la déconfiture des Français au Maroc en juillet 2007. Lors de cet épisode, Nicolas Sarkozy est au pouvoir depuis deux mois. Le signal est exécrable. Paris ne digère pas que les Rafale marocains lui soient passés sous le nez. Mais que cherchent donc les clients qui devraient acheter du matériel français et se laissent séduire par les concurrents ? Serait-ce la guerre ? Nicolas Sarkozy n'est pas loin de le penser. Il va donc répondre à l'affront marocain par la mise en place à l'Élysée d'une forme de salle d'état-major virtuelle, qui va par la suite conduire les discussions avec le Brésil, les Émirats, le Koweït et les autres. Son nom ? La *war room*. Grâce à elle, Nicolas Sarkozy va devenir à la face du monde le VRP des armements français. Avec une spécialité : l'annonce du succès des contrats avant qu'ils soient signés...

Sur l'air de « plus jamais ça ! », Nicolas Sarkozy a donc pris le taureau par les cornes. Analysant les erreurs, il a jaugé les effets dévastateurs des dissensions internes à l'industrie nationale, ou de celles qui avaient divisé l'administration sur l'ampleur des crédits bancaires à consentir au Maroc. Il s'est en outre indigné qu'entre les féroces tribus gauloises du GIE Rafale (Dassault, Thales, Snecma) et de la DGA (Direction générale de l'armement) personne n'ait été d'accord sur rien, chacun tirant à hue et à dia. Assez de divisions, de courtes vues, d'incapacité à mettre en place une équipe de France, d'absence de projet stratégique, dit-on alors au Château. Tout va changer avec la *war room* créée dès l'automne 2007 pour piloter les grands contrats à l'exportation des industries de souveraineté, civiles et militaires. Avec pour objectif affiché de faire taire les zizanies et de préparer — enfin — sérieusement les dossiers.

Le Brésil, excellent client des marchands d'armes français

De tout temps dans la période moderne, les marchands de canons français ont exploré des terres de conquête. Il y eut Israël, le Moyen-Orient, l'Arabie saoudite, l'Amérique du Sud. Aujourd'hui évincée de la plupart de ses terrains de chasse traditionnels, la France en cherche d'autres, s'empressant de revenir sur ceux qu'elle avait désertés. Cornaqués par les stratèges de l'Élysée, les vendeurs d'armes sentent les bonnes affaires dans des pays qui s'étaient durant trois décennies détournés de la France. Le discours que tient la France à l'égard de l'Inde n'est pas différent de celui qu'elle adresse au Brésil, sans avoir rencontré à l'heure où nous écrivons ces lignes tous les succès escomptés... Au président Luiz Inácio Lula da Silva, Nicolas Sarkozy lance le 23 décembre 2008, en clôturant le semestre de présidence française de l'Union européenne : « Vous êtes déjà un grand pays du monde. L'Europe est venue vous demander un partenariat stratégique et durable [1]. » Il réitère le 11 février 2010, lors d'un déplacement en Guyane : « C'est dans le même esprit que le président Lula et moi souhaitons développer le partenariat stratégique entre le Brésil et la France. Nous voulons mettre du concret dans ce partenariat stratégique : sur le plan militaire, sur le plan politique, sur le plan diplomatique, sur le plan de l'éducation, sur le plan de l'environnement. [...] Enfin, je veux dire que le monde a besoin que le Brésil prenne toute sa place dans les instances internationales. »

La France et ses industries d'armement jouent gros dans le Brésil aux colossales richesses, un excellent client des marchands d'armes français. Ce pays ne dissimule pas ses ambitions de puissance régionale, faisant comme nombre de pays quand ils veulent à la fois être adossés au camp occidental et ne pas se mettre sous la coupe des fournisseurs d'armement américano-britanniques : il se tourne vers la France. En 2008, Paris a vendu à Brasilia cinquante hélicoptères EC725 d'Eurocopter — pour un milliard d'euros financés pour l'essentiel par la Société générale, hors la part de l'assemblage local confiée à Helibras. Les ambitions de la marine brésilienne (Marinha do Brazil) sont si peu un mystère qu'elle a acquis en France un vieux porte-avions retiré du service, le *Foch* (devenu le *São Paulo*), et qu'elle entend se renforcer dans tous les secteurs. D'abord pour assurer sa souveraineté dans l'Atlantique Sud, ensuite pour sécuriser ses plateformes de pétrole off-shore, cette ambition étant inscrite depuis 2004 dans le plan « Amazônia Azul » (Amazonie bleue) qui définit la politique maritime du Brésil dans ses eaux territoriales et sa zone économique exclusive [2]. Le pays a donc prévu d'acquérir à l'étranger une flotte entière de navires de surface et de sous-marins.

Si les intentions manifestées lors d'un voyage officiel du Premier ministre italien Silvio Berlusconi au Brésil début juillet 2010 devaient se concrétiser après l'élection présidentielle brésilienne d'octobre 2010, les chantiers Fincantieri associés à l'électronicien Finmeccanica pourraient vendre de trois à cinq frégates de classe *Rinascimento* (la version italienne des FREMM) ainsi que des patrouilleurs de haute mer de type *Commandante Cigala Fulgosi* et un pétrolier-ravitailleur de la classe *Etna*. Montant de l'éventuelle commande : 4,5 milliards d'euros, qui viendraient s'ajouter aux 2,5 milliards conclus avec Iveco Defense Vehicles pour la fourniture de 2 044 véhicules de combat blindés à l'armée de terre [3].

Pour la marine brésilienne et avant qu'elle renforce sa flotte de surface, la première priorité a consisté à commander à la France — dans le cadre du contrat SBR signé en janvier 2009 — une force sous-marine de première importance, puisqu'elle sera composée de quatre sous-marins de type SBR, en fait des Scorpène allongés de quinze mètres par l'ajout d'une « tranche » permettant une plus grande autonomie, cette version intégrant des technologies mises en œuvre pour les futurs sous-marins nucléaires d'attaque français de la classe *Barracuda*. Les quatre submersibles brésiliens seront à propulsion conventionnelle et le premier exemplaire est programmé pour entrer en service en 2015.

À ces quatre navires, viendra s'en ajouter un cinquième, à propulsion nucléaire cette fois, à l'horizon 2020. Coût total des cinq sous-marins concernés par le contrat SBR : 6,79 milliards d'euros pour DCNS et ses sous-traitants, financés aux trois quarts par un crédit sur quinze ou vingt ans, selon les sources, accordé par un pool bancaire français conduit par BNP Paribas, associant la Société générale, Santander, Calyon, le Crédit industriel et commercial ainsi que Natixis. La presse brésilienne a indiqué la « ventilation » suivante de ces budgets (en dehors du sous-marin nucléaire) : chacun des quatre sous-marins Scorpène est facturé 415 millions d'euros (valeur de l'euro en 2008), ce qui correspond à peu de chose près au prix payé par les autres acheteurs de ces navires, les Indiens, les Malaisiens et les Chiliens ; 1,9 milliard d'euros seront consacrés à la construction du chantier naval et de la base sous-marine de Sepetiba (80 km de Rio de Janeiro), confiée au conglomérat brésilien Odebrecht Engenharia Industrial, associé à DCNS dans la joint-venture Itaguai Construções Navais ; 100 millions d'euros de plus iront à l'armement (torpilles) et 240 millions encore pour le « soutien logistique » [4]. Enfin, 900 millions d'euros sont affectés aux transferts de technologie.

Ceux-ci consistent en fait pour la France à aider le Brésil à se doter d'une capacité nationale à construire des sous-marins de manière quasi autonome. Une « école de conception de sous-marins » a été inaugurée à

Lorient en septembre 2010, et il est prévu d'y former des centaines d'ingénieurs brésiliens par cycles de dix-huit mois. Par la suite, plusieurs dizaines d'ingénieurs français s'installeront au Brésil pour une période de dix ans. DCNS fait valoir que ces transferts de technologie sont classiques et qu'ils avaient été mis en œuvre lors de la vente de la version des frégates *La Fayette* vendues à Singapour, la classe *Formidable*. Dans le cadre de ce « contrat Delta », une frégate (*RSS Formidable*) avait été fabriquée en France et les cinq autres (*RSS Intrepid*, *RSS Steadfast*, *RSS Tenacious*, *RSS Stalwart*, *RSS Supreme*) à Singapour par le chantier Singapore Technologies Marine. On observera toutefois que les technologies nécessaires à la construction de navires de surface sont très répandues dans le monde, ce qui n'est pas le cas de celles des sous-marins en général, et des sous-marins nucléaires en particulier.

Car, là où les Français admettent *off the record* avoir fait très fort, c'est pour le cinquième bâtiment vendu au Brésil. DCNS ne fournira certes que les parties non nucléaires, les autres étant de la seule responsabilité brésilienne. Le Brésil possède-t-il les capacités techniques, scientifiques et industrielles pour conduire seul un tel programme ? Et rejoindre ainsi le club très exclusif des pays maîtrisant la propulsion nucléaire sous-marine (Chine, États-Unis, France, Royaume-Uni, Russie) ? Sans doute pas... Quand on leur pose la question en privé, les Français qui ont vendu à prix d'or leur appui aux Brésiliens doutent fort que leurs partenaires y parviennent dans les délais annoncés ! À prix d'or ? Certes. La coque du sous-marin nucléaire d'attaque brésilien est facturée au prix gigantesque de... 2 milliards d'euros. Il s'agit d'une coque aux dimensions similaires (100 mètres de long) à celles du dernier-né des sous-marins nucléaires d'attaque, le *Barracuda* français, un peu « musclée » pour accueillir le réacteur brésilien.

Dans ces conditions, comment DCNS peut-elle facturer cette coque plus cher qu'un *Barracuda*, doté lui d'un réacteur nucléaire très performant, pour lequel la marine française a été dotée de 7,9 milliards d'euros (au coût des facteurs de janvier 2006 [5]) pour six exemplaires ? Soit 1,3 milliard d'euros par bâtiment, ou 65 % seulement du prix de la seule coque vendue aux Brésiliens ! Lesquels payent donc leur submersible 35 % plus cher que le modèle français, mais sans le réacteur nucléaire : il y a anguille sous roche... De deux choses l'une : ou bien la France a fait une excellente opération commerciale en vendant plus cher que son prix un navire que les Brésiliens avaient dû renoncer à fabriquer par eux-mêmes en 1994. Ou bien elle a vendu davantage que la coque toute seule... Serait-ce le moyen de miniaturiser un réacteur nucléaire afin de pouvoir l'embarquer sur un submersible ? Français et Brésiliens démentent énergiquement... L'un des responsables de ce programme interrogé par l'auteur à Lorient en septembre 2010, l'ingénieur Luis Antonio de Moura, affirme pour sa part qu'il ne faut pas s'étonner de ce prix, acceptable selon lui quand il s'agit de développer un nouvel armement : « Tous les pays possédant des sous-marins de ce type ont fait un prototype et le Brésil adopte la même philosophie. »

En fait, les ambitions nucléaires civiles du Brésil sont attentivement accompagnées par Paris. Tout d'abord, parce que, si la France ne collaborait pas, un autre pays le ferait, dit-on dans les milieux informés sans que cela soit avéré. Ensuite, parce que le Brésil possède d'importantes réserves d'uranium, matière première stratégique s'il en est pour la France, qui s'en trouve fort dépourvue alors même qu'elle possède une force de dissuasion nucléaire et un parc civil de cinquante-huit centrales atomiques. D'ailleurs, Areva a signé en janvier 2010 un accord d'approvisionnement de combustible nucléaire pour la centrale d'Angra dos Reis, dans l'État de Rio de Janeiro. Il convient toutefois de noter qu'aucune source n'indique que la France — historiquement le plus grand proliférateur de technologie nucléaire militaire au monde, depuis plus d'un demi-siècle [6] — ait en aucune manière été sollicitée par les Brésiliens pour reprendre leurs efforts en faveur de leurs programmes nucléaires militaires. Ils prétendent être en mesure de développer seuls un réacteur de sous-marin : « La propulsion nucléaire est le problème du seul Brésil », affirme Luis Antonio de Moura. Il estime que le prototype à terre du réacteur brésilien pourrait entrer en service en 2014, le sous-marin nucléaire étant pour sa part opérationnel en 2025.

Quant à l'arme nucléaire, les Brésiliens n'y pensent plus. Ils s'y étaient lancés à partir de 1964, avant d'abandonner leur projet en 1985. À ce propos, le ministre brésilien des Sciences et de la Technologie, Roberto Amaral, déclarait en 2003 : « Le Brésil est contre la bombe atomique. Nous sommes contre l'idée de la bombe atomique brésilienne, argentine, bolivienne, américaine ou israélienne [7]. » La position n'a pas changé depuis. Officiellement donc, le pays a renoncé à la bombe, mais pas à la technologie nucléaire militaire pour propulser ses navires. Une raison supplémentaire pour que Paris lui ait proposé un partenariat stratégique.

Sarkozy, adepte de la méthode Coué

La discrétion et le secret sont des gages de réussite des contrats d'armement. Mais, si les fonctionnaires, les industriels et tous les acteurs concernés observent logiquement ce précepte, il en est un qui sonne chaque avancée à coups d'olifant et qui se lance dans la surenchère médiatique dès qu'il discerne un espoir de vente : Nicolas Sarkozy, adepte de la méthode Coué — du nom du pharmacien Émile Coué (1857-1926), qui avait imaginé qu'à force de répéter la formule « Tous les jours, à tous points de vue, tout va de mieux en mieux », les choses iraient effectivement en s'arrangeant. Mais, dans la vraie vie, les choses ne fonctionnent pas de cette façon : en matière de commerce international, l'autosuggestion n'est pas une bonne méthode… Deux exemples frappants ont le Rafale (encore lui !) pour objet.

Le premier, nous l'avons vu, concerne les Émirats arabes unis (voir *supra*, chapitre 11). Le second a pour cadre la tonitruante annonce prématurée d'une victoire au Brésil, dans le cadre du contrat FX-2 de fourniture d'une flotte de trente-six avions de combat modernes. En lice, trois concurrents habituels : le JAS 39 Gripen NG de Saab, le F/A-18 E/F Super Hornet de Boeing et le Rafale F3 de Dassault Aviation. Le contexte est compliqué, car les aviateurs brésiliens préfèrent le Gripen, quand le président brésilien soutient l'industrie aéronautique nationale, qui bénéficierait de transferts de technologie considérables si le Rafale était choisi. À l'occasion de la fête nationale brésilienne, le 7 septembre 2009, Nicolas Sarkozy se rend au Brésil. Il veut une annonce, et une grosse ! Mais rien n'est aussi simple… Car le 9 septembre, date de l'annonce d'une « victoire » française dans ce contrat, a clairement vu les Français tordre le bras du président Luiz Inácio Lula da Silva. Ce dernier avait en effet explicitement demandé que son accord personnel — nécessaire, mais pas suffisant — pour l'acquisition de l'avion français ne fût pas rendu public à l'issue de la réunion nocturne qui avait rassemblé à l'hôtel Golden Tulip de Brasilia les personnalités les plus directement concernées par le dossier.

Côté industriel, le président de Dassault Aviation Charles Edelstenne est accompagné d'Éric Trapier, son directeur des affaires internationales ; pour l'Élysée, le conseiller diplomatique Jean-David Levitte est présent, de même que l'amiral Édouard Guillaud, chef de l'état-major particulier de la présidence de la République, et son adjoint « air », le général Antoine Noguier. Côté brésilien, on retrouve le ministre de la Défense Nelson Jobim, le chef d'état-major de la Força Aérea Brasileira (FAB) Juniti Saito — opposant de la première heure au Rafale —, le conseiller diplomatique de la présidence Marco Aurelio Garcia et l'ambassadeur à Paris José Mauricio Bustani. Les choses ont vraiment bien avancé, car la France a décidé de mettre le paquet : elle promet des transferts de technologie essentiels pour l'industrie aéronautique brésilienne et aussi d'acquérir le futur avion-cargo militaire de l'avionneur national Embraer, le KC 390. Qui n'existe alors — ce sera toujours le cas un an plus tard — que dans les disques durs des ordinateurs ! Lula n'ignore toutefois rien de l'opposition de son armée de l'air au Rafale, jugé au-dessus de ses moyens, et précise à son homologue français qu'il lui faut encore du temps pour la convaincre. Il demande deux semaines de délai avant d'annoncer son choix.

Pourtant, dès la sortie de la réunion, en pleine nuit, c'est le contraire qui se produit ! Le lendemain, de nombreux journaux français proclament la « victoire » du Rafale. « Pourquoi on arrive enfin à le vendre », titre *Le Parisien* [8]. *La Tribune* explique, sans point d'interrogation : « Comment Sarkozy a vendu le Rafale [9]. » *Le Figaro*, qui se trouve être la propriété de Serge Dassault, triomphe : « Le Brésil va acquérir trente-six avions de combat Rafale [10]. » Et *Libération* n'est pas loin derrière : « Première victoire à l'export pour le Rafale [11]. » Plus circonspect, *Le Monde* s'en tient aux faits et se refuse à tout triomphalisme en titrant que « le Brésil s'engage à négocier l'achat de trente-six avions Rafale [12] ». Ce que confirme le ministre de la Défense Hervé Morin, apparemment fort dubitatif : « La négociation va s'engager désormais en priorité avec le Rafale. La vente est bien partie, elle sera acquise le jour où ce sera signé. »

Charles Edelstenne, quant à lui, ose exprimer crûment le point de vue traditionnel des grands marchands d'armes français : « C'est Nicolas Sarkozy qui a vendu le Rafale, ce n'est pas nous. Le succès lui revient grâce aux décisions politiques qu'il a prises (un partenariat stratégique entre la France et le Brésil) et aux relations de proximité et de confiance qu'il a su nouer avec son homologue brésilien, le président Lula [13]. » Les industriels français concernés par le contrat brésilien ne manquent d'ailleurs jamais de souligner que l'hôte de l'Élysée « a mouillé sa chemise », s'est « impliqué personnellement », a établi un « contact d'homme à homme » avec Lula, « a su trouver des arguments irréfutables », etc. Accessoirement, cette insistance assez lourde permet aussi de faire comprendre que, si le contrat devait finalement ne pas être signé, ce ne serait de la responsabilité de personne d'autre que du politique…

Fin 2010, après l'élection à la tête de l'État de Dilma Rousseff, le 31 octobre, le président Lula avait jusqu'au 31 décembre, date d'entrée en fonction de cette dernière, pour confirmer le choix qu'il avait exprimé en septembre 2009. Et, dans ces conditions, toutes les hypothèses étaient permises. Y compris les plus désagréables pour les industriels français. C'est bien ce qui s'est produit ! Le 7 décembre, Lula annonce que si jamais l'achat du Rafale pour l'armée de l'air de son pays se réalise, ce sera sans lui. Il évoque en effet « un héritage très lourd, un héritage à long terme pour le Brésil. Je pourrais signer et faire un accord avec la France, mais je ne le ferai pas ». C'est très nettement un camouflet et seuls les optimistes les plus convaincus pouvaient encore considérer après cette déclaration que l'avion français possédait encore une chance dans ce pays, alors même que la nouvelle présidente Dilma

Rousseff devait faire face à de sérieux problèmes économiques ayant conduit à l'annonce de coupes budgétaires sévères dans tous les secteurs, sauf les programmes sociaux.

Il y a de ce fait fort à parier que le contrat FX-2 est tout simplement mort et enterré et que le Brésil se contentera des modernisations de son appareil militaire déjà signées. Dans l'hypothèse où un achat surviendrait malgré tout, la compétition resterait ouverte entre les trois appareils concurrents. Le Rafale disposerait alors de deux atouts : les transferts de technologie promis par Paris et le soutien du ministre de la Défense Nelson Jobim, partisan déclaré de cette option.

Alors que Dassault cherchait, depuis août 2000 et la vente de Mirage 2000 à la Grèce, à signer un contrat militaire pour ses avions de combat, l'Élysée n'a certes pas ménagé son soutien, mais sans succès. Début 2011, le Rafale faisait encore l'objet de négociations avec les Émirats arabes unis, le Koweït et la Libye. Mais le dernier client militaire en date pour des avions français neufs à usage militaire demeure le Bénin, qui vient d'acheter deux exemplaires d'un tout petit avion à hélice unique, le Grand Duc, à une société représentée par l'inusable Georges Starckmann. Sans l'aide de l'Élysée…

Charles Edelstenne n'est pas le seul à penser que le commerce si particulier d'équipements de souveraineté est finalement du ressort exclusif de l'État et des politiques, même si les producteurs de matériels se trouvent, *volens nolens*, dans l'équipe technique de soutien à la « force de vente ». Sauf que ce point de vue pose problème… Notamment parce qu'il fait peu de cas de l'avis des utilisateurs. De part et d'autre de l'Atlantique, on souligne en permanence que l'avis des militaires est certes important, mais vraiment secondaire au regard des intérêts majeurs du Brésil, que le politique décide en fonction d'impératifs plus larges que le prix ou toute autre considération technique. Sans doute. Mais, à estimer que la relation politique prime tout, on peut en venir à oublier que le strict prix des matériels — et ceux des industriels français sont très chers ! — est un élément primordial du choix des acheteurs d'armement, tandis que la rationalité économique pèse d'un poids très lourd dans les marchés civils. L'échec du nucléaire français aux Émirats est à cet égard exemplaire.

Plantage nucléaire aux Émirats

Au lendemain de Noël 2009, la nouvelle est tombée comme l'annonce d'une catastrophe économique : le contrat des quatre centrales nucléaires de dernière génération que les Émirats arabes unis souhaitent construire à Braqa, sur la frontière saoudienne, a finalement été attribué aux

Coréens. Le consortium composé d'Areva, de GDF Suez, de Total et — *in extremis* — d'EDF s'est trouvé éconduit sans douceur. La dernière offre française, présentée quelques semaines plus tôt, n'avait même pas été ouverte par les Émiratis ! 20 milliards d'euros, peut-être le double avec les à-côtés, ont été passés au compte des pertes. 20 milliards, c'est un point du PIB français. Et 40 milliards, c'est le double du déficit que le Premier ministre François Fillon s'est engagé à combler à l'horizon 2011. L'échec de la merveille française, l'EPR, aux Émirats est un vrai désastre ! Mais faut-il s'en étonner ? Pur produit du génie industriel national et de son expression la plus aboutie, la technostructure nucléaire, l'EPR accumule les difficultés. En Finlande, où Areva construit l'un de ces réacteurs, les ennuis et les retards se sont accumulés. En France, EDF a annoncé en juillet 2010 le report de deux ans (2014 et non plus 2012) de la mise en service de l'EPR de Flamanville (Manche), réévaluant au passage son coût de 3,3 à 5 milliards d'euros. Pour l'instant…

Sur l'échec commercial de l'EPR à Abou Dhabi, Claude Guéant, qui avait conduit les négociations, a immédiatement tiré les premières leçons de l'échec, en déclarant aux *Échos* : « La Corée du Sud l'a emporté sur le prix de l'électricité ! » C'est bien là le nœud du problème, souligne un expert qui a travaillé des mois sur le dossier au profit de l'un des industriels : « Paris a toujours pensé qu'il s'agirait d'une décision politique, alors que les Émiratis n'ont cessé de dire qu'ils regarderaient le prix de vente du kilowatt/heure. » Mais l'Élysée, justement, n'avait-il pas mis tout le monde en ordre de bataille ? La France n'avait-elle pas proposé un « partenariat stratégique » aux Émirats ? Un industriel préfère répondre par une autre question : « L'Élysée écoute-t-il les avis divergents ? Claude Guéant ne les entend que s'ils le servent. En septembre 2009, il a convoqué les industriels, les a pourris, traités de mauvais, ne voulait plus les voir sur le terrain. Cela n'a pas été très utile qu'il y aille ensuite tout seul. »

Autre difficulté : le donneur d'ordres ADWEA (Abu Dhabi Water and Electricity Authority) et le futur exploitant ENEC (Emirates Nuclear Energy Corporation) avaient exigé que l'ingénierie du projet français fût confiée à un opérateur déjà accoutumé aux complexités de la conduite d'un programme nucléaire, donc à EDF. Problème : le P-DG de l'époque, Pierre Gadonneix, n'a jamais voulu entrer dans ce projet aux Émirats. Il faut dire qu'il était en délicatesse avec Anne Lauvergeon, P-DG d'Areva, et pas vraiment dans les petits papiers de la cour élyséenne. Chez Gérard Mestrallet, P-DG de GDF Suez, on se flattait avec toute l'ardeur du fort en thème d'être le meilleur élève de la classe nucléaire, chouchou du président : « Quand Nicolas Sarkozy signe des accords de coopération civile avec des pays où il n'y a pas de nucléaire, nous sommes là. EDF non [14]. » Puéril ? Certes… Mais c'est comme cela que la France rate ses grands contrats.

Gadonneix ne s'est associé que contraint et forcé, très tardivement, sur injonction directe de l'Élysée. De fait, tous les clients des industries de haute technologie revendiquent toujours que la mise en œuvre soit effectuée par le pays vendeur, détenteur du savoir-faire. Tout en étant l'opérateur des sept centrales nucléaires belges *via* sa filiale Electrabel, GDF Suez n'avait pas d'expérience de la production d'électricité nucléaire en France. Pour l'acquérir, la société présidée par Gérard Mestrallet devait impérativement obtenir le contrat du deuxième EPR français, à construire à Penly, sur la mer du Nord. Or, en janvier 2009, Nicolas Sarkozy l'a attribué à EDF ! Dont les Émiratis ont dès lors exigé la présence dans le consortium. De leur côté, les Coréens, appuyés par Westinghouse, progressaient en collant à l'appel d'offres. Les Émirats voulaient quatre réacteurs ? Les Coréens se soumirent à cette exigence, quand les Français n'en proposaient que trois ! Sauf que les Émiratis avaient des raisons de vouloir ce nombre de centrales, notamment pour répartir leur production entre les différentes composantes de la Fédération.

Les Français s'imaginaient encore que leurs propositions passeraient, quand les Émiratis avaient recruté des dizaines de consultants chez Thorium Power, CH2M Hill ou PriceWaterhouseCoopers, dépensant 100 millions de dollars pour leurs services ! Ces experts ont épluché les offres, fait chuter les prix de plusieurs milliards de dollars et débusqué au passage les faiblesses françaises. À cet égard, les très sérieuses difficultés de la centrale EPR vendue par la France à la Finlande ont pesé lourd, sans compter que les autorités de sûreté de trois pays (France, Royaume-Uni et Finlande) ont sévèrement critiqué l'organisation même des EPR, demandant aux exploitants et au fabricant (Areva) d'« améliorer la conception initiale ». Les autorités reprochaient ainsi la trop profonde association entre les systèmes de contrôle (utilisés pour exploiter l'installation en fonctionnement normal) et les systèmes de sûreté (utilisés pour gérer les situations critiques) : « L'indépendance de ces systèmes est importante. En effet, si un système de sûreté est appelé à servir en cas de perte d'un système de contrôle, alors ces deux systèmes ne doivent pas faillir simultanément. »

Cet avis mettant en cause la conception même d'éléments cruciaux des EPR ne pouvait évidemment pas tomber plus mal... Mais personne n'aurait songé à reprocher à l'Autorité de sûreté nucléaire française (ASN) et à ses homologues britannique (HSE/ND) et finlandaise (STUK) d'avoir fait leur travail ! Reste que cette mise en cause radicale de la technologie française dans la dernière ligne droite a sans doute sonné le glas du contrat. Non que les Français aient ménagé leurs efforts... La conquête d'un marché aussi crucial exige des appuis diplomatiques, des stratégies de contournement, des manœuvres indirectes. Quand on voit celles mises en œuvre en sous-main par les Américains, qui soutenaient le projet coréen après avoir été éliminés au premier tour de piste, on se prend à penser que, « partenariat stratégique » ou pas, Paris a pris ses éventuels clients pour des petits garçons. « Nous sommes les meilleurs, nous avons le meilleur produit au monde, ils n'ont pas d'autre choix ! » entendait-on à Paris.

Des hommes d'influence

Pour mettre tous les atouts dans sa manche, l'Élysée nomme en 2008 Alain Azouaou, le conseiller diplomatique du président de Gaz de France, au poste d'ambassadeur aux Émirats. Et quand EDF entre dans la danse, alors que tout ou presque semble perdu, on sollicite en haut lieu les services de deux hommes de l'ombre, influents et prospères, qui ne pourront pourtant rien sauver. Le premier d'entre eux est un ancien vice-président d'EADS, Jean-Paul Gut. Après ses succès à Taiwan, Gut avait assuré la direction commerciale du groupe né de la fusion entre Aérospatiale et Matra, en 1998, puis à EADS, issu en juillet 2000 du rapprochement franco-allemand entre le nouveau champion français, l'Allemand DASA et l'Espagnol CASA. En 2007, lorsque les Lagardère's boys se déchireront entre eux, Jean-Paul Gut quittera l'entreprise pour exercer ses talents dans la finance, entre le Qatar et le Royaume-Uni. Son rôle dans la tentative de sauvetage du contrat des centrales aux Émirats est obscur, mais les efforts de Jean-Paul Gut ne suffiront pas à renverser la vapeur. Pas davantage que ceux d'Alexandre Djouhri, un agent plus que discret présent sur de très nombreuses grosses négociations depuis une bonne vingtaine d'années, venu en toute extrémité effectuer quelques tours de piste aux Émirats, à la demande de l'Élysée et de son ami Henri Proglio, nommé à la tête d'EDF en novembre 2009.

Ce Français d'origine algérienne né en 1959, résidant aujourd'hui à Genève, a grandi dans les quartiers sensibles de la Seine-Saint-Denis et du Val-d'Oise. Il cultive depuis des années une grande discrétion, n'admettant de contact dans la presse qu'avec des journalistes acceptant de ne pas écrire sur lui. Pour les autres, les conseils de certains de ses amis vont tous dans le même sens, avec des formules étrangement similaires : « Pourquoi vous intéresser à lui ? » ; « Laissez tomber, il aime la discrétion » ; ou, un peu plus explicite : « Vous savez, parler de lui suscite immédiatement une réaction judiciaire. » Et même, carrément : « C'est un homme très physique. Soyez prudent… » On se calme ! Car, même s'il lui est arrivé de jouer au bourre-pif dans Paris, Djouhri est surtout un adepte de la formule « pour vivre heureux, vivons caché ». Son influence est bien réelle et il sait obtenir le renvoi de tel cadre dirigeant d'une entreprise qui n'aurait pas accepté de faire « travailler » son réseau, c'est-à-dire d'associer à une vente de matériels des intermédiaires de son choix. Dans l'une des plus grandes sociétés françaises, 20 milliards d'euros de chiffre d'affaires annuel, une telle éviction se serait faite dans l'heure ayant suivi le coup de fil au P-DG passé par « Monsieur Alexandre », mécontent de constater qu'un contrat pour une vente de matériel civil en Algérie ne ferait pas intervenir ses relations.

Pourtant, ce commercial multimillionnaire, qui « assiste » Airbus, Alstom, Veolia, l'industrie pétrolière et beaucoup d'autres avec la bénédiction de l'Élysée, est d'un abord avenant et plutôt sympathique. Le premier regard est curieux, presque amusé. Assurément, cet homme-là est de ceux qui jaugent en une fraction de seconde l'envergure sociale de l'interlocuteur et la nature des avantages qu'ils pourront en retirer. Ses nombreux alliés, auxquels il rend volontiers service, disent de lui qu'il n'entretient pas de contacts inutiles, qu'il ne trahit pas ses relations et respecte ses engagements. Dans ce milieu-là, tout le monde ne peut pas se prévaloir de tels éloges. Il ne manque pas non plus de panache : dans la querelle impitoyable qui oppose Dominique de Villepin et Nicolas Sarkozy, Djouhri est l'un des seuls sur la place de Paris à revendiquer à la fois la fréquentation de l'Élysée et celle du banni. Il s'est laissé photographier en sa compagnie, à Monaco, à l'été 2009. Preuve s'il en est qu'il ne craignait pas de voir se refermer sur le nez la porte de l'Élysée. Audace d'un intouchable !

Alors que Djouhri fréquentait déjà l'Élysée de Jacques Chirac et surtout son sherpa, Maurice Gourdault-Montagne, le ministre de l'Intérieur Nicolas Sarkozy le voyait tremper dans les complots le visant. Il a paru nécessaire de présenter les deux hommes et c'est un proche du ministre, Bernard Squarcini (futur directeur de la DST puis de la DCRI), qui a fait les présentations. Il faut dire que le policier avait eu des ennuis fin 2003 : alors numéro deux des Renseignements généraux, il s'était trouvé fort injustement accusé par les chiraquiens de n'avoir point su prévenir un attentat visant la mairie de Bordeaux, dont le titulaire n'était autre que l'ancien Premier ministre Alain Juppé. Et qui donc s'est décarcassé pour redorer le blason du policier à l'Élysée ? « Monsieur Alexandre »… Quand, à son tour, ce dernier a été confronté à une venimeuse campagne de lettres anonymes envoyées à toutes les rédactions parisiennes, c'est Squarcini qui a produit en sa faveur un certificat de bonne conduite expliquant que « rien de défavorable n'a pu être démontré concernant l'intéressé ». Dans l'appareil d'État français, il dispose donc en 2010 de solides partisans qui, comme Claude Guéant, affirment qu'il possède une « connaissance de l'économie et des affaires qui est utile à notre pays [15] ». Serait-ce vraiment son seul atout ? Pour l'Élysée, le message est clair : « Circulez, il n'y a rien à voir… » D'ailleurs, on y entend le même discours que du temps de Jacques Chirac : Djouhri ne ménagerait pas ses efforts désintéressés lorsque les services de l'État le lui demandent et son appui aurait été décisif à plusieurs occasions, notamment dans les relations avec l'Algérie. Il aurait été longtemps proche du général Larbi Belkheir qui fut, jusqu'à sa disgrâce fin 2005, l'un des maîtres d'Alger. Cela en fait-il un homme plus utile que d'autres à l'État français ? Peut-être.

Accessoirement, en quoi serait-il si extraordinaire qu'un homme d'affaires serve ainsi son pays ? Pour autant, les services rendus aux puissants qu'il courtise font partie de la vie cachée de la République. La lettre *Intelligence Online* notait en 2006 que « sa fiche dans un service de renseignement intérieur est réservée à un "accès interne protégé et classifié" et ne peut être communiquée à aucun autre service [16] ». La légende qui l'entoure voudrait qu'Alexandre Djouhri soit moins un homme d'affaires qu'un intermédiaire. Elle est démentie par l'intéressé : « Mon activité n'a jamais été celle d'un "intermédiaire" qui monnayerait (*sic*) ses relations et ses contacts [17]. » Il faudrait donc préférer la version qu'il donne lui-même, par le truchement de son avocat, selon laquelle il serait le dirigeant d'un « groupe de sociétés qui a notamment pour objet de participer, en association avec des groupes industriels français de premier plan, à des investissements importants dans des pays étrangers. Il est amené à intervenir dans les négociations de contrats ou de marchés représentant des enjeux économiques et financiers considérables [18] ». Mais, quand il s'est agi de l'énorme contrat nucléaire aux Émirats, cela n'a pas marché... Ce sont les Coréens qui avaient misé sur le bon cheval, pas les Français.

Les mauvais joueurs

Mauvaise joueuse, la patronne d'Areva Anne Lauvergeon ne manquera pas de tomber dans un travers gaulois bien connu, en accusant le vainqueur coréen d'avoir utilisé des moyens déloyaux : « Avec Westinghouse, éliminé au premier tour, avec General Electric-Hitachi, nous étions dans une compétition classique. Avec Kepco, le concurrent coréen, qui tentait depuis des années de gagner une référence internationale, c'était différent : la Corée du Sud était prête à tout pour l'emporter, tant en termes de prix que de financement étatique [19]. » Refrain connu entonné naguère, entre autres, par le maire de Paris Bertrand Delanoë après l'échec de la candidature française pour les jeux Olympiques de 2012. Le 11 juillet 2005, il accusa carrément les Britanniques de tricherie : « Je ne dis pas qu'ils ont flirté [avec la ligne jaune], ils sont passés de l'autre côté. [...] Nous avons fait un choix, notamment par rapport à la corruption. Ce choix, je l'assume [20] ! » Sans même parler de preuves, quels sont les éléments, voire les indices, présentés par le maire de Paris pour accréditer sa diatribe ? Aucun... On peut remarquer que le ministre de l'Intérieur

Nicolas Sarkozy — qui anticipait déjà des jeux Olympiques à Paris pour en faire le tremplin d'un éventuel second quinquennat — réclamera pour sa part à cette occasion un supplément de clairvoyance : « La déception des jeux Olympiques doit nous amener à nous poser des questions sur la façon dont nous défendons les dossiers, dont nous présentons nos idées. J'appelle à un tout petit examen critique qui ne fera pas de mal à l'image de la France. [...] La France ne peut pas faire l'économie d'un travail sur elle-même que les autres ont fait. [...] Le statut d'un pays n'est pas gravé dans le marbre [21]. » Une recommandation judicieuse qu'il observera, après 2007, à l'issue des échecs des premiers grands contrats négociés au début de sa présidence.

Celui du Rafale au Maroc a conduit Nicolas Sarkozy à refondre le dispositif français des exportations d'armement. Et celui de l'EPR à Abou Dhabi a provoqué la recomposition de toute la filière nucléaire française, sous l'autorité du successeur de Pierre Gadonneix à la tête d'EDF, nommé le 10 novembre 2009, Henri Proglio. Dans l'une de ses premières déclarations, ce dernier s'en est pris à la division qui mine les industriels français du nucléaire : « Dans la compétition internationale, peut-on se permettre de se disperser pendant que les autres rassemblent leurs forces ? » Il obtiendra satisfaction le 27 juillet 2010, lorsque Nicolas Sarkozy fera savoir à l'issue d'un Conseil de politique nucléaire qu'il a décidé de faire d'EDF le chef de file de l'industrie nucléaire nationale.

Cette décision est conforme aux vœux de la technocratie nucléaire française, tels qu'ils apparaissent dans les conclusions d'un rapport que le chef de l'État avait commandé à l'ancien président d'EDF François Roussely et qui lui avait été rendu le mois précédent. Analysant l'échec aux Émirats, ce dernier avait noté que l'offre française des centrales EPR surpuissantes était inadaptée : « Des modèles plus petits que l'EPR semblent plus conformes aux attentes de certains clients. Il convient donc de compléter l'offre française et de disposer de plusieurs familles de produits compétitifs sur le marché international. [...] Lorsque ces différentes étapes auront été franchies, le catalogue de l'exportation française sera renforcé [22]. » Et de proposer un nouveau schéma pour l'exportation des centrales nucléaires : « L'échec aux Émirats arabes unis a surtout montré les limites de l'organisation des acteurs français face à une demande nouvelle de primo-accédant. L'issue aurait pu être différente si, dès qu'a été connue la position des Émirats, il y avait eu une analyse objective de la demande, débouchant sur une proposition d'offre sous pilotage d'EDF. [...] En règle générale, EDF doit être pour les projets de construction de centrales nucléaires, tant en France qu'à l'étranger, l'architecte-ensemblier de l'"équipe France" [23]. »

Pourtant, l'Inde ou le Brésil ne sont pas les seuls à s'être vu offrir le « partenariat stratégique » de la France... Aux Émirats arabes unis, par exemple, la

France a installé une petite base navale et aérienne (voir *supra*, chapitre 11) au nom de cette fameuse initiative : elle a offert une forme de garantie militaire aux Émirats en cas de confrontation avec l'Iran, bien que ce soient surtout les attentes en matière de centrales nucléaires et d'avions de combat qui ont été présentes à l'esprit des décideurs français... Dans cette région du monde, la France a d'ailleurs le partenariat stratégique généreux. Le 11 février 2009, à l'issue d'un entretien avec l'émir du Koweït, Cheikh Sabah Al-Ahmad Al-Jaber as-Sabah — encore un autre hypothétique acheteur du Rafale ! —, Nicolas Sarkozy lançait : « Dans le cadre de ce pacte, de cette alliance, de cette amitié, nous travaillons à un partenariat stratégique entre le Koweït et la France et les ministres de la Défense [...] poursuivront des discussions approfondies et nous essayerons d'avoir un accord avant la fin de l'année 2009 sur des projets très importants pour la sécurité du Koweït, dont nous avons parlé en détail [24]. » À l'automne 2010, aucune suite n'avait publiquement été donnée à ces projets... Décidément peu avare de ce type d'accord assorti de promesses aléatoires, Nicolas Sarkozy évoquait en juin 2009, cette fois à propos du Qatar, un « partenariat stratégique appelé à se renforcer encore [25] ». Mais la publicité n'est pas de mise à l'Élysée sur cette relation...

Parmi les raisons probables de ces infortunes renouvelées : le fameux accord franco-libyen de juillet 2007 sur la libération des infirmières bulgares, injustement accusées par Tripoli, depuis 1999, d'avoir inoculé le virus du sida à plus de quatre cents enfants libyens (voir *infra*, chapitre 15). Les conséquences de cet accord, hautement revendiqué par le président Nicolas Sarkozy, ont certainement été mal évaluées par l'Élysée. Car l'élargissement des infirmières a été obtenu, par l'entremise de la France, grâce à une importante avance financière de l'Émirat du Qatar au fonds d'indemnisation des victimes. Cette proximité affichée entre la France, la Libye et le Qatar a été très mal perçue à Riyad, dont les relations avec Tripoli et Doha sont exécrables. Les griefs du roi Abdallah envers le Qatar concernent le ton jugé trop libre de la chaîne Al-Jazira à l'encontre de son pays. Le roi Abdallah n'a pas oublié non plus que le colonel Kadhafi avait tenté de le faire assassiner en 2003, alors qu'il était prince héritier. Or Paris aurait négligé de prévenir Riyad de ses initiatives libyennes dans des formes compatibles avec la prétention à des liens privilégiés avec le royaume wahhabite. Après de tels épisodes, il faut ramer !

14

Nicolas Sarkozy, « directeur commercial »

Quand il s'est agi de trouver de nouveaux marchés, les stratèges industriels français sont repartis vers des terres qu'ils connaissaient. Mais, avec l'appui de l'Élysée, ils ont aussi arpenté des marchés dont ils n'étaient pas familiers, très loin de là, et beaucoup plus inattendus. En novembre 2008, la lettre confidentielle française *Russia Intelligence* révèle, sous la plume du journaliste et chercheur Arnaud Dubien, un étonnant projet : la Russie souhaite acquérir en France des porte-hélicoptères de type *Mistral*, que la marine nationale appelle des BPC (bâtiments de projection et de commandement). Pour les Russes, l'intérêt porté au *Mistral* fait directement suite à la guerre lancée en août 2008 par la Géorgie contre deux provinces séparatistes occupées illégalement par Moscou : l'Ossétie du Sud et l'Abkhazie.

Le *Mistral* souffle sur la Géorgie

Pensant opérer discrètement, à la faveur d'une attention internationale tournée vers l'ouverture des jeux Olympiques de Pékin, le président géorgien Mikheïl Saakachvili fait passer ses forces à l'attaque dans la nuit du 7 au 8 août. Le plan est calamiteux, car les troupes russes ne font qu'une bouchée de leurs maigres adversaires. Moscou estimera toutefois que sa réaction aurait été plus rapide et militairement plus efficace si des porte-hélicoptères performants avaient été disponibles. C'est à tout le moins ce que déclarera crûment en août 2009 le chef d'état-major de la marine russe, l'amiral Vladimir Vysotsky, en estimant qu'avec un tel bâtiment les opérations auraient été conclues « en quarante minutes au lieu de vingt-six heures ».

Plus prosaïquement, la Russie, qui affirme convoiter des *Mistral* pour opérer dans l'Arctique et dans le Pacifique, en aurait surtout l'utilité dans la mer Noire, devenue un nœud stratégique d'importance vitale en raison des richesses pétrolières qui l'entourent, dans une région caucasienne particulièrement instable. Ces navires, dont la marine française possède deux exemplaires — le *Mistral*, entré en service en décembre 2006, et le *Tonnerre* —, bientôt rejoints en 2012 par le *Dixmude*, déplacent 21 300 tonnes pour deux cents mètres de longueur et trente-deux de largeur. Il s'agit d'une vraie innovation, car ils peuvent emporter seize hélicoptères, quatre cent cinquante soldats et 1 000 tonnes de matériel, par exemple un escadron de chars Leclerc avec tout son accompagnement. Ils embarquent des péniches de débarquement ou un aéroglisseur dans leur « radier », une grande piscine intérieure communiquant avec l'océan. Le *Mistral* n'a pourtant de « bateau de guerre » que le nom. Il s'agit en réalité d'un gros ferry, facile à faire construire par modules dans n'importe quel chantier avant que les différents morceaux soient assemblés sur un lieu unique. Ces navires sont solides, puisque les normes civiles s'appliquant à leur construction sont celles des plus robustes cargos spécialisés, les méthaniers transportant du gaz liquéfié. Le prix catalogue est d'environ 500 millions d'euros.

Mais son principal atout réside dans sa capacité à accueillir un gros état-major. Pour cette raison, sa puissance de communication et ses débits informatiques sont plus développés que ceux du navire amiral français, le porte-avions *Charles-de-Gaulle*. Le *Mistral* était l'outil indispensable pour permettre à Paris d'honorer son engagement de prendre le commandement à la mer d'une force de réaction rapide de l'OTAN. Il a d'ailleurs constitué l'ossature de la NRF-10, la force de réaction de l'OTAN que la France a conduite début 2007. En cas de catastrophe, il est en mesure d'accueillir des centaines de réfugiés à son bord, et dispose d'un hôpital dernier cri de cinquante lits : à l'été 2006, alors qu'il n'était pas encore entré officiellement en service, le *Mistral* a conduit sa première mission opérationnelle en évacuant depuis Beyrouth des milliers de ressortissants européens pris au piège de la guerre entre Israël et le Hezbollah.

L'intérêt de la Russie s'explique : ce grand pays possède une industrie de construction navale puissante à défaut d'être moderne, où il souhaiterait pouvoir construire le *Mistral* (alors que, dans l'organisation de l'ère communiste, ce type de navire était construit par les chantiers navals de Gdansk, en Pologne). Les Français ont pourtant douté de la réalité de l'intérêt russe. Jusqu'à ce que, dans un discours prononcé le 26 août 2009 à

Oulan-Bator (Mongolie), le chef d'état-major des armées russes, le général Nikolaï Makarov, confirme l'intérêt de son pays pour ces bâtiments. L'annonce a fait figure d'événement, d'abord parce que la Russie n'avait jamais manifesté jusqu'alors l'intention d'acquérir à l'étranger des armements de cette importance, ensuite parce que ce serait le premier succès à l'exportation pour ce type de bâtiment français. Le 1er mars 2010, lors d'une visite du président Dmitri Medvedev à Paris, Nicolas Sarkozy déclare : « La France et la Russie entrent dès aujourd'hui en négociations exclusives. » Et il annonce vaillamment, au futur de l'indicatif : « Le premier sera construit à Saint-Nazaire. Deux fabriqués ici et deux fabriqués là-bas [en Russie], ce serait un accord raisonnable. Le *Mistral*, c'est un symbole de confiance entre nos deux pays. »

Le 20 avril 2010, le patron du Service fédéral de coopération technique et militaire russe, Mikhaïl Dmitriev, précise que la décision est prise à Moscou « au niveau politique ». Léger désaccord toutefois : la Russie propose d'acquérir un seul navire clé en main en France, ainsi qu'une licence pour en construire trois autres dans ses propres chantiers. Sans doute pour mettre un peu de pression sur Paris, Moscou a annoncé entre-temps avoir ouvert des discussions avec le chantier espagnol Navantia. Lequel avait coiffé DCNS en vendant en 2007 à l'Australie deux exemplaires de la série *Juan Carlos I*, plus longs de trente mètres que le *Mistral*... Les Néerlandais de Damen Schelde proposaient quant à eux à Moscou leur *Johan de Witt*. Et les Coréens n'étaient pas en reste, avec leur classe *Dokdo*, proposée par le chantier Hanjin Heavy Industries & Constructions.

À partir d'avril 2010, les conversations sérieuses commencent. Pour l'Élysée, qui dirige ces opérations en direct à travers la *war room*, il est indispensable de nourrir le plan de charge des chantiers de Saint-Nazaire. Pour Moscou, dont les chantiers navals sont à la dérive, il est essentiel d'acquérir de nouvelles méthodes de construction, voire tout simplement des plans et des *process* industriels permettant de réaliser des navires modernes. Second impératif de ce marché : les transferts de technologie. Vladimir Poutine a rappelé publiquement à plusieurs reprises cette exigence. On pense alors que la marine russe lorgne les équipements les plus avancés du navire, comme le radar tridimensionnel MRR-3D-NG de Thales Naval. L'industrie électronique russe ne serait pas davantage capable de concevoir et de fabriquer ce type de matériel, qu'elle ne serait en mesure de produire le système de combat de ce navire, le Senit 9, conçu par DCNS. Il comprend un système de conduite et de contrôle aérien permettant de faire voler, se poser et décoller d'une plateforme en mouvement des quantités d'hélicoptères dans une zone de combat. Il est dérivé de celui du *Charles-de-Gaulle*, le Senit 8, incomparablement plus puissant.

Durant l'été 2010, les ultimes étapes de la négociation ont porté sur le Senit 9. Nicolas Sarkozy en personne a accepté qu'il soit fourni aux Russes, mais sans les codes source que ceux-ci souhaitaient. En fait, Paris ne s'est pas opposé à la vente des systèmes de liaison tactique « liaison 11 » et « liaison 16 », qui permettraient aux marins russes de communiquer avec les flottes de l'OTAN. Mais le président français n'a pas vraiment son mot à dire en la matière : la décision revient à l'OTAN, cette éventualité exigeant un accord unanime des vingt-huit pays membres de l'Alliance atlantique. À la mi-novembre 2010, Moscou a effectivement transmis une demande en ce sens au siège de l'OTAN à Bruxelles. Affaire à suivre...

Oppositions internationales et embrouilles russes : l'étrange affaire Pougatchev

Quelques mois après les propos un tantinet provocateurs de l'amiral Vladimir Vysotsky, le président de la Géorgie, Mikheïl Saakachvili, s'est offusqué que le *Mistral* puisse être utilisé contre son pays en cas de nouvelle guerre : « D'un point de vue technique et légal, la Russie demeure en guerre avec un de ses voisins. Une telle vente se ferait au profit d'un agresseur essayant de légaliser le nettoyage ethnique de 500 000 citoyens — géorgiens — et l'occupation illégale, par la force, de 20 % du territoire d'un État souverain [1]. » À Washington, le lobby arménien s'active et conduit les républicains à faire grand cas de cette première vente à la Russie d'un matériel militaire produit par un pays de l'OTAN. En décembre 2009, un groupe de sénateurs [a] proteste dans une lettre à l'ambassadeur de France à Washington, Pierre Vimont, contre le soutien de la France au « comportement de plus en plus belliqueux et hors-la-loi » de la Russie, soulignant que Nicolas Sarkozy s'est démené pour faire signer un cessez-le-feu par les deux belligérants [2]. En visite à Paris le 7 février 2010, le secrétaire américain à la Défense, Robert Gates, évoque un « échange de vues approfondi » avec Paris sur le sujet. Traduction : la Maison-Blanche ne considérera pas cette vente comme un *casus belli*, mais Paris devra assumer toutes ses responsabilités. Notamment diplomatiques. Ileana Ros-Lehtinen, élue de Floride et chef de file de l'opposition républicaine à la Commission des affaires étrangères de la Chambre des représentants, reçoit Mikheïl Saakachvili et se dit dans la

---

a John McCain, Jon Kyl, Sam Brownback, James E. Risch, Roger Wicker et Tom Coburn.

foulée « soucieuse que la France ait décidé d'ignorer les préoccupations de la Géorgie ».

En juillet 2010, la marine russe annonce qu'elle souhaite boucler avant la fin de l'année la négociation sur l'achat des premiers exemplaires. Explication : la Russie veut disposer de ces navires pour l'ouverture des jeux Olympiques d'hiver de Sotchi, sur la mer Noire, qui débutent en février 2014. Autre explication, livrée par *Eurasia Intelligence Report* : la crainte des marins russes de ne pouvoir « sanctuariser » le budget nécessaire à cette acquisition au-delà de la fin 2010. Plusieurs éléments laissent augurer de vraies difficultés, la première venant du vice-Premier ministre russe, Igor Setchine, homme de confiance du Premier ministre Vladimir Poutine. Setchine exerce la tutelle de la holding OSK, qui réunit les principaux chantiers navals russes. Or, selon *Eurasia Intelligence Report*, il souhaite que les chantiers russes fabriquent leur propre modèle de porte-hélicoptères, se faisant ainsi l'« écho des segments les plus conservateurs du complexe militaro-industriel russe ». Autre facteur : l'oligarque Sergueï Viktorovich Pougatchev, né en 1963, trente-huitième fortune de Russie, qui est l'un des intermédiaires entre la France et la Russie pour l'achat de *Mistral*, entend faire construire plusieurs de ces bâtiments (deux ou trois) dans l'un des deux chantiers que détient son groupe OPK (Obyedinennaya Promyshlennaya Korporatsiya), sans doute Severnaya Verf à Saint-Pétersbourg. Or Sergueï Pougatchev est bien connu à Paris, puisqu'il est le propriétaire de l'épicerie de luxe Hédiard, rachetée en 2007, de la chaîne Luxe TV et du quotidien *France-Soir*. Il en a pris la majorité en 2008, confiant le titre à son fils Alexandre Pougatchev, né en 1985 et patron de la holding Sablon International.

Étrange affaire : la proximité de cet oligarque avec les hautes sphères de l'État français ne fait pas de doute : quand on est russe, on ne reprend pas un quotidien à Paris sans disposer de solides appuis politiques [3]. Un homme étonnant paraît avoir fait le lien entre Sergueï Pougatchev et ses relations françaises. Alors que l'oligarque résidait entre Londres et Moscou, un intellectuel et musicologue français, Bruno Lussato (1932-2009), aurait « pris sous son aile [4] » ses deux fils, Alexandre Pougatchev — son « petit-fils adoptif [5] », son « disciple préféré [6] » — et Victor Pougatchev, au début des années 1990. Leur père possède alors une villa sur la Côte-d'Azur et il aurait accueilli Lussato à Moscou « comme membre de sa famille ». C'est à tout le moins ce qu'écrit dans son journal intime cet homme né en 1932 à Tunis, devenu « conseil en organisation » avant de prendre la chaire « Théories et systèmes d'organisation » du Conservatoire national des arts et métiers, d'enseigner dans des universités américaines et de devenir professeur à HEC, où il a dirigé le département Informatique et organisation.

Tout cela n'est qu'une partie de sa vie, car Bruno Lussato fut par ailleurs un musicologue de haut vol, qui céda ses exceptionnelles archives sur la *Tétralogie* de Richard Wagner à la Bibliothèque nationale de France, non sans réunir une collection de rarissimes objets d'écriture, rassemblés à Paris au Musée du stylo qu'il a fondé. Ce n'est pas tout : théoricien de la cybernétique et de l'informatique, il affirme avoir inventé le terme « micro-informatique » et a pourfendu l'hégémonie de Microsoft avec François de Closets [7]. Lors de sa mort en octobre 2009, un seul journal lui a consacré une notice nécrologique : *France-Soir*. Il y était ainsi présenté : « Initié dès l'âge de dix-sept ans aux chefs-d'œuvre du répertoire lyrique et sensible à l'art pianistique, il laisse, sous le titre de *Décodage*, une analyse remarquable de la sonate pour piano n° 2 de Beethoven. Ce mélomane, ami de Sergueï Pougatchev et de nombreuses personnalités de premier plan, faisait également partie de ces hommes plutôt rares qui s'efforcent de penser. Adepte de la "haute culture", il n'hésitait pas à dénoncer le divertissement facile, la culture vulgaire, la manipulation de l'information. Au risque de paraître résolument élitiste [8]. » Il avait été fait commandeur de la Légion d'honneur début 2008 par Nicolas Sarkozy, « qui le connaissait et l'appréciait », précise l'article du quotidien. Le lendemain de cette remise de décoration, le 25 février 2008, *France-Soir* avait consacré à l'événement l'intégralité de sa une, sous le titre : « La haute culture à l'Élysée ».

Excellemment introduit à Paris par son ami Lussato, Sergueï Pougatchev, l'homme du *Mistral*, a surtout été un élément clé du pouvoir à Moscou : présenté comme le banquier de l'Église orthodoxe, sénateur, il a longtemps joui de la confiance de Vladimir Poutine, non seulement pour avoir partagé son confesseur, le père Tikhon Shevkunov [9], mais aussi pour avoir ferraillé contre Vladimir Goussinski et Boris Berezovski, les oligarques des médias déchus à la fin des années 1990. Il fut également l'un des mandataires financiers de la campagne présidentielle de Dmitri Medvedev, en 2008 [10]. À l'été 2010, Pougatchev, en butte à de sérieuses difficultés financières, avait entrepris de vendre son groupe OPK à la holding d'État OSK (Obyedinennaya Sudostroitelnaya Korporatsiya), mais cette transaction semblait difficile à négocier en raison d'un désaccord sur le prix. Effectivement, la disgrâce n'a pas tardé et, à la fin de 2010, ses établissements bancaires en faillite avaient perdu leurs licences d'exploitation, tandis que les requins russes se préparaient à se partager les dépouilles d'un empire industriel ruiné, mais viable.

Soulignons, mais c'est un grand classique dans les marchés d'armement, qu'un acteur russe inattendu est venu avant sa conclusion réclamer une part importante du marché des *Mistral* : début 2010, Rosoboronexport, agence d'État chargée de la vente des armements russes à l'exportation, a exigé des vendeurs des navires une commission de 4 % sur le contrat [11]. Aucune prestation n'était proposée par cette entreprise ? Il n'était pas prévu qu'elle touche quoi que ce soit sur un contrat d'importation ? Et alors... Elle prétendait néanmoins percevoir sa dîme. Un élément qui ne concernait pas les Français, mais qui alourdirait la note à payer par la marine russe. Bref, c'était un dossier économico-diplomatique de première importance, et l'Élysée ne laissait personne d'autre tenir la barre...

Tbilissi et Moscou font leur marché en Israël

La Géorgie est un pays modeste aux ressources comptées, qui a toutefois bénéficié d'un renforcement militaire assuré par Israël. Peu après l'élection de Mikheïl Saakachvili en 2004, des vendeurs d'armes israéliens ont commencé à commercer avec la Géorgie. Les liens ont été établis par les deux membres juifs et hébraïsants du gouvernement géorgien, à savoir Temur Yakobashvili, ministre de la Réintégration, et surtout David Kezerashvili, ministre de la Défense. Parmi les marchands de canons israéliens qui se ruèrent à Tbilissi : Roni Milo, né en 1949, avocat membre du Likoud puis de Kadima, maire de Tel-Aviv de 1993 à 1998, député de la Knesset (1977-1993 et 1999-2003), plusieurs fois ministre. Devenu le représentant de l'entreprise israélienne d'électronique de défense Elbit Systems dans l'État caucasien, il lui vendra des drones Skylark et Hermes 450. Le 20 avril 2008, l'un de ces engins sera abattu par la chasse russe au-dessus de l'Abkhazie. L'événement suscitera de vives protestations de Tbilissi, mais l'ONU n'en tirera aucune conséquence, puisque la MONUG (Mission d'observation des Nations unies en Géorgie) conclura dans un rapport insipide que « la Mission a examiné les restes de l'engin, qui s'est révélé être un drone de taille moyenne [12] ». Mais encore ? Rien...

Roni Milo, le vendeur de drones, aime bien travailler en famille. Son frère, Shlomo Milo, ancien directeur d'Israel Military Industries, s'est lui aussi engagé en Géorgie. Il y aurait vendu des missiles produits par son ex-entreprise et aurait bien avancé les tractations pour la vente de deux cents chars de bataille Merkava. Jusqu'à ce que le gouvernement israélien oppose son veto à ces négociations, bien avant le conflit de 2008 [13], non sans avoir autorisé la modernisation des avions géorgiens d'attaque au sol Su-25 Frogfoot, dans leur version Su-25KM Scorpion. Le général de brigade Gal Hirsch, ex-commandant de la division Galilée, viré de Tsahal après la guerre ratée contre le Hezbollah libanais à l'été 2006, a par la suite monté sa société de conseil en sécurité, Homat Magen. Ses hommes ont entraîné les troupes d'élite géorgiennes avant la guerre, tout comme ceux de deux autres entreprises porteuses du savoir-faire israélien en contre-insurrection : Global CST (Global Comprehensive Security Transformation) et Nirtal. La première a été fondée par Israel Ziv, qui fut directeur des opérations de Tsahal, Yossi Kuperwasser, un ex-responsable d'Aman, le renseignement militaire israélien, et Amos Ben-Avraham, ancien commandant de Sayeret Matkal, fer de lance des opérations spéciales israéliennes. Global CST est cette entreprise qui a aidé à concevoir en juillet 2008, pour le compte des forces armées de Colombie, une opération de récupération des otages détenus par les FARC, dont la Franco-colombienne Ingrid Betancourt [14]. Quant à Nirtal, il s'agit d'une société spécialisée dans la protection rapprochée et le contre-terrorisme, fondée par Nir Shaul, un ancien formateur de Tsahal.

Aux yeux de Moscou, cette coopération israélienne avec son petit et turbulent voisin du Sud n'était pas acceptable. Les Russes ont agi de manière pragmatique, mode de fonctionnement classique chez les acheteurs d'armement : ils ont proposé à Israël de devenir également leurs clients, ce qui a été accepté ! Depuis sa victoire dans la guerre de Géorgie, la Russie a donc commencé à faire son marché en Israël, en y achetant ce que ses industriels font de mieux : des drones et de l'électronique de pointe. Dès avril 2009, Moscou a acheté à la firme Malat deux drones Bird-Eye 400 à 2 millions de dollars pièce [a] ; et, chez Israel Aircraft Industries, huit I-View Mk 150 à 4,6 millions de dollars l'exemplaire et deux Searcher Mk 2 à 6 millions pièce. Vraiment désireux d'avancer, les Russes signaient dans la foulée un contrat pour trente-six nouveaux engins [15] et un accord pour la construction chez eux d'une usine de production de drones à 300 millions de dollars [16]. C'est l'équivalent du contrat de livraison de soixante-douze missiles antinavires russes P-800 Yakhont à la Syrie, qu'Israël invoquait à l'automne 2010 pour menacer de rompre les négociations sur les drones. De si bons partenaires se fâcheraient pour si peu ? Par ailleurs, Moscou a acheté en Israël pour plus d'un milliard de dollars trois radars Phalcon destinés à être intégrés sur les avions-cargos IL-76TD Phalcon vendus à l'armée de l'air indienne.

---

a Un système de drones est généralement composé de plusieurs avions pilotés à distance, de leur station de réception au sol et des équipements logistiques et de maintenance associés.

Les premiers achats de matériels militaires russes à l'étranger, que ce soit en Israël ou en France, obéissent aux mêmes causes. Dans les années 1990 et 2000, après la chute de l'URSS, la Russie a cessé d'investir dans la recherche et le développement. En matière de construction navale, son industrie n'est plus en état de concourir contre ses homologues occidentaux, que ce soit dans le dessin des bâtiments, dans l'ingénierie permettant de les construire dans des délais raisonnables à des prix acceptables, ou dans la fabrication proprement dite. Il lui faut donc se résoudre à acheter en urgence à l'étranger les matériels dont elle a besoin. Le *Mistral* et les drones sont de bons exemples. Il ne s'agit pas de matériels stratégiques sur lesquels Moscou continue à investir et le réalisme impose de les acheter sur étagère. Soit... Mais, avant que l'achat se fasse en France, Nicolas Sarkozy y aura mis du sien, au point de revendiquer son statut de VRP des armes françaises.

Président de la République et « membre de la direction commerciale de DCNS » !

Le 4 mai 2010, le président Nicolas Sarkozy se rend à Lorient (Morbihan), au chantier historique de DCNS où se construit la première frégate anti-sous-marine de 6 000 tonnes de la série FREMM, l'*Aquitaine*. Le président y est accueilli par le P-DG de DCNS, Patrick Boissier, dont il avait personnellement décidé la nomination en janvier 2009, ainsi que par le ministre de la Défense Hervé Morin et le ministre de l'Industrie Christian Estrosi. La France a vendu une FREMM au Maroc et continue de fonder de gros espoirs à l'exportation, bien que deux clients potentiels se soient éloignés. En Algérie, DCNS fait face notamment aux Italiens, qui devraient emporter le marché. La France propose par ailleurs les FREMM à l'Arabie saoudite et au Brésil. En Grèce, à qui la France se prépare à prêter 6 milliards d'euros pour faire face à une dette abyssale, on voit mal comment la commande prévue de six de ces frégates pourrait faire l'objet de priorités, y compris en étant construites sous licence aux chantiers Elefsis.

Alors que la situation économique en Grèce est devenue catastrophique en 2010, la course aux armements de ce pays avec la Turquie, également membre de l'OTAN, s'y poursuit comme aux plus beaux jours. Conduites par la *war room*, les négociations entre Athènes et Paris n'ont jamais été interrompues par la crise financière et concernent notamment l'achat de six frégates multimissions FREMM (2,5 milliards d'euros) et de quinze hélicoptères EC725 d'Eurocopter. Le ministre de la Défense Hervé

Morin a confirmé en juin 2010 que la diminution de 6,6 % du budget grec de la défense en 2010 ne devrait pas affecter les négociations : « Cette diminution porte essentiellement, selon les propos du ministre de la Défense grec, sur les dépenses de fonctionnement. Aucune des mesures de restriction budgétaire supplémentaires décidées au mois de mars 2010, à la suite des interventions de l'Union européenne, ne devrait affecter, cette année, le budget d'acquisition du ministère de la Défense grec [17]. » Les Allemands n'ont pas joué une autre partition en vendant à la Grèce, qui n'était pas capable de les payer, quatre sous-marins U-214, produits par TKMS (ThyssenKrupp Marine Systems), le principal constructeur européen de navires militaires, né en 2004 du rachat de HDW puis, en 2005, de la majorité d'Atlas Elektronik par ThyssenKrupp. Après de difficiles contentieux financiers, le chantier allemand et le gouvernement grec sont finalement parvenus à un accord en septembre 2010. Du coup, ils ont signé un nouveau contrat portant sur la commande de deux autres sous-marins. Le *Wall Street Journal* y voit « un des facteurs expliquant la dette nationale stratosphérique de la Grèce [18] ».

Chercheur au CIRPES, l'économiste français Jean-Paul Hébert relevait en mai 2010 — juste avant de disparaître prématurément — les propos du ministre turc chargé des Affaires européennes, Egemen Bagis, tenus quelques mois plus tôt lors d'une visite à Athènes : « La Grèce n'a pas besoin de nouveaux tanks, de missiles ou d'avions de chasse. Pas plus que la Turquie. Il est temps de réduire les dépenses budgétaires dans les deux pays [19]. » Lors d'une visite à Athènes en mai 2010, le Premier ministre turc Recep Tayyip Erdogan convenait avec son homologue grec George Papandréou de réduire les dépenses militaires de leurs deux pays. En attendant, comme le soulignait Jean-Paul Hébert, le budget de défense grec demeurait le plus élevé en Europe, représentant 2,8 % du produit intérieur brut en 2009 (et, de 1988 à 2008, la part moyenne du PIB consacrée par la Grèce à sa défense a été de 4 %, contre 3,4 % pour la Turquie et 2,9 % pour la France et le Royaume-Uni). Selon les chiffres publiés par l'ONU, la Grèce et la Turquie demeurent d'exceptionnels clients pour tous les marchands d'armes du monde. Elles ont respectivement acquis 1 581 et 1 275 chars de combat entre 1992 et 2008, des véhicules blindés d'infanterie (1 455 et 783), des canons d'artillerie (593 et 300), des avions de combat (241 et 110), des hélicoptères d'attaque (20 et 39), des navires de guerre (41 et 30) ainsi que des missiles et lanceurs (226 et 827). Ces achats massifs ne s'expliquent que par la concurrence acharnée entre les deux pays, l'effort de la Grèce (11 millions d'habitants) étant comparativement plus important que celui de la Turquie (72 millions d'habitants).

Il est certes difficilement concevable que la France et l'Allemagne n'aient accepté en 2010 d'aider la Grèce qu'à la condition qu'elle leur achète tous les armements prévus, FREMM, hélicoptères, sous-marins et Eurofighter Typhoon. Et, pourtant, Paris et Berlin prêteront bel et bien à Athènes plusieurs milliards d'euros, qui seront immédiatement employés pour leur acheter des armes ! Si les États-Unis et l'Allemagne demeurent, et de très loin, les premiers vendeurs d'armes à la Grèce et à la Turquie (fournissant notamment 93 % de leurs chars et 72 % de leurs navires de guerre), la France n'est bien placée qu'auprès de la Grèce, où elle arrive en troisième position. De 1991 à 2008, elle a livré pour quelque 3,9 milliards d'euros d'armements à la Grèce. La Turquie est un client plus distant : la France n'arrive qu'au quatorzième rang de ses fournisseurs, avec 1,3 milliard d'armements vendus sur la même période. Il faut que cela change ! Le président français s'y emploie...

On ne « lance » plus les bateaux, on les « dévoile ». À Lorient, Nicolas Sarkozy va mener tambour battant la cérémonie de « dévoilement » de la frégate *Aquitaine*. Dans son bref discours, il se fait le défenseur de l'industrie nationale d'armement et le chantre de sa construction navale, « symbole de l'ambition industrielle » : « J'ai toujours cru à la vocation industrielle de la France, [...] [qui] doit garder une industrie navale forte, civile et militaire, c'est le cœur de la stratégie économique que je souhaite voir retenue pour la France. » Avant d'ajouter, proposant une conception originale de son rôle de chef des armées : « Je suis fier d'être l'un des membres de la direction commerciale de DCNS. » L'assertion est en soi assez étonnante, mais elle devient franchement curieuse quand on réalise qu'elle est prononcée le 4 mai 2010, au lendemain même de l'annonce de la condamnation de cette même société, contrainte de restituer à Taiwan l'intégralité des pots-de-vin versés lors de la vente des frégates *La Fayette* en 1991 (le contrat Bravo), assortis de copieux intérêts ! Il est vrai qu'à l'époque DCNS s'appelait encore DCN et qu'elle n'avait pas changé de statut juridique. Mais il est pour le moins surprenant que le président revendique son appartenance à la « direction commerciale » de cette entreprise alors même que l'État va devoir honorer les trois quarts d'une amende de 630 millions d'euros due à ses pratiques commerciales illégales — l'État actionnaire restant propriétaire à 75 % de DCNS, Thales détenant le quart restant (voir *supra*, chapitre 10).

On l'a vu : depuis 1990, les plus graves, les plus répétitifs scandales de ventes d'armes en France ont concerné DCNS. Faut-il en conclure que les autres se font moins prendre, ou que DCNS s'est comporté en corrupteur structurel ? Le fait est là : les frégates de Taiwan (contrat Bravo) ont été une catastrophe financière : 500 millions de dollars de corruption directe se sont traduits par une amende plus que salée. Quelques années plus tard, la vente des sous-marins Agosta 90B au Pakistan a conduit à la mort dans un attentat à Karachi de onze agents de l'État français, employés de DCN à Cherbourg — et s'est révélée en outre un fiasco économique, le montant des énormes pots-de-vin versés par le constructeur naval français chez le client et en France étant sensiblement égal aux pertes liées à ce marché. Les contrats Sawari 1 et Sawari 2 passés par le fabricant des navires militaires français en Arabie saoudite ont été eux aussi entachés de lourdes accusations (voir *supra*, chapitre 4). On pourrait croire que c'est terminé : pas du tout ! En Malaisie, une sale affaire poursuit DCNS, à nouveau pour un marché de sous-marins.

Sous-marins français en Malaisie : « Sexe, crime et politique »

Ce grand pays asiatique à forte tradition commerçante se veut une puissante nation maritime, au point de prétendre posséder la plus importante marine des dix pays constituant l'ASEAN (Association of Southeast Asian Nations), à savoir l'Indonésie, les Philippines, Singapour, la Thaïlande, Brunei, le Viêt-nam, la Birmanie, le Laos et le Cambodge. Et, donc, la Malaisie. Les eaux environnant la péninsule malaise, notamment celles du détroit de Malacca, sont parmi les plus fréquentées et les plus sensibles du monde, longtemps infestées par la piraterie. Prospère, la Malaisie investit lourdement dans sa flotte. Elle équipe deux ports de guerre performants, à Lumut sur la côte ouest de la péninsule, ainsi qu'à Sabah sur la petite île de Labuan.

En juin 2002, le gouvernement malais passe commande à Armaris, filiale commune de DCN et de Thales, ainsi qu'aux Espagnols de Navantia, alors associés à ces industriels français, de deux sous-marins Scorpène [a]. Ce sont les premiers dont sa marine dispose dans son histoire, pour sa plus grande fierté. Montant du contrat : 1,2 milliard d'euros. Une ONG malaise luttant contre la corruption, Suaram, a affirmé en avril 2010 que ce contrat a donné lieu à 114 millions d'euros de pots-de-vin, soit 10 % du total [20]. En mars 2010, le parquet de Paris a ouvert une enquête préliminaire afin de déterminer si les vendeurs des sous-marins avaient versé des

a Le *KD Tunku Abdul Rahman*, livré en septembre 2009, et le *KD Tun Razak*, livré en juillet 2010, chacun avec deux ans de retard. Pour l'entraînement de ses équipages, la marine malaise avait acquis à cette occasion le sous-marin français *Ouessant*, de type Agosta-70, désarmé en 2001 par la marine française.

commissions indues à une société d'ingénierie locale, Perimekar. Laquelle était détenue par l'épouse d'Abdul Razak Baginda, un politologue né en 1960 et dirigeant du Malaysian Strategic Research Centre. À l'époque de la signature du contrat, il était conseiller du ministre de la Défense en poste de 2002 à 2008, Najib Tunb Razak. Ce dernier est devenu Premier ministre en avril 2009. Un agent français très actif dans la région m'a confié en 2008 que les acteurs français de ce contrat n'avaient pas eu d'autre solution que de reverser à Perimekar les sommes contestées, au motif que les personnalités malaises impliquées dans le contrat exigeaient 10 % de commissions.

Le 20 octobre 2006, non loin de la capitale Kuala Lumpur, une énorme explosion retentit dans la jungle. On retrouve, dispersés sur plusieurs dizaines de mètres, les restes du corps d'une jeune femme de vingt-huit ans originaire de Mongolie, interprète de profession, Altantuya Shaariibuu [21]. Son identification se fera à partir de fragments osseux. La police ne tardera pas à découvrir qu'elle était la maîtresse d'Abdul Razak Baginda, qui l'avait quittée quelques mois plus tôt pour retrouver son épouse. Ses assassins, qui l'ont fait exploser à l'intérieur d'une voiture avec un explosif militaire, du C4, pourraient être des policiers appartenant à la garde rapprochée du ministre de la Défense. Les enquêteurs apprennent également que la jeune femme aurait eu un contentieux avec son ex-amant, concernant un accord conclu entre eux dans la capitale française. Une photo la montrant avec Baginda et le ministre Najib Tunb Razak lors d'un voyage commun à Paris en mars 2005 a été produite lors de l'enquête. En 2006, elle réclamait un versement de 500 000 dollars à Baginda. Peut-être sa part dans l'éventuelle corruption liée au contrat des sous-marins français, mais pas seulement. Car des soupçons de versement de pots-de-vin pèsent également sur l'achat par Kuala Lumpur de dix-huit chasseurs russes Su-30MKM en 2002 et de six corvettes allemandes MEKO 100 RMN, vendues par les chantiers Blohm + Voss en 2004. En octobre 2008, à l'issue de plusieurs procès en Malaisie, où tout le pays se passionnait depuis des années pour cet extraordinaire feuilleton plein de rebondissements, Abdul Razak Baginda a été acquitté, tandis qu'en avril 2009 les deux policiers accusés d'avoir assassiné Altantuya Shaariibuu ont été condamnés à la pendaison. Sans qu'une vérité incontestable soit apparue durant le procès. Fin 2010, l'enquête judiciaire se poursuivait à Paris.

Pour la petite histoire, on retiendra que les Français, qui ont eu un temps bon espoir de vendre à la Malaisie un BPC *Mistral*, n'ont pas rencontré le succès escompté. Il faut dire qu'ils n'y avaient jamais vraiment cru, tant le contexte local est difficile. Pour autant, l'industrie française de l'armement a beau ne plus être au niveau qui fut le sien dans les années 1970 et 1980, elle semble toujours prospère. Elle augmenterait même ses ventes…

La nouvelle organisation des ventes d'armes françaises : la *war room* sarkozyenne à la manœuvre…

En 2009, ses 8,16 milliards d'euros de prise de commande (merci les sous-marins et les hélicoptères brésiliens !) lui ont permis de se maintenir à la quatrième place mondiale des pays exportateurs d'armements. Ce chiffre était en augmentation de 27,5 % par rapport à 2008 (6,4 milliards). Sur la période 1998-2007, les prises de commandes annuelles moyennes se sont élevées à 5,4 milliards d'euros. Le rapport annuel sur les exportations d'armement en 2009, remis au Parlement par le ministère de la Défense, précise que la France a exporté cette année-là 7,2 % des armements vendus dans le monde, derrière les États-Unis (52 %), le Royaume-Uni (13,4 %), la Russie (8,4 %) et devant Israël (5,3 %) [22]. Les principaux clients de la France sur la période 2000-2009 ont été le Brésil, l'Arabie saoudite, l'Inde, la Grèce et les Émirats arabes unis. Ces chiffres sont rendus publics annuellement depuis 1999, et leur publication fait depuis systématiquement l'objet d'observations critiques de plusieurs ONG.

En octobre 2010, OXFAM France et CCFD-Terre solidaire ont ainsi fait observer que « la France n'a toujours pas traduit en droit interne son obligation d'empêcher les transferts d'armes qui peuvent entraîner de graves violations du droit international relatif aux droits humains, du droit international humanitaire et nuire au développement économique et social, que ce soit de façon directe ou indirecte, par le biais des réexportations. Malgré leurs alertes répétées, les ONG craignent que cette obligation n'ait pas été respectée, notamment pour les cas du Pakistan, d'Israël et du Tchad [23] ». Ces ONG regrettent par exemple que la France ait livré en 2009 83,2 millions d'euros d'armements au Pakistan, pays qui a consacré dans le même temps moins d'argent (77 millions d'euros) aux budgets prévisionnels combinés de la santé, de la protection sociale et de la protection environnementale. Ces mêmes ONG regrettent que la France continue de fournir des armes à Israël (26,4 millions d'euros, en augmentation de 63 % par rapport à 2008). Et, pour le Tchad, elles s'indignent : « Alors que toute la région du Sahel fait face à une situation de crise alimentaire grave, la France a accordé une aide alimentaire d'urgence d'un million d'euros au Tchad cet été, mais avait vendu au pays pour 3,3 millions d'euros d'armes l'année dernière [24]. »

Ces critiques ne sont toutefois guère audibles face au poids économique de l'industrie d'armement en France : elle employait 170 000 personnes en 2009, dont 50 000 travaillant exclusivement pour l'exportation. Reste que, malgré les apparences, les ventes d'armes françaises ne sont pas si florissantes. Alors que les marchés internationaux de l'armement n'ont cessé de croître depuis 2001, cette hausse a surtout bénéficié aux industriels américains, qui ont réalisé 54 % des ventes d'armes mondiales entre 2002 et 2006 [25] : selon la DSCA (Defense Security Cooperation Agency), l'agence spécialisée du Pentagone, leurs prises de commandes ont augmenté de 47 % entre 2007 et 2008, année durant laquelle ils ont vendu 34 milliards de dollars d'armement, contre 23 en 2007 et 21 en 2006 [26]. La France était fort loin de ce compte, avec des prises de commandes de 5,66 milliards d'euros en 2007 et de 6,4 milliards en 2008 [a]. Pour le gouvernement français, qui regrette bien sûr de peiner à vendre son Rafale et ses gros navires de guerre — ce que l'on appelle des « plateformes », sources de nombreuses commandes associées (électronique, missiles, etc.) —, les augmentations de commandes depuis 2007 sont dues à la nouvelle organisation mise en place à cette époque, et notamment à la *war room* mise en place à l'Élysée à l'automne 2007 (voir *supra*, chapitre 13).

L'idée n'est certes pas sotte : aux États-Unis, les stratégies exportatrices nationales sont définies de cette façon et suivies de très près par la Maison-Blanche. Depuis 2007, donc, dans tous les contrats d'armement et autres auxquels l'Élysée accorde une particulière importance, ou dont la sensibilité exige de délicats et discrets arrangements internationaux, la *war room* est à la manœuvre. En 2010, elle suivait une centaine de dossiers concernant une quinzaine de pays. Et, à chaque fois, il s'agissait de contrats où l'intervention du chef de l'État était jugée nécessaire. Certains de ceux-ci pouvaient représenter des enjeux d'avenir considérables.

Après le Rafale, pour lequel l'Élysée suit depuis fin 2007 les tractations aux Émirats, au Brésil, au Koweït et en Libye, le second dossier « lourd » est celui des frégates FREMM de DCNS, que la France veut vendre en Grèce, au Brésil, en Arabie saoudite [b] et en Algérie — « Là, c'est vraiment compliqué », avoue un négociateur. Mais il y a encore des compétitions acharnées pour des satellites d'observation à des monarchies du Golfe

---

a Grâce notamment à une commande de quatre sous-marins Scorpène et de cinquante hélicoptères EC-725 Cougar par le Brésil.

b Dans ce pays, la France fonde alors également de grands espoirs sur le contrat « Al-Madhallah (Parapluie) », portant sur des équipements de guerre électronique, dans lequel les sociétés Thales et ODAS sont engagées depuis le début de 2010.

arabo-persique, ou pour des chars Leclerc d'occasion à qui voudra bien en débarrasser l'armée française (l'Arabie saoudite et la Colombie ont été approchées à ce sujet, sans succès). La *war room* traite également des contrats minuscules, mais qui relèvent curieusement d'une priorité stratégique, du point de vue de l'Élysée. Par exemple, la vente de quelques dizaines de camions de l'entreprise bretonne ACMAT (Ateliers de constructions mécaniques de l'Atlantique) au Niger, engagé dans la lutte contre l'AQMI (Al-Qaida au Maghreb islamique). Les critères pris en considération pour que la *war room* s'engage concernent donc à la fois l'importance stratégique du contrat pour l'entreprise concernée, son montant, ses implications pour l'emploi en France et l'état des relations bilatérales avec le pays client. D'où le risque bien réel de dispersion, pour une équipe resserrée : « On court toutes les balles », lance ainsi un participant épisodique aux réunions élyséennes.

À la tête de la nouvelle structure qui ne dispose pas de moyens en propre, Nicolas Sarkozy a placé dès 2007 son bras droit et homme à tout faire, le secrétaire général de l'Élysée Claude Guéant. Rapide et efficace, celui-ci aura dès lors pour objectif premier de mener à leur terme les gros contrats en négociation, notamment aux Émirats arabes unis, avec les centrales nucléaires EPR pour absolue priorité. Souvent, durant le week-end, Guéant prend seul ou presque l'avion pour le Moyen-Orient et cherche sur place à faire avancer les dossiers. Pour les affaires d'armement, c'est le chef de l'état-major particulier de la présidence, l'amiral Édouard Guillaud (en poste à l'Élysée d'octobre 2006 à février 2010, avant de devenir chef d'état-major des armées), qui tient le manche. L'ancien pacha du porte-avions *Charles-de-Gaulle* est un homme courtois et raffiné, qui a profité de ses deux ans et demi auprès de Nicolas Sarkozy pour mettre en œuvre les compétences commerciales que le président lui a prêtées. Le militaire de l'Élysée se spécialise alors logiquement dans les ventes d'armes, avec deux dossiers sur le dessus de la pile : le Rafale et les frégates FREMM.

Avec l'Élysée, les procédures ne sont pas formalisées, mais les rôles sont précis. Pendant que les négociations avec les Émirats se poursuivaient sur l'EPR, Claude Guéant avait également un œil sur le dossier des Rafale. Mais, pour le Brésil, c'est l'amiral Guillaud qui a la main : « Chacun à son rang : le rôle de l'amiral, c'est de porter la parole présidentielle, mais surtout de mettre les industriels au carré », souligne un participant régulier aux réunions de la *war room*. En tant que de besoin, le sherpa du président Jean-David Levitte s'associe aux réunions, et les services ou les industriels concernés sont invités au cas par cas. « Ils assurent un soutien, mais ils ne sont pas les seuls », indique un fonctionnaire du ministère de la Défense, insistant sur le rôle de la CIEDS (Commission interministérielle pour les exportations de défense et de sécurité), créée en 2007 et remplacée l'année suivante par la CIACI (Commission interministérielle d'appui aux contrats internationaux), élargie aux contrats civils.

Présidée dès sa création par le conseiller d'État Jean-Paul Faugère, directeur de cabinet du Premier ministre François Fillon, la CIACI « a pour premier but de coordonner l'action étatique afin de soutenir au mieux nos exportations. Après avoir fixé des priorités sectorielles et géographiques, la commission mobilise l'ensemble des autorités autour des projets jugés stratégiques et prioritaires ». Cette commission est convoquée chaque mois à l'hôtel de Matignon, alternativement en « formats » civil et militaire. Dans le premier cas, son secrétariat est assuré par la DGTPE (Direction générale du Trésor et des politiques économiques). S'agissant des exportations d'armement, les priorités gouvernementales sont définies par le PNSED (Plan national stratégique des exportations de défense). Ce document classifié « constitue l'outil commun de réflexion stratégique de l'État en matière d'exportation d'armement [27] ».

Un réseau informatique spécialisé, Enodios, autorise les industriels à « dématérialiser » leurs demandes d'autorisation d'exportation. Cette organisation a permis de réduire considérablement les délais d'instruction des dossiers, qui pouvaient atteindre plusieurs mois. En 2010, le délai moyen d'attente est de quarante et un jours. Cauchemar des industriels, les ajournements pour « dossier incomplet » sont passés de 30 % à 7 % au cours du premier semestre de cette année-là. Les industriels bénéficient en outre d'« agréments préalables globaux » leur permettant d'obtenir une seule autorisation pour exporter vers des pays définis, sans limitation de quantité. Enfin, le ministre de la Défense Hervé Morin a profité de la baisse des effectifs militaires pour fusionner deux structures représentant les armées dans les ambassades de France : les attachés de défense et les attachés d'armement. Cette mesure a entraîné une réduction de cent trente-six postes budgétaires, mais serait un gage de nouvelle efficacité.

Une autre innovation a été décidée en 2008 par le gouvernement, corrigeant la règle française qui définissait le matériel de guerre de manière souvent assez sommaire : qu'un banal essuie-glace fût peint en vert pour équiper un camion militaire, et il entrait dans la procédure de contrôle par la CIEMMG (Commission interministérielle d'études des exportations de matériels de guerre) ! C'est terminé, dès lors que la France a cessé de faire cavalier seul, pour adopter à son tour en 2008 la réglementation de l'Union européenne attachée à la « liste militaire de l'arrangement de Wassenaar [a] ».

a Entré en vigueur en 1996, l'arrangement de Wassenaar est un dispositif international de contrôle des exportations de matériels militaires ou à double usage. Il a

De plus, l'adoption le 6 mai 2009 de la « directive [européenne] relative aux transferts intracommunautaires de produits de défense », qui concerne les ventes d'armes en Europe, participe, selon le secrétaire général de la Défense et de la Sécurité nationale Francis Delon, « de cette volonté de moderniser le système de contrôle des exportations. La directive vise à harmoniser les législations, réglementations et procédures de contrôle des États membres afin de faciliter les échanges dans l'espace communautaire et de favoriser un marché intérieur des produits liés à la défense, sans nuire pour autant aux intérêts de sécurité des États membres [28] ». Que l'on ne s'y trompe pas : ce jargon technocratique trahit une vraie simplification… des procédures ; mais pas de la négociation des contrats. De ce point de vue, l'exemple de la vente d'armes à la Libye est éclairant.

succédé au COCOM (Coordinating Committee for Multilateral Export Control), qui a contrôlé durant la guerre froide les accès soviétiques aux technologies sensibles occidentales.

15

Scènes de chasse en Libye

Dans son grand bureau-bibliothèque de Tripoli, le chef de l'État libyen se dresse, hiératique, vraie statue de cire. Auprès de sa table de travail, devant une bibliothèque remplie de livres reliés en cuir vert, les bras le long du corps, Mouammar Kadhafi attend que la ministre française de la Défense Michèle Alliot-Marie vienne le saluer. Pour arriver jusqu'à lui, elle aura dû franchir des murailles de béton et traverser un camp militaire de la garde présidentielle. Le silence est total. Ce 21 octobre 2006, le bureau du fantasque dictateur est couvert de dossiers et, au fond, sur la table occupée par son secrétaire particulier, un petit cartable de cuir, très usagé, enferme on ne sait quel secret.

Les quelques journalistes présents, dont j'étais, ont été introduits dans le bureau un bon quart d'heure avant l'arrivée de la visiteuse. Le « guide », comme les Libyens et les fournisseurs étrangers appellent le colonel Kadhafi, ne déviera pas son regard un quart de seconde, fixant la porte d'entrée. La voici ! Il se dirige vers la ministre et lui demande des nouvelles de son compagnon Patrick Ollier, député et président du groupe d'amitié franco-libyenne. À d'autres visiteurs, il avait dit quelques semaines plus tôt à propos de ce parlementaire, qui fait souvent l'aller-retour Paris-Tripoli : « C'est un vrai Africain ! » MAM ne fait pas mystère du but de sa visite : elle vient vendre des armes françaises. Les affaires reprennent donc après une vingtaine d'années de tension. Car la France et la Libye, c'est une vieille histoire…

France-Libye : un passé tumultueux

La première Française ministre de la Défense a beau être explicitement venue à Tripoli pour promouvoir les armes produites par son pays, la situation n'est pas simple. L'a-t-elle d'ailleurs jamais été entre la trentaine de gouvernements qui se sont succédé à Paris depuis 1969 et le colonel nassérien Mouammar Kadhafi, arrivé au pouvoir à vingt-neuf ans, le 1er septembre de cette année-là, en renversant à la tête du Comité des officiers unionistes libres le roi Idris Ier ? Grâce à ses ressources pétrolières, le putschiste n'a jamais manqué d'argent et, quelques mois après son arrivée au pouvoir, Paris signait avec lui un contrat majeur, portant sur la vente de quatre-vingt-deux Mirage 5 [1]. À partir de juin 1973, le conflit frontalier entre la Libye et le Tchad offrira au colonel libyen un prétexte pour que ses troupes s'invitent dans la profondeur du territoire de son voisin méridional [2]. Un territoire montagneux et désertique équivalant à celui de vingt départements français, la bande d'Aouzou, est occupé par l'armée libyenne [a]. En novembre 1973, Mouammar Kadhafi est reçu en visite officielle à Paris par le président Georges Pompidou. Dans la foulée, il achète trente-deux Mirage F-1 C d'interception, qui seront livrés entre 1978 et 1981 : la preuve que le commerce des armes peut se pratiquer y compris avec ses adversaires...

Car, après y être intervenus pour la première fois en 1969 (« opération Limousin »), en soutien au président tchadien François Tombalbaye menacé par la rébellion du Frolinat dirigé par Hissène Habré, les soldats français n'ont jamais vraiment quitté leur ancienne colonie très instable. Cette mission dure jusqu'en 1972, avant de reprendre de 1978 à 1980 (« opération Tacaud »). Les mercenaires de Bob Denard, la DGSE et les troupes françaises font à nouveau, mais plus discrètement, le coup de feu contre les Libyens au début des années 1980. Puis, de 1983 à 1984, ce sera l'« opération Manta », destinée à protéger l'ancien rebelle Hissène Habré, devenu président, contre les assauts de son opposant Goukouni Weddeye, soutenu à son tour par les Libyens. Après Manta, un accord franco-tchadien conclura à un désengagement mutuel.

Le 5 avril 1986, une bombe explose à Berlin, dans la discothèque « La Belle ». Parmi les deux cents blessés, on compte soixante-trois soldats américains, dont deux mourront, ainsi qu'une ressortissante turque. Des interceptions électroniques américaines désignent alors sans ambiguïté

a Cette querelle sera tardivement tranchée par un arrêt de la Cour internationale de justice de La Haye, en 1993, favorable au Tchad et entériné par la Libye en mai 1994.

les services secrets libyens et, dix jours plus tard, dans la nuit du 15 au 16 avril, le président américain Ronald Reagan lance un raid destructeur contre Tripoli et les résidences personnelles du colonel Kadhafi. Ce sera l'opération « El Dorado Canyon »[3]. Cherchant à ne point trop envenimer ses relations avec le monde arabo-musulman, le président français François Mitterrand et son Premier ministre Jacques Chirac se sont opposés au survol de la France par les bombardiers américains.

Alors que le colonel Kadhafi a acheté des quantités d'armes dans les pays du Pacte de Varsovie et en France, ses forces aériennes, sa marine et sa défense sol-air, armées pourtant de très modernes Crotale II français produits par Thomson-CSF, se révèlent absolument incapables de seulement déranger les attaquants américains. Dans un rapport secret (exhumé plus tard des archives de la Stasi est-allemande), le maréchal soviétique Alexander Ivanovich Koldunov, qui avait averti les Libyens dès le 13 avril de l'imminence du raid, analyse l'échec de leurs défenses antiaériennes[a] et de leur armée de l'air, pourtant largement dimensionnées pour y faire face. Le maréchal russe considère les militaires libyens comme « arrogants », regrette que « le commandement et le contrôle » des forces laissent à désirer et considère le moral des troupes de la défense sol-air comme « faible »[4]. Quant aux avions de chasse, ils n'ont jamais quitté leurs hangars...

Pendant la crise, les affaires continuent

Le 21 décembre 1988, un Boeing 747 de la Pan Am est détruit en vol par un attentat, au-dessus de Lockerbie en Écosse : deux cent quarante-trois morts. Puis, le 19 septembre 1989, un DC10 d'UTA explose au-dessus du Sahara. Cent soixante-dix personnes, dont une majorité de Français, trouvent la mort. Dans les deux cas, l'État libyen sera accusé d'avoir organisé les explosions. Des procès s'ensuivront : à Paris et aux Pays-Bas (où trois juges écossais se déplaceront et observeront la loi écossaise), des fonctionnaires libyens seront condamnés à des peines sévères, notamment le beau-frère de Kadhafi et chef des services secrets, Abdallah Senoussi. La Cour d'assises de Paris l'a condamné en mars 1999 par contumace à la

a Les Libyens disposaient de près de quatre cents postes de tirs de missiles sol-air achetés en URSS, de types S-200 Vega, S-125 Neva, S-75M Volkhov, SA-6 Gainful et SA-8 Gecko, ainsi que de soixante postes Crotale II fournis par Thomson-CSF.

prison à vie, avec cinq autres agents [a]. Nous reparlerons de lui. Tout en protestant de son innocence, la Libye a accepté en 2004 et en 2008 d'indemniser les familles des victimes de ces attentats [b]. Attitude qui, assurément, ne rend pas le dossier plus clair...

Au début des années 2000, les choses commencent à se tasser, car on ne reste jamais fâché très longtemps avec un pays producteur de pétrole... Dès cette époque, les marchands d'armes français commencent à reprendre le chemin de Tripoli. La Libye demeure frappée par l'embargo sur les ventes d'armes décidé par le Conseil de sécurité de l'ONU dans sa résolution 748 du 31 mars 1992. Celui-ci ne pourra être levé que lorsque les procédures judiciaires consécutives aux divers attentats auront été soldées, ce qui ne sera fait qu'en septembre 2004, mais les contrats d'armement prennent tellement de temps que les entreprises s'estiment fondées à entamer les prospections. Depuis plusieurs années, Tripoli cherchait à se rapprocher de Paris. En septembre 2000, le fils du colonel Kadhafi et président de la fondation qui porte son nom, Seif el-Islam Kadhafi, a joué un rôle essentiel dans la libération des otages français détenus par le groupe Abou Sayyaf sur l'île de Jolo, aux Philippines. Bien sûr, Tripoli a rapidement souhaité capitaliser ce succès et a fait savoir à Paris, par divers canaux informels, dès la fin 2000, qu'une normalisation des relations serait la bienvenue. « La bonne volonté libyenne était évidente, mais ça partait un peu dans tous les sens », nous avait alors précisé un fonctionnaire suivant de près ce dossier.

Au cours de l'année 2001, des progrès sont réalisés, selon les vœux de la France. Les agents commerciaux œuvrant en Libye, notamment le très actif Bernard Cheynel, l'un des agents français connaissant le mieux le pays et ses dirigeants, sont rassurants et les grands industriels n'auront pas trop de mal à convaincre le gouvernement de Lionel Jospin. Malgré l'embargo qui frappe toujours la Libye à cette époque, Paris autorise secrètement plusieurs groupes d'armement à reprendre des contacts commerciaux, dont Eurocopter, Dassault et Thales. Ces deux dernières entreprises se tirent d'ailleurs avec ardeur dans les jambes, Dassault souhaitant proposer son Rafale, quand Thales préférerait une remise à niveau

---

a Abdallah Elazragh, Ibrahim Naeli, Arbas Musbah, Abdelsalam Issa Shibani, Abdlesalam Hammouda.

b Un accord final sur les indemnisations des victimes de l'attentat de Lockerbie est intervenu le 14 août 2008 entre Washington et Tripoli, qui a accepté de verser 2,7 milliards de dollars d'indemnités, soit 10 millions de dollars par victime. Tripoli avait par ailleurs accepté en 2004 de verser un million de dollars par victime de l'attentat contre le vol d'UTA, soit 170 millions de dollars.

électronique des Mirage F-1 vendus dans les années 1970, afin d'en refaire de vrais avions de combat.

Proche des services français de renseignements, une source m'a confirmé : « À la fin de l'an 2000, un cycle s'est ouvert. Tripoli voulait reprendre le commerce et Paris souhaitait la fin du contentieux sur le DC-10. Mais nous voulions éviter les pièges. Nous voulions des filtres, identifier les interlocuteurs ; et surtout ne heurter ni les Britanniques ni les Américains. » *Via* une société implantée en Afrique du Sud et dirigée par des Français, des contacts très avancés sont noués avec les Libyens, pour leur proposer dans un premier temps une « remise à niveau » de leurs missiles sol-air Crotale.

Selon le vieil adage, on ne fait la paix qu'avec ses ennemis. Pendant que les Français tirent des plans sur la comète, cartographient les réseaux d'influence et identifient précisément les poches à remplir à Tripoli — et quelques-unes aussi à Paris —, Washington entame une démarche de normalisation plus radicale, préparée par les services secrets britanniques. En 2003, cette régularisation avec les Libyens s'imposait pour les Américains, pour toutes les bonnes raisons possibles et, aussi, quelques mauvaises. Pays riche, doté de réserves pétrolières inexplorées, devant construire ou reconstruire toutes ses infrastructures, une Libye redevenue fréquentable ouvrirait des opportunités énergétiques et commerciales considérables. Mouammar Kadhafi sera d'autant plus rapidement convaincu de cette nécessité qu'en mars 2003 l'armée américaine envahit l'Irak et chasse Saddam Hussein du pouvoir. Si le dictateur irakien avait abandonné toute velléité de fabriquer ou de posséder des armes nucléaires, biologiques et chimiques depuis 1995 [5], Mouammar Kadhafi n'avait en 2003 renoncé à rien du tout. Les pressions américaines vont lui faire courber l'échine jusqu'au sable, et abandonner dans l'urgence sa prétention à posséder la bombe atomique. Il avait pourtant commencé à recevoir en 1997 des centrifugeuses transmises par le réseau pakistanais d'Abdul Qadeer Khan, dont la livraison se poursuivait encore fin 2003 [6]. Mais le Pakistan n'est pas le seul à avoir joué avec le feu libyen : la Malaisie, la Turquie, la Suisse, la Corée du Sud, l'Afrique du Sud ou Dubaï ont contribué aux efforts nucléaires de Kadhafi...

Parmi les connaisseurs de cette affaire, personne ne semble retenir l'hypothèse que la France ait été au courant de la négociation triangulaire secrète Londres-Tripoli-Washington. Quant à ceux qui connaissent les pratiques de la DGSE en Libye, ils sont dubitatifs sur les capacités du poste local à déceler une quelconque activité secrète. Selon des sources françaises, ces agents locaux, dirigés par un fonctionnaire sous couverture diplomatique, auraient été incapables de repérer la présence d'une mission commerciale de douze cadres de haut niveau appartenant au groupe aéronautique britannique BAe Systems. Très actifs pourtant durant plusieurs mois dans la capitale libyenne au début 2003, ces « cadres » ont obtenu l'autorisation des autorités locales de visiter toutes les bases aériennes du pays pour y dresser un inventaire des « besoins techniques ». Le détail qui tue, c'est que cette délégation aurait fréquenté assidûment la villa d'une employée de l'ambassade de France...

Si la Libye excite tant de convoitises, c'est qu'elle extrait chaque année de son sous-sol une douzaine de milliards de dollars d'excellent pétrole, dont elle a mis de côté la moitié durant les années d'embargo. Cet énorme trésor de guerre n'a pas seulement permis d'aider plusieurs partis et personnalités politiques dans de grandes démocraties occidentales, selon les règles bien établies de la corruption à l'africaine. Il aiguise également les appétits industriels. Le chef du gouvernement espagnol, José Maria Aznar, a rendu en septembre 2003 la première visite d'un dirigeant occidental en Libye, empochant au passage 300 millions d'euros de contrats et offrant cinq cents bourses à des étudiants libyens. De la France, le colonel Kadhafi n'attend alors qu'une seule chose, à savoir la levée de la condamnation de son beau-frère Abdallah Senoussi dans l'affaire du DC-10 d'UTA. Une revendication impossible à satisfaire, sauf à passer par une grâce présidentielle politiquement inconcevable. Pire, aux yeux des Libyens : l'Élysée s'oppose alors fermement à ce que des entreprises françaises reversent à la fondation Kadhafi 1 % à 2 % de leur chiffre d'affaires en Libye, afin que cette contribution « volontaire » paie les indemnités dues aux familles des passagers du DC-10 ! Finalement, c'est l'accord sur cette indemnisation, signé le 9 janvier 2004 à Paris, qui permettra la reprise officielle des négociations commerciales franco-libyennes. La Libye et l'Allemagne n'ont conclu quant à elles qu'en septembre 2004 leur accord sur le dédommagement des victimes de l'attentat libyen contre la discothèque de Berlin en 1986. Ce protocole a rouvert la route de Tripoli à tous les vendeurs d'armes européens.

S'il est un pays où les temps de la corruption à l'ancienne ne sont pas révolus et où les intermédiaires agissent au vu et au su de tous, ou presque, c'est bien la Libye. Le système en vigueur depuis la fin des sanctions contre Tripoli (décidée par l'ONU le 13 septembre 2003) est d'un classicisme éprouvé, très similaire à celui que décrivait l'OCDE en 2007 dans son étude des mécanismes habituels de la « corruption dans les marchés publics » : « Les parlementaires occupant des postes clés, ainsi que les responsables des achats de l'armée (présidents et rapporteurs de la commission technique ou de la commission financière) seront également approchés par le corrupteur. Au niveau suivant, on s'intéressera aux agents publics responsables des aspects techniques de la commande publique. Enfin, on visera en dernier recours les agents techniques chargés des évaluations techniques [7]. » Un agent travaillant en 2010 en Libye au profit d'entreprises d'armement françaises et européennes explique ainsi que, dans ce pays, « la clé des décisions se trouve au niveau des militaires. Kadhafi a besoin d'eux et les laisse faire. Pourquoi les empêcherait-il de manger ? Tout se passe sous le contrôle de Saadi Kadhafi, le footballeur [a] ». Car, si la corruption sert à huiler les rouages, le vrai facteur décisionnel demeure politique. En 2007, l'affaire des infirmières bulgares et la vente de missiles antichars Milan concomitante à leur libération l'ont amplement démontré.

2004-2006 : embrouilles franco-françaises à Tripoli

Mais, à cette époque, la France avait déjà plusieurs longueurs de retard dans la course à la reprise des relations commerciales avec la Libye. Et les industriels français n'obtiendront jamais que des lots de consolation. Les vrais vainqueurs n'ont pas traîné : dès le 23 mars 2004, le secrétaire d'État adjoint américain William Burns se rend à Tripoli, applaudit la nouvelle attitude de la Libye et promet un rabibochage rapide avec Washington. Deux jours plus tard, le Premier ministre britannique Tony Blair rencontre à son tour le colonel Kadhafi. Dans la foulée, le 26 mars, la « major » pétrolière Royal Dutch Shell (à capitaux britanniques et néerlandais) se voit attribuer des permis d'exploration de nouveaux champs d'hydrocarbures. Il ne faut que quelques mois aux Français pour qu'un premier « geste commercial » soit proposé à Mouammar Kadhafi, sous la forme d'une formation clés en main de ses gardes du corps, assurée par des hommes du service Action de la DGSE. Ces agents sont les héritiers de ceux qui, au Tchad en mars 1987, avaient contraint à la retraite le corps expéditionnaire libyen... à coups de missiles Milan. Le colonel Kadhafi rêvait, depuis vingt ans, de s'équiper de cet engin meurtrier. Les militaires français estiment quant à eux qu'ils n'ont plus à craindre de se retrouver face à des soldats libyens, dès lors que le conflit territorial avec le Tchad sur la bande d'Aouzou est terminé depuis 1994.

---

a Né en 1973, Saadi Kadhafi est le troisième des huit enfants du chef de l'État libyen. Passionné de football, il devient en 2002 actionnaire et joueur à la Juventus de Turin, avant de rejoindre les clubs de Pérouse et d'Udine, puis la Sampdoria de Gênes. Il a répondu d'accusations de dopage devant la justice italienne.

En septembre 2004, EADS organise à Tripoli un séminaire avec des dirigeants libyens : au menu, les missiles antichars Milan et la rénovation d'engins anciennement acquis par la Libye, dont des missiles air-air Magic et des missiles antinavires Otomat. Modestes zakouskis ! Le gouvernement français rêve de vendre à Tripoli du gros, du lourd, du cher : l'hélicoptère de combat Tigre et, surtout, le chasseur Rafale. Mais, les Libyens ont beau être cousus d'or, ils se font tirer l'oreille. En attendant, ils proposent aux Français de remettre à niveau leurs vieux Mirage F-1. Après la visite officielle de Jacques Chirac à Tripoli, les 24 et 25 novembre 2004, la CIEEMG accorde une autorisation préalable de négociation à Dassault Aviation, Thales, Snecma et à la SOFEMA (Société française d'exportation de matériels aéronautiques, créée en 1997 sous tutelle de l'État), dont tous ces industriels sont actionnaires. Elle porte sur la rénovation, pour près de 120 millions d'euros — et 60 % de marge bénéficiaire —, de douze des Mirage F-1 achetés par les Libyens en 1973. Ces avions trentenaires, bien plus vieux que leurs futurs pilotes, sont hors d'état de voler. Le colonel Kadhafi souhaite seulement qu'ils puissent reprendre l'air. Moins pour mener de véritables missions de combat que pour permettre à de nouveaux pilotes de se former ; et pour concrétiser la réconciliation de Tripoli avec la communauté internationale.

Après une première visite de la ministre de la Défense Michèle Alliot-Marie à Tripoli, en février 2005, une stratégie industrielle française a été définie sous ses auspices et ceux de la DGA : un consortium a été mis sur pied pour la remise en vol des Mirage F-1, associant Thales (instrumentation de bord), Dassault (cellule des avions) et Snecma (pour la remise en état des moteurs). Le tout sous l'égide de la SOFEMA. Un week-end d'octobre 2005, tout le monde a rendez-vous à Tripoli pour signer le contrat, mais patatras ! À la dernière minute, la réunion est annulée.

C'est qu'un nouvel acteur français est entré en jeu de manière imprévue : la société Sagem Défense Sécurité — alors que cette société est, comme la Snecma, une filiale du groupe Safran, né en mai 2005 de la fusion entre Snecma et Sagem. Apparemment de leur propre initiative, deux de ses dirigeants, le P-DG Jacques Paccard — l'homme de la rénovation des Mirage pakistanais par Sagem en 1996 — et le directeur du développement international, Jean-Luc Hidalgo, ont mis en œuvre une autre stratégie commerciale, ne visant plus simplement à « remettre en vol » des Mirage F-1 libyens tout juste bons à parader le jour de la fête nationale, mais bien à en faire de vraies machines de guerre, dotées d'équipements électroniques modernes et de capacités d'emport d'armements dernier cri, aptes à former la première ossature d'une armée de l'air au goût du jour. Une réédition de l'opération réalisée au Pakistan une dizaine d'années plus tôt (voir *supra*, chapitre 3). Sagem jouerait dans ce cas le rôle de leader et placerait ses matériels les plus chers.

Cette stratégie autonome de Sagem a pour effet de déclencher l'exaspération, puis une vraie fureur, des autres industriels français. Lesquels, menés par Dassault, entendent que la très modeste rénovation qu'ils proposent soit simplement une première étape vers la vente du Rafale. Paccard et Hidalgo se seraient rapprochés à cette époque du fameux intermédiaire franco-libanais Ziad Takieddine, que nous avons déjà croisé dans l'affaire des sous-marins français vendus au Pakistan en septembre 1994 (voir *supra*, chapitres 3 et 4). Au sein du groupe Safran et au ministère de la Défense, de graves accusations étaient alors lancées contre cet intermédiaire, y compris celles d'avoir signé des contrats privés avec des cadres de Sagem, portant sur les affaires libyennes.

Contacté à de nombreuses reprises depuis mai 2006, Takieddine n'a jamais répondu à mes appels. Paccard et Hidalgo, eux, ont accepté de me rencontrer, le 24 octobre 2006. À la question « Avez-vous, ou avez-vous eu, un contrat avec Takieddine ? », ils ont répondu « non », en se défendant d'avoir voulu couper l'herbe sous le pied de leurs concurrents : « Nous sommes allés en Libye pour préparer un contrat de surveillance des frontières. La CIEEMG et la DGA nous ont dit ensuite que la proposition franco-française sur les Mirage était du ressort du consortium. Dont acte. » Quant à Ziad Takieddine, ils s'en démarquent, sibyllins : « Qu'il ait cru pouvoir développer des affaires en Libye, peut-être. Mais ça ne s'est pas bien passé. Nous ne sommes d'accord avec lui ni sur le fond ni sur la forme... » Une autre source au groupe Safran, maison mère de Sagem, présente une version plus musclée : « Takieddine a voulu tout embrasser et pousser le dossier en réclamant une inutile commission de 8 %. Il a fallu le calmer. D'abord doucement, puis moins doucement... »

Moins doucement ? Certes... Car Matignon et l'Élysée sont intervenus directement auprès du P-DG de Safran Jean-Paul Bechat, *via* le haut responsable pour l'intelligence économique Alain Juillet et le conseiller diplomatique de Jacques Chirac, Maurice Gourdault-Montagne. Il s'est agi pour ces deux hommes de « mettre les pendules à l'heure » afin de conduire Sagem à rentrer dans le rang... Le 30 octobre 2006, le groupe Safran annonçait sèchement le départ du P-DG de Sagem, Jacques Paccard, remplacé par l'ingénieur de l'armement Jean-Paul Herteman.

Cette affaire aurait sans doute moins fait polémique si, selon plusieurs sources industrielles et étatiques proches du dossier, Takieddine ne s'était pas présenté à Tripoli avec une lettre de Nicolas Sarkozy le désignant comme son représentant personnel pour traiter les affaires industrielles relatives à ce pays, aussi bien pour le contrat de surveillance des frontières, effectivement dans les attributions du ministre de l'Intérieur qu'il était alors, que pour le reste... Mais cette version n'a recueilli qu'un démenti indigné quand j'ai interrogé en octobre 2006 le très proche entourage du futur président : « Nous sommes au courant de cette assertion, mais cette prétendue lettre n'existe pas. Si un tel document a été présenté, c'est un faux ! » Et, si le ministre de l'Intérieur a rendu officiellement visite à Mouammar Kadhafi le 6 octobre 2005, « séchant » à cette occasion le Conseil des ministres pour cause officielle de « migraine », il ne faut pas y chercher malice : c'était pour parler avec son homologue Nasr el-Mabrouk d'équipement des gardes-frontières, d'immigration clandestine et de la gestion par les Libyens des camps de rétention installés dans le pays, que l'Union européenne condamne.

« Interférences illégitimes » et guerre des réseaux

Que soit évincé l'industriel Sagem, qui avait tenté sa chance sans succès, y compris après avoir tenté de se faire ouvrir des portes par un agent apparemment sans mandat, rien que de très banal. Mais le consortium formé par Dassault, Thales et Snecma va lui aussi avoir affaire à de curieux intermédiaires. Cette fois, c'est Jacques Boyon, ancien secrétaire d'État à la Défense (de 1986 à 1988) et ex-trésorier du RPR, devenu en 2005 président de l'Institut des relations internationales et stratégiques (IRIS), qui fait entrer dans le circuit l'homme d'affaires libanais Roger Tamraz, flanqué d'un citoyen indien possédant alors ses entrées à l'Élysée, Ujwa Vikas.

Roger Tamraz se trouve alors dans une situation personnelle délicate. Il a un tel besoin de se refaire une santé financière, afin de sortir de cette mauvaise passe, qu'il cherche à se faufiler dans plusieurs contrats avec la Libye. Avant de disparaître très rapidement du circuit, Jacques Boyon présente ces nouveaux venus au général Bernard Norlain, P-DG de la SOFEMA, membre du consortium industriel conduit par Dassault. Tamraz fait miroiter à Norlain un contact avec celui qu'il présente comme le décideur qu'il conviendrait de « convaincre » dans l'entourage du colonel Kadhafi, son beau-frère et chef des services secrets, à savoir Abdallah Senoussi, condamné par la justice française en 1999. Effectivement, une réunion est organisée à Tripoli pour Norlain. Celui-ci accepte — par écrit, mais sans en aviser son conseil d'administration — de verser à Tamraz une commission égale à 8 % de la part de Dassault (64 millions d'euros) dans le contrat de rénovation des Mirage F-1 libyens, lequel s'élève au total à 117 millions. Le problème, c'est que les industriels, qui subodorent un coup fourré, ne veulent pas entendre parler de commissions. La convention OCDE est passée par là…

Les militaires libyens sont tout aussi fermes : le général Ali Chérif Riffi, chef de l'armée de l'air, se fâche lors d'une réunion qui se tient dans les locaux de la SOFEMA à Paris, le 11 décembre 2006. Selon plusieurs participants à cette réunion, il se plaint des « interférences illégitimes » de Roger Tamraz et se voit soutenu par les industriels présents, à savoir Dominique Simonneau et Étienne Pahin pour Thales, François Courteau pour Snecma et Éric Trapier pour Dassault. Quelques mois plus tard, Bernard Norlain quitte la SOFEMA, remplacé par un cadre de Thales, Guillaume Giscard d'Estaing. Il faudra attendre juin 2007 pour que le contrat soit définitivement annulé, avant que les Libyens contractent séparément avec chaque industriel.

De source interne à cette affaire, on s'étonne qu'on ait fait tant de cas de ces commissions libyennes : « Aucun marché ne se fait sans commission, même en Allemagne. Et pas seulement dans la défense. Tous ceux qui disent le contraire sont des hypocrites. » Mais, dans cette seule affaire, nous avons identifié pas moins de sept intermédiaires différents (dont Takieddine et Tamraz), qui prétendaient tous toucher des commissions sur le contrat des Mirage F-1. Pour un autre acteur des marchés militaires libyens, l'entourage de Kadhafi n'a demandé aux Français qu'une seule chose, qu'il n'a pu obtenir : la grâce présidentielle pour Abdallah Senoussi. Pour le reste, la corruption dans ce dossier n'a jamais concerné, selon l'un de ses acteurs, que les « morts de faim » : « Quand la famille Kadhafi a besoin de 50 millions de dollars, elle vend un bateau de pétrole ! Qu'elle ait demandé des commissions pour elle-même, c'est une pure invention franco-française. »

La guerre des réseaux sévit effectivement. Dans une note rédigée en octobre 2007 par un intermédiaire français actif en Libye, ce dernier narre par exemple les déboires d'un officier libyen membre des Moukhabarat (services secrets), « qui anime efficacement depuis six ans le réseau qui défend les intérêts français : 100 millions d'euros déjà réalisés, mais également 500 millions réalisés avec des sociétés étrangères européennes à la suite du refus de CIEEMG, et plus de 2 milliards d'euros en cours avec nos industries de défense et notamment Thales ». Cet officier, détaille notre intermédiaire, « a fait émettre environ un millier de visas libyens au profit des collaborateurs de notre industrie de défense et toujours en moins de 48 heures… Cet homme est l'un des plus courtisés de l'industrie de l'armement et de l'aéronautique occidentale. […] Alors qu'il défend les intérêts de Thales International, de Nexter et de bien d'autres depuis six ans, c'est Cessna qui l'invite au Salon du Bourget [8]… ». Que demande alors cet homme depuis deux ans sans pouvoir l'obtenir ? Un visa pour sa fille qui veut poursuivre ses études à Lyon... Sans doute l'officier concerné n'a-t-il plus les bons interlocuteurs en France ! Car, lorsque ces récriminations sont émises à l'automne 2007, bien des choses ont changé dans les relations franco-libyennes. Il faut dire qu'un événement considérable vient de se produire : la libération des infirmières bulgares !

Les infirmières bulgares contre des missiles français

À l'été 2007, quelques semaines après son arrivée à l'Élysée, Nicolas Sarkozy s'active à dénouer un dossier symptomatique des agissements du chef de l'État libyen. Accusés sans preuve d'avoir inoculé le virus du sida à de jeunes enfants, cinq infirmières bulgares et un médecin palestinien sont emprisonnés en Libye depuis février 1999 [9]. L'affaire fait grand bruit. Dans les semaines suivant son élection, le président français envoie en Libye son épouse Cécilia Ciganer-Albeniz et le secrétaire général de l'Élysée, Claude Guéant. Alors que le Premier ministre britannique Tony Blair et la commissaire européenne aux Relations extérieures Benita Ferrero-Waldner avaient eux aussi puissamment agi en ce sens, c'est bien l'avion présidentiel français qui va chercher les détenus à Tripoli le 24 juillet 2007. Sans aucune contrepartie, assure la France.

Dès le lendemain, lors d'une visite de Nicolas Sarkozy à Tripoli, celui-ci annonce néanmoins avoir signé deux protocoles d'accord avec la Libye : l'un « dans le domaine militaire » et l'autre sur la fourniture d'un réacteur nucléaire civil pour dessaler l'eau de mer — alors que ce dernier avait déjà fait l'objet d'accords entre le Commissariat à l'énergie atomique (CEA) français et le Bureau libyen de recherche et de développement en 2005 et 2006.

Moins d'une semaine plus tard, une agence de relations publiques new-yorkaise appelle le quotidien *Le Monde* à Paris, pour lui proposer un entretien à Nice avec Seif el-Islam Kadhafi, qui a des choses à dire. Et de fait ! Lors de l'interview, ce dernier se félicite : « Vous savez que c'est le premier accord de fourniture d'armes par un pays occidental à la Libye [10] ? » Il évoque un contrat de 100 millions d'euros, mais c'est du triple qu'il s'agit : le missilier MBDA a signé pour la vente de missiles Milan pour 168 millions d'euros et EADS fournira un système Tetra de communication radio pour 128 millions d'euros ! La concomitance entre la libération des otages et la conclusion des contrats d'armements a rapidement relativisé la beauté du geste français. Et le fait que le président Sarkozy déclare qu'il n'y a eu « aucune » contrepartie au geste humanitaire n'a pas vraiment dissipé le malaise.

Car, en réalité, les conditions pour la signature du contrat étaient réunies bien avant la libération des infirmières bulgares. « Leur détention constituait un facteur bloquant et leur départ de Libye a levé cet obstacle. Tout serait plus simple si le père Kadhafi n'entretenait pas une certaine complication ! » m'a affirmé alors un haut fonctionnaire, opérateur discret des ventes d'armes françaises à la Libye. Et il ajoutait : « Il est très fréquent que les contrats de ventes d'armes ne soient annoncés que par le client, au moment qu'il juge utile. » Point de vue que ne partage pas un industriel de l'armement, selon lequel il serait injuste de faire à Nicolas Sarkozy le procès d'avoir obtenu les libérations en contrepartie de ventes d'armement : « À notre connaissance, le contrat des Milan n'était pas au programme de l'entretien entre le colonel Kadhafi et le président français. Même s'il est exact qu'il était dans le dossier qui lui avait été préparé. »

Tout serait donc transparent dans cette affaire ? Ce n'est pas certain... À entendre les déclarations officielles françaises, les négociations sur la vente de missiles Milan à la Libye auraient commencé début 2006, durant donc dix-huit mois. En réalité, elles ont été beaucoup plus longues, en pleine connaissance de l'autorité politique. Les premières autorisations de négocier la vente de Milan ont été accordées par la CIEEMG à MBDA au printemps 2004, avant même que l'embargo européen à l'égard de Tripoli ait été formellement levé. Au début des négociations franco-libyennes sur les missiles, mille engins étaient prévus, comprenant des postes de tir numériques de dernière génération, associés à des missiles Milan II de 1 900 mètres de portée. Le Milan ER de dernière génération, de 3 000 mètres de portée, n'est pas pour les Libyens ; enfin, pas tout de suite... La ministre de la Défense Michèle Alliot-Marie, on l'a vu, s'est rendue à Tripoli en février 2005. Au printemps, les négociations sur ce contrat obtiennent un feu vert définitif de la CIEEMG. Puis le ministère de la Défense demande à MBDA de réduire ses ambitions, de ne plus vendre que le tiers, puis le quart, des Milan initialement prévus. Car ce contrat de missiles n'est pas la priorité des responsables français, qui entendent plutôt favoriser les gros marchés à plusieurs milliards d'euros, quand celui des Milan ne représente « que » 168 millions d'euros... Petit business...

Pourtant, en février 2007, les Libyens remettent aux Français une lettre d'intention pour l'achat de trois cents postes de tir Milan. C'est ce préaccord qui a été dévoilé par Seif el-Islam en août 2007 [11]. Et, depuis la fin 2007, les Français espèrent signer de gros contrats d'armement en Libye. Les espoirs portent d'abord sur le Rafale de Dassault, dont le dossier a été finalement confié par l'Élysée à l'intermédiaire Alexandre Djouhri, nous explique en septembre 2010 une source française très liée aux ventes d'armes. À l'automne 2010, les ventes de cet avion à Tripoli semblaient toutefois assez compromises par plusieurs facteurs : la réticence des autorités françaises concernant la vente aux Libyens des missiles MICA à longue portée et la nécessité de leur fournir des équipements électroniques « ITAR free » — c'est-à-dire ne comportant aucun équipement d'origine américaine, donc soumis à la norme International Traffic in Arms Regulations, qui imposerait de solliciter l'accord de Washington. Or des adaptations de l'avion à ces équipements ITAR free coûtent cher et seraient logiquement à la charge du client, accroissant encore le prix élevé des avions français. Les Libyens ont donc entrepris de négocier simultanément avec les Russes la fourniture de Sukhoï 35 Flanker Plus et de Mig 29 Fulcrum, tractations qui auraient été très avancées, sinon déjà conclues, à l'automne 2010.

Pour le reste, les Français espèrent encore alors vendre plusieurs hélicoptères de la firme Eurocopter : dix AS550 Fennec, douze AS332 Super-Puma et trois EC665 Tigre ; le tout pour plus de 500 millions d'euros. Ils espèrent également vendre un système de radars de défense aérienne de Thales pour 1 milliard d'euros, un système de surveillance des frontières, la mise à niveau des vieilles vedettes *Combattante* des chantiers CMN (Constructions mécaniques de Normandie), ainsi que celle des chars T-72, un système de défense côtière, des bateaux du chantier OCEA pour les forces spéciales, etc. Cela alors même que les industriels italiens sont en train de tailler des croupières à leurs homologues français, assez en colère !

Car les Transalpins seraient « pragmatiques », à entendre certains agents français : ils auraient repris les paiements de commissions directes, sans simagrées. Citant un cas très précis, l'un de mes interlocuteurs m'a confié au printemps 2010 que telle entreprise italienne « verse de 15 % à 20 % de commissions sur la Libye » : « Le système consiste à ce que le gouvernement italien accepte d'intégrer ces 15 % de pots-de-vin dans les frais généraux de l'entreprise. La subtilité, c'est que le ministère de l'Économie taxe ces pots-de-vin à 10 %. Il devient ainsi explicitement complice de l'opération illégale et prend le pari qu'aucun juge n'attaquera jamais le gouvernement de front. » Certaines sociétés étrangères ont parfois envisagé de s'associer à des entreprises italiennes tout aussi illégalement, mais ingénieusement protégées pour profiter de la combine ! Quelques-unes ont franchi le pas. Cela suffira-t-il ? C'est ce que l'avenir dira...

Gagner des contrats de ventes d'armes, spectaculaires et très rentables : tel est donc l'objectif de la France, y compris dans des pays qui ne souhaitent pas contracter avec elle, comme l'Arabie saoudite. Pour reconquérir les faveurs des wahhabites, Nicolas Sarkozy leur a offert des présents d'une rare valeur politique, que personne d'autre, et surtout pas les États-Unis, n'avait voulu leur remettre. C'est le *Washington Post* qui révèle l'affaire : en novembre 2009, les Saoudiens sont aux prises avec la rébellion chiite des zaïdites commandés par Abdel Malik Al-Houthi, qui opèrent depuis la région de Saada, au Yémen voisin, et lancent des incursions en Arabie. Dans cette mini-guerre commandée côté saoudien par le vice-ministre de la Défense Khaled ben Sultan, les Saoudiens ont mené des raids, mais sans succès notable, car ils ne disposent pas des renseignements nécessaires, notamment des images satellites qui leur permettraient de définir leurs frappes avec plus de précision. Ils les demandent à leurs alliés américains, qui refusent de les leur fournir. C'est alors qu'ils se tournent vers les Français et que ceux-ci commencent à leur livrer les images demandées. Dès lors, ils peuvent « repérer les caches des rebelles, leurs dépôts de matériel et leurs camps d'entraînement. L'aviation saoudienne a attaqué avec une efficacité redoutable. En quelques semaines, les rebelles demandaient une trêve et ce chapitre de la guerre frontalière était refermé en février 2010 [12] ».

Détail piquant : c'est le 17 novembre 2009, jour de la visite « privée », sans journaliste et de moins de vingt-quatre heures du président français en Arabie saoudite, que celui-ci a fait ouvrir par la Direction du renseignement militaire (DRM) le circuit de livraison des images électroniques fournies par le satellite-espion français Hélios. Les premières images sont arrivées sur les écrans saoudiens le soir même. Paris ne s'en est pas tenu au renseignement : des munitions pour avions de combat et des obus d'artillerie sol-sol ont été livrés dans la foulée. Que faudrait-il de plus pour que les Saoudiens considèrent les Français comme de vrais amis, à qui ils peuvent acheter du matériel de guerre en grandes quantités ? Depuis la visite présidentielle, Riyad cherche à acquérir un satellite-espion. Il sera temps de voir auprès de quel fournisseur le royaume wahhabite se le procurera... Quelles seront les règles du jeu ? Du côté saoudien, on sait qu'elles seront sévères. Mais quelle idée les Américains sortiront-ils de leur chapeau pour contrer une nouvelle fois l'industrie française ? Le chapitre suivant aborde quelques pistes. Car, on ne s'en étonnera pas, le cadre international des compétitions en matière de ventes d'armes est défini aux États-Unis et nulle part ailleurs !

16

Quand les États-Unis font la loi

Ce 18 janvier 2010, c'est la fête à Las Vegas. La NSSF (National Shooting Sport Foundation) organise son grand rassemblement annuel, le SHOT Show. Tous les fabricants d'armes à feu des États-Unis sont présents, qu'ils produisent des équipements de tir « sportif » ou qu'ils soient des contractants habituels du Pentagone. Dans ce pays où le droit de porter des armes est inscrit dans la Constitution, la foule converge déjà, pour être à pied d'œuvre dès le lendemain à la rencontre des 5 000 industriels membres de la NSSF. Ils vendent des armes à feu, mais pas seulement. À leur catalogue, on trouve tous les équipements dont peuvent rêver ces viandards américains se prenant toujours un peu pour des fantassins d'élite : munitions, équipements de vision nocturne, gilets pare-balles, véhicules tout terrain, etc. Dans ce capharnaüm, les agents du FBI sont eux aussi à la chasse. Ils viennent mettre la main au collet de vingt-deux dirigeants d'entreprises d'armement, et personne ne s'en rend compte. Il faudra attendre un communiqué du ministère de la Justice, le lendemain à Washington, pour apprendre que la plus importante opération jamais montée par le FBI au nom de la loi contre la corruption à l'étranger, le FCPA (Foreign Corruption Practice Act), vient d'être engagée sur le sol américain.

Le FBI traque le menu fretin

Les actes d'accusation sont explicites. Les personnes poursuivies ont été arrêtées car elles sont impliquées dans un vaste complot, visant à vendre des armes légères, des munitions, mais aussi des vêtements ou des sacs de transport, entre autres, à « un pays africain » non identifié. Courant 2009, un intermédiaire est venu à la rencontre de ces industriels et leur a proposé sa combine : les équipements qu'il souhaite commercialiser sont facturés à leur juste prix, augmenté de 20 % de commissions illégales. À répartir moitié-moitié entre le ministre de la Défense du pays acheteur et l'intermédiaire. Les personnes inculpées auraient toutes accepté l'arrangement, avant d'être arrêtées quelques semaines plus tard à Las Vegas. Et pour cause : elles sont tombées dans un piège fabriqué de toutes pièces par le FBI. L'« agent commercial » n'était qu'un provocateur. Tout est faux dans ce coup monté, sauf les actes d'accusation, les poursuites judiciaires et, le cas échéant, les arrangements à plusieurs dizaines de milliers de dollars avec l'administration.

Parmi les personnes arrêtées, figure Richard T. Bistrong, qui fut vice-président de la firme Armor Holdings, avant qu'elle soit vendue en 2007 à BAe Systems. Il a accepté de plaider coupable et de révéler à la justice les faits dont il s'était rendu coupable. C'est un catalogue de la corruption ordinaire dans les milieux de l'armement qui apparaît ainsi : 228 000 dollars payés à un agent des Nations unies afin de favoriser la vente de 6 millions de dollars de gilets pare-balles entre 2001 et 2003 ; pots-de-vin à des policiers néerlandais pour un contrat de 2,4 millions de dollars de grenades lacrymogènes ; paiement de commissions indues au Nigéria pour la vente — qui ne s'est pas réalisée — d'encre indélébile destinée à des opérations électorales ; fausses factures pour dissimuler 4,4 millions de dollars de pots-de-vin... Richard T. Bistrong encourt cinq années de prison et 250 000 dollars d'amende [1]...

C'est l'organisation OMB Watch qui a observé que, parmi les entreprises poursuivies, plusieurs sont des fournisseurs du Pentagone, tout en n'étant que du menu fretin [2] : Als Technologies (de Bull Shoals, Arizona), qui vend des armes légères, des munitions et des masques à gaz, a certes obtenu huit cent trente contrats de 2001 à 2010, mais pour un modeste montant de 5,2 millions de dollars ; i-SHOT (de Woodbridge, Virginie) commercialise des équipements logistiques, mais n'a gagné que 1,3 million de dollars en cinq ans. Protective Products International (de Sunrise, Floride) est un plus gros poisson : en dix ans, trois cent cinquante-huit contrats, notamment avec l'US Marine Corps pour des gilets de protection, lui ont assuré 175 millions de dollars de revenus. Highcom Security (de San Francisco, Californie) n'a obtenu que 3,8 millions depuis 2002. Même la mythique société Smith & Wesson (de Springfield, Massachusetts) n'a réalisé que 24 millions de dollars de chiffre d'affaires au cours de la décennie avec le Pentagone. Idem pour Mushriqui Consulting,

ArmorShield USA ou SRT Supply, qui ne sont que des contractants mineurs. Beaucoup plus simples à piéger que le gros gibier, sans aucun doute.

POGO (Project on Government Oversight) n'a pas manqué de le remarquer. Pour cette ONG dont le mot d'ordre est « *Exposing corruption, exploring solutions* », il est remarquable que pas une seule des entreprises poursuivies après l'opération du FBI n'apparaisse dans sa base de données, intitulée Federal Contractor Misconduct Database [3], qui recense les « inconduites » des entreprises bénéficiant de contrats fédéraux. Parmi le top 100 de celles qui se comportent le plus mal à tous points de vue (environnement, social, corruption, etc.) et se sont donc trouvées un jour ou l'autre en butte à la justice, quinze des dix-sept premières sont des entreprises du secteur de la défense, ou très liées à lui. C'est un vrai catalogue du complexe militaro-industriel américain : Lockheed Martin, Boeing, Northrop Grumman, General Dynamics, Raytheon, L-3 Communications, United Technologies, BAe Systems, SAIC (Science Applications International Corporation), Oshkosh Truck Corporation, KBR, Computer Sciences Corporation, Bechtel Corporation, General Electric, ITT Industries. Le FBI n'a pas expliqué pourquoi il n'avait pas monté d'opération contre ces dernières, mais plutôt contre de minuscules acteurs du secteur. Toujours est-il que les dirigeants de ces entreprises, qui ont beau n'avoir eu l'intention de mal agir qu'à la seule instigation d'agents provocateurs mandatés par le gouvernement, se sont retrouvés dans de très sales draps. Car Washington ne badine pas avec le respect du FCPA et les poursuites contre les corrupteurs américains ou étrangers sont une réalité tangible.

Le précédent Statoil en 2003 : des entreprises étrangères devant la justice américaine

Le Foreign Corrupt Practices Act (FCPA) date de 1977. Dans la foulée des commissions d'enquête qui avaient révélé les pratiques corruptrices des entreprises nationales, d'armement et autres, il fut promulgué en décembre 1977 par le président Jimmy Carter, qui avait fait de la vertu un programme. Il s'agit donc d'un texte qui rompt avec les années Nixon, en moralisant les pratiques commerciales. Il prévoit 2 millions de dollars d'amende et des peines de prison pour les contrevenants. Historiquement, il a été mis en place pour lutter contre la corruption pratiquée par les entreprises américaines. Mais devant les protestations de ces dernières, qui estimaient se trouver pieds et poings liés face à leurs concurrents étrangers, le législateur américain a décidé de promouvoir ces règles à l'échelle planétaire, en adoptant en 1988 l'Omnibus Trade and Competitiveness Act. La convention OCDE de 1997 n'est autre qu'une émanation de ce texte.

Personne ne contestera que les États-Unis puissent poursuivre des entreprises ou des individus relevant de leur juridiction et contrevenant à leurs lois. Il est plus étonnant que ces mêmes poursuites puissent être engagées contre des entreprises ou des citoyens de pays tiers, y compris dans les cas où les intérêts des États-Unis ne sont aucunement concernés. C'est d'autant plus stupéfiant que ce pays refuse par principe que ses propres nationaux soient poursuivis par des juges d'autres pays, y compris dans les cas les plus graves relevant de la Cour pénale internationale. Comme nous l'avons vu dans l'affaire Siemens, il suffit qu'une société soupçonnée de recourir à la corruption soit cotée en Bourse aux États-Unis, ou qu'elle recoure aux services d'une entreprise américaine, par exemple une banque, pour qu'elle puisse être poursuivie ainsi que ses dirigeants. Bien peu d'entreprises de quelque importance peuvent ainsi échapper aux investigations. C'est en 2003 que les premières poursuites ont été engagées contre une entreprise ne menant aucune opération sur le sol américain.

Cette année-là, en septembre, le président de Statoil, la plus importante firme pétrolière norvégienne, propriété de l'État norvégien à plus de 80 %, démissionne. Le départ de Leif Terje-Loeddesoel est bientôt suivi par ceux de son vice-président Richard Hubbard, puis du directeur général Olav Fjell. L'enquête de la section économique de la police norvégienne, Oëkokrim, déterminera que, pour obtenir un contrat d'opérateur sur le champ gazier iranien de South Pars (Phases 6 et 8), Statoil, associée avec SINTEF Petroleum Research et Reinertsen Engineering, avait eu recours en 2002 à un intermédiaire iranien, le cabinet de consultant Horton Investments, propriété de l'avocat Abbas Yazdi. Il n'avait été mis dans la boucle que pour percevoir des commissions destinées à Mehdi Hashemi-Rafsandjani, le fils d'Ali Akbar Hashemi-Rafsanjani, l'ancien président de la République islamique d'Iran. Le premier versement de 5,2 millions de dollars devait être suivi d'autres, à hauteur de 1 million de dollars par an. Mehdi Hashemi-Rafsandjani était alors le patron de l'Iranian Fuel Optimizing Organization, l'une des filiales de la société nationale pétrolière iranienne, la National Iranian Oil Company (NIOC). L'enquête norvégienne allégera finalement les charges contre les accusés norvégiens en 2004, en estimant que Statoil n'avait certes pas respecté les « standards éthiques », mais qu'elle ne s'était pas engagée dans une véritable opération de corruption. Statoil sera condamnée à une amende de 3 millions de dollars, le seul à porter le chapeau individuellement demeurant Richard Ubbard, condamné à 300 000 dollars d'amende, notamment pour avoir accepté de verser la commission de Mehdi Hashemi-Rafsandjani dans un paradis fiscal.

Jugeant insuffisantes les amendes norvégiennes, le ministère de la Justice américain et la SEC déclenchent alors une procédure pour non-respect du FCPA. Ils annoncent en octobre 2006 que Statoil, société cotée au NYSE, a accepté de payer 18 millions de dollars d'amende. Dont 10,5 millions de dollars sous forme de reversement, au gouvernement américain donc, de profits réalisés grâce au contrat litigieux. La société a par ailleurs été contrainte de recruter un cabinet d'avocats américains chargé de vérifier la conformité des activités de l'entreprise avec la loi américaine, non sans faire un rapport à Washington de ses activités et de ses contrats !

Le FCPA n'a été que peu utilisé durant ses vingt premières années d'existence : trente-sept enquêtes seulement avaient été ouvertes entre 1977 et 1997. Puis, sous le second mandat de George W. Bush, les poursuites engagées en son nom ont connu une soudaine vigueur. De 2005 à 2007, une dizaine de procédures nouvelles ont été engagées chaque année par le ministère de la Justice contre des entreprises américaines et étrangères avant que les choses s'accélèrent : dix poursuites en 2008 (dont celles contre Siemens, voir *supra*, chapitre 5), quinze en 2009 et vingt-cinq au premier trimestre 2010, dont celles contre Daimler AG [4]. En 2010, le ministère de la Justice et la SEC conduisent chacun entre soixante-dix et quatre-vingts investigations simultanées [5]. Parmi ces affaires, celles visant les entreprises d'armement n'ont pas été très nombreuses : il s'agit essentiellement de BAe Systems (voir *supra*, chapitre 2) et de ces sociétés présentes au SHOT Show de Las Vegas. Mais les poursuites contre plusieurs autres entreprises sont significatives de l'état d'esprit en vigueur : davantage que le monde de l'armement, celui du pétrole est visé par les procédures FCPA. Les poursuites engagées contre des entreprises ayant remporté l'appel d'offres pour la construction d'une usine de liquéfaction de gaz au Nigéria sont particulièrement éclairantes.

Un cas d'école au Nigéria

Au début des années 2000, plusieurs sociétés du secteur pétrolier, et non des moindres, sont prises dans une grosse affaire de corruption au Nigéria. KBR (Kellog, Brown & Root) — filiale du groupe Halliburton jusqu'en avril 2007 avant de prendre son indépendance — et plusieurs entreprises non américaines, dont la française Technip, sont concernées.

Tout commence en 2003. À Londres, l'entité spécialisée dans la garantie de crédits export, l'Export Credit Guarantee Department (ECGD), est sollicitée pour apporter une garantie de 123 millions de livres (138 millions d'euros) dans le cadre de la construction d'une usine de liquéfaction de gaz naturel à Bonny Island, une île du delta du Niger. Le projet est porté par le consortium TSKJ, auquel participent, avec KBR comme chef de file, Technip (France), Snamprogetti (Italie) et JGC (Japanese Gazoline Co.). Les emprunts doivent essentiellement bénéficier à la société américaine KBR. Engagé depuis 1993, le contrat est prévu pour un montant total de 6 milliards de dollars (4,3 milliards d'euros). La partie cliente est la société NLNG (Nigeria Liquified Natural Gas), créée en mai 1989 avec pour actionnaires trois « majors » pétrolières — Elf (France), Shell (Royaume-Uni) et Agip (Italie) — associées au gouvernement nigérian. Lequel est alors dirigé par un kleptocrate notoire, le dictateur Sani Abacha (1943-1998). Durant ses cinq années au pouvoir, entre 1993 et sa mort en 1998, il pourrait avoir pillé environ 5 milliards de dollars (3,6 milliards d'euros) dans les caisses de l'État nigérian, allant jusqu'à contraindre la Banque centrale à lui livrer des billets de banque par palettes entières [6] !

En mars 2003, lorsqu'il s'agit pour TSKJ de faire garantir un crédit, le danger de corruption est toujours patent : les autorités nigérianes ont changé, pas les pratiques. Des soupçons très clairs sont émis par la présidente du comité consultatif de l'ECGD, Liz Airey, par ailleurs directrice de la société de conseil pétrolier Harrison Lovegrove & Co, dont Halliburton est cliente. Les avertissements de Liz Airey sont évacués, l'emprunt est garanti. Quelques mois plus tard, en octobre 2003, le juge d'instruction français Renaud Van Ruymbeke bénéficie des confidences de Georges Krammer, l'ancien directeur général de Technip, et entame une enquête sur le consortium TSKJ. Il découvre que l'Américain KBR, son chef de file, disposait de filiales à Madère. L'une d'entre elles, LNG Servicos, a distribué des commissions considérables à des membres du gouvernement nigérian et, classiquement, à des dirigeants des entreprises soumissionnaires. Renaud Van Ruymbeke a évalué la possibilité d'engager des poursuites contre Richard « Dick » Cheney, vice-président américain de janvier 2001 à janvier 2009 après avoir été président d'Halliburton (1995-2000), à cette époque maison mère de KBR. Dans une note en date du 10 octobre 2003, le parquet de Paris estimera néanmoins que des poursuites contre le vice-président américain sont impossibles, dès lors que d'éventuels faits de corruption seraient intervenus « ultérieurement à sa prise de fonctions à la tête de l'exécutif américain » : « La mise en cause de M. Richard Cheney ne pourrait résulter que de la caractérisation d'une éventuelle complicité par fourniture de moyens ou d'instructions, ou d'un recel, qu'il serait hasardeux de conjecturer en l'état de nos connaissances. »

Jeffrey Tesler, un avocat britannique travaillant pour le compte de KBR, a quant à lui transféré d'importantes sommes d'argent en Suisse. Les fonds ont transité par sa société Tri Star basée à Gibraltar, dont il est l'un des deux porteurs de parts avec Gabriel Fatri. Tesler est mis en examen en mai 2004 par Renaud Van Ruymbeke pour « corruption d'agent public étranger ». Une date à marquer d'une pierre blanche : il s'agit des premières poursuites engagées en France de ce chef, après l'insertion dans le Code pénal français à la fin 2000 de la « convention sur la lutte contre la corruption d'agents publics étrangers dans les transactions commerciales internationales ». Me Thierry Marembert, l'avocat de Jeffrey Tesler, estimera que son client n'a perçu que des sommes dues en rémunération de son travail, et qu'il en a « consommé » 20 % pour la bonne marche des contrats. L'argument est classique...

Fin 2003, des versements ont été découverts par la justice suisse sur des comptes appartenant à l'ancien ministre nigérian du Pétrole sous la présidence du général Sani Abacha, Dan Etete. D'autres comptes apparaissent comme étant détenus par l'ancien président de KBR, Jack Stanley, et par Wojciech Chaudan, ex-consultant de KBR. Dans la foulée, la maison mère Halliburton annonce s'être séparée de ces deux responsables et avoir décidé de coopérer avec la justice américaine, qui a démarré son enquête début 2005. En février 2009, KBR a reconnu sa culpabilité dans cette affaire, avant d'être condamnée à 402 millions de dollars (289 millions d'euros) d'amende et à recourir durant trois ans aux services d'un cabinet d'avocats chargé de garantir le respect des procédures et des pratiques anticorruption américaines. L'extradition de Jack Stanley et de Wojciech Chaudan du Royaume-Uni a été demandée [7]. Elle n'était toujours pas effective fin 2010.

Deux autres entreprises ont été condamnées dans cette affaire. Technip a accepté de payer 338 millions de dollars d'amende, dont 240 millions pour avoir violé le FCPA et 98 millions pour solder la plainte déposée par la SEC, gendarme de la Bourse new-yorkaise. Alors filiale de la compagnie pétrolière nationale italienne ENI (Ente Nazionale Idrocarburi), Snamprogetti a également accepté de payer 240 millions de dollars d'amende et 125 autres millions solidairement avec sa maison mère, sous forme de « restitution de profits ». Au total, les autorités américaines ont récupéré 1,28 milliard de dollars, soit le quart du chiffre d'affaires du consortium ayant construit l'usine de Bonny Island. Et sans doute l'intégralité de leurs bénéfices dans cette affaire. Petit détail : les autorités américaines ne restitueront pas ces fonds au Nigéria, clairement le plus lésé par cette corruption. Car Washington, agissant au nom de ses citoyens défavorisés par des pratiques commerciales délictueuses, y compris si elles sont le fait d'entreprises étrangères — à la condition qu'elles soient cotées dans une Bourse américaine —, ne rend pas un fifrelin aux principales victimes [8]. En revanche, en 2010, la justice suisse et celle du Liechtenstein ont respectivement restitué au Nigéria 700 millions de dollars [9] et 188 millions d'euros [10].

Le volet français concerne surtout Dan Etete (ministre nigérian du Pétrole de 1995 à 1998). La justice l'a accusé d'avoir touché des commissions dans le cadre de l'affaire TSKJ et d'avoir investi en France 15 millions d'euros d'origine douteuse, notamment pour acquérir un appartement à Paris, un hôtel particulier à Neuilly-sur-Seine (Hauts-de-Seine) et un château dans le nord-ouest de la France. En mars 2009, la cour d'appel de Paris l'a condamné à 8 millions d'euros d'amende pour blanchiment. Considéré comme son complice, le trader français Richard Granier-Deferre a lui aussi été poursuivi [11] : il sera condamné en novembre 2007 à six mois de prison avec sursis et 150 000 euros d'amende pour « complicité de blanchiment ».

Le corrupteur, c'est le concurrent

Les États-Unis ont donc mis en place un système reposant sur un principe simple, que l'on peut résumer ainsi : mises à part quelques brebis galeuses, leurs entreprises sont foncièrement plus honnêtes que celles des autres pays. Cette assertion n'est pas spécifiquement américaine, puisque les Français servent exactement la même. En compétition au Brésil contre des concurrents américain (Boeing) et suédois (Saab), Dassault ne manque jamais d'évoquer, quand il s'agit d'expliquer ses difficultés à exporter le Rafale, « une autre contrainte : l'application de la convention OCDE signée par la France en 2000, interdisant les commissions. Sans remettre en cause ce principe, [Dassault] observe que les compétiteurs étrangers n'ont pas la même obligation [12] ». Argument fallacieux, puisque la contrainte est commune à tous les pays de l'OCDE signataires de la convention, États-Unis et Suède compris. Les avionneurs russes ou chinois ne sont certes pas soumis à ces obligations. Mais leurs avions ne sont pas du même niveau technologique que le Rafale, et sont incomparablement moins chers.

Revenons à la corruption à laquelle se livreraient les entreprises américaines dans le domaine de l'armement, si fréquemment évoquée en France. Le problème, c'est que jamais les concurrents français qui auraient été victimes de ces pratiques n'ont déposé la moindre plainte, ni même élevé la voix en citant des cas précis, assortis d'éléments incontestables. Le

feraient-ils, ils seraient pourtant assurés de l'emporter devant les tribunaux ! Alors, bien sûr, on évoque dans les ministères parisiens des méthodes « indémontrables mais indiscutables » : hospitalisations gratuites pour des interventions chirurgicales hors de prix, soins dentaires, voyages et bourses d'études pour les militaires ; pour les décideurs, ce sont aussi les admissions des enfants dans de prestigieuses universités dont les frais de scolarité exorbitants sont couverts par des donations d'entreprises : « Des fois, ils ont même le diplôme au bout, fulmine un très haut responsable français en charge de ces affaires. Si nous voulions agir de manière similaire, ce serait impossible. On ne brade pas les diplômes de la Sorbonne, qui d'ailleurs ne font pas le poids ! » Mais, pour les noms des entreprises américaines corruptrices, voire des corrompus, il faudra repasser... Quand bien même seraient-ils connus des services français, rien ne sort. Serait-ce de la candeur, de l'ignorance, ou plutôt une incapacité à apporter des preuves des prétendus méfaits ? Il y a un peu de tout cela, sans doute... Mais rien qui ressemble aux faits dont des Français ont été accusés en Afrique du Sud, en Algérie, en Angola, en Argentine, en Chine, au Costa Rica, en Équateur, en Inde, en Malaisie, au Pakistan, aux Pays-Bas, à Taiwan et sous bien d'autres cieux. Répétons-le : il serait faux de prétendre que les Américains ne corrompent pas. Mais si on les accuse, comme le font les Français à longueur de journée, encore faut-il avoir des arguments ! Après l'affaire Lockheed, des mesures législatives ont été prises aux États-Unis, dont le FCPA est le fruit.

Quant aux Suédois de Saab, ils ont certes été accusés d'avoir corrompu des clients éventuels, notamment en Europe de l'Est et en Afrique du Sud (voir *supra*, chapitre 2), mais ils s'étaient alors associés pour la commercialisation de leur appareil JAS 39 Gripen aux Britanniques de BAe Systems. L'histoire vaut le détour, car elle est emblématique de méthodes mal connues quand elles se déroulent sur le sol européen. Où, à entendre les agents connaissant bien les marchés des pays d'Europe centrale, ces pratiques sont monnaie courante. Mais les Suédois se sont fait ouvrir la voie par les Britanniques, experts en la matière. Après la chute du Mur en 1989, Londres a en effet cherché à vendre des quantités de matériel militaire aux ex-« démocraties populaires ». BAe en tête, les Britanniques vont utiliser leurs vieux réseaux pour intervenir activement auprès des nouveaux dirigeants de ces États tout acquis à la cause de l'OTAN et des armements occidentaux. Et ils vont commencer par faire appel à ces agents exceptionnels qui ont fait leurs classes dans le Golfe arabo-persique. Le premier d'entre eux est le général de brigade James Timothy Whittington Landon (dit Tim Landon, décédé en juillet 2007 à l'âge de soixante-quatre ans).

Ce personnage de roman avait bâti sa fortune (estimée à 750 millions d'euros) en travaillant pour le sultan d'Oman, Qaboos ben Saïd, dont il avait fait la connaissance lors de leurs études communes à l'Académie militaire de Sandhurst. Dans les années 1960, il fut affecté à ses côtés par l'armée britannique comme « officier de liaison », donc de renseignement [13]. Dans le droit fil des pratiques des anciennes puissances coloniales, il aida en juillet 1970 Qaboos ben Saïd à renverser son père Saïd ben Taimour, à la demande conjointe de Londres et de la firme PDO (Petroleum Development Oman) [14]. Après la prise de pouvoir, Tim Landon fut chargé par le nouveau sultan d'équiper intégralement son armée avec du matériel britannique. Il y gagna le début de sa fortune et le surnom de « Sultan blanc ». Toujours dans les années 1970, Tim Landon s'enrichit en livrant des hydrocarbures aux régimes sud-africain et rhodésien frappés par des embargos pétroliers.

Après son mariage en 1977 avec la princesse hongroise Katharina Maria Therese Antoinette Esterhazy de Galantha (dite « princesse Kata »), Tim Landon rentre en Angleterre dans les années 1980 et se rapproche de BAe. Comme nombre de commerçants avisés et intermédiaires divers aux affaires dans ces années-là, il a été présenté comme un associé de Mark Thatcher [15], notamment à l'occasion d'un juteux programme immobilier conclu entre la société dont ce dernier était l'employé, Cementation, et le sultanat d'Oman. Margaret Thatcher serait intervenue vigoureusement pour aider la réussite de cette transaction [16]. Après la chute du communisme, une des sociétés off-shore de Landon, Valurex, est utilisée par BAe pour faciliter ses ventes dans toute l'Europe de l'Est. Plus de 3 millions de livres sterling lui ont été payés par BAe Systems à partir de 2003. Pas par philanthropie... Valurex va recruter le cousin germain de la « princesse Kata », le comte autrichien Alfons Mensdorff-Pouilly. Membre du Gotha, celui-ci est l'époux de Maria Rauch-Kallat, ministre de la Santé et des Femmes du gouvernement autrichien entre 2003 et 2007.

Alors accusé d'avoir corrompu des politiciens autrichiens afin de favoriser l'acquisition par leur pays de chasseurs Eurofighter Typhoon, Mensdorff-Pouilly s'est ensuite trouvé au cœur d'une enquête sur le versement de plusieurs millions de livres sterling de commissions à des politiciens tchèques. Et accusé d'avoir touché personnellement, pour partie indûment, 13 millions de livres de la part de BAe Systems dans ce contrat de fourniture à la République tchèque, en 2004, de vingt-quatre chasseurs JAS 39 Gripen de la firme suédoise Saab (associée à BAe Systems, qui assure notamment le marketing de l'avion à travers la joint-venture Gripen AB). Le contrat de 2,1 milliards d'euros avait été signé en 2001, avant d'être ensuite annulé. À cette époque, tous les compétiteurs internationaux s'étaient retirés de la course avant même que la décision gouvernementale fût annoncée, protestant contre une compétition truquée en faveur de l'appareil suédois. Alfons Mensdorff-Pouilly a été placé en détention provisoire en Autriche, de février à fin avril 2009, dans le cadre de cette affaire. Cet homme très introduit dans toute l'Europe de l'Est était également au cœur d'une enquête en Hongrie, accusé cette fois d'avoir perçu 8 millions de dollars à l'occasion de la location pour dix ans à ce pays de quatorze chasseurs JAS 39 Gripen, pour 840 millions d'euros. La proposition était faite conjointement par BAe Systems et Saab [17].

Alors, bien sûr, on ne prête qu'aux riches ! Mais, quand Dassault accuse ses compétiteurs au Brésil de corrompre leurs éventuels clients, quels sont ses arguments ?

Lois américaines, lois mondiales : le cas Alcatel au Costa Rica

En matière de répression des trafics d'armes, comme de lutte anticorruption, les États-Unis ne font pas dans la dentelle. Le Syrien Monzer Al-Kassar en sait quelque chose. Dans le marigot des marchands de canons, ce dernier est en effet un énorme crocodile : il a commencé ses coupables activités dès le début des années 1970. Il sera coincé en 2007 en Espagne par la Drug Enforcement Administration américaine (DEA), dans une opération similaire à celle qui conduira l'année suivante à l'arrestation de Viktor Bout. Cette année-là, Monzer Al-Kassar, associé à son compatriote syrien Tareq Mousa Al-Ghazi et au Chilien Luis Felipe Moreno Godoy, avait accepté de fournir à de prétendus envoyés des FARC colombiennes les équipements qu'ils demandaient, des fusils d'assaut (par milliers) aux missiles sol-air [18]. Les marchands d'armes devaient être payés en liquide (6 millions de dollars !) et être livrés grâce à de faux certificats de destination finale pour le Nicaragua.

Deux sociétés ont répondu à sa demande : Armitrans en Bulgarie et Romarm en Roumanie. Il a pu passer une commande ferme auprès de cette dernière, dans un pays toujours connu en 2010 pour être particulièrement peu regardant, selon plusieurs de mes interlocuteurs. L'affaire est d'autant plus étonnante qu'en 2007 la Roumanie et la Bulgarie étaient déjà très engagées dans leur processus d'intégration à l'Union européenne. Dans un article publié en 2009, deux chercheurs à l'International Peace Information Service (IPIS) d'Anvers, Peter Danssaert et Brian Johnson-Thomas, s'indignent : « Les États membres de l'Union européenne doivent interpréter avec toute la diligence voulue le Code de conduite en matière d'exportation d'armements. Comment un trafiquant d'armes notoire a-t-il pu conclure des accords avec des sociétés de défense en Bulgarie et en Roumanie, alors que ces deux pays s'étaient employés à être candidats à l'adhésion à l'Union européenne, avaient été admis et que cette appartenance les obligeait à respecter scrupuleusement le Code de conduite de l'Union [19] ? » Mais la réponse est toute simple, comme nous l'explique un marchand d'armes qui possède ses habitudes dans ces contrées : « C'est parce que, en Bulgarie et encore plus en Roumanie, on achète toutes les pièces administratives possibles et imaginables contre quelques centaines d'euros ! » Arrêté à Madrid par la police espagnole en juin 2007, Monzer Al-Kassar a été extradé un an plus tard aux États-Unis, où il a été condamné en février 2009 à trente années de prison.

Ceux qui ignorent que les lois américaines s'appliquent à des conditions fixées par les seuls États-Unis en payent les conséquences. En avril 2007, le Department of Justice (DoJ) fait inculper deux anciens cadres d'Alcatel, le Costaricain Edgar Valverde Acosta et Christian Sapsizian, citoyen français vice-président de la filiale sud-américaine. Ils sont accusés d'avoir corrompu, de 2000 à 2004, des dirigeants de l'Instituto Costarricense de Electricidad (ICE, l'entreprise nationale de distribution d'électricité) et des responsables politiques costaricains, dans le cadre d'un appel d'offres dans la téléphonie mobile. Alcatel avait effectivement gagné le contrat de 149 millions de dollars, pour 400 000 lignes de téléphone mobile. Le parquet général du Costa Rica a estimé que la multinationale française avait versé 17,8 millions de dollars de pots-de-vin. L'ancien patron de l'ICE, Hernan Bravo, a reconnu avoir reçu 800 000 dollars. L'ex-président de la République lui-même, Miguel Angel Rodriguez (1998-2002), a touché à cette occasion 1,4 million de dollars de pots-de-vin, soit 1 % de la valeur du contrat. Suite aux accusations de corruption, il a dû renoncer à son mandat de président de l'Organisation des États américains, poste qu'il n'a donc occupé qu'un mois, du 15 septembre au 15 octobre 2004. Il a ensuite été emprisonné durant un an avant son procès qui s'est ouvert à San José, la capitale du Costa Rica, en avril 2010 — un procès au long cours qui se poursuivait toujours sept mois plus tard. Outre les accusations concernant Alcatel, il a dû répondre d'autres actes de prévarication survenus durant sa présidence : les compagnies de réassurance anglaise PWS et mexicaine Reinmex ont été accusées de lui avoir versé respectivement 150 000 et 47 465 dollars. Rodriguez aurait reçu en outre 1,4 million de dollars provenant de Taiwan [a].

a Il semble que cette pratique ne soit pas une exception chez les présidents du Costa Rica : Rafael Angel Calderón Fournier, président de 1990 à 1994, a été

Dès lors qu'Alcatel (c'est-à-dire l'entité purement française existant avant la fusion avec Lucent Technologies en décembre 2006) était cotée à New York, les autorités américaines se sont estimées fondées à poursuivre l'entreprise. Le FBI a arrêté Christian Sapsizian en mai 2007, alors qu'il était en transit à l'aéroport de Miami. Lors de sa comparution, il a plaidé coupable sur deux points : conspiration et violation du FCPA. En septembre 2008, Christian Sapsizian a été condamné par la justice fédérale américaine à trente mois de prison et 262 000 dollars d'amende. Et en février 2010, rapporte le quotidien *Les Échos*, « Alcatel-Lucent a accepté de verser 137,4 millions de dollars dans le cadre d'un accord avec le Département de la Justice et la SEC, pour mettre fin aux poursuites sur l'affaire du Costa Rica, certes, mais également à Taiwan (dans un marché pour une compagnie de chemins de fer) et au Kenya, pour un contrat de télécommunications. À la suite de cet accord, le groupe a indiqué avoir "mis en place des processus pour éviter que ce genre de pratique se renouvelle" [20] ». Il a également versé une « compensation » de 10 millions de dollars au gouvernement costaricain.

Alcatel-Lucent était très impliquée dans l'électronique de défense, à tout le moins jusqu'à ce que l'Élysée organise en décembre 2008 la vente à Dassault Aviation de 20,8 % d'actions de Thales jusqu'alors détenues par la société. En annonçant, le 12 décembre 2008, lors de la présentation de son plan stratégique, que le groupe Alcatel-Lucent « sera[it] bientôt une société normale », son directeur général Ben Verwaayen ajoutait qu'il supprimerait 1 000 postes de managers et 5 000 emplois de sous-traitants [21]. Parmi ces derniers, l'entreprise franco-américaine s'est séparée de plusieurs centaines de lobbyistes et d'agents commerciaux qui, partout dans le monde mais surtout dans les pays émergents, assuraient la liaison avec ses clients étatiques. Notamment dans les réseaux d'infrastructure de télécommunications, où la guerre fait rage entre un tout petit nombre d'acteurs mondiaux comptant entre autres, outre Alcatel-Lucent, l'allemand Siemens, le chinois Huawei, le finlandais Nokia et le suédo-japonais Sony-Ericsson. En confirmant la réalité des ruptures de contrats avec des agents commerciaux, une porte-parole d'Alcatel-Lucent ne précise pas leur nombre ni les pays concernés, mais rappelle « un principe : celui de travailler dans le respect des lois des pays où nous intervenons. Ce n'est pas un choix : nous entendons appliquer les règles. Nous ne faisons pas d'autre commentaire ».

---

condamné en octobre 2009 à cinq ans de prison pour corruption. Il avait touché 8 millions de dollars d'une société finlandaise sur un contrat de 40 millions de dollars de matériel médical destiné à la Sécurité sociale du Costa Rica.

Sur le conseil de ses avocats, en relation évidente avec les poursuites engagées aux États-Unis au titre du FCPA, Alcatel-Lucent a donc pris la décision de se séparer de trois cent quarante-huit consultants. Les avocats du groupe, qui ont fait auditer courant 2008 tous les contrats en cours par deux sociétés spécialisées, ont estimé en substance que la firme serait « touchée par un énorme problème de corruption » de ses clients potentiels. Certains consultants ne respecteraient pas les règles fixées par la convention anticorruption de l'OCDE. Sans apparemment faire le tri entre les éventuels consultants « à risque » et ceux qui ne le sont pas, Alcatel-Lucent a donc choisi de se séparer de la quasi-totalité d'entre eux.

Pourtant, dans le cadre de leurs contrats et en cas de succès, les consultants et agents d'Alcatel étaient généralement rémunérés dans les limites prévues par la convention de l'OCDE — au maximum 5 % de la valeur du marché —, ces sommes servant à payer les intermédiaires commerciaux locaux. Lesquels reversent éventuellement des pots-de-vin pris sur le montant de leur commission, qui intègre ces derniers. « C'est comme ça que ça marche et qu'Alcatel-Lucent gagnait des contrats, s'indigne alors un des consultants évincés. En pourcentage, ce sont de petites sommes, mais si elles ne sont pas payées, surtout pour les contrats en cours, des agents d'Alcatel vont se retrouver les pieds dans le ciment. Je ne conteste pas que les avocats d'Alcatel veuillent changer sa stratégie, c'est acceptable. Le problème, c'est le procédé et la volonté de la société de ne pas régler les commissions dues. Pour les consultants qui ont remporté des marchés, le problème est évidemment énorme ! » Sûrement. Sauf que le mouvement engagé par les États-Unis ne date pas d'aujourd'hui : cela fait plus de trois décennies qu'il est en route, depuis l'adoption du FCPA en 1977...

L'arsenal anticorruption très orienté des États-Unis

À la demande de Bill Clinton, puis de George W. Bush, les États-Unis ont ensuite complété leur dispositif national anticorruption, en prenant plusieurs initiatives permettant d'afficher plus largement le discours officiel et d'agir de manière plus vigoureuse encore qu'avec le FPCA contre les États, les entreprises ou les personnes qui ne respecteraient pas les directives américaines. Votée le 29 mars 1996 en session plénière de l'Organisation des États américains à l'instigation de Washington, l'Inter-American Convention against Corruption (ICAC) est le premier accord international contre la corruption. Il permet notamment la suppression de visas d'entrée aux États-Unis pour les dirigeants étrangers soupçonnés de se faire graisser la patte. Plusieurs dirigeants sud-américains ont été touchés. En 2000, l'ancien chef de l'administration fiscale au Nicaragua, Byron Jerez, a ainsi accepté de collaborer avec la justice après le retrait de son visa américain. Également nicaraguayen, l'ancien président (1997-2001) Arnoldo Aleman a de même été confondu en 2000. Ont également été visés : Ernesto Perez Balladares et Winston Spadafora (Panama), Alfonso Portillo (Guatemala), Omar Mora (Vénézuéla), Yuri Melara (Honduras).

À la suite du vote de la convention de l'OCDE en 1997, les États-Unis ont rapidement introduit ses préconisations dans leur législation, en votant l'International Anti-Bribery and Fair Competition Act, entré en vigueur en novembre 1998. Mais ce texte n'a pas semblé suffisant, notamment à l'égard des entreprises nationales dont les pratiques illégales n'avaient pas été découvertes et qui souhaitaient régulariser leur situation vis-à-vis de la justice. L'opération « Truth or Consequences », lancée en 2006 par le Department of Justice, a permis aux entreprises qui déclarent spontanément leurs violations du FCPA de prétendre à la compréhension de la justice. Ces déclarations volontaires se produisent notamment lors d'opérations de fusion-acquisition. D'autres sont provoquées par les exigences de contrôle interne induites par la section 504 du Sarbanes-Oxley Act. Cette loi du 31 juillet 2002 oblige notamment les présidents des entreprises à certifier personnellement les comptes, donc à répondre en personne d'éventuelles malversations.

Sous la seconde administration de George W. Bush, la principale promotrice de cette évolution fut l'*assistant attorney general* (ministre de la Justice adjoint) Alice S. Fisher, dont l'intervention du 16 octobre 2006 devant les avocats de l'American Bar Association a été particulièrement remarquée. Elle y déclara en particulier : « En renforçant le FCPA, nous démontrons notre engagement à combattre la corruption globale, à préserver l'intégrité des marchés américains et à donner l'exemple aux autres pays autour de la planète. » Alice S. Fisher avait été choisie en mars 2005 par George W. Bush au sein du cabinet d'avocats Latham & Watkins, qu'elle a rejoint en 2009 à l'issue de son passage dans l'administration. Elle s'y occupe notamment des « affaires criminelles internationales de corruption liées au FCPA [22] ».

Lancée le 12 janvier 2004 par George W. Bush, la Presidential Proclamation 7 750 permet de refuser ou de retirer un visa à un individu présumé corrompu dont l'attitude affecterait les intérêts américains, qu'il s'agisse des activités internationales des entreprises, de la lutte contre le crime transnational ou le terrorisme, ou de la « stabilité des nations et des institutions démocratiques ». Elle a permis d'interdire l'accès aux

États-Unis à plusieurs personnalités étrangères, dont plusieurs dirigeants kenyans en 2009 et l'ancien ministre nigérian de la Justice Michael Aondoakaa en 2010.

Autre initiative lancée par le gouvernement américain en septembre 2006, la « stratégie pour internationaliser les efforts contre la kleptocratie » (Strategy to Internationalize Efforts against Kleptocracy) vise la « grande corruption » de dirigeants étatiques. Les intentions américaines consistent à « mettre en place une coalition internationale pour tracer et récupérer les avoirs des corrompus ». Second objectif : « Judiciariser les cas de corruption à l'étranger et saisir les biens illégalement acquis. Refuser le droit d'asile aux corrompus. » L'administration Bush souhaitait enfin « renforcer la lutte internationale contre la corruption des kleptocrates », « faciliter la mise à disposition effective des citoyens des pays concernés, des biens récupérés et mettre en place des capacités de lutte internationale contre la corruption »[23]. L'application de ce texte n'a fait l'objet d'aucune publicité de la part de l'administration du président Barack Obama, mais il est demeuré en vigueur et constitue l'une des armes aux mains du secrétaire d'État, qui « doit tenir à jour une liste d'officiels gouvernementaux étrangers et des membres de leur famille proche, dont il estime qu'il existe des éléments crédibles permettant de penser qu'ils sont impliqués dans une corruption liée à l'extraction des ressources naturelles de leur pays[24] ».

Trace International et Ethisphere : le business américain de l'anticorruption

Aux États-Unis, la lutte contre la corruption n'est pas seulement l'affaire de l'État fédéral. Les entreprises s'en mêlent et prétendent souvent célébrer les pratiques vertueuses du monde économique, voire dénoncer celles qui ne le seraient pas ou apprendre aux étrangers les « bonnes pratiques » américaines. C'est par exemple la tâche que s'est assignée Trace International (Transparent Agents and Contracting Entities), fondée en 2001 et toujours dirigée en 2010 par la juriste Alexandra Addison Wrage, ancienne conseillère juridique de Northrop-Grumman. Cette association d'entreprises privées — les plus grandes en font partie — œuvre pour aider ses adhérents à améliorer en leur sein la lutte contre la corruption, tout en réduisant leurs frais de mise en conformité avec la législation américaine.

Fin 2006, Trace a lancé le service BRIBEline, un site Web multilingue permettant aux entreprises de dénoncer anonymement les solliciteurs de pots-de-vin. Les particuliers et les entreprises peuvent y signaler anonymement les demandes de pots-de-vin émanant d'agents de gouvernements, d'organisations internationales, de forces de sécurité ou d'entreprises d'État. Les informations ainsi recueillies alimentent une base de données, le Business Registry for International Bribery and Extorsion. Rien n'est prévu en revanche pour révéler les offres de pots-de-vin par des entreprises. Reposant uniquement sur des déclarations volontaires, non vérifiables et d'ailleurs non vérifiées, le système mis en place par Trace International ne permet d'établir aucune statistique crédible. Lors de la conférence de presse de présentation de son site, sa patronne avait d'ailleurs admis : il existe « des risques de dénonciations calomnieuses, mais nous pensons qu'ils sont faibles [25] ». Pour le député français Bernard Carayon (UMP), Trace International « se donne le droit de "tamponner" la vertu de ses entreprises clientes et de "blacklister" celles qui n'ont pas accepté de lui confier leurs stratégies commerciales [26] ».

L'organisation mise en place par Alexandra Wrage fonctionne de manière tout à fait conforme au message que veulent transmettre au monde les autorités américaines et qui pourrait tenir dans cette formule : « Nous nous chargeons de nos brebis galeuses et, puisque le reste du monde ne veut pas s'occuper des siennes, nous les prenons aussi en charge. » Le problème, c'est que les informations de Trace sont biaisées. Dans un document rendu public en juin 2010, l'organisation se déconsidère ainsi en affirmant que, derrière les États-Unis, « le Royaume-Uni occupe une solide deuxième place dans la lutte contre la corruption à l'étranger [27] » ! Après une telle assertion, il est difficile d'accorder du crédit à cette organisation, qui se fourvoie en outre en annonçant que seules six procédures auraient été conduites en France en trente-trois ans (1977-2010) contre des entreprises corruptrices, ce qui est faire peu de cas des dizaines d'actions judiciaires engagées en la matière, au fil des années, contre Elf, Total, Thomson-CSF, DCNS ou la Sofremi, sans compter Alcatel, Technip, Brenco et tant d'autres... Clairement, Trace International est un pur outil idéologique. Mais peut-il en être autrement quand un État et ses élites économiques et politiques sont persuadés de détenir une vérité unique ?

Parmi d'autres, l'Institut Ethisphere, un *think tank* créé en 2007 à New York à l'initiative du financier Alex Brigham, s'est taillé une solide réputation en distinguant les entreprises qui « en conscience améliorent leur éthique, leur conformité aux lois et leur pratique sociale ». Tous les ans, Ethisphere publie un palmarès des cent personnalités supposées les plus influentes dans l'éthique des affaires, censé honorer des dirigeants d'entreprises ou des responsables politiques et d'organisations aux principes éthiques affirmés dans plusieurs domaines, dont la lutte contre la corruption. Ce classement est considéré aux États-Unis comme le seul outil indépendant de classement des pratiques éthiques des entreprises. Intéressons-nous aux résultats de l'année 2007. Parmi les personnalités distinguées, trois au moins sont directement ou indirectement concernées par des affaires de corruption précisément documentées : Jeffrey R. Immelt (General Electric), Michael Dell (Dell Computers) et Susilo Bambang Yudhoyono (président de l'Indonésie).

Jeffrey R. Immelt, P-DG de General Electric depuis 2000, occupe la troisième place du classement. Or, son entreprise, fabriquant notamment des moteurs d'avions, est impliquée au Japon dans un scandale de corruption de grande ampleur révélé fin octobre 2007. Cette affaire vise alors le plus haut fonctionnaire civil du ministère de la Défense, le vice-ministre Takemasa Moriya, qui a pris sa retraite en août 2007. Il est accusé d'avoir reçu diverses gratifications de la société japonaise concessionnaire de General Electric au Japon, Yamada Yoko. En 2003, l'un de ses dirigeants, Motonobu Miyazaki, a négocié avec le ministère de la Défense la vente de six réacteurs GE CF6-80C2 destinés au futur avion de transport militaire de Kawasaki Heavy Industries, le C-2. Motonobu Miyazaki traitera généreusement le vice-ministre Takemasa Moriya et son épouse : dîners fins et voyages de golf (plus de cent de 2003 à 2006), pour un total de 15 millions de yens (90 000 euros) ; Miyazaki a également écrit une lettre de recommandation pour que la fille de Moriya soit admise dans une université américaine. Yamada Yoko gagne le marché des cinq premiers réacteurs en 2004. Puis Motonobu Miyazaki quitte la société et monte sa propre entreprise, Nihon Mirise, qui obtiendra le marché du sixième réacteur. En 2007, le ministre des Finances Fukushiro Nukaga est accusé d'avoir joué au golf avec Motonobu Miyazaki et Takemasa Moriya, du temps ou il était ministre de la Défense (2005-2006). Au Japon, cela veut dire beaucoup... Et l'ancien ministre de la Défense Moriya s'est retrouvé sous les verrous. Dans ces conditions, était-il vraiment judicieux de désigner le fabricant des réacteurs au cœur du scandale comme un parangon de vertu éthique ? La question se pose d'autant plus qu'en juillet 2008 le plus grand intermédiaire entre le monde de la défense japonais et l'industrie de défense américaine, Naoki Akiyama, sera arrêté à Tokyo pour avoir omis de déclarer au fisc avoir reçu 232 millions de yens (2,06 millions d'euros) de Yamada Yoko. Encore un intermédiaire pris au piège de la fraude fiscale !

Dix-septième dans le classement Ethisphere de 2007, l'industriel Michael Dell, créateur de la marque d'ordinateurs éponymes, avait quitté ses fonctions en 2004, avant de les reprendre en janvier 2007. Sa nomination parmi les exemples à suivre en matière d'éthique entrepreneuriale est d'autant plus remarquable que la SEC continuait à l'époque ses investigations le visant. Elles portaient à la fois sur une dissimulation de chiffre d'affaires de 359 millions de dollars et sur un accord d'exclusivité illégal entre Dell et le fabricant de processeurs Intel. L'affaire s'est conclue en juillet 2010 par une transaction à 100 millions de dollars avec la SEC, qui indique au moins une chose : donner Michael Dell en exemple de vertu à la planète n'est pas vraiment une bonne idée...

Dans ce même classement de 2007, le président indonésien Susilo Bambang Yudhoyono (dit « SBY ») se trouve à la vingt-troisième place. Élu en octobre 2004 sur un vigoureux programme anticorruption, il n'a pas traduit dans les faits (euphémisme !) cette volonté politique affichée. Après sa victoire électorale de 2004, le président s'est lui-même trouvé sous le coup d'accusations concernant un financement de sa campagne électorale par des fonds américains [28]. Il est également accusé d'avoir reçu des fonds publics volés par l'ancien ministre des Pêches Rokhmin Dahuri. Mais le président indonésien est surtout déconsidéré pour s'être révélé incapable de moraliser la justice de son pays, l'une des plus corrompues au monde. De multiples poursuites judiciaires engagées contre son prédécesseur Haji Mohammad Suharto (1921-2008), qui aurait détourné plus de 40 milliards de dollars durant son passage au pouvoir de 1966 à 1998, se traduisent systématiquement par les victoires de ce dernier ou de ses proches contre les plaignants, condamnés à lui verser d'énormes dommages et intérêts [a]. SBY est également accusé d'avoir couvert la libération anticipée en 2006 de Tommy Suharto, *alias* Hutomo Mandala Putra, condamné en 2002 à quinze ans de réclusion criminelle pour avoir commandité l'assassinat du juge Syafiuddin Kartasasmita, qui l'avait condamné en 2000 pour corruption dans une affaire immobilière. Fils de l'ancien président Haji Mohammad Suharto, au pouvoir durant trente ans (1967-1998), Tommy Suharto a été libéré après moins de quatre ans de détention. Cerise sur le gâteau : en 2007, dans l'Indonésie de SBY, la justice a blanchi la société minière américaine Newmont, qui a empoisonné la baie de Buyat, aux Célèbes, en y rejetant l'arsenic et le mercure utilisés dans l'extraction de l'or... Décidément, le palmarès des cent personnalités « les plus éthiques du monde » établi en 2007 par Ethisphere est pour le moins curieux...

Reste que toutes ces affaires et bien d'autres, qui ont défrayé la chronique depuis les années 1990, montrent en tout cas que les États-Unis sont

---

a En septembre 2007, la condamnation de *Time Magazine* à verser 106 millions de dollars à Suharto a été rendue définitive par la Cour suprême indonésienne. Suharto, qui avait engagé des poursuites pour diffamation contre l'hebdomadaire américain, lui réclamait 27 milliards de dollars de dommages et intérêts...

une société à laquelle la lutte contre la corruption n'est pas étrangère. À défaut de contre-mesures véritablement efficaces, le système politico-médiatique américain s'est doté d'outils d'alerte et de sensibilisation. Ceux-ci sont certes loin d'être exhaustifs, et guère en mesure de contrer les dérives. Mais, malgré toutes les critiques qu'on peut adresser au système américain, par exemple sur son cynisme ou son agressivité illégale à l'égard des concurrents de ses industriels à l'exportation, ou sur la non-consolidation des comptes de filiales qui peuvent permettre d'y dissimuler des pratiques douteuses, il n'en demeure pas moins que l'exposition des méfaits de la corruption est plus précise et plus complète aux États-Unis qu'ailleurs.

Conclusion

La gangrène de la corruption

Depuis des décennies, des milliers de milliards de dollars d'armements ont été vendus par des pays producteurs à des pays acheteurs disposant le plus souvent de précieuses richesses naturelles, comme les hydrocarbures. Environ 10 % de ces sommes, en moyenne, aboutissent dans les poches des corrompus. Cet argent soustrait à la richesse nationale des pays concernés contribue gravement aux déséquilibres sociaux et à l'accroissement indu de la richesse des élites dirigeantes, qu'elles soient parvenues au pouvoir par la naissance, par les urnes ou par la force.

Rétrocommissions et enrichissement personnel : la prochaine étape ?

Dans le monde des ventes d'armes, on l'a vu, rien n'est jamais transparent. Ces échanges se produisent pour l'essentiel entre des États souverains, démocratiques ou non, qui utilisent en principe leurs armements pour garantir leur sécurité, leur indépendance, leur liberté de décision ou de leurs échanges, tout en démontrant la solidité de leurs engagements internationaux et de leurs alliances. Il est parfaitement concevable qu'une certaine discrétion, voire une forme de secret, entoure ce type de commerce. Tout comme dans celui des biens civils, il n'est pas illégitime d'éviter de jeter à tous vents des données techniques confidentielles ou l'état de prospections et de négociations commerciales.

Le problème, avec les ventes d'armes comme avec celles d'autres équipements dits « de souveraineté », c'est qu'elles dissimulent depuis des décennies une corruption massive. Quand les dictatures sont concernées, on peut concevoir qu'il soit difficile pour les démocraties, souvent soucieuses de vendre leurs technologies militaires de pointe, de moraliser les marchés. L'argument des vendeurs, c'est que l'acheteur dicte sa loi. En pratique, nombre de dirigeants de grandes firmes d'armements et d'États producteurs s'en accommodent fort bien. Ils sont en effet convaincus qu'il est impossible de vendre « proprement » ce type d'équipements. Ne serait-ce que, disent-ils, parce que des concurrents se feront un plaisir de les remplacer s'ils s'y essayent.

Certes. Reste que — et, là, ces décideurs sont beaucoup moins bavards —, ils ne se contentent pas d'accepter la corruption, ils l'encouragent depuis des années en sous-traitant largement cette tâche à des agents. Pour les industriels, les raisons sont simples : vendre un matériel à un dirigeant corrompu permet d'imposer à ce dernier des tarifs sans commune mesure avec la valeur réelle du matériel ou du service concernés. Autre avantage : le corrompu ne chipote pas au moment de payer les traites, puisqu'il sait que sa propre prévarication leur est liée. En effet, sauf exception singulière, le paiement des commissions est systématiquement lié au paiement des sommes dues par le client.

Un autre phénomène a proliféré comme une gangrène : les rétrocommissions. La France est touchée, l'affaire des sous-marins pakistanais, après celle des frégates saoudiennes et d'autres encore, comme la vente illégale d'obus à l'Iran, venant confirmer que des politiciens avides d'argent facile peuvent prétendre financer leurs partis avec l'argent prélevé sur les contrats d'armements. À l'heure où j'écris ces lignes, aucun dirigeant politique français, ni aucun industriel, n'a été accusé d'enrichissement personnel par prélèvement de commissions illégales sur les ventes d'armes. Mais soyons-en sûrs : là sera la prochaine étape. Nous avons vu comment, par exemple en Allemagne, l'argent des canons a pourri une partie de la classe politique. La corruption est une descente aux enfers, agissant par certains aspects comme une drogue.

Sauf que, dans ce cas, les bénéficiaires de la combine agissent comme des intouchables, considérant que les enquêtes judiciaires ne les concerneront jamais, que les juges sont dans leurs mains. Si jamais des magistrats trublions leur cherchent des noises, ils clament que ces derniers portent atteinte à leurs personnes, à leurs fonctions et même au peuple qui les a élus, pour une raison très simple : ils s'estiment au-dessus des lois. Et, même, ils le revendiquent. Personne n'explique mieux cet état de fait qu'Édouard Balladur, quand il écrit dans un petit livre méconnu : « Rien de plus ordinaire, dans la vie publique, que les manquements à la parole donnée, rien de plus toléré, de mieux compris, à condition que chacun y trouve son intérêt. Le peuple s'étonne, regimbe contre cette déloyauté tellement répandue. Finalement, il s'y soumet, parfois il l'admire comme le prix du succès ; il y voit même un talent. Que lui importent les méthodes si leurs résultats lui conviennent ? Il accepte que les pratiques du pouvoir n'obéissent pas aux lois de la morale ordinaire. Mais il en attend le succès [1]. »

Quels succès ? Prenons l'exemple de la vente des avions de combat, que le président Nicolas Sarkozy a mis tant d'énergie à favoriser. Ces appareils ne sont plus conçus et fabriqués de manière purement nationale que par un nombre restreint de pays (Chine, États-Unis, France, Russie et Suède) et par quatre pays européens ayant constitué un consortium (Allemagne, Espagne, Italie et Royaume-Uni). Les appareils que vendent ces pays représentent le quart des investissements mondiaux en armements — le tiers si on y ajoute les armes qu'ils emportent [2]. Ce n'est pas une mince affaire, puisque ces transferts d'armements sont régulièrement compris entre 50 et 60 milliards de dollars par an [a]. On comprend donc que les industriels français de l'armement aient quelques inquiétudes : depuis la signature du contrat des Mirage 2000 vendus à la Grèce à l'été 2000, la France n'a plus signé de contrat export pour ses avions de combat. En novembre 2007, l'avionneur national Dassault Aviation a livré à la Grèce le 601e et dernier Mirage 2000 neuf, et la chaîne de production a été fermée — c'était également le dernier des 2 783 Mirage produits depuis 1955 [b]. L'année 2000, date de cet ultime contrat, est aussi celle de l'entrée en vigueur en France de la convention anticorruption de l'OCDE. Qu'il n'y ait plus eu une seule vente d'avion de combat français depuis cette date est sans aucun doute une coïncidence...

L'impossible moralisation ?

Une autre interrogation surgit inévitablement à l'issue de notre enquête au long cours dans le monde secret des marchands d'armes :

---

a 2002 : 35,1 milliards de dollars ; 2003 : 36,9 ; 2004 : 49,2 ; 2005 : 51,1 ; 2006 : 60,9 ; 2007 : 63,2 : 2008 : 62,8 ; 2009 : 57,5. Total 2002-2009 : 416,9 milliards de dollars (Richard F. Grimmett, *Conventional Arms Transfers to Developing Nations, 2002-2009*, Congressional Research Service, 10 septembre 2010).

b Une large part de cette production a été exportée, dont 994 Mirage III, 473 Mirage F-1 et 299 Mirage 2000.

au-delà de leur utilité pour alimenter les circuits de l'argent noir, à quoi servent finalement ces engins de mort ? Les très sophistiqués « systèmes d'armes » achetés dans le monde à coups de milliards de dollars ont-ils contribué à renverser le cours de l'Histoire ? Pas vraiment. Depuis 2001, en Afghanistan, on a vu comment, une fois de plus, des armes légères et des explosifs rudimentaires font gagner des paysans résolus contre la plus puissante et moderne coalition imaginable. De là à dire que les armes technologiques ne servent jamais à faire la guerre et finissent toutes à la ferraille, leur principal objet étant d'enrichir les industriels occidentaux concernés et leurs clients corrompus, il y a sans doute un pas...

En revanche, le business des armes légères, tout aussi corrompu et corrupteur mais qui pèse économiquement beaucoup moins lourd, est, lui, terriblement mortifère. Depuis les années 1990, l'Afrique des Grands Lacs, mise à feu et à sang avec des fusils automatiques à quelques centaines de dollars pièce, a ainsi perdu des millions d'habitants dans un génocide silencieux. La corruption l'a permis, afin que les minerais rares du sous-sol congolais alimentent les usines du monde. Et les conventions anticorruption de l'OCDE et de Merida n'ont rien pu y faire...

Des tentatives de moralisation ont certes eu lieu, c'est indiscutable. Dès le XIXe siècle en Grande-Bretagne, aux États-Unis ensuite, puis au sein de grandes organisations internationales comme l'OCDE et l'ONU, de multiples législations nationales ou internationales ont vu le jour, alors même que la corruption dans les pays clients se poursuivait allègrement, comme c'est le cas aujourd'hui encore. Car plus des règles sont établies, plus les contournements s'organisent, évidemment dans la plus grande opacité. Non que des efforts réels ne soient engagés. Dans de nombreux pays du Nord, comme au Royaume-Uni avec l'affaire Al-Yamamah, les services spécialisés ont fait leur travail et ont levé à maintes reprises les lièvres de la corruption. Mais leurs actions ont été battues en brèche par ces politiques qui — à l'instar de Tony Blair — prétendent à la fois imposer dans les pays du Sud des règles anticorruption drastiques et bloquer les enquêtes visant les corrupteurs nationaux... Dans ces conditions, malgré les textes anticorruption qui s'empilent, la transparence est un vœu pieux, où que ce soit dans le monde. N'est-il pas symptomatique, d'ailleurs, que l'ONG Transparency International, qui a fait de ce principe de clarté internationale son objectif premier, soit incapable de classer les pays corrompus autrement que par un « indice de perception » dépourvu de la moindre valeur scientifique ?

En France, un opportun « secret défense » est en permanence mis en avant pour empêcher les magistrats instructeurs d'accéder aux données de base de la corruption et d'identifier aussi bien les responsables des pays corrompus qui bénéficient de l'argent volé aux Trésors publics que les corrupteurs français qui empochent les fameuses rétrocommissions. Aucun de ces derniers, à ce jour, n'a jamais été formellement identifié, ni *a fortiori* poursuivi. Il est d'ailleurs illusoire d'imaginer que les identités de ces bénéficiaires véreux seront facilement découvertes : quel responsable politique ou quel industriel impliqués dans le versant occulte des ventes d'armes seraient-ils assez fous pour agir au grand jour, en s'abstenant du recours si commode à l'argent sale transitant par des comptes bancaires exotiques, grâce à l'entregent efficace des « soutiers » sans états d'âme dont nous avons vu le rôle incontournable tout au long de ces pages ? Tout le système repose sur les épaules de ces intermédiaires de l'ombre, agents « commerciaux » dont le silence vaut plus que de l'or et qui sont les seuls connaisseurs de l'identité de leurs véreux féaux. Qu'ils craquent ou que la justice trouve les preuves qu'elle cherche, et la République vivra sans doute son pire scandale.

Il est bien certain que les pistes de l'enrichissement personnel sont justement celles que vont suivre avec attention les magistrats Renaud Van Ruymbeke et Roger Le Loire, nommés le 17 décembre 2010 pour conduire une instruction pour « abus de biens sociaux, recel et complicité de recel » concernant le contrat Sawari 2, que nous avons longuement évoqué. Qu'on ne s'y trompe pas : cette affaire, qui concerne entre autres les agents Ziad Takieddine et Abdul Rahman El-Assir, contient tous les germes d'un scandale sans précédent, justement parce que les fonds illégalement revenus en France auraient servi autant au financement des activités politiques de responsables français, qu'à leur enrichissement personnel.

Sur le ton exaspéré qui sied à ceux que les questions dérangent, j'aurai souvent entendu des interlocuteurs me lancer qu'une enquête sur les ventes d'armes est sans intérêt, dès lors que « depuis dix ans » les commissions sont interdites. Mais est-il bien certain que tous les acteurs de cet univers si particulier ont compris que ces versements indus sont une maladie honteuse, dont il convient de se prémunir ? Pas du tout. D'ailleurs, après l'annonce des nouvelles difficultés du Rafale au Brésil, qui a-t-on entendu évoquer ce sujet, que l'avionneur national s'était bien gardé d'évoquer publiquement ? Olivier Dassault, député UMP et petit-fils de Marcel, qui prétend sans grande discrétion prendre les commandes de l'entreprise fondée par son grand-père. Et qu'a répondu cet expert le 10 décembre 2010 au journaliste d'Europe 1 qui lui demandait : « Faut-il rétablir les commissions ? » Mais c'est très simple : « Oui, mais il faut appeler ça autrement. Ce sont des frais commerciaux. Des commissions qui sont données dans le cadre de l'obtention d'un marché. C'est l'intérêt national de la France qui est en jeu. [...] Personne n'ose le dire. À un moment donné, il faut oser dire les choses. » Cet homme a-t-il tout compris ?

Notes

Notes de l'introduction

1 George THAYER, *War Business. The International Trade in Armaments*, Simon & Schuster, New York, 1969, p. 28.

2 L'historien Jean-Marie Moine conteste cette dernière vente, arguant qu'il s'agit d'un « ajout à la tradition » (Jean-Marie MOINE, « Basil Zaharoff (1849-1936), le "marchand de canons" », *Ethnologie française*, vol. 37, n° 2, 2006).

3 Jean-Marie MOINE, *ibid.*

4 Tom JOHNSON et Barbara GOTTLOCK, *Bannerman Castle*, Arcadia Publishing, San Francisco, 2006.

5 « Electric Boat Company (United States) v. Germany », 21 avril 1930, *Recueil des sentences arbitrales*, vol. VIII, Nations unies, New York, 2006, p. 80-83.

6 George THAYER, *War Business*, *op. cit.*, p. 44.

7 Tim WEINER, « Samuel Cummings, 71, trader in weapons on a grand scale », *The New York Times*, 5 mai 1998.

8 Lyn BIXBY, « Congress lost battle on weapons », *Hartford Courant*, 29 octobre 1992.

9 Helmut Carol ENGELBRECHT et Frank Cleary HANIGHEN, *Marchands de mort. Essai sur l'industrie internationale des armes*, Flammarion, Paris, 1934, p. 12.

10 George THAYER, *War Business*, *op. cit.*, p. 32.

11 *Ibid.*

12 Nicola EHLERMAN-CACHE, *Corruption dans les marchés publics. Méthodes, acteurs et contre-mesures*, OCDE, Paris, 2007, p. 28.

13 Roland DUMAS, *L'Épreuve et les preuves*, Michel Lafon, Paris, 2003, p. 285.

14 « Questions d'info », *LCP/France Info/AFP*, 3 mars 2010.

15 Gaspard KOENIG, *Les Discrètes Vertus de la corruption*, Grasset, Paris, 2009, p. 120.

Notes du chapitre 1

1 Rémi KAUFFER, *La Saga des Hachémites. La tragédie du Moyen-Orient, 1909-1999*, Stock, Paris, 2009, p. 421-424.

2 Ronald KESSLER, *The Richest Man in the World. The Story of Adnan Khashoggi*, Warner Books, New York, 1986, p. 467.

3 John STONEHOUSE, *Death of an Idealist*, WH Allen, Londres, 1975, p. 49.

4 *Ibid.*, p. 53.

5 David BOULTON, *The Lockheed Papers*, Jonathan Cape, Londres, 1978, p. 194.

6 William H. JONES et John F. BERRY, « Lockheed paid $38 millions in bribes abroad », *The Washington Post*, 27 mai 1977.

7 « Havoc in Holland », *Time Magazine*, 23 février 1976.

8 David BOULTON, *The Lockheed Papers*, *op. cit.*, p. 258-261.

9 John F. BERRY, « Overseas pay by Lockheed spelled out », *The Washington Post*, 17 février 1979.

10 William H. JONES et John F. BERRY, « Lockheed paid $38 millions in bribes abroad », *loc. cit.*

11 William A. SHUMANN, « Tighter foreign sales controls studied », *Aviation Week & Space Technology*, 16 juin 1975.

12 Robert LACEY, *The Kingdom. Arabia and the House of Sa'ud*, Harcourt Brace Jovanovitch, New York, 1981, p. 470.

13 Glenn A. PITMAN et James P. SANFORD, « The Foreign Corrupt Practices Act revisited : attempting to regulate "ethical bribes" in global business », *International Journal of Purchasing and Materials Management*, 22 juin 1994.

14 *Report to the Congressional Committees Investigating the Iran-Contra Affair*, US House of Representatives Select Committee to Investigate Covert Arms Transactions with Iran and US Senate Select Committee on Secret Military Assistance to Iran and the Nicaraguan Opposition, Washington, novembre 1987, p. 160-161.

15 *Ibid.*, p. 169.

16 « Khashoggi held in Switzerland », *The Financial Times*, 19 avril 1989.

17 Max B. KNUDSON, « Khashoggi in hot water again », *Desert News*, 4 juin 1998.

18 Denys BOYLES, « Lawyers, guns and money », *The Globe and Mail*, 1er septembre 1989.

19 Daren FONDA, « The digital detectives », *Cigar Afficionado*, janvier 1998.

20 « Adnan Khashoggi's net worth », *MidEast Markets*, 7 août 1989.

21 « M. Fix-it in a fix », *The Economist*, 22 avril 1989.

22 Seymour HERSH, « Lunch with the chairman », *The New Yorker*, 17 mars 2003.

23 *Capital.fr*, 27 avril 2007.

24 « Servant of the sheik », *Forbes*, 15 juin 1975.

25 Eric GELMAN, « The Sultan and the Financier », *Newsweek*, 21 octobre 1985.

26 Chris BLACKHURST, « Aitken dropped by the right's secret club », *The Times*, 29 juin 1997.

27 Notamment *Chariots of Fire* (*Les Chariots de feu*), de Hugh Hudson (1981), et *Breaking Glass*, de Brian Gibson (1980).

28 Jean FOURASTIÉ, *Les Trente Glorieuses ou la révolution invisible*, Fayard, Paris, 1979.

29 Pierre PÉAN et Jean-Pierre SÉRÉNI, *Les Émirs de la République. L'aventure du pétrole tricolore*, Seuil, Paris, 1982, p. 130.

30 Jean GUISNEL, « Foccart, Elf et le sang noir de l'Afrique », *in* Roger FALIGOT et Jean GUISNEL (dir.), *Histoire secrète de la Ve République*, La Découverte, Paris, 2006, p. 133-136.

31 Josette ALIA, « Les agents secrets du pouvoir », *Le Nouvel Observateur*, 11 mars 1974.

32 Jean GUISNEL, « La France et la bombe irakienne », *in Histoire secrète de la Ve République, op. cit.*, p. 246-250.

33 Ben PORAT et Uri DAN, *Opération Babylone*, Balland, Paris, 1986.

34 Edward A. KOLODZIEJ, *Making and Marketing Arms. The French Experience and its Implications for the International System*, Princeton University Press, Princeton, 1987.

35 Jeffrey ROBINSON, *Yamani. The Inside Story*, First Atlantic Monthly Press, New York, 1989, p. 131.

36 Pierre PÉAN et Jean-Pierre SÉRÉNI, *Les Émirs de la République, op. cit.*, p. 133.

37 Sami MOUBAYED, *Steel and Silk. Men and Women who Shaped Syria, 1900-2000*, Cune Press, Seattle, 2005, p. 290.

38 Pierre PÉAN et Jean-Pierre SÉRÉNI, *Les Émirs de la République, op. cit.*, p. 133.

39 René LESAVRE et Michel DE LAUNET, *Les Armements de défense aérienne par canon et armes automatiques*, Comité pour l'histoire de l'armement terrestre, Centre des hautes études de l'armement, Paris, 2007, p. 45.

40 Nicolas BRIMO, « Le ministère des pots-de-vin », *L'Unité*, 13 juin 1975.

41 *The Economist*, 20 mai 1978.

42 Éric GERDAN, *Dossier A… comme armes*, Alain Moreau, Paris, 1975, p. 73-89.

43 Ariane CHEMIN, « Les dîners de Madame Ojjeh », *Le Monde*, 3 octobre 2006.

44 Sami MOUBAYED, *Steel and Silk, op. cit.*, p. 455.

45 David LEIGH et Rob EVANS, « Wafic said », <guardian.co.uk>, 7 juin 2007.

Notes du chapitre 2

1 Jean GUISNEL, « Quand Londres fait des loopings », *Le Point*, 29 mars 2007.

2 David PALLISTER et Kathy EVANS, « Payment in oil and delivery pledge helped clinch accord », *The Guardian*, 19 octobre 1992.

3 John Mason, « Legal dispute resurfaces », *Financial Times*, 7 février 1998.

4 David Pallister, Richard Norton-Taylor et Owen Bowcott, « Rolls Royce in firing line on Saudi deal », *The Guardian*, 7 février 1998.

5 Voir son site Web : <www.waficsaid.com>.

6 Andrew Alderson, « Do I deserve to be labelled a Syrian terrorist ? », *The Sunday Telegraph*, 18 mars 2001.

7 Mark Hollingsworth et Paul Halloran, *Thatcher's Gold*, Simon & Schuster, Londres, 1995, p. 168-169.

8 *Ibid.*

9 Propos tenu dans le documentaire *The First Thatcherite*, Channel 4, 25 novembre 1992 (cité par Mark Hollingsworth et Paul Halloran, *Thatcher's Gold*, *op. cit.*, p. 182).

10 Paul Henderson, « Mark Thatcher, a Labour MP and a cover-up », *Daily Mail*, 28 novembre 1992.

11 David Leigh et Rob Evans, « Warplane sale : the secret Whitehall telegram that reveals truth behind controversial Saudi arms deal », *The Guardian*, 28 octobre 2006.

12 Cité par l'Agence France Presse, 17 juin 2007.

13 David Leppard, « BAE hired actresses for Saudis », *The Sunday Times*, 1er avril 2007.

14 Stephen Grey, « Living with a time bomb », *The Sunday Times*, 3 décembre 2006.

15 David Leigh et Rob Evans, « Warplane sale : the secret Whitehall telegram that reveals truth behind controversial Saudi arms deal », *loc. cit.* Le lien (actif le 16 octobre 2010) sur l'article donne également accès aux documents concernés : <www.guardian.co.uk/world/2006/oct/28/bae.whitehall>.

16 Kevin Sullivan, « Saudi reportedly got $2 billions for British arms deal », *The Washington Post*, 8 juin 2007.

17 David B. Ottaway, « Been there, done that ; Prince Bandar, one of the great cold warriors, faces the yawn of a new era », *The Washington Post*, 21 juillet 1996.

18 Sylvie Kaufman, « Le Gatsby saoudien sur la sellette », *Le Monde*, 4 mars 2002.

19 David B. Ottaway, *The King's Messenger. Prince Bandar bin Sultan and America's Tangled Relationship with Saudi Arabia*, Walker & Company, New York, 2008, p. 203.

20 Evan Thomas et Christopher Dickey, « The Saudi game », *Newsweek*, 11 novembre 2001.

21 Joint Hearing of the House/Senate Select Intelligence Committees, « Counter-terrorism efforts and the events surrounding the terrorist attacks of September 11, 2001 », *Federal News Service*, 8 octobre 2002.

22 Tom Hamburger et Josh Meyer, « Freeh defends Saudi payments », *The Los Angeles Times*, 7 avril 2009.

23 David Leigh et Rob Evans, « BAe accused of arms deal slush fund », *The Guardian*, 11 septembre 2003.

24 David Leppard, « Blair hit by Saudi "bribery" threat », *The Sunday Times*, 19 novembre 2006.

25 Michael Harrison, « French poised to steal £10bn Saudi contract from BAe », *The Independent*, 28 novembre 2006.

26 Working Group on Bribery in International Business Transaction, « United Kingdom : phase 2 », OCDE, 13 mars 2005.

27 Ces trois textes de loi sont consultables sur le site UK Statute Law, <www.statutelaw.gov.uk>.

28 Cité par Jean Guisnel, « Quand Londres fait des loopings », *loc. cit.*

29 Working Group on Bribery in International Business Transaction, « United Kingdom : phase 2 *bis* », OCDE, 16 octobre 2008.

30 David Leigh, « BAe enquiry. Money trail : secret flow of £1bn through accounts », *The Guardian*, 15 décembre 2006.

31 David Leigh, Rob Evans et Ewen MacAskill, « Lebanese billionaire is drawn into BAe arms deal inquiry as second middleman for Saudis's », *The Guardian*, 15 décembre 2006.

32 David Leigh et Rob Evans, « Mohammed Safadi », <Guardian.co.uk>, 27 juillet 2006.

33 *Ibid.*

34 *ThisDay*, 27 avril 2007.

35 David Leigh et Rob Evans, « BAe's secret $12m payout in African deal », *The Guardian*, 15 janvier 2007.

36 *ThisDay*, 3 mai 2007.

37 *BAE Systems PLC Annual Report and Accounts*, London Stock Exchange Aggregated Regulatory News Service, 30 mars 2009.

38 Department of Justice, « BAE Systems PLC pleads guilty and ordered to pay

$400 millions criminal fine », 1er mars 2010, <www.justice.go>.

Notes du chapitre 3

1 André Dulait, Danielle Bidard-Reydet, André Boyer, Serge Vinçon, Jacques Blanc et Jean-Pierre Plancade, *Rapport d'information fait au nom de la Commission des affaires étrangères, de la défense et des forces armées à la suite d'une mission effectuée du 3 au 10 mars 2002 en Inde et au Pakistan*, Sénat, Paris, 24 juin 2002.
2 Marie-France Calle, « Attentat antifrançais à Karachi », *Le Figaro*, 9 mai 2002.
3 Alain Chouet, « Violence islamiste et réseaux du terrorisme international », *Politique étrangère*, n° 3-4, 2003.
4 Pervez Moucharraf, *In the Line of Fire, a Memoir*, Simon & Schuster, New York, 2006, p. 231-232.
5 Kamran Khan, « Navy wants closed trial of Mansûr », *The News International*, 23 mai 2001.
6 *Business Recorder*, 1er février 2002.
7 Georges Starckmann, *Noir Canon*, Belfond, Paris, 1992, p. 187.
8 Jean Guisnel, « Al-Qaida, Inde, Pakistan. D'où vient le coup ? », *Le Télégramme de Brest*, 9 mai 2002.
9 Jean Guisnel, « Cafouillage pour des Mirage », *Le Point*, 3 août 1996.
10 Jean-Claude Sandrier, Christian Martin et Alain Veyret, *Rapport d'information sur le contrôle des exportations d'armement*, Assemblée nationale, Paris, 25 avril 2000, p. 17.
11 « Pakistan People Party demands open court trial of Mansoor ul-Haq », *Business Recorder*, 24 mai 2001.
12 Pierre Péan, *Dernières volontés, derniers combats, dernières souffrances*, Plon, Paris, 2002, p. 31.
13 Agnès Rotivel, « Benazir Bhutto, le retour d'une dame de fer au Pakistan », *La Croix*, 18 octobre 2007.
14 John F. Burns, « Bhutto clan leaves trail of corruption in Pakistan », *The New York Times*, 9 janvier 1998.

Notes du chapitre 4

1 Fabrice Arfi et Fabrice Lhomme, « Ventes d'armes : la corruption au cœur de la République », *Mediapart*, 13 septembre 2008.
2 *Ibid.*
3 Ce document sera publié le 25 juin 2009 par le magazine *Jeune Afrique*.
4 *Grand Jury RTL-LCI-Le Figaro*, 28 juin 2009.
5 Jean Guisnel, « Léotard adhère aux drones israéliens », *Libération*, 29 mars 1995.
6 Jean Faure, *Avis présenté au nom de la Commission des affaires étrangères, de la défense et des forces armées (1) sur le projet de loi de finances pour 1999*, Sénat, 19 novembre 1998.
7 Sophie Huet, « Les souvenirs mordants de Jacques Douffiagues », *Le Figaro*, 22 août 2000.
8 « Rétrocommissions Ryad-Paris », *Le Monde du renseignement*, 3 septembre 1998.
9 Hervé Gattegno, « La DGSE a placé sur écoutes trois proches collaborateurs de M. Léotard », *Le Monde*, 9 juillet 1996.
10 *Paris-Match*, 25 juin 2009.
11 Airy Routier, *Le Complot des paranos. Des frégates de Taiwan à l'affaire Clearstream*, Albin Michel, Paris, 2006, p. 93-94.
12 « Communiqué de M. le secrétaire général de la présidence de la République », Service de presse de la présidence de la République, 19 novembre 2010.
13 Cité par Fabrice Arfi et Fabrice Lhomme, « Affaire Karachi : Édouard Balladur est directement impliqué », *Mediapart*, 2 juillet 2009.
14 Bernard Cazeneuve (rapporteur) et Yves Fromion (président), *Rapport d'information déposé en application de l'article 145 du règlement par la Commission de la défense nationale et des forces armées en conclusion des travaux de la mission d'information sur les circonstances entourant l'attentat du 8 mai 2002 à Karachi*, Assemblée nationale, Paris, 12 mai 2010, p. 100-103.
15 Laïd Sammari, « Karachi : les intermédiaires "imposés" par le pouvoir », *L'Est républicain*, 3 juillet 2009.
16 Bernard Cazeneuve (rapporteur) et Yves Fromion (président), *Rapport d'information...*, *op. cit.*, p. 11.
17 *Ibid.*, p. 104.
18 *Ibid.*
19 Cité par Laurent Valdiguié, « J'accuse Jacques Chirac et Dominique de Villepin », *Le Journal du dimanche*, 30 mai 2010.
20 Magali Drouet et Sandrine Leclerc, *On nous appelle « les Karachi ». Deux filles des victimes*

de l'attentat de Karachi témoignent, Fleuve noir, Paris, 2010.

21 Fabrice ARFI et Fabrice LHOMME, « Karachi : révélations sur l'intermédiaire balladurien », *Mediapart*, 11 octobre 2010.

22 Fabrice ARFI et Fabrice LHOMME, *Le Contrat. Karachi, l'affaire que Sarkozy voudrait oublier*, Stock, Paris, 2010, p. 313-314.

23 <www.ccomptes.fr/fr/CDBF/documents/ARR/Arret05493.pdf>.

24 Nicolas JACQUARD, « La thèse du règlement de comptes contestée », *Le Parisien/Aujourd'hui en France*, 29 juin 2009.

25 « Le Pakistan achètera trois sous-marins à la France », *Le Monde*, 22 septembre 1994.

26 Cité par Bernard CAZENEUVE (rapporteur) et Yves FROMION (président), *Rapport d'information…*, *op. cit.*, p. 59.

27 Guillaume DASQUIÉ, « Affaire Karachi : une note gênante pour Balladur refait surface », *Libération*, 16 octobre 2010.

28 Bernard CAZENEUVE (rapporteur) et Yves FROMION (président), *Rapport d'information…*, *op. cit.*, p. 55.

29 Jean GUISNEL, *Les Généraux. Enquête sur le pouvoir militaire en France*, La Découverte, Paris, 1990, p. 219-220.

30 Claude CARLIER et Luc BERGER, *Dassault, 1945-1995. Cinquante ans d'aventure aéronautique*, tome 2, *Les Programmes*, Le Chêne, Paris, 1996, p. 290-293.

31 « Derrière les contrats, la politique », *Intelligence Online*, 16 janvier 2004.

32 Hervé GATTEGNO, « Le contrat saoudien qui oppose M. Chirac à M. Sarkozy », *Le Monde*, 15 avril 2004.

33 Jean GUISNEL, « Soupçons sur le contrat du siècle », *Le Point*, 6 mai 2004.

34 Jean GUISNEL, « La France veut vendre le tiers de ses chars Leclerc », <lepoint.fr>, 28 avril 2008.

Notes du chapitre 5

1 Certaines pièces du dossier judicaire se trouvent ici : <www.cbc.ca/fifth/moneytruthandspin/documents.html> ; les plus nombreuses sont disponibles sur le site de la « Commission d'enquête concernant les allégations au sujet des transactions financières et commerciales entre Karlheinz Schreiber et le très honorable Brian Mulroney », dirigée par Jeffrey J. Oliphant, <www.oliphantcommission.ca>.

2 Nicola EHLERMAN-CACHE, *Corruption dans les marchés publics. Méthodes, acteurs et contre-mesures*, *op. cit.*, p. 43.

3 Hans STARK, « Allemagne. L'audace et la chance de Gerhard Schröder », *Ramses 2001*, Dunod, Paris, 2000.

4 « Export credit agencies' graft crackdown stalls », *The Financial Times*, 15 février 2006.

5 Ian SENIOR, *Corruption. The World's Big C, Cases, Causes, Consequences, Cures*, The Institute of Economic Affairs, Londres, 2006, p. 77.

6 Renaud LECADRE, « Elf : des grosses huiles dans les cuves de la raffinerie de Leuna », *Libération*, 2 décembre 2004.

7 Pierre LETHIER, « The clandestine clapperboard : Alfred Hitchcock's tales of the Cold War », *in* Robert DOVER et Michael S. GOODMAN (dir.), *Spinning Intelligence. Why Intelligence Needs the Media, Why the Media Needs Intelligence*, Columbia University Press, New York, 2009, p. 185-200.

8 « Allemagne : phase 2. Rapport sur l'application de la convention sur la lutte contre la corruption d'agents publics étrangers dans les transactions commerciales internationales et de la recommandation de 1997 sur la lutte contre la corruption dans les transactions commerciales internationales », OCDE, 4 juin 2003.

9 Britta BANNENBERG et Wolfgang SCHAUPENSTEINE, « Korruption in Deutschland. Portrait einer Wachstumsbranche », *in* Britta BANNENBERG (dir.), *Korruption in Deutschland und ihre Strafrechtliche Kontrolle. Eine kriminologisch-strafrechtliche Analyse*, Luchterhand, Munich, 2002.

10 David CRAWFORD et Mike ESTERL, « At Siemens, witnesses cite pattern of bribery », *The Wall Street Journal*, 31 janvier 2007.

11 Dinah DECKSTEIN et Jörg SCHMITT, « Gelesen, gelacht, gelocht », *Der Spiegel*, 1er octobre 2007.

12 *Ibid.*

13 « Siemens-Korruptionsaffäre : weitere angeschuldigte kommen vor gericht », *Deutscher Depeschendienst*, 22 octobre 2008.

14 Karin MATUSSEK, « Ex-Siemens managers get suspended terms over bribery », *Bloomberg*, 19 novembre 2008.

15 Siri SCHUBERT et T. Christian MILLER, « Where bribery was just a line item », *The New York Times*, 21 décembre 2008.
16 *Ibid.*
17 Nicola EHLERMAN-CACHE, *Corruption dans les marchés publics. Méthodes, acteurs et contre-mesures*, *op. cit.*, p. 43.
18 « Schmierte Siemens auch in Israel ? », *Der Spiegel*, 10 septembre 2007.
19 *Intelligence Online*, 24 décembre 2009.
20 David CRAWFORD et Mike ESTERL, « Siemens ruling details bribery across the globe », *The Wall Street Journal*, 16 novembre 2007.
21 « Data in Siemens case », *Wall Street Journal*, 16 novembre 2007.
22 Heinrich VON PIERER, *Zwischen Profit und Moral. Für eine menschliche Wirtschaft*, Hanser Fachbuchverlag, Munich, 2003.
23 Communiqué d'Alcoa, 16 août 2007.
24 Siri SCHUBERT et T. Christian MILLER, « Where bribery was just a line item », *loc. cit.*
25 Thomas FROMM, « Mehr gewinn, neue Probleme », *Süddeutsche Zeitung*, 3 décembre 2009.
26 « Siemens klagt nur gegen zwei Ex-Vorstände », *Boersen-Zeitung*, 3 décembre 2009.
27 « Acusadas dez pessoas por burla e falsificação de documentos no caso dos submarinos », *Publico*, 1er octobre 2009.
28 Lurdes FERREIRA, « Submarino Tridente chega hoje ao Alfeite », *Publico*, 2 août 2010.
29 « Blindés Fuchs, Nimr, ou les deux ? », *Maghreb confidentiel*, 20 mai 2010.
30 « Trois personnes interpellées dans le cadre d'une enquête pour corruption chez MAN », Schweizerische Depeschenagentur, 8 juillet 2009.
31 *Deutsche Welle*, 19 décembre 2005.

Notes du chapitre 6

1 Jean GUISNEL, « 1993 : dans les couloirs de l'Élysée », *Le Point*, 22 décembre 2000.
2 Antoine GLASER et Stephen SMITH, « Les hommes de l'Angolagate », *Le Monde*, 12 janvier 2001.
3 Sur les pratiques de ce service secret de l'apartheid, lire Graham GREENE, *Le Facteur humain*, Robert Laffont, Paris, 1978.
4 Roger FALIGOT et Rémi KAUFFER, *Les Maîtres-espions. Histoire mondiale du renseignement*, tome 2, Robert Laffont, Paris, 1994, p. 268.
5 Jean GUISNEL et Bernard VIOLET, *Services secrets. Le pouvoir et les services de renseignement sous François Mitterrand*, La Découverte, Paris, 1988, p. 338-340.
6 *Revue internationale de défense*, vol. 21, n° 2, février 1988.
7 Pierre LETHIER, *Argent secret. L'espion de l'affaire Elf parle*, Albin Michel, Paris, 2001, p. 85.
8 Voir à ce propos l'article (beaucoup plus clair que son titre !) de Christine MESSIANT, « Des accords de la guerre froide à la juridisation du conflit angolais : vers la judiciarisation ? », *in* Pierre HASSNER et Roland MARCHAL (dir.), *Guerres et sociétés ? État et violence après la guerre froide*, Karthala, Paris, 2003.
9 Christian DIETRICH, *Monnaie forte. L'économie criminalisée des diamants dans la République démocratique du Congo et les pays voisins*, Partenariat Afrique Canada, Ottawa, 2002, p. 29.
10 *Final Report of the UN Panel of Experts on Violations of Security Council Sanctions against Unita (The « Fowler Report »)*, 10 mars 2000.
11 Cité par Yves LOISEAU et Pierre-Guillaume DE ROUX, *Portrait d'un révolutionnaire en général : Jonas Savimbi*, La Table ronde, Paris, 1987, p. 174.
12 Christian DIETRICH, *Monnaie forte*, *op. cit.*, p. 29.
13 AMNESTY INTERNATIONAL, *Dead on Time. Arms Transportation, Brokering and the Threat to Human Rights*, 10 mai 2006, p. 93.
14 Alex VINES, Jemera RONE et Stephen GOOSE, *Angola. Arms Trade and Violations of the Laws of War since the 1992 Elections*, Human Rights Watch, New York, septembre 1994, p. 50.
15 Lire à ce propos : Guy LABERTIT, « Pour une nouvelle approche des problèmes de sécurité », *in* OBSERVATOIRE PERMANENT DE LA COOPÉRATION FRANÇAISE, *La Politique africaine au Parlement français*, Karthala, Paris, 1998, p. 49-57.
16 *In* Philippe COURROYE, « Ordonnance de renvoi devant le tribunal correctionnel », 5 avril 2007, p. 35 (archives personnelles de l'auteur).
17 *Ibid.*, p. 35.
18 « Arrêt Brenco », jugement du tribunal de grande instance de Paris, 11e chambre, 3e section, 27 octobre 2009, p. 166.

19 Philippe Courroye, « Ordonnance de renvoi devant le tribunal correctionnel », *loc. cit.*, p. 35.

20 *Ibid.*, p. 36.

21 « Arrêt Brenco », *loc. cit.*, p. 166.

22 Arcadi Gaydamak (avec Frédéric Ploquin), *Le Revers de la médaille. Mémoires*, Fayard, Paris, 2010, p. 189.

23 « Arrêt Brenco », *loc. cit.*, p. 247.

24 Alex Vines, « La troisième guerre angolaise », *Politique africaine*, n° 57, 1995.

25 Arcadi Gaydamak (avec Frédéric Ploquin), *Le Revers de la médaille*, *op. cit.*, p. 180.

26 Philippe Courroye, « Ordonnance de renvoi devant le tribunal correctionnel », *loc. cit.*, p. 283.

27 Jean Guisnel, « Histoire d'une décoration », *Le Point*, 19 janvier 2001.

28 « Arrêt Brenco », *loc. cit.*, p. 275.

29 Arcadi Gaydamak (avec Frédéric Ploquin), *Le Revers de la médaille*, *op. cit.*, p. 189.

30 Ian Senior, *Corruption, the World's Big C. Cases, Causes, Consequences, Cures*, *op. cit.*, p. 119.

31 « La justice suisse "blanchit" la dette russe », *La Lettre du continent*, n° 462, 13 janvier 2005.

32 Emilio Fontela, *Rapport d'expertise sur la restructuration de la dette de la République d'Angola envers la Fédération de Russie* (cité par la *Lettre du continent*, *ibid.*).

Notes du chapitre 7

1 Jean-Claude Sandrier, Christian Martin et Alain Veyret, *Rapport d'information sur le contrôle des exportations d'armement*, *op. cit.*, p. 18.

2 « Arrêté du 17 juin 2009 fixant la liste des matériels de guerre et matériels assimilés soumis à une procédure spéciale d'exportation », *Journal officiel de la République française*, 20 juin 2009.

3 Cette nomenclature, divisée en vingt-deux catégories, a été publiée au *Journal officiel de l'Union européenne* le 29 mars 2007.

4 Jean Guisnel, *Charles Hernu, ou la République au cœur*, Fayard, Paris, 1993, p. 477.

5 *Ibid.*, p. 477-480.

6 Philippe Vasset, *Journal intime d'un marchand de canons*, Fayard, Paris, 2008, p. 29-34.

7 Sarah Lazghab, *Irak : la dette de Saddam Hussein*, Comité pour l'annulation de la dette du tiers monde (CADTM), Bruxelles, 15 septembre 2004.

8 Jean Guisnel, « Grosse embrouille autour des Mirage F-1 irakiens », <lepoint.fr>, 11 février 2010.

9 Les premiers éléments de ce rapport ont été publiés par *L'Express* du 16 janvier 1987. *Le Figaro* et *Le Monde* ont rendu public le texte intégral le 4 novembre 1987.

10 Jean Guisnel, « La France, premier proliférateur nucléaire », *in* Roger Faligot et Jean Guisnel (dir.), *Histoire secrète de la Ve République*, *op. cit.*, p. 251-252 ; voir aussi Walter de Bock et Jean-Charles Deniau, *Des armes pour l'Iran*, Gallimard, Paris, 1988.

11 Bernard Stroiazzo-Mougin, *La Manipulation Kerbala*, Presses de la Cité, Paris, 1993.

12 *Ibid.*, p. 92.

13 Fabrice Lhomme, « Les conditions confuses du passage d'un fait divers à une affaire d'État », *Le Monde*, 4 janvier 2001.

14 Arcadi Gaydamak (avec Frédéric Ploquin), *Le Revers de la médaille*, *op. cit.*, p. 203.

15 Philippe Courroye, « Ordonnance de renvoi devant le tribunal correctionnel », *loc. cit.*, p. 233.

16 *Ibid.*, p. 55.

17 « Arrêt Brenco », *loc. cit.*, p. 176.

18 *Ibid.*, p. 183.

19 Jean Guisnel, « Quand la DST couvait Arcadi Gaydamak », *Le Point*, 12 janvier 2001.

20 *In* Éric Decouty et Marie-Amélie Lombard, « Falcone a arrosé tout le monde durant des années », *Le Figaro*, 9 janvier 2001.

21 « Arrêt Brenco », *loc. cit.*, p. 136.

22 *Ibid.*, p. 273.

23 « Guéant au Palais rose », *La Lettre du continent*, 6 décembre 2007.

24 Hervé Gattegno, « Angolagate : la lettre qui change tout », *Le Point*, 17 juillet 2008.

25 « Arrêt Brenco », *loc. cit.*, p. 145.

26 Cité par Pascale Robert-Diard, « Le parquet dénonce l'"ambiance de plomb" du procès de l'Angolagate », *Le Monde*, 13 février 2009.

27 Pascale Robert-Diard, « Angolagate : promotion inattendue du magistrat qui devait présider le procès en appel », *Le Monde*, 11 novembre 2010.

28 Jean GUISNEL, « Non-lieu général dans l'affaire des otages du Liban », <lepoint.fr>, 21 octobre 2009.

29 *Ibid.*

30 Pascal CEAUX et Fabrice LHOMME, « Les enquêteurs s'interrogent sur le rôle de Thierry Imbot auprès de M. Falcone », *Le Monde*, 11 janvier 2001.

31 « Arrêt Brenco », *loc. cit.*, p. 239.

32 Salima TLEMÇANI, « Après l'autoroute Est-Ouest, l'IGF enquête sur les filières Sonatrach. Pierre-Joseph Falcone : un nom et beaucoup d'interrogations », *El Watan*, 20 octobre 2010.

Notes du chapitre 8

1 Douglas FARAH et Stephen BRAUN, *Merchant of Death. Money, Guns, Planes and the Man who Makes War Possible*, John Wiley and Sons, Hoboken, 2007, p. 30.

2 William E. ODOM, *The Collapse of the Soviet Military*, Yale University Press, New Haven, 1998, p. 298-299.

3 Douglas FARAH et Stephen BRAUN, *Merchant of Death, op. cit.*, p. 33.

4 Jon MASON-PONTING, *Project Blood Stone. Analytical Report*, Interpol, Lyon, 4 décembre 2000 (ce rapport était partiellement disponible sur le site <geopolitique.com>, avant sa fermeture au printemps 2009).

5 LaVerle BERRY, Glenn E. CURTIS, John N. GIBBS, Rex A. HUDSON, Tara KARACAN, Nina KOLLARS et Ramón MIRÓ, *Nation Hospitable to Organized Crime and Terrorism*, Federal Research Division et Director of Central Intelligence Crime and Narcotics Center, Washington, octobre 2003, p. 15.

6 AMNESTY INTERNATIONAL, *Undermining Global Security. The European Union's Arms Exports*, Londres, 2004, p. 27.

7 Douglas FARAH et Stephen BRAUN, *Merchant of Death, op. cit.*, p. 31.

8 *Ibid.*, p. 22.

9 Blandine FLIPO, « RDC-Congo : retour sur la "Première Guerre mondiale africaine" », *Mediapart*, 10 octobre 2008. Voir également Pierre PÉAN, *Carnages. Les guerres secrètes des grandes puissances en Afrique*, Fayard, Paris, 2010.

10 *Non-papier français sur le transport aérien illicite d'ALPC et de leurs munitions*, « Transportation in the OSCE area. Secure transportation networks and transport development to enhance regional economic co-operation and stability », 14th Economic Forum, Prague, 22-24 mai 2006. En langage diplomatique, la définition d'un « non-papier » est la suivante : « Écrit de présentation anonyme, sans être secret, transmis officieusement, de main à main, ou distribué sans référence à la documentation officielle d'une réunion ou conférence, dans le but d'exprimer le contenu d'une démarche, d'une proposition ou d'une position, sans que cet écrit ou sa simple remise soient opposables à son auteur ou à l'autorité qu'il représente. »

11 Oleg TUROV, « Belgian police get on the trail of "the quiet Russian" », *Moscow News*, 13 mars 2002.

12 William D. HARTUNG, « The new business of war : small arms and the proliferation of conflict », *Ethics & International Affairs*, vol. 15, n° 1, 2001.

13 Jon MASON-PONTING, *Project Blood Stone, op. cit.*

14 Juan LARRAIN, Lena SUNDH, Christine GORDON, James MANZOU, Ismaila SECK, *Final Report of the Monitoring Mechanism on Angola Sanctions*, Conseil de sécurité des Nations unies, 21 décembre 2000.

15 La scène a été filmée et diffusée dans le documentaire de la BBC : Tom MANGOLD et Nick DAVIDSON, *The Man who Armed the World*, 2008. Viktor Bout apparaît également dans le documentaire de Paul MOREIRA et David ANDRÉ, *Armes, trafic et raison d'État*, Arte, 2008.

16 Douglas FARAH et Kathi AUSTIN, « Air America », *The New Republic*, 23 janvier 2006.

17 Maxmilian WECHSLER, « Viktor Bout wonders why the US wants him so badly », *Bangkok Post*, 16 août 2009.

18 Jean-Philippe RÉMY, « Pour services rendus en Irak, le trafiquant Viktor Bout décroche l'aide des États-Unis », *Le Monde*, 19 mai 2004.

19 John ROLLINS, Liana SUN WYLER, Seth ROSEN, *International Terrorism and Transnational Crime. Security Threats, U.S. Policy, and Considerations for Congress*, Congressional Research Service, Washington, janvier 2010, p. 24.

20 « Flying anything to anybody », *The Economist*, 20 décembre 2008.

21 DISTRICT COURT OF THE SOUTHERN DISTRICT OF NEW YORK, « United States of America v. Viktor Bout and Andrew Smulian », 08MG 0386, 27 février 2008 (source : <globalwitness.org>).

22 En octobre 2009, la Federation of American Scientists a publié sur son site une partie du dossier d'accusation de la justice américaine : « Documents obtained by FAS shed some light on Viktor Bout case, but key questions remain », <www.fas.org>, 13 octobre 2009.

23 Maxmilian WECHSLER, « Viktor Bout wonders why the US wants him so badly », *loc. cit.*

24 Damien CALLAMAND, *La Problématique destination et utilisation finales dans les exportations d'armement*, Groupe de recherche et d'information sur la paix et la sécurité, Bruxelles, 2008.

25 Alain LALLEMAND, « The Field Marshall », ICIJ (International Consortium of Investigative Journalists), 15 novembre 2002. (<www.projects.publicintegrity.org/bow/report.aspx?aid=155>). Cet article fait partie d'une série de onze, composant une enquête collective titrée *Making a Killing, the Business of War.*

26 Laurent LÉGER, *Trafics d'armes. Enquête sur les marchands de mort*, Flammarion, Paris, 2006.

Notes du chapitre 9

1 Holger ANDERS, *Combating Small Arms and Light Weapons Proliferation. Scope for Action by the European Union*, International Security Information Service, Bruxelles, juin 2003.

2 AMNESTY INTERNATIONAL, *Dead on Time*, *op. cit.*, p. 22-23.

3 Nicolas COOK, *Liberia's Post-War Recovery. Key Issues and Developments*, Congressional Research Service, The Library of Congress, Washington, 30 août 2007, p. 31.

4 AMNESTY INTERNATIONAL, *A Catalogue of Failures. G8 Arms Exports and Human Rights Violations*, 2003, p. 75 ; AMNESTY INTERNATIONAL, *Undermining Global Security. The European Union's Arms Exports*, 2004, p. 25.

5 UN SECURITY COUNCIL, *Report of the Panel of Experts Appointed Pursuant to Security Council Resolution 1306 (2000), Paragraph 19, in Relation to Sierra Leone*, New York, 20 décembre 2000.

6 UN SECURITY COUNCIL, *Final Report of the Panel of Experts on the Illegal Exploitation of Natural Resources and other Forms of Wealth of the Democratic Republic of the Congo*, New York, 16 octobre 2002.

7 LaVerle BERRY, Glenn E. CURTIS, John N. GIBBS, Rex A. HUDSON, Tara KARACAN, Nina KOLLARS et Ramón MIRÓ, *Nation Hospitable to Organized Crime and Terrorism*, *op. cit.*, p. 126.

8 Pour une version plus complète de ses turpitudes, voir Jean GUISNEL, *La Citadelle endormie. Faillite de l'espionnage américain*, Fayard, Paris, 2002, p. 103-109.

9 Angel RABASA, Peter CHALK, Kim CRAGIN, Sara A. DALY, Heather S. GREGG, Theodore W. KARASIK, Kevin A. O'BRIEN, William ROSENAU, *Beyond Al-Qaeda. The Outer Rings of the Terrorist Universe*, Rand Corporation, Santa Monica, 2006, p. 127.

10 Kathi AUSTIN et Jason FELCH, « A Colombia arms deal and the perils of blowback », *Washington Post*, 3 mars 2002.

11 Georges STARCKMANN, *Noir Canon*, *op. cit.*, p. 175-203.

12 Henry WEINSTEIN et William C. REMPEL, « Big help from the US », *Los Angeles Times*, 13 février 1991.

13 Selon la chaîne de télévision ABC en janvier 1982.

14 *Associated Press*, 30 janvier 1992.

15 Ann Reilly DOWD et Lucretia MARMON, « How U.S. arms dealers are making a killing », *Fortune*, 16 février 1987.

16 Laurent VALDIGUIÉ, « Les révélations du marchand d'armes français », *Le Parisien*, 8 novembre 2002.

17 <http://scaadvisors.com/captainlasnaud.htm>, document actif le 31 octobre 2010.

18 « De sa prison suisse, un marchand d'armes dévoile ses liens occultes avec les services américains », *Le Temps*, 9 octobre 2002.

19 Damien CALLAMAND, « Embargo de l'ONU sur les armes en Afrique. Deux cas d'espèce : Sierra Leone et Libéria », Groupe de recherche et d'information sur la paix et la sécurité, Bruxelles, 28 octobre 2008, p. 2.

20 Sylvain BESSON, « Un ancien agent sud-africain dévoile les exploits des espions de l'apartheid en Suisse », *Le Temps*, 20 décembre 2002.

21 Pour une relation détaillée de cette affaire, voir Rainer J. Schweizer, *Rapport final de l'enquête administrative dans l'affaire « Service de renseignement/Afrique du Sud » au Département fédéral de la défense, de la protection de la population et des sports (DDPS)*, Berne, 16 décembre 2002.

22 Sylvain Besson, « Un ancien agent sud-africain dévoile les exploits des espions de l'apartheid en Suisse », *loc. cit.*

23 Christian Sanz, *Maten al hijo del presidente. La historia no oficial acerca de la muerte de Carlos Menem Jr*, Galerna, Buenos Aires, 1999, p. 24.

24 *Ibid.*, p. 30.

25 Daniel Santoro, « Graves irregularidades en la venta de cañones argentinos a Ecuador », *Clarin*, 9 mars 1995. L'enquête du journaliste argentin l'a ensuite amené à publier un livre sur le sujet : Daniel Santoro, *Venta de armas. Hombres del gobierno*, Planeta, Buenos Aires, 1999.

26 Voir notamment : Christian Sanz, *Maten al hijo del presidente, op. cit.*

27 Marcela Valente, « Explosion report might revive arms-smuggling scandal », Inter Press Service, 28 novembre 2003.

28 « Venta de armas : aceptan la extradición de Lasnaud », *La Nación*, 17 septembre 2002.

29 Martin Butcher, Jan Egeland, Dan Smith, *The Arms Fixers. Controlling the Brokers and Shipping Agents*, BASIC/NISAT/PRIO, Oslo, 1999, p. 64.

30 Pour une brève synthèse de cette affaire, voir le rapport de l'UNMOVIC (United Nations Monitoring, Verification and Inspection Commission), commission internationale dissoute le 29 juin 2007 : *Unresolved Disarmament Issues. Iraq's Proscribed Weapons Programmes*, UNMOVIC Working document, 6 mars 2003, p. 168-169 ; on lira également avec intérêt : Henry B. Gonzalez, « Details on Iraq's procurement network », House of Representatives, Washington, 10 août 1992. Plus étonnant : l'historique réalisé par la CIA, déclassifié (sauf quelques passages noircis) et publié sur le site National Security Archive de l'université Georgetown (<www.gwu.edu>) : *Project Babylon. The Iraqi Supergun*, Central Intelligence Agency, Directorate of Intelligence, novembre 1999.

31 Cité par Debbie Hillier et Brian Wood, *Vies brisées. Plaidoyer pour un contrôle renforcé des ventes d'armes à l'échelon international*, Oxfam et Amnesty International, Londres, 2003, p. 8.

32 « Transportation in the OSCE area. Secure transportation networks and transport development to enhance regional economic co-operation and stability », *loc. cit.*

33 Zygmunt Bauman, « La société ouverte et ses démons », IHEJ (Institut des hautes études sur la justice), Séminaire de philosophie du droit 2004-2005, *Terrorisme, contre-terrorisme : le traité de guerre perpétuelle ?*, 12e séance, 6 juin 2005.

Notes du chapitre 10

1 *Jugement de la Première Cour de droit public du Tribunal fédéral suisse*, Lausanne, 3 mai 2004.

2 Voir Julien Caumer, *Les Requins. Un réseau au cœur des affaires. Elf, Thomson, TGV, GMF, Travaux publics*, Flammarion, Paris, 1999, p. 98-99.

3 Roland Dumas, *L'Épreuve et les preuves*, *op. cit.*, p. 287.

4 « Questions d'info », LCP/France Info, 11 mai 2006.

5 Thierry Jean-Pierre, *Taiwan Connections. Scandale et meurtres au cœur de la République*, Robert Laffont, Paris, 2003, p. 184-185.

6 Nicolas Beau, « Un homme d'affaires en or dans l'ombre de Chirac », *Le Canard enchaîné*, 18 février 1998.

7 Paul A. Volcker, Richard J. Goldstone et Mark Pieth, *Manipulation of the Oil-for-Food Programme by the Iraqi Regime*, Independent Inquiry Committee into the United nations Oil-for-Food Programme, 27 octobre 2005, p. 177.

8 Voir Jean Montaldo, *Chirac et les quarante menteurs*, Albin Michel, Paris, 2006, p. 385-386.

9 Thierry Jean-Pierre, *Taiwan Connections*, *op. cit.*, p. 186-187.

10 Rémi Gedoie, *Message Coface à Pékin*, Climats, Castelnau-le-Lez, 1997.

11 Cité par Armelle Thoraval, « Ces morts qui hantent les frégates », *Libération*, 20 juin 2002.

12 Jean Guisnel, « Après quinze ans de silence, l'homme clé parle », *Le Point*, 9 septembre 2004.

13 Jean GUISNEL, *Les Généraux*, *op. cit.*, p. 231-233.

14 Karl LASKÉ, *Des coffres si bien garnis*, Flammarion, Paris, 2004, p. 292.

15 Christine DEVIERS-JONCOUR, *La Putain de la République*, Calmann-Lévy, Paris, 1998 ; *Opération Bravo. Où sont passées les commissions de la vente des frégates à Taiwan ?*, Plon, Paris, 2000 ; *Corruption, une affaire d'États*, Le Rocher, Paris, 2005.

16 Valérie LECASBLE et Airy ROUTIER, *Forages en eaux profondes. Les secrets de l'affaire Elf*, Grasset, Paris, 2000 ; Loïk LE FLOCH-PRIGENT, *Affaire Elf, affaire d'État. Entretiens avec Éric Decouty*, Le Cherche-Midi, Paris, 2001.

17 Pour une vision synthétique, on peut se reporter à Francis ZAMPONI, « L'affaire Elf et les frégates de Taiwan : les machines à sous », *in* Roger FALIGOT et Jean GUISNEL (dir.), *Histoire secrète de la Ve République*, *op. cit.*, p. 540.

18 Thibault VERMILLON, « Les princes à l'heure de la succession », *Perspectives chinoises*, n° 27, 1995.

19 Roland DUMAS, *L'Épreuve et les preuves*, *op. cit.*, p. 430.

20 Leslie VARENNE, *L'Histoire secrète d'EADS ou le syndrome d'Icare*, Hugo.doc, Paris, 2008.

21 Jean-Louis GERGORIN (avec Sophie COIGNARD), *Rapacités*, *op. cit.*, p. 153.

22 Alexandra SCHWARZBROD, *Le Président qui n'aimait pas la guerre. Dans les coulisses du pouvoir militaire, 1981-1995*, Plon, Paris, 1995, p. 243.

23 Alexandra SCHWARZBROD et Vincent NOUZILLE, *L'Acrobate. Jean-Luc Lagardère ou les armes du pouvoir*, Seuil, Paris, 1998, p. 253.

24 Jean-Louis GERGORIN (avec Sophie COIGNARD), *Rapacités*, Fayard, Paris, 2007, p. 161.

25 Jean GUISNEL et Jean-François JACQUIER, « Thomson-Matra, comment la guerre a dégénéré », *Le Point*, 22 septembre 2000.

26 Jean-Louis GERGORIN (avec Sophie COIGNARD), *Rapacités*, *op. cit.*, p. 153.

27 *Ibid.*, p. 161.

28 Gilles GAETNER et Jean-Marie PONTAUT, *Règlement de comptes pour l'Élysée. La manipulation Clearstream dévoilée*, Oh ! Éditions, Paris, 2006 ; Airy ROUTIER, *Le Complot des paranos*, Albin Michel, Paris, 2006 ; Yves BERTRAND, *Je ne sais rien mais je dirai (presque) tout. Conversations avec Éric Branca*, Plon, Paris, 2007 ; Guy BIRENBAUM, *Le Cabinet noir. Au cœur du système Yves Bertrand*, Les Arènes, Paris, 2008 ; Frédéric CHARPIER, *Une histoire de fous. Le roman noir de l'affaire Clearstream*, Seuil, Paris, 2009.

29 Denis ROBERT et Ernest BAKES, *Révélation*, Les Arènes, Paris, 2001 ; et *La Boîte noire*, Les Arènes, Paris, 2001. Denis Robert a par ailleurs réalisé plusieurs films sur cette affaire : *Les Dissimulateurs* (2001) ; *Histoire clandestine de ma région* (avec Gilles Cayatte, 2001) ; *L'Affaire Clearstream racontée à un ouvrier de chez Daewoo* (2002). Plus tard, il publiera encore : Denis ROBERT, *La Domination du monde*, Julliard, Paris, 2006 ; Denis ROBERT, *Clearstream, l'enquête*, Les Arènes, Paris, 2006.

30 Denis ROBERT et Ernest BAKES, *Révélation*, *op. cit.*

31 Denis ROBERT, *La Boîte noire*, *op. cit.*, p. 120-124.

Notes du chapitre 11

1 Jean EAGLESHAM, « UK government backtracks over bribery », *Financial Times*, 18 février 2004.

2 Lire sur ce thème les commentaires de l'analyste Philippe Grasset, animateur de la lettre *De Defensa & Eurostratégie* : « L'admirable Pologne et l'exemplaire commande de F-16 », *DeDefensa.org*, 19 octobre 2004.

3 Anthony SAMPSON, « Lockheed's foreign policy : who, in the end, corrupted whom ? », *New York Magazine*, 15 mars 1976.

4 Guy VADEPIED et Pierre PÉAN, *Marcel Dassault ou les ailes du pouvoir*, Fayard, Paris, 2003, p. 301-309.

5 Cité par François-Henri DE VIRIEU et Paul THIBAUD, « Le marché noir du siècle », *Le Nouvel Observateur*, 16 février 1976.

6 Cité par Éric GERDAN, *A comme Armes*, Alain Moreau, Paris, 1975, p. 182.

7 Cité par Jean GUISNEL, *Les Généraux*, *op. cit.*, p. 246.

8 Voir Ingemar DÖRFER, *Arms Deal. The Selling of the F-16*, Praeger, New York, New York, 1983, p. 168.

9 Jean-Pierre MITHOIS, « Le marché d'armes du siècle : les chances de la France sont-elles compromises ? », *Le Figaro*, 6 novembre 1974.

10 Ingemar Dörfer, *Arms Deal. The Selling of the F-16*, *op. cit.*, p. 168 ; Claude Carlier et Luc Berger, *Dassault, les programmes. 1945-1995, cinquante ans d'aventure aéronautique*, *op. cit.*, p. 162.

11 Jean-Pierre Mithois, « Le marché d'armes du siècle », *loc. cit.*

12 « Scandals. Lifting the lid on some mysterious money », *Time Magazine*, 23 juin 1975.

13 Jean Planchais, « Paul Stehlin », <universalis.fr>.

14 Luc Rosenzweig, « Serge Dassault nie avoir versé des commissions occultes en Belgique », *Le Monde*, 30 septembre 1998.

15 Cité par Anne-Marie Rocco, *Serge Dassault. Armes, presse, politique*, Flammarion, Paris, 2006, p. 141.

16 Cité par Christine de Veyrac, « Après l'achat de quarante-huit F-16 américains par Varsovie ; solidarité à sens unique ? », *Le Figaro*, 11 janvier 2003.

17 Agence France Presse, 9 janvier 2003.

18 *Warsaw Polityka*, 15 février 2003.

19 Cité par Leslie Wayne, « A well-kept military secret », *The New York Times*, 16 février 2003.

20 Paul Poast, *Principes d'économie militaire*, Economica, Paris, 2008, p. 175.

21 *Polish News Service*, 19 mai 2004.

22 Pour d'autres éléments, voir Jean Guisnel, *Les Pires Amis du monde. Les relations franco-américaines à la fin du XXe siècle*, Stock, Paris, 1999, p. 285-287.

23 Robert Little, « U.S. dollars wooed ally in Iraq coalition », *The Baltimore Sun*, 17 octobre 2004.

24 Cité par Adrian Lévy et Cathy Scott-Clark, « One huge US jail », *The Guardian*, 19 mars 2005.

25 Pour le seul Boeing N313P/N4476S de la CIA, voir Stephen Grey, *Les Vols secrets de la CIA. Comment l'Amérique a sous-traité la torture*, Calmann-Lévy, Paris, 2007, p. 416-433.

26 « US not getting support for Iraqi war from close UN allies », *NBC Nightly Show*, 22 janvier 2003.

27 Foulques de La Motte de Broöns, « Protéger l'industrie de défense européenne », *La Tribune*, 5 février 2003.

28 Jean Guisnel, « Charles Edelstenne, le copilote de Dassault », *Le Point*, 9 juin 2005.

29 Selon les données disponibles à cette date sur le site <http://bourse.capital.fr>.

30 Emmanuel Chausson, « L'actualisation du dispositif anticorruption par la loi du 13 novembre 2007 », *Secure Finance*, janvier-février 2008, n° 18.

31 Sur l'histoire tourmentée de cet avion, on pourra notamment se reporter à : Jean Guisnel, *Les Généraux*, *op. cit.*, p. 207-230 ; et Roger Faligot et Jean Guisnel (dir.), *Histoire secrète de la Ve République*, *op. cit.*, p. 256-260.

32 Cité par Kim Kwang-tae, « US to ditch Korea's weapons integration if it buys non-US aircraft in F-X plan », *Korea Times*, 22 juillet 2001.

33 Yves Fromion, *Les Exportations de défense et de sécurité de la France. Rapport au Premier ministre*, 23 juin 2006, p. 22.

34 OCDE, *Israel, Phase 2. Report on the Application of the Convention on Combating Bribery of Foreign Public Officials in International Business Transactions and the 1997 Recommendation on Combating Bribery in International Business Transactions*, <www.oecd.org>, 11 décembre 2009.

35 *US Fed News*, 18 décembre 2007.

36 Paul Holden, *The Arms Deal in your Pocket*, Jonathen Ball, Jeppestown, 2008.

37 Sharon Squassoni, Steve Bowman et Steven A. Hildreth, *Proliferation Control Regimes. Background and Status*, Congressional Research Service, Washington, 26 décembre 2006, p. 46.

38 Correspondance privée avec l'auteur, 19 février 1996 (archives personnelles de l'auteur).

39 François David, *Itinéraire d'un énarque gâté*, Le Cherche-Midi, Paris, 2007, p. 185.

40 Jean Guisnel, « Des Rafale flambant neufs pour les Émirats, les vieux Mirage 2000-9 pour l'armée de l'air française », <lepoint.fr>, 8 octobre 2008.

41 Jean Guisnel, « Pour vendre le Rafale aux Émirats, Paris contraint de financer une nouvelle version », <lepoint.fr>, 10 mars 2009.

42 Georges Malbrunot, « Le business secret d'Israël dans le Golfe persique », *Le Figaro*, 26 juin 2010.

43 Yossi Melman, « Should retired IDF officers do business in Arab states or not ? », *Haaretz*, 18 septembre 2008.

44 « Israël truste la surveillance aérienne », *Intelligence Online*, 2 juillet 2009.

45 Alain SILVY, « En attendant les EAU, le dossier Rafale doit se gérer en interarmées », *Défense et sécurité internationale*, août-septembre 2010.

16 Cité par Jean GUISNEL, « Aux Émirats, le contrat du Rafale sur une pente fatale », <lepoint.fr>, 3 octobre 2010.

Notes du chapitre 12

1 Sandeep UNNITHAN, « Crashed contract », *India Today*, 24 décembre 2007.

2 *The Asian Age*, 7 décembre 2007.

3 Rajat PANDIT, « India, France to finalise upgrade of Mirage jets in Rs 10,000 cr project », *The Times of India*, 23 février 2010.

4 Aniruddha BAHAL et Mathew SAMUEL, *Operation West End*, <www.tehelka.com> ; Valson THAMPU, « Operation West End », *The Hindu*, 20 mars 2001.

5 Vembu VENKATESAN, « Dubious deal », *Frontline*, 21 octobre 2006.

6 « Denel CEO is out, firm says nothing to do with deal », *The Indian Express*, 20 avril 2005.

7 Jean GUISNEL et Bernard VIOLET, *Services secrets*, *op. cit.*, p. 240-241.

8 Archives personnelles de l'auteur.

9 « Army places fresh order for 124 more Arjun tanks », *Times of India*, 17 mai 2010.

10 « Govt examining CBI recommendation on blacklisting 6 firms : Antony », *The Times of India*, 29 juillet 2010.

11 Navi RAJDOU, « Pour un partenariat stratégique entre la France et l'Inde », *Les Échos*, 7 mai 2008.

12 Eric YEP, « India Nuclear Power Corp. implementing 36 projects », *The Wall Street Journal*, 20 juillet 2010.

13 Agence France Presse, 26 janvier 2008.

14 *Ibid.*

15 Michaël DARMON et Yves DERAI, *Carla et les ambitieux*, Éditions du Moment, Paris, 2010, p. 60.

Notes du chapitre 13

1 Jean-Baptiste GARAT, « Sarkozy veut un partenariat renforcé », *Le Figaro*, 23 décembre 2008.

2 Hundrsen de SOUZA FERREIRA et Luiz Carlos TORRES, « Amazônia Azul : a fronteira brasileira no mar », Centro de Adestramento Almirante Marques De Leão, Rio de Janeiro, 2005.

3 Tom KINGTON, « Italy hopes frigate sales follow diplomatic deals with Brazil », *Defense News*, 12 juillet 2010.

4 Wilson TOSTA, « Brasil pagarœ 3,66 bi por submarinos », *O Estadão de São Paulo*, 22 août 2009.

5 Jean-Michel FOURGOUS et Bernard CAZENEUVE, *Rapport d'information de la Mission d'évaluation et de contrôle sur le financement des projets d'équipement naval militaire*, Commission des finances, de l'économie générale et du plan, Assemblée nationale, Paris, 13 février 2008.

6 Jean GUISNEL, « La France, premier proliférateur nucléaire », *in* Roger FALIGOT et Jean GUISNEL (dir.), *Histoire secrète de la Ve République*, *op. cit.*, p. 242.

7 « Le Brésil souhaite maîtriser la technologie nucléaire », Agence France Presse, 7 janvier 2003.

8 Bénédicte ALANIOU, Sébastien LERNOULD et Mehdi PFEIFFER, « Pourquoi on arrive enfin à le vendre », *Le Parisien-Aujourd'hui en France*, 9 septembre 2009.

9 Michel CABIROL, « Comment Sarkozy a vendu le Rafale », *La Tribune*, 10 septembre 2009.

10 Bruno JEUDY, « Le Brésil va acquérir trente-six avions de combat Rafale », *Le Figaro*, 8 septembre 2009.

11 Alexandra SCHWARTZBROD, « Première victoire à l'export pour le Rafale », *Libération*, 8 septembre 2009.

12 Jean-Pierre LANGELLIER et Arnaud LEPARMENTIER, « Le Brésil s'engage à négocier l'achat de trente-six avions Rafale », *Le Monde*, 9 septembre 2009.

13 Cité par Dominique GALLOIS, « C'est Nicolas Sarkozy qui a vendu le Rafale », *Le Monde*, 10 septembre 2009.

14 Cité par Jean-Claude BOURBON, « La filière nucléaire française en ébullition », *La Croix*, 26 janvier 2009.

15 Cité par Ariane CHEMIN et Marie-France ETCHEGOIN, « Un homme d'ombre au cœur du pouvoir », *Le Nouvel Observateur*, 4 mars 2010.

16 « Guerre des réseaux d'affaires au sommet de l'État », *Intelligence Online*, n° 534, 3 novembre 2006.

17 *Libération*, 21 novembre 2009.

18 Bernard VIOLET, *La Face cachée des people. Showbiz, milieu, business et politique*, L'Archipel, Paris, 2009, p. 163-164.

19 Cité par Jean-Michel BEZAT, « La Corée était prête à tout à Abou Dhabi », *Le Monde*, 19 janvier 2010.

20 « Bertrand Delanoë ravive la polémique », Agence France Presse, 11 juillet 2005.

21 « Sarkozy : la France doit faire son "examen critique" pour se moderniser », Agence France Presse, 10 juillet 2005.

22 François ROUSSELY, *Synthèse du rapport avenir de la filière française du nucléaire civil*, Présidence de la République, 16 juin 2010, p. 8-9.

23 *Ibid.*, p. 13.

24 « Conférence de presse de M. le président de la République », *Présidence de la République*, Koweït, 11 février 2009.

25 *Qatar News Agency*, 21 juin 2009.

Notes du chapitre 14

1 Cité par Nathalie GUIBERT, Nathalie NOUGAYRÈDE et Piotr SMOLAR, « Les vents contraires du *Mistral* », *Le Monde*, 26 janvier 2010.

2 Edward CODY, « Critics say proposed sale of French *Mistral* ship to Russia will harm region », *The Washington Post*, 3 février 2010.

3 Marie-Pierre SUBTIL et Alexandre BILLETTE, « Famille russe cherche influence », *Le Monde*, 19 mars 2010.

4 Pierre de GASQUET, « Sergueï Pougatchev, le tsar de l'épicerie fine », *Les Échos*, 10 décembre 2007.

5 Bruno LUSSATO, « Le journal du 3 juin 2009 », <www.brunolussato.com>.

6 Bruno LUSSATO, « Bouillon de culture devient bouillon d'inculture », <www.brunolussato.com>, 16 février 2007.

7 François DE CLOSETS et Bruno LUSSATO, *L'Imposture informatique*, Fayard, Paris, 2000.

8 Jean-Pierre THIOLLET, « Mort de Bruno Lussato », *France-Soir*, 1er octobre 2009.

9 « Sergei Pugachev : the orthodox-chekist banker », *Infoprod*, 24 avril 2002.

10 « Pugachev, relais de l'amitié franco-russe », *Intelligence Online*, 10 mars 2010.

11 Arnaud DUBIEN, « *Mistral* : le facteur Sechin », *Eurasia Intelligence Report*, 23 juin 2010.

12 *Rapport du secrétaire général sur la situation en Abkhazie*, Conseil de sécurité des Nations unies, 2 avril 2008.

13 Marc PERELMAN, « Israel's military on display in Georgia », *The Forward*, 11 septembre 2008.

14 « Qui sont les conseillers israéliens de la Colombie ? », *Intelligence Online*, 10 juillet 2008.

15 « Russia and Israel are negotiating on establishment of a joint venture », *Defense and Security*, 10 septembre 2010.

16 « Israel threatens to scrap UAV deal with Russia over Syria arms sale », *RIA Novosti*, 23 septembre 2010.

17 Cité par Jean GUISNEL, « La France entend fournir plusieurs milliards d'euros d'armement à la Grèce », <lepoint.fr>, 7 juin 2010.

18 Christopher ROADS, « The submarine deals that helped sink Greece », *The Wall Street Journal*, 10 juillet 2010.

19 Cité par Jean-Paul HÉBERT, « Le fardeau militaire de la Grèce et la course aux armements avec la Turquie », *Le Débat stratégique*, n° 109, mai 2010.

20 Norfatimah AHMAD, « Kesahihan maklumat Balasubramaniam wajar diteliti », *Berita Harian*, 20 juillet 2010.

21 Sylvie KAUFFMANN, « Sexe, crime et politique », *Le Monde*, 20 septembre 2007.

22 MINISTÈRE DE LA DÉFENSE, *Rapport au Parlement. Les exportations d'armement de la France en 2009*, <www.defense.gouv.fr>, Paris, août 2010.

23 OXFAM ET CCFD-TERRE SOLIDAIRE, « Conflits et protection des populations », Paris, 6 octobre 2010.

24 *Ibid.*

25 MINISTÈRE DE LA DÉFENSE, *Rapport au Parlement. Les exportations d'armement de la France en 2007*, <www.defense.gouv.fr>, Paris, octobre 2008, p. 11.

26 Frida BERRIGAN, « No restrictions for arms sales », *Foreign Policy in Focus*, 19 septembre 2008.

27 MINISTÈRE DE LA DÉFENSE, *Rapport au Parlement. Les exportations d'armement de la France en 2007*, <www.defense.gouv.fr>, *op. cit.*, p. 25.

28 Francis DELON, « Exportations de défense : finalités et modalités du contrôle de l'État », *Défense*, n° 147, juillet-août 2010.

Notes du chapitre 15

1 Jérôme de Lespinois, « Emploi de la force aérienne. Tchad, 1969-1987 », *Penser les ailes françaises*, juin 2005.

2 Christian Bouquet, « L'artificialité des frontières en Afrique subsaharienne. Turbulences et fermentation sur les marges », *Les Cahiers d'Outre-Mer*, n° 222, avril-juin 2003.

3 Joseph T. Stanik, *El Dorado Canyon. Reagan's Undeclared War against Qaddafi*, Naval Institute Press, Annapolis, 2003.

4 Bernd Schaefer, « The U.S. air raid on Libya in April 1986. A confidential Soviet account from the Stasi archives », *Parallel History Project on Cooperative Security*, <www.php.isn.ethz.ch>.

5 Jean Guisnel, *Bush contre Saddam. L'Irak, les faucons et la guerre*, La Découverte, Paris, 2003, p. 29-30.

6 « A. Q. Khan nuclear chronology », *Carnegie Endowment for International Peace*, 7 septembre 2005.

7 Nicola Ehlerman-Cache, *Corruption dans les marchés publics. Méthodes, acteurs et contre-mesures*, *op. cit.*, p. 43.

8 *Rapport de mission du 29 au 31 octobre 2007*, Tripoli, Libye (archives personnelles de l'auteur).

9 Sur le dossier des infirmières bulgares, le document le plus complet est celui de Pierre Moscovici et Axel Poniatowski, *Rapport au nom de la commission d'enquête sur les conditions de libération des infirmières et du médecin bulgares détenus en Libye et sur les récents accords franco-libyens*, Assemblée nationale, Paris, 22 janvier 2008.

10 Nathalie Nougayrède, « Le fils du colonel Kadhafi détaille un contrat d'armement entre Paris et Tripoli », *Le Monde*, 1er août 2007.

11 Jean Guisnel, « Ventes d'armes : l'histoire vraie d'un contrat », *Le Point*, 9 août 2007.

12 David Ignatius, « New rules for new weapons », *The Washington Post*, 11 novembre 2010.

Notes du chapitre 16

1 Paul Pinkham et Roger Bull, « Ex-Armor Holdings VP pleads to bribery », *Florida Times-Union*, 29 septembre 2010.

2 « Executives caught in FBI sting represent companies with government contracts », <www.ombwatch.org>, 22 janvier 2010.

3 « Federal Contractor Misconduct Database », <www.contractormisconduct.org>.

4 Michael Patrick et John Renzulli, « Defense contractors increasingly targeted in corruption investigations », *National Defense Magazine*, août 2010.

5 « Foreign Corrupt Practices Act ; twenty-fifth edition of the annual survey of white collar crime », *American Criminal Law Review*, 22 mars 2010.

6 « Abba Abacha est condamné à deux ans de prison avec sursis », *La Tribune de Genève*, 19 juin 2010.

7 « Technip S.A. resolves Foreign Corrupt Practices Act investigation and agrees to pay $240 millions criminal penalty », *Investment Business Weekly*, 18 juillet 2010.

8 « US keeps $917m Nigeria bribe settlement », *TendersInfo*, 1er juillet 2010.

9 *Le Temps*, 14 juin 2010.

10 « Le Liechtenstein rend 188 millions d'euros au Nigéria », *SDA*, 12 août 2010.

11 *Le Journal du dimanche*, 21 janvier 2007.

12 Dominique Gallois, « Un nouvel échec à l'export du Rafale hypothéquerait son avenir », *Le Monde*, 14 octobre 2010.

13 « Tim Landon : a man of mystery in Middle Eastern politics », *The Daily Telegraph*, 15 juillet 2007.

14 John Beasant, Oman. *The True Drama and Intrigue of an Arab State*, Mainstream Publishing, Edimbourg, 2002.

15 Mark Hollingsworth et Paul Halloran, *Thatcher's Gold*, *op. cit.*, p. 94.

16 Rob Sharp, « The extraordinary life of the White Sultan », *Independent Extra*, 12 juillet 2007.

17 « Fighter jets contract to be investigated », <Eastbusiness.org>, 19 juin 2007.

18 US District Court Southern District of New York, « United States of America v. Monzer Al-Kassar — aka Al-Munawar, aka El-Taous —, Tarek Mousa Al-Ghazi and Luis Felipe Moreno Godoy, Affidavit in support of request in extradition », 24 juillet 2007, p. 20, 26.

19 Peter Danssaert et Brian Johnson-Thomas, « Le courtage illicite d'armes légères et de petit calibre en Europe : les lacunes des régimes de contrôle des armes et de

vérification en Europe de l'Ouest », *Le Forum du désarmement*, n° 3, 2009.

20 *Les Échos*, 22 février 2010.

21 Jean Guisnel, « Par crainte de corruption, Alcatel-Lucent se sépare de centaines d'agents commerciaux », <lepoint.fr>, 5 janvier 2009.

22 Voir le site du cabinet Latham & Watkins : <www.lw.com>.

23 *U.S. Strategy to Internationalize Efforts against Kleptocracy. Combating High-Level Public Corruption, Denying Safe Haven, and Recovering Assets*, Bureau for International Narcotics and Law Enforcement Affairs, Washington, 10 août 2006.

24 Kenneth W. Martin, « Fiscal year 2010 security cooperation legislation », *Journal of International Security Assistance Management*, juillet 2010.

25 « Lancement d'un site Internet pour dénoncer les demandes de pots-de-vin », Agence France Presse, 11 juillet 2007.

26 Bernard Carayon, « Des organisations influentes qui ne rendent pas de comptes », *Valeurs actuelles*, 19 février 2009.

27 Trace International, *Global Enforcement Report 2010*, <www.traceinternational.org>, Annapolis, 10 juin 2010.

28 *The Jakarta Post*, 12 novembre 2009.

Notes de la conclusion

1 Édouard Balladur, *Machiavel en démocratie*, Fayard, Paris, 2006, p. 128.

2 Siemon T. Wezeman, « International transfers of combat aircraft », SIPRI, novembre 2010.

Index

A

B

C

E

F

G

H

L

M

Q

R

S

T

U

V

W

Y

Z

Table

III États de droit, sans foi ni loi

IV La France, au cœur des affaires

V Nicolas Sarkozy, un président très marketing